艺术鉴赏
（第2版）

李伟权　李　时　关　莹　编著

清华大学出版社
北京

内 容 简 介

　　本书作为通识教育选修课程的配套教材，力求做到学术性与可读性、历史回顾与现实思考、总结过往与愿景展望的有机统一，培养高校学生丰富的内心世界，提升其艺术修养和审美情趣，实现学生全面均衡发展，成为优秀的人力资源储备。

　　儒、道、禅融合的中国哲学与"天人二分"的西方哲学对文艺的演进以及内在精神的形成起着深刻而迥异的促进作用。本书以此为总论，从思维方式、价值取向、理想品格等方面分别讲述；然后做分论，梳理文艺各门类样式的发展脉络、勾勒文艺各门类创造的大致景观、解读文艺各门类精神的神韵妙理、描述文艺各门类历史的经典成就。

　　本书可作为普通高等院校艺术通识课类、公共基础课类教材，也可作为社会各领域从事艺术研究与实践人员的参考书籍。

图书在版编目 (CIP) 数据

　　艺术鉴赏 / 李伟权，李时，关莹 编著.—2版.—北京：清华大学出版社，2018（2024.1重印）
　　ISBN 978-7-302-49785-1

　　Ⅰ.①艺…　Ⅱ.①李…②李…③关…　Ⅲ.①艺术—鉴赏—教材　Ⅳ.①J05

　　中国版本图书馆 CIP 数据核字(2018)第 037063 号

责任编辑：施　猛　马遥遥
封面设计：张玉敏
版式设计：方加青
责任校对：孔祥峰
责任印制：曹婉颖

出版发行：清华大学出版社
　　　　网　　　址：https://www.tup.com.cn，https://www.wqxuetang.com
　　　　地　　　址：北京清华大学学研大厦A座　　　　　　　　邮　　编：100084
　　　　社 总 机：010-83470000　　　　　　　　　　　　　　邮　　购：010-62786544
　　　　投稿与读者服务：010-62776969，c-service@tup.tsinghua.edu.cn
　　　　质 量 反 馈：010-62772015，zhiliang@tup.tsinghua.edu.cn
印 装 者：艺通印刷（天津）有限公司
经　　销：全国新华书店
开　　本：185mm×260mm　　　　印　　张：18.25　　　　字　　数：455千字
版　　次：2013年8月第1版　2018年5月第2版　印　　次：2024 年 1月第 14 次印刷
印　　数：33501～36500
定　　价：59.00元

产品编号：078699-02

前　言

艺术历史源远流长。

艺术品类灿若星河。

艺术中跳动的是鲜活生动的艺术心灵。

艺术中流淌的是生机勃勃的宇宙生命。

经由数千年的积累，人类艺术兼收并蓄、雍容浩瀚，浸润着人类文明厚重的文化底蕴，形成了或静谧唯美或飞扬激越的艺术气质，以深邃的哲理智慧、激昂的诗性精神、风流的艺术品貌滋润现代人的心灵。在今天多元化的泛审美时代中，欣赏艺术可以陶冶高校大学生的情操，启发其智慧，培养其人格气质，提升我国人力资源的综合素质。

儒、道、禅融合的中国哲学与"天人二分"的西方哲学对艺术的演进以及内在精神的形成起着深刻而迥异的促进作用。本书以此为总论，从中西艺术发展历程、思维方式、鉴赏方法等方面分别讲述：儒家的浩然成就中国艺术修己正心的理想情操，道家的超然成就中国艺术崇尚自然适意的艺术气质，禅宗的淡泊成就中国艺术从容平和的修养方式，"天人二分"的主流意识成就西方艺术郁郁葱葱的无穷活力。

然后做分论，梳理艺术各门类样式的发展脉络，勾勒艺术各门类创造的大致景观，解读艺术各门类精神的神韵妙理，描述艺术各门类历史的经典成就。本书力求做到学术性与可读性、历史回顾与现实思考、总结过往与愿景展望的和谐统一，培养高校学生丰富的内心世界，提升其艺术修养和审美情趣，使学生全面和谐发展，成为优秀的人力资源储备，为未来社会的发展做出贡献。

党的二十大报告指出："教育、科技、人才是全面建设社会主义现代化国家的基础性、战略性支撑。"艺术鉴赏能力是人才培养不可或缺的一个重要方面。

本书撰写分工如下：李伟权负责全书体例设计、统稿，撰写了第二章、第七章和第八章；李时统稿并与常颖共同撰写了第一章 、第三章、第四章、第十章和第十一章；关莹撰写了第五章、第六章和第九章。

本书可作为普通高等院校艺术通识课类、公共基础课类教材，也可作为社会各领域从事艺术研究与实践人员的参考书籍。

本书在撰写过程中，参阅了大量前人的学术著作与科研成果，在此深表谢意！

由于实际水平和研究深度有限，难免存在诸多谬见，希望广大读者批评指正。反馈邮箱：wkservice@vip.163.com。

目　　录

第一章 引论

第一节 艺术概貌

一、中国艺术概貌

旧石器时代中晚期，伴随着磨制精致、形态各异的石器、骨器的大量出现，中华民族艺术史缓缓地拉开了帷幕。这时，原始先民开始有意识地进行审美创造，开始自由自觉地追求真、善与美。发展到新石器时代，集绘画艺术、雕饰艺术、造型艺术、文字艺术于一体的彩陶艺术，成为当时艺术的主要表现形式，以蕴涵着的丰厚文化内涵与民俗风情上演了艺术史上朴拙精炼的第一幕。

自此，艺术领域高潮迭起，令人目不暇接、叹为观止。

商周时期，艺术的主流样式是代表奴隶制文明的青铜艺术，具有造型巨大、纹饰精美的特点。这一时期还诞生了记录在甲骨文中的书法艺术，其具有笔法多变、章法有序、自成体系的特点，与展示在青铜编钟的伴奏下用于占卜祭祀的歌舞、音乐艺术一起，无不彰显着大气雄浑、气贯长虹的美学品貌。

春秋战国时期，华夏文化百家争鸣，和而不同。以儒、道思想为基础的艺术思维方式及价值取向已经形成，成为艺术追求的理想品格。这一时期，艺术视野开阔，各艺术门类开始细致分化成型，文学艺术以诗歌和散文见长，既有温润细腻的感性表达，又有庄重肃穆的理性展现；音乐艺术、歌舞艺术蕴含着丰富的社会意义，成为重大社会政治经济活动的主要表达手段；绘画艺术细腻生动，形神兼备；戏剧艺术已经具备了角色、行当、情节等基本元素；工艺更有金银镶嵌、绳丝织编，漆器陶器，美不胜收。

秦汉时期，华夏一统，呈现出波澜壮阔、雄迈磅礴的时代特征。反映在艺术上，诞生了以"世界第八大奇迹"兵马俑为代表的秦代雕塑艺术和以"马踏飞燕"为代表的秦汉青铜工艺，出现了文理缤密的汉赋、文采瑰丽的乐府、中华乐曲艺术经典《广陵散》与《胡笳十八拍》，书法艺术中小篆、章草、行书、楷书各体俱成，以壁帛石木为材质的绘画艺术作品陆续出现，无不以各自的现实存在印证着艺术的枝繁叶茂。

魏晋六朝时期，由于社会动乱给人们带来的遭际、士族阶层的崛起、人物品评之风的影响，加之玄学思潮和佛教精神的注入、儒道思想的固有影响，使得艺术得以摆脱世俗功利，形成了超然旷达的审美品格，艺术家群体、派别与专业批评、理论大量出现，造就了一个流派纷呈、风流兴盛的魏晋艺术时代。

隋唐时期，民族大融合，艺术兼容并蓄，上演了艺术史上最为繁华灿烂、溢彩流光的景象，尤其发展到盛唐时期，艺术品类繁多，名家辈出，这一时期的艺术以雍容不凡的美学气度、丰婉绮丽的美学品貌、飞扬飘逸的艺术才思，让后人不断回望。

宋元时期，社会动荡复杂，重武轻文，艺术的品貌时而低沉缠绵，时而慷慨激昂，呈现跳跃起伏的走势。艺术在朝代更迭的时代大背景下奏响了一组悲怆与狂喜、沉重与清越交织的生命乐章。但总的看来，宋元时期的艺术依旧蓬勃鲜活地发展着。

明清时期，资本主义萌芽，市民意识觉醒并积极地参与艺术的创作，艺术逐渐平民化，以批判现实主义精神和略带伤感的情绪打造着艺术的品格。

近代中国旧学术消沉，新学术未振，艺术曾一度陷入惶恐状态。其后蓬勃兴起的新文化运动，将本民族的艺术放到了世界艺术的广阔背景之中，走上了一条中西比较的道路。中国艺术经由现、当代多层次、多方面的比较发展，参照西方艺术并加以批判地审视，博采众长，形成了自身的艺术品格、思维方式和价值取向。中国艺术以东方特有的宇宙观与人生观进行思考，成为人类心灵最深处与宇宙世界相处交流的结果，也是中国人心灵直接领悟到的物态天趣。

当代中国艺术身处科技飞速发展、电子通信技术普及、社会经济模式日臻成熟、文化产业初具规模、大众传播媒介广泛应用的时代，充满着理性气息，贯注着东方智慧，交织着历史时代的变迁，博大精深，具有丰富的价值内涵与艺术张力。其蕴含的思想性、艺术性达到了前所未有的深度。此外，当代艺术在自由多元的语境下，顺势而行，多元包容，兼收并蓄；以开放的心态、开阔的眼界，接纳整合新兴艺术，愈加注重休闲性、游戏性和娱乐性，以一种日常文化形态渗入人们生活方式之中，形成率真、感性、直观的面貌，打造着自身的亲和力，极具平民化特征，又有着很强的内生力，其影响、传播与辐射范围更为广泛。

在市场环境下，中国艺术在"商业性"和"艺术性"中寻求辩证统一，实现了经济效益和文化效应的同步共振，出现了多元化、绩效化、互动化、人文化的发展趋势，进一步完善了自身的美学品格与审美趣味。在过度商业化、缺少学养及人文关怀的时代症候下，中国当代艺术给人以鼓舞，给人以振奋，给人以信心和力量，肩负了道德净化和精神提升的神圣使命，蕴含了科技意识、开放意识、参与意识等具有强烈时代特色的内容，这是中国当代艺术的价值所在。在市场机制与审美泛化的时代大背景下，艺术使人们的日常生活不再与审美活动疏远，在潜移默化中影响人的气质、禀赋、眼界、胸襟，提升人们的审美能力，使之日常生活审美化，使人们对于美的追求永不停歇，促使社会更趋和谐，向人类创造美好未来的终极目标迈进。

二、西方艺术概貌

西方艺术是指以欧洲为中心的艺术，有着自身独特的发展规律和美学追求。

古典德国时期，黑格尔通过对艺术史的考察，把艺术的发展分为三个阶段："象征型艺术""古典型艺术"和"浪漫型艺术"，并得出结论，人类的一切艺术都是从象征开始的。纵观西方艺术，其发展基本上遵循这一规律。象征型艺术侧重主观表现，重"意象"；古典型艺术侧重客观再现，重"典型"；浪漫型艺术侧重主观表现。西方的艺术观念在逐渐形成的过程中，走向写实模拟，注重典型化、科学化。

从观念、材质和表现手法发展演变的角度来看，西方人自进入打制工具的旧石器时代开始，尚未定居，过着游荡的生活，制作的器具十分粗糙，艺术观念也很淡薄。艺术形式主要表现为纹身、挂饰和图腾等，可称为西方艺术史的"蒙昧阶段"。进入旧石器时代晚期后，西方艺术的源头——西班牙阿尔塔米拉和法国拉斯科洞窟壁画中的野牛、野马、野鹿，以线作为基本的造型手段，具有丰富神秘的象征意味。当时形成的原始艺术主要为岩画、洞窟壁画、石雕、玉雕和骨雕、挂饰、纹身以及巨石建筑、原始歌舞等，蔚为壮观。这一时期的西方艺术很难真实地再现客观世界和人类社会，表现方法多是建立在感性基础之上的抽象和象征。

自进入文明社会以后至公元4世纪，西方艺术随着时间的推移，求真写实的艺术追求与特征愈加明显。以古希腊罗马艺术为代表，包括柏拉图、亚里士多德盛赞的诗歌、戏剧、乐舞艺术和以古希腊雕塑为主的古希腊造型艺术，呈现出不断成熟的趋势。这一时期的西方艺术以神话体系为背景，在内容、形式方面与神话密切相连。

公元4世纪古罗马艺术衰微以后直到公元13世纪文艺复兴前的西方艺术，以欧洲中世纪基督教艺术为主，有着成熟的宗教背景，因而被称作宗教艺术。这一时期是一个东西方此盛彼衰的互逆发展过程，欧洲正经历中世纪艺术衰退的漫漫长夜时，东方艺术却显示出蓬勃发展的势头，尤其是中国，魏晋到唐宋的中国艺术奠定了其作为东方艺术代表的基础。

公元13世纪欧洲文艺复兴运动兴起之后直到19世纪末现代派艺术诞生前的西方艺术，主要包括古典音乐和话剧在内的欧洲文艺复兴时期艺术。这一时期，殖民扩张所带来的政治经济的巨大变革，给西方艺术文化以巨大的影响，西方艺术凭借其创作和理论成就，在人类艺术的发展潮流中开始建立无可争辩的强势话语权。此时期的西方艺术以面向人生、回归世俗为背景，在内容和形式方面转而指向人类自身。

公元19世纪末，以莫奈、马内等人及其作品为代表的印象派绘画成为现代艺术的开端。现代艺术最突出的特征便是将艺术家的主体性强调到无以复加的地步。伴随着印象派艺术不断地发展变化，后印象主义的代表人物，如赛尚、梵·高、高更等艺术家，在创作中已开始由关注主观感受向注重主体性方面演变。之后陆续出现了表现主义、原始主义、立体主义，以及野兽派、达达主义、未来主义、新古典主义音乐、现代舞、荒诞戏剧、摇滚乐等艺术形式，这些现代艺术一反19世纪以前追求再现的真实、尚美且重技法训练的艺术传统，而以表现自我情感、心绪、观念为最终目的，以求新、求异取而代之，艺术表现方式以变形、抽象乃至纯形式、纯观念为主。

进入20世纪以后，伴随着欧美资本主义的迅猛发展和西方殖民主义的扩张，人类艺术逐渐形成以西方艺术为中心的发展格局，非西方艺术在现代艺术的洪流中处于从属地位，西方艺术有着强势的话语权。

在21世纪的当代社会，随着时代环境的巨大改变、中外文化艺术交流的不断发展，人们的艺术视角、艺术观念以及审美情趣也在快速地发生明显的变化。世界艺术格局，即西方艺术体系和与之并存对应的东方艺术体系，两者均标志着人类文化和智慧的最高成就，共同描述着人类的生命状态，关注着人类的生活，善于思考，勤奋而有魄力地探究艺术，发挥着艺术的感染力与创造力。人们通过欣赏艺术作品，体悟着人类艺术的生命意义和价值。

第二节　艺术的思维方式

一、中国艺术的思维方式

中国艺术源于本民族的基本哲学观念，源于中国古人根本的宇宙生命意识。中国艺术崇尚无所拘束，其思维方式是感性体验式的，寄寓于偶尔的直觉与趣味，以华夏文化中儒、道、禅三大哲学思想为构成基石，以写意性的独特认知方式和思维方法形成意象，形成广阔的中国艺术天地。

以"仁"为思想核心的儒家哲学，充满对现世人生的关注，主张自修，还要推己及人，经统治阶级的肯定与宣扬，对世人的思想观念、思维方式、行为习俗与民族文化心理等方面产生了深远的影响，形成了中国艺术中和谐精神和道德教化的内涵。儒家哲学思想强调人的成长和社会的完善要通过艺术的方式与途径完成，把中国艺术上升为修身养性的手段，并有崇高的道德使命。

以"自然"为思想核心的道家哲学，从本源上立论，强调自然而然、顺其自然。道家哲学思想一方面不重视现实功利，追求以内在的精神舒展为人生目的；另一方面在自然中感受心灵愉悦与人格超逸，超越外在世界的束缚，建构人格本体，确立生命个体价值。老庄提出的"朴素""齐物""无为"等美学范畴与"原天地之大美"的审美体悟成为中国艺术的精神追求和创作方式。

以"不离不染"为思维方式的禅宗哲学强调冥思顿悟，主张以静坐思考的方法，进行纯直觉的体验和内心的反思，在某一时刻突然得到触发而融会贯通之后，思想境界即刻得到升华，达到"顿悟"。这种思维方式影响了中国艺术以直觉关照与内心感悟为特征而进行思考的过程。

由上所述，儒、道、禅互补性地共同构成了中国艺术整体结构性的哲学根基，使中国艺术具有独特的东方品格与美学特质。

二、西方艺术的思维方式

每一种历史悠久的艺术都有其博大精深的思想根基。西方哲学"天人二分"的思维方式，使西方艺术崇尚自由，面对大自然进行探索、认知、征服、改造，使其更好地为自己服务。古希腊毕达哥拉斯学派认为"数是一切事物的原则""美是和谐的比例"，并提出"黄金分割"的理论。亚里士多德提出"艺术就是模仿"的理论等为西方造型艺术提供了科学理论依据，对西方的艺术发展产生了很大的影响，并且一直占据统治地位，统领西方艺术理论和艺术创作两千余年。在艺术形象与其所反映的现实世界的关系上，对所表现的物像作逼真化的塑造，西方抽象艺术以前漫长的艺术发展，即以对物像具象化的"写实"效果为追求目标，重在形象的逼真再现。

总之，西方艺术追求严谨的概念，追求推论的严密，致使西方艺术以重科学理性和逻辑分析的方式给自身以确定、明晰的定位，并使用逼真写实、形象生动的艺术语言进行表达，深得人类艺术的精髓。

第三节　艺术鉴赏概论

一、艺术鉴赏的意义

面对人类赖以生存的客观世界，理论、艺术、宗教、实践、精神是人类掌握世界最基本的几种方式，其中，艺术是人类对于世界的感性直觉的一种掌握方式。艺术诞生后，人类就有了精神家园。艺术的生成是各民族区域审美形式的集中体现，使人类超越了自身的现实境遇，实现了审美理想，人类的生存因艺术的存在而丰富多彩。艺术以本土的特有情怀、思维方式、价值取向、美学风格区分于异域艺术，彰显成熟完备、圆融绝妙的美学品貌，博大精深、独树一帜的艺术为世人所赞叹、欣赏。

艺术鉴赏，要以哲学思想为鉴赏基础，是从审美经验与艺术心理的独特视角进行的一种精神活动。艺术鉴赏首先通过艺术的外在形式在情绪、情感上激发鉴赏者的审美感知，使其产生审美欢愉，进而在思想深度上吸引、感染、震撼鉴赏者，引发鉴赏者对于人生、历史、宇宙深邃思想意蕴的领悟，最后升华为鉴赏者一种发自内心的喜悦，使鉴赏者的心灵得到净化超越，人格得以自由提升。

在今天市场与审美泛化的双重语境下，物质生活水平空前提高，物质文明与精神文明之间却出现了极大的反差。艺术鉴赏对弘扬优秀的传统文化，塑造适应社会发展的文化价值观念，建构符合时代的大众审美标准都有着重大意义。艺术鉴赏可以使人们的日常生活具备多元化的审美趣味，可以引导公众"诗意地栖居"在和谐的国度里。

二、艺术鉴赏的审美准备与运作活动

艺术鉴赏主体的能力受到社会实践、文化教养、成长背景、教育环境、才情资质、知识储备、民族文化、民俗心理等多方面条件的影响与制约。作为艺术的鉴赏者，应注意不断地提升与强化各种能力。

进行艺术鉴赏时，面对艺术文本，鉴赏主体基于上述原因产生特有的思维、观念与审美动机。首先在鉴赏主体的视野中形成一种鉴赏期待，如艺术文本内容与鉴赏主体在社会生活中形成的审美趣味、情感倾向、人生理想相一致，即会心领神会，产生共鸣，激发人追求真、善、美的天性，摆脱世俗困扰和私欲的束缚，进入一种超凡旷达、仪态万千的艺术境界。反之，在与鉴赏主体交流互动的过程中，若艺术文本内容与鉴赏主体在社会生活中形成的审美趣味、情感倾向、人生理想不一致，艺术文本则呈现一种开放式的结构，审美主体基于自身的审美鉴赏力按照自己的鉴赏动机进行二度创作。这一艺术再创造的过程，使鉴赏者这一生命个体成为能动的个人，开阔视野、开启智慧，最终建构自由的人格。

总之，艺术鉴赏以直观的感性形象作用于人类思维构成中的感性思维，既可以使人追求真、善、美，摒弃丑、假、恶；又可以使人欣赏自然，热爱生活；还可以使人深邃严谨，启迪人的认知能力、感悟能力，挖掘个人潜能，拓展感性思维能力，使人成为道德化的个人，具备完善的人格、健康的心理、健全的智力及创新的能力。

三、艺术鉴赏的要求

艺术鉴赏，是审美主体通过对艺术形式的直观把握与悉心体验，感受艺术的形式美与表现力，体味其文化内涵，引起精神愉悦的一种审美活动；艺术鉴赏也是审美主体全面心理机制共同参与的复杂过程，针对这一过程，要有相应的审美要求。

第一，从形式美入手，置身其内与超然物外。

任何艺术都具备一定的外在形式，艺术具体的美的形式具有相对独立的审美特性。鉴赏艺术，首先要从艺术文本彰显的形式美入手，走进艺术，接触到的首先是表现人自由自在、具有规律性和目的性的艺术形式。这种形式美可以让艺术鉴赏者感受到形式层面的均衡匀称与和谐统一，领略人的本质力量的形式展现，欣赏到一种按照美的组合规律创造的又具有情感意味的形式，但是艺术鉴赏绝非仅停留于此，还要突破外在形式进入内在形式，即内容层面。艺术鉴赏应超乎艺术文本的形式之外，使用审美经验领悟到艺术中涵盖着的耐人寻味的内容，引发艺术共鸣，使个人的审美修养与能力顷刻间得到认可，个人的自由价值也得到充分肯定。

第二，注重艺术技巧与媒介方式。

艺术是由艺术家基于对生活的长期探索和生存经验的积累，产生独到的审美认知，而后根据自己的创作意图与动机进行艺术构思，最后为这种艺术构思选择恰当的媒介方式，使用合情合理的艺术技巧、表现手段展现出来的，可见艺术技巧与媒介方式是艺术家审美情思、审美观念的表现，也具有审美属性。艺术种类繁多，每一种艺术类别都通过独特的艺术技巧与媒介方式，得心应手地表现艺术的创造理念。所以，注重艺术的艺术技巧与媒介方式是一种重要的艺术鉴赏方法。只有正确地把握、识别、鉴赏艺术的艺术技巧与媒介方式，才能真正地走入艺术，感受艺术的境界。

第三，观照文化积淀与时代症候。

艺术经千余年的历史传承，带有各民族文化的优秀基因，已形成了一个非常高的自觉性和极致化的艺术标准、美学品格，呈现出经典性的特征。就艺术经典自身而言，其经典价值是历史生成的价值，绝不是当代偶然生成的，是历史在不同程度的曲折性中长久的积淀，是历史作用的结果，其成就建立在无数前人努力的基础之上，呈现出很强的原动力。鉴赏艺术时，鉴赏者一定要把具体艺术文本放置于其所处的时代、历史、文化的大背景中才能真正领略艺术的品貌，承继艺术的精髓，掌握艺术的审美价值。所以，鉴赏艺术一定要以现实时代的文化条件为基础，脱离了特定的时代症候、社会的文化积淀，鉴赏活动无异于建树空中楼阁。

第四，探寻独创之处与艺术个性。

艺术家以所处时代的文化、历史、民俗等元素为背景，从自身的生活实际和人生经历出发，通过审美创造活动，具化为最终的艺术作品。因人生际遇是不可复制的，所以每一件艺术品都具备独创之处与独特的个性。艺术家的每一次创造活动，都是一次内视内省、自我修正、自我提升的成长过程，因此即使同一位艺术家，其不同时期的创作也具有独创性与首创性，于人于己全不相同。在艺术鉴赏中，每一件艺术作品的风格个性、技巧样式及所蕴含的审美情趣独树一帜，鉴赏时应客观冷静、不流于情绪化、有的放矢地把握艺术文本的独创之处与艺术个性，这是艺术鉴赏的要义。

第五，提升艺术素养与人格实现。

艺术创造出的美学意趣有效地传递出艺术形式本身未能表明的创者得于心的生命感悟，通过艺术鉴赏，观者会于意，想象并创造出更广阔的空间，体味艺术彰显出的无穷的审美意趣和美学魅力。在不断进行艺术鉴赏的过程中，鉴赏者的艺术素养得以提升。在今天审美泛化的时代，艺术鉴赏已成为一种群体性的审美活动，艺术为审美鉴赏活动提供了普遍有效的理解方式和价值原则，按照东方文化环境中的人的生活方式、生存状态、思想观念和审美原则进行取舍，满足人们精神世界的审美需要。艺术是以人文精神诉求为主，关注人的生命状态，高扬人性的光辉，关注人的心理需求，作为现代人的自我塑造和自我实现的一种形式和表现。人们面对艺术时，自觉按照"美的规律"鉴赏，又反观自身，潜移默化地使自身的审美意识随着社会的发展而不断地由低级向高级渐变，使自身逐步地成为追求生命完美，兼具感性和理性，知、情、意和谐统一的完整的个体。

第二章　境生象外　伏延千里
——文学艺术

第一节　文学艺术概述

一、文学艺术界定

文学艺术，是以文字为表现媒介认知自我、抒发情感的一种文化样式，是具有社会的审美意识形态性质、凝聚着个体体验、能沟通人际情感交流的语言艺术。它源于人类对自己生存状态、生存实践的审美化表现，以情感为中心，进行艺术虚构，通过想象的力量体现对现实形态的价值判断和审美评价。

按照不同的分类标准，文学作品可以有以下划分方式：按时间划分，可分为古代文学、近代文学、现代文学、当代文学；按照载体划分，可分为口头文学和书面文学；按照地域划分，可分为亚洲文学、欧洲文学、美洲文学等。但最常见的划分方式是以体裁分类，就是根据文学作品在形象塑造、体制结构、语言运用、表现手法等方面的不同，把文学作品分成诗歌、散文、小说、戏剧四大类。

二、文学艺术发展历程

(一) 中国文学艺术发展历程

中国文学的产生可以追溯到文字产生以前的远古时代，在之后数千年历史长河中，雅俗互动、兼容并蓄，出现了众多才华恣意、以文言志的优秀作家，创作出大量散发独特风格和鲜明个性的优秀作品，虽有高潮也有低落，但以其顽强的生命力和不可抑制的人性光辉绵延不断。

追根溯源，文学长河的源头深入云端，不能详辨，但凭借仅存的零散片段，我们可以上溯到生产力水平极低的远古时代。此时虽然文字还没有产生，但在人民中间已经流传着神话传说和远古歌谣等口头文学，我们称其为传说时期的文学。之后甲骨文和青铜器铭文为口口相传的文学提供记录载体，中国书面文学应运而生。

先秦文学包括原始社会和夏、商、周三代以来的奴隶社会和封建社会(早期)三个阶段。以诗歌、散文等为主要文体，是中国文学的源头。先秦诗歌以《诗经》《楚辞》为代表，散文以《左传》《国语》《战国策》和诸子散文等为最佳。

夏商时期，文学发展与原始宗教紧密相连，主要用于歌咏祖先、祈福祭祀。在《山海经》中记载，《九歌》得自于"天"，应该是用于祭天的歌谣。而《商书》中的《盘庚》则记录了盘庚迁都时的训辞。

《诗经》是我国最早的诗歌总集，是先秦文学最重要的文学作品。它反映了奴隶制社会广阔沧桑的社会生活，揭露了剥削阶级的罪恶，表现了人民大众的思想感情，开创了我国现实主义的文学传统；赋、比、兴手法的运用，开启了我国古典诗歌创作的基本手法，对形成中国古代诗歌"意境"的表现传统具有重要作用，成为后代各类诗歌艺术之祖。

《诗经》以后的三百年间，是理智思维发展的时代，是哲学、历史散文胜利的时代。屈原是中国文学史上第一个出现的伟大诗人。在他的作品里，表现了他卓越的思想、人格和天才。其代表作有《离骚》《天问》《招魂》《哀郢》及《怀沙》五篇。我们在其中看到了爱国精神、强烈的政治倾向与不屈不挠的斗争精神。屈原的出现，开创了诗歌从民间创作进入文人创作的先河，对文学的自我淳化起到积极作用。屈原作为楚辞的创造者，其在楚地歌谣形式基础上形成新的创作风格，奠定了中国古代诗歌创作中的浪漫主义创作手法。《楚辞》成为先秦诗歌中最长的一部，与《诗经》并称为"风骚"，垂范于后世。

先秦散文分为历史散文和诸子散文，形成了古代文学"文以致用"的创作基因，奠定了中国文学健康发展的坚实基础，揭开了我国古代文学的辉煌篇章。在这一时期文史哲不分，百家争鸣的局面促使哲学、文学齐头并进。剖析人生、关注政治，实现了由原始文化向理性文化的转变。各家都有自己的学说主张，他们著书立说，大力宣传各自思想。《论语》和《孟子》是儒家的经典之作，前者平易感人而富有哲理性，后者激越犀利而富有鼓动性；《老子》和《庄子》是道家的经典之作，前者言简意赅而富有思辨性，后者洋洋洒洒而富有浪漫性；《墨子》和《韩非子》分别是墨家和法家的经典之作，前者朴实谨严而富有逻辑性，后者峻峭透辟而富有政治性。《左传》《国语》《战国策》是这一时期用平易文体写成的历史散文。《左传》是我国第一部叙事详细完整的编年体史书，《国语》是我国第一部国别体史书，而《战国策》因其人物形象的个性鲜明以及描写技巧的娴熟高明而成为这一时期历史散文中文学价值最高的一部。

秦汉是中国文学史上古时期的第二段。秦朝焚书坑儒，极端的文化专制政策使文学发展几近空白。唯一有作品流传的文人作家就是李斯，其作品《谏逐客书》文字生动，气势奔放，具有很强的说服力和感染力。

在两汉时期，文化政策有了重大调整，国力增强，文学创作如雨后春笋般生机勃勃。无论是作品数量还是思想深度、艺术水平都达到新高度，为后世树立了创作典范。

汉代文学以汉赋、散文和乐府民歌为代表。代表作家有贾谊、晁错、司马迁等。两汉文学在散文和诗歌上取得的成就为建安文学准备了条件。

汉赋是一种独特的文体，介于诗歌和散文之间，是散文化的诗，是诗化的散文，是汉代文学的标志。"赋"作为文体名称最早出现于荀子的《赋篇》。按其内容和表现形式的不同，可分为骚体赋、散体大赋和抒情小赋。骚体赋兴盛于西汉前期，内容上侧重抒情，形式上尚未脱离楚辞形迹。贾谊是汉代第一位卓有成就的作家。散体大赋兴盛于西汉中期，内容上侧重状物叙事，结构宏大，篇幅较长。枚乘是散体大赋的开创者，司马相如将大赋创作推向高潮，此外西汉后期的扬雄、东汉的班固等都是这一时期极负盛名的辞赋家。抒情小赋始于东汉中期，内容上侧重咏物和抒情，篇幅短小精巧，文辞别致清新，完成赋体文学革命性的变革。张衡以其《归田赋》成为汉代抒情小赋的开山之人。赵壹和蔡邕是继张衡之后抒情小赋作家中的佼佼者。赵壹的《刺世疾邪赋》成为批判现实的代表作。汉赋有音韵而不入乐，骈散不拘、韵否不定，善于铺陈夸饰，继承了儒家诗教的传统，重视讽刺。

汉乐府诗以民间创作和叙事诗的形式给诗坛带来新鲜血液，为文人诗歌创作提供可借鉴的范例和推动力。汉乐府民歌，在我国诗歌发展史上，是继《诗经》和《楚辞》之后，第三个重要的成就，酝酿了五言诗的产生。东汉的文人五言诗，是在东汉乐府民歌的基础上产生和发展起来的。今存无名氏的《古诗十九首》是东汉文人五言诗的代表作品。乐府民歌以叙事铺陈见长，富于生活气息的语言及以五言、杂言为主的句式。它以高度的艺术造诣，开创了我国抒情诗的新风格。

以司马迁的《史记》为代表的历史散文创作，是两汉文学的又一成就。《史记》以"不虚美，不隐恶"的"实录"精神，记述了我国上自传说中的皇帝，下至汉武帝时代的三千年间的历史。《史记》开创了中国纪传体的史书撰述，是我国传记文学的典范，鲁迅用"史家之绝唱，无韵之离骚"来高度评价其杰出的史学和文学成就。班固的《汉书》是汉代的另一部历史巨著，它是我国第一部纪传体断代史，与《史记》《后汉书》《三国志》合称为"四史"。

魏晋南北朝时期，政治的动荡促使人们开始探寻生命的价值和意义。文学走向自觉的时代。文学作品传递出一种浓郁的忧患意识、苦闷情感和自我意识。以"三曹"(曹操、曹丕、曹植)为代表的建安文学取得突出的成绩。他们以悲凉慷慨、刚健有力的创作风格，被后人称之为"建安风骨"或"建安风力"。另一类文人不与统治者同流合污，主张遗世独立的生活态度，创作了大量恬淡自然的田园诗。被称作"田园诗之祖"的陶渊明，以现实生活为题材，抒发自己对宁静闲适的田园生活的热爱，开创了文人诗歌创作的新领域，对唐代山水田园诗影响很大。

魏晋南北朝时期的辞赋题材更为广泛，抒情成分更为鲜明，曹植、王粲、左思、鲍照等人是这一时期的代表。其中，曹植的《洛神赋》美不胜收，在艺术方面卓有成就。散文也有很大发展，诸葛亮的《出师表》、曹丕的《典论》、陶渊明的《桃花源记》、陈寿的《三国志》、李密的《陈情表》、王羲之的《兰亭集序》等都是传世名作。

这一时期还出现了志怪小说和轶事小说，前者以干宝的《搜神记》为代表，后者以刘义庆的《世说新语》为代表。在文学理论方面，刘勰的《文心雕龙》和钟嵘的《诗品》堪称此方面划时代的巨著。

唐代文学空前繁荣，诗歌、散文、小说等方面的作家作品数量之多、成就之高、影响之大，都是前所未有的。

唐代诗歌登上了中国古典诗歌的顶峰，唐代也成为中国诗歌史上的黄金时代。初、盛、中、晚各期名家辈出，大家纷呈。初唐时期，王勃、杨炯、卢照邻和骆宾王人称"初唐四杰"，上承汉魏风骨，力扫齐梁浮艳颓风，使唐诗由艳情转向现实，由靡靡之音变为清朗健康的歌唱。盛唐时期，以王维、孟浩然等人为代表的山水田园诗派，诗境幽美，艺术精湛，上承陶渊明、谢灵运而别开生面；以高适、岑参、王昌龄等人为代表的边塞诗派，诗风刚健，韵味深长。这一时期还出现了李白和杜甫两位诗坛巨人，在我国诗歌史上被称作"双子星座"。李白史称"诗仙"，其诗歌豪放飘逸；杜甫的诗歌号称"诗史"，风格沉郁顿挫。中唐时期，诗歌主流转向了现实，出现了以白居易、元稹为代表的新乐府诗歌，以及韩愈、刘禹锡、柳宗元、贾岛和李贺等杰出的诗人。白居易是唐代创作量最大的诗人；元稹是新乐府运动的中坚力量，与白居易并称"元白"；韩愈位于"唐宋八大家"之首，是唐代最杰出的散文家，也是位大诗人；刘禹锡的咏史怀古诗最为后人所称道；柳宗元是中唐著名的诗人，也是著名的散文家；李贺人称"鬼才"，是一位才华横溢的诗人。到了晚唐，诗风带有浓厚的感伤色彩，杜牧和李商隐是这一时期的代表，世称"小李杜"。杜牧长于七绝，风格俊爽高绝，可与盛唐"七绝圣手"王昌龄齐名；李商隐诗风富丽华艳，以爱情诗独擅胜场。

散文是唐代文苑的又一重大收获，唐代古文运动也是中国散文发展史上的一次重要的文学革新运动。中唐的韩愈、柳宗元犹如并峙的双峰，在众多散文作家中脱颖而出，是继司马迁之后两位最优秀的散文家。他们是古文运动的领袖，以"文以载道"为核心，要求文章务去陈言，写作强调创造革新，语言提倡真切自然。晚唐文人作品中值得一提的是罗隐、皮日休、陆龟蒙等人所写的批判现实的小品文，鲁迅曾赞之为"一塌胡涂的泥塘里的光彩和锋芒"。

唐人传奇的产生和发展，因其结构更为完整、情节更为复杂、人物形象更为显著而使中国小说进入了新的发展阶段，它的出现标志着中国古典小说的成熟发展。

词又名"长短句"，萌芽于隋唐之际，兴于晚唐五代，极盛于宋代。词起源于民间，敦煌曲子词是现存最早的民间词。大量词作出现于晚唐时期，温庭筠是第一位大量写词的词人。西蜀词坛和南唐词坛是五代时期的两大著名词坛。西蜀词坛以"花间派"为中心，"花间词派"以中国第一部文人词总集《花间集》而得名。南唐词坛的代表人物是南唐后主李煜，其后期作品感慨遥深，形象真切，语言质朴洗练，艺术成就在中国词史上占有不可磨灭的一席之地。

在宋代文学中，成就最为辉煌的当属宋词，故唐诗、宋词堪称中国文学的双璧。北宋初期，晏殊词风雍容闲雅，风格柔婉；范仲淹词作宏大开阔，沉郁苍凉，开创了宋代的边塞诗派。柳永是北宋第一个专力写词的作家，也是第一个大量创作慢词的词人。苏轼是宋代的大散文家、大诗人、大词豪，文称"欧苏"，诗称"苏黄"，词称"苏辛"，代表了北宋文学的最高成就。苏词开创了豪放词派，高歌入云，逸怀浩气，给宋词带来了新气象。秦观的词融情入景，词境凄婉柔美，对宋代婉约派词人有直接影响。周邦彦是北宋婉约派词人的集大成者，在使词艺趋于精美化方面功不可没。两宋之交出现了我国古代杰出的巾帼词人李清照，她的词化俗为雅，发清新之思，柔中有刚，感人心魄。南宋最伟大的爱国主义词人当推辛弃疾，他对东坡词的豪放风格加以继承而发展，风格苍凉悲壮。姜夔是南宋格律派词人的代表，词风清空婉丽，在艺术上冠绝一时。

宋诗带有散文化倾向。欧阳修是宋代诗文革新运动的领袖，倡导平易流畅、注重气骨、长于思理的诗风，为宋诗开拓出一条新路。苏轼的诗笔力雄健，气势奔放，发展了"以文为诗"的宋诗特色。黄庭坚是江西诗派的创始人，推崇杜甫的现实主义风格。陆游是南宋最伟大的爱国诗人，是中国文学史上创作最丰富的诗人，他的诗风以豪放雄浑为主，将我国的爱国主义诗歌推向了一个高峰。南宋后期还出现了"永嘉四灵"和江湖诗派，诗作重于个人抒情和对田园生活的赞咏，诗格比较浮弱，现实感不强。宋末的文天祥、汪元量等人所创作的爱国诗篇慷慨激昂，为这一时期的诗坛抹上最后一道光彩。

宋代散文在形式、内容、语言等方面都有了新的发展，范仲淹、欧阳修、苏洵、苏轼、苏辙、王安石、曾巩等是这一时期著名的散文家。欧、王、曾、"三苏"，加上唐代的韩、柳，被后世尊崇为"唐宋八大家"，其作品一直是后人学习古代散文的典范。另外，两宋理学盛行，理学家以周敦颐、程颢、程颐、朱熹为代表。

宋代小说在唐代讲唱文学的基础上，演化产生了反映城市居民思想和生活的白话小说——话本，话本逐渐成为古代小说的主要形式，这是中国小说史上的一次重大变迁。

同时期的辽金文学是在北方少数民族游牧文化与中原汉文化交流融合的背景下发展起来的，主要特征表现为北方文学的质朴中兼有南方文学的情致。元好问是金代第一大作家，创作了不少沉郁而悲愤的诗词。董解元的《西厢记诸宫调》，在结构安排、叙事手段、人物心理刻画、语言运用等方面较之以前有很大突破，为元代王实甫写作《西厢记》提供了丰厚的创作基础。

中国文学由雅到俗的转变开始于宋代，到了元代，迎来通俗文学的大发展时期。元曲是元代文学的主流，包括杂剧和散曲。杂剧是戏剧，标志着元代文学的最高成就。元杂剧以其独特的艺术风格和形式体制，以及高度的社会历史价值，开辟了我国戏剧文学的黄金时代。关汉卿是元杂剧的奠基人和典范作家，最杰出的作品首推《窦娥冤》。王实甫的《西厢记》是元杂剧中一颗璀璨夺目的艺术明珠，在民间广泛流传。其他著名的杂剧作家有白朴、马致远、郑光祖、纪君祥、康进之等人。他们的代表作品分别是《梧桐雨》《汉宫秋》《倩女离魂》《赵氏孤儿》《李逵负荆》等。关汉卿、马致远、白朴、郑光祖合称为"元曲四大家"。到了元末，杂剧衰微，南戏盛行并逐渐发展成为一种较为成熟的戏剧样式。《琵琶记》《拜月亭》等一批优秀作品的出现，标志着南戏已取代杂剧走向兴盛，并为明清传奇的兴起奠定了基础。

元代还出现了一种当时非常流行的雅俗共赏的新抒情诗体——散曲，有小令和套数两种形式。散曲生动活泼，通俗易懂，具有浓厚的市民通俗文学色彩，给诗坛注入了一股清新的空气。散曲作家前期以关汉卿和马致远为代表，作品风格多样，既有民间艺术的自然本色，又不乏文采；后期以张可久和乔吉为代表，作品趋于雅正典丽。

与成就卓著的元曲创作相比，元代正统诗文的创作相对衰落，没有出现杰出的作家和作品。

长篇章回小说是由宋元讲史话本发展而来的一种小说形式，诞生于明代。罗贯中的历史演义小说《三国演义》、施耐庵的英雄传奇小说《水浒传》、吴承恩的神魔小说《西游记》、兰陵笑笑生的世情小说《金瓶梅》等，这些风格迥异的长篇巨著的问世，开创了中国长篇小说的创作热潮。

明代的白话短篇小说是宋元话本的延续和发展，其主要形式是拟话本。冯梦龙整理并出版的《喻世明言》《警世通言》和《醒世恒言》，以及凌濛初的《初刻拍案惊奇》《二刻拍案惊奇》，合称"三言"和"两拍"，代表了中国古代白话短篇小说的最高成就。

在诗文领域里，明代的诗文作者在艺术观念和方法上很少创新。诗歌创作以刘基、高启、陈子龙等诗人，以及"前七子""后七子""吴中四才子""公安派"等流派为代表。散文创作以宋濂、刘基等散文家，以及"唐宋派"的主要人物归有光为代表。明末小品文的兴盛，成为明代散文中颇见光彩的一部分。小品文吸收了唐代散文的精髓，并融入了魏晋南北朝笔记文的谐趣和隽永，具有独特的艺术魅力，以张岱、徐宏祖为杰出代表。

清代是中国古代文学史上最后一个重要的阶段。小说、戏剧继明代之后又取得了巨大的成就，诗、词、散文、骈文领域作家众多，流派林立，进入了全面总结的时期。

清代的小说创作最有成就，其思想性和艺术性都达到了新的高度。就长篇小说而言，曹雪芹的《红楼梦》成为我国古典小说的艺术高峰，另一部长篇巨著是吴敬梓的《儒林外史》；就短篇小说而言，最优秀的当属蒲松龄的《聊斋志异》。

清代是唐代以后诗歌创作的复兴时期，名家迭出，流派众多。钱谦益、吴伟业被誉为清诗的开山宗匠。王士祯创立"神韵说"，有"清代第一诗人"之称。此外，黄宗羲、顾炎武、郑燮、袁枚等人的作品也较有特色。

经过元、明的中衰以后，词至清代又呈"中兴"气象。陈维崧、朱彝、纳兰性德三人是"清初三大家"，他们探讨创作之风特盛，且词作丰富。清中叶以后，以张惠言、周济为代表的"常州词派"，在词坛上较有影响，且影响直达近代。

在散文方面，后世对清中期的散文评价较高。清中叶出现的著名散文流派——"桐城派"文学成就最高，讲究作文"义法"，以"清真雅正"风格为宗，代表人物是方苞、刘大櫆和姚鼐。清代骈文也呈复兴之势，并产生了陈维崧、袁枚、洪亮吉、汪中等一批骈体文作家。

中国近代文学是从1840年鸦片战争的爆发到1919年五四运动期间发生的文学现象。在这个时期，文学已充分发挥其为政治服务的功能，被一些进步作家有意识地当成政治斗争的武器。这一时期的诗歌、散文、小说，内容已不同程度地反映爱国主义和民主主义思想，形式较之以前也更加自由、平易、通俗。

在诗歌领域，前期和中期分别以龚自珍、魏源和梁启超、黄遵宪、康有为等人为代表，其作品大多富于时代色彩，洋溢着昂扬热烈的爱国感情；后期以秋瑾、柳亚子为代表，其作品强烈批判封建文化和礼法，宣传民主主义。

近代散文在新旧文化的斗争盘结中呈现出十分复杂的局面，散文创作以严复和章炳麟为代表。

近代小说中，狎邪小说和侠义公案小说在初期占主导地位，格调平庸；后期谴责小说盛行起来，代表作有李宝嘉的《官场现形记》、吴沃尧的《二十年目睹之怪现状》、曾朴的

《孽海花》、刘鄂的《老残游记》，它们被称为"晚清四大谴责小说"。

五四新文化运动在中国文学史上划出了一条鲜明的界线，作为新文化运动的一个重要组成部分的文学革命，把中国文学从古典推进到了现代。鲁迅的《狂人日记》，就是新文学诞生的标志。

新文学运动推动了白话文的普及。1917年1月，胡适在《新青年》发表了《文学改良刍议》，在文中提出要确认白话文学在中国文学史上的正宗地位。同时随着外国文学思潮的影响，大量的文学社团如雨后春笋般涌现，例如新月社、文学研究会、湖畔诗社、创造社。

最早发生变化的是诗歌创作，呈现出多元化的发展局面。胡适、郭沫若、徐志摩、闻一多等作家向西洋诗歌学习，直白表达内心，确定了白话诗的统治地位，创造了一个自由体新诗的时代。

"五四"以后，小说创作获得了长足发展，关心社会人生、抒发心灵苦闷、探寻社会出路，成为作家们关注的焦点。1902年，梁启超发起"小说界革命"，认为小说是"文学之最上乘"，作家冰心发表了《斯人独憔悴》等，正式开创了"问题小说"的风气，掀起一股小说"题材热"。 鲁迅的《狂人日记》是一部具有划时代意义的作品，是中国现代白话小说的发端之作。鲁迅是现代乡土小说开风气的大师，他的《孔乙己》《风波》《故乡》给后来的乡土作家建立了规范。鲁迅对"乡土小说"的含义加以界定：所谓"乡土小说"，就是指这类靠回忆重组来描写，带有浓重的乡土气息和地方色彩的小说。 而郁达夫的小说以抒情为主、情节为次。其小说主人公大都是所谓"零余者"(即五四时期一部分歧路彷徨的知识青年)，是被压迫被损害的弱者。他的小说有特有的感伤美和病态美。

虽然动荡不定的社会给予了此时文学作品浓郁的尘世印痕，但作家们的灵感、智慧、气质和胸襟还是令这些佳作具备了极强的艺术美感，成为中国现代白话文文学的经典之作。

1949年，中华人民共和国成立，中国文学掀开了全新的篇章，进入了当代文学阶段。

1949年至文革结束时期的文学主题是"歌颂"。作家用笔歌颂波澜壮阔的革命现实，成为历史的记录者与推动者。早期的著名作家，如茅盾、巴金、老舍、曹禺、沈从文等人，长期以来采用批判与暴露现实社会的视角进行创作，随着社会的剧烈变革，突然要求他们使用歌颂现实的视角进行创作，普遍出现了水土不服的情况，创作质量远不如以前。与此同时涌现的大批从解放区走出来的作家取得了一定成绩，如丁玲的《太阳照在桑乾河上》、周立波的《暴风骤雨》、赵树理的《小二黑结婚》等。

"文革"的爆发，不仅是中国经济的大灾难，也是中国文学的一场大灾难。"文革"首先是在文学界发动起来的，文学受到的冲击自然最大，进入"冬眠期"。公开出版的仅有《艳阳天》等几部小说。诗歌和小说创作基本为隐蔽的文学界状态，诗歌创作，或表达对社会的深刻思考，或注重从中外诗歌中汲取营养，主要以"白洋淀诗群"为代表的一些诗人逐渐形成规模；在小说方面出现了手抄本小说，以张扬的《第二次握手》和赵振开的《波动》为代表。

"文革"结束后，文学创作打破了思想的禁锢，迎来了井喷期。刘心武的《班主任》带出了伤痕文学和反思文学的兴盛，文学在社会学层面上的杰出思考充分体现了作家们在政治上的敏感和对改革的热切期望。朦胧诗和王蒙在小说艺术上的变革在文艺理论界引起了激烈的争论，汪曾祺的短篇小说《受戒》在小说创作上体现出散文化、风俗化和唯美化的特点，对20世纪80年代的小说创作的潜在影响十分巨大。20世纪80年代末，以贾平凹、陈忠实为代表的陕西作家群异军突起，六位陕西作家在这一年出版了8部长篇小说，尤其是《废都》和《白鹿原》，引起了读书界的广泛关注。以王蒙和王朔为一方，张炜和张承志为另一方，对整个社会的市场化，以及因此给中国文化带来的冲击和变化，发表了迥然不同的观感。

20世纪90年代是中国文学发展的主要历史时期，文学进入了一个以关切现实人生、高扬个体感性和追求人文精神为主要思想的深入发展阶段。小说创作出现了具有多种内涵的作品，新写实小说、先锋小说、女性小说、历史小说、反腐题材小说等，都表现了作家对社会生活的深刻反省。散文创作，以余秋雨的"文化散文"为代表进入了创作的高峰期。

在20世纪，中国文学的主流和社会政治密切相关。王朔小说和新写实小说出现之后，文学逐渐向娱乐性和世俗性转变。这种现象的出现，对文学界带来了一定冲击，引起了"雅""俗"之争。虽然通俗文学遭到了学界的一些评判，但是通俗文学在中国大陆的阅读量是不能质疑的。20世纪80年代以来，港台的文学作品在大陆得到了广为流传，例如金庸、古龙、亦舒、三毛、琼瑶、温瑞安、黄易等人的文学作品；受到影视的青睐并在读者中产生较大影响的有王朔的小说。20世纪90年代中后期，出现了网络文学。1998年，蔡智恒在网络上公开发表了《第一次的亲密接触》，网络文学迅速崛起，成为在数字媒介影响下文学转型的标志。2008年在中国作家协会的指导下，开展了网络文学十年盘点，参与的网络作品多达1700本，十年盘点活动是主流文学第一次对网络文学的肯定，是中国网络文学乃至中国文学发展史上的里程碑，网络文学从此正式走上中国文学的舞台。

网络文学作者的写作方式多种多样，作品富有生活气息，运用的语言幽默生动，具有文学通俗化的趋势。但由于网络文学的作者没有门槛，作品与商业开发紧密结合，注水、抄袭等违规行为的成本很小，导致网络文学作品质量良莠不齐，作品数量庞大但精品很少。目前，网络文学还存在很大争议，但不可否认这作为当下一种备受关注的文学现象真实而且影响巨大地存在，其将来会何去何从仍需进一步的探索和规范。

2012年10月11日，莫言以其"用魔幻现实主义将民间故事、历史和现代融为一体"而获得诺贝尔文学奖，成为首位获得该奖的中国籍作家。

(二) 外国文学艺术发展历程

文学艺术起源于远古时代人类的生产劳动。劳动推动人的思维和语言发展，导致手的完善，使文学艺术的产生成为可能。原始人在协同劳动中伴随劳动的节奏发出的劳动号子，形成了最初的文学艺术样式——诗歌。旧石器时代晚期的洞壁绘画描绘狂奔的野猪、猛犸象和鹿群，中石器时代的岩画表现手持弓箭追猎山羊的人群，这些生活内容为文学艺术提供了丰富的素养。

古希腊时期文学艺术的发端，记录着西方人类开始争取生存自由。在原始社会和奴隶制社会初期，人类与自然的矛盾，人要为生存而斗争，部落之间的冲突，都通过文学艺术的方式反映在希腊神话、荷马史诗、古希腊悲剧、喜剧中。这一时期文学作品绝大部分以神话为题材，包含一个自然神的庞大系统，可以称为"神话文学"。

西方文学艺术中研究神祇的形象，实际上是人类在反观自己。中世纪文学艺术发展中，西方人类在宗教神学统治下争取心灵自由，出现了英雄史诗、骑士文学、市民文学等样式。这种带有反宗教神学倾向的艺术成果，闪耀着人类文明的光辉。其中，但丁的《神曲》成为光彩的篇章，创作目的是人的幸福而不是教会利益，体现出以人为本的叛逆精神，因而成为文学史上的经典。

中世纪宗教神学是古希腊原始古朴的思想向消极方向的嬗变。文艺复兴运动的蓬勃兴起，则是古希腊原始古朴的思想向积极方向的发展。经过中世纪漫长的黑暗统治，文学艺术在新时代里推陈出新，冲出了封建统治和宗教神学束缚，人类生命得以复苏，个性自由、精神解放、天赋人权等崭新意识成为这一时期的文学艺术的主要内容。薄伽丘的《十日谈》被誉为是西方最早高呼反封建桎梏、反宗教号召的文学旗帜，揭开了文艺复兴运动的序幕。拉伯雷的《巨人传》把人文主义精神的人格化，从形体上和思想上形成了突破禁锢和要求解放的文学新特征。塞万提斯的《唐·吉诃德》则是讥讽中世纪末荒诞不经的骑士小说，嘲笑了已经过气的骑士制度和骑士精神。莎士比亚更以其《哈姆莱特》等不朽诗篇，彰显了人文主义的清新气息，发出这一伟大时代的最强音。

接下来，西方文学史经由古典主义文学的过渡后，又迎来了继文艺复兴之后传播人类新理性意识的启蒙运动文学与浪漫主义文学新阶段。启蒙运动文学是新兴资产阶级通过文学艺术进行的第二次反对宗教神学和封建独裁的激烈斗争，是艺术复兴运动的继续，又为欧洲资产阶级革命做了思想准备。法国的孟德斯鸠、伏尔泰、狄德罗、卢梭、博马舍，英国的笛福、斯威夫特、菲尔丁，德国的莱辛、席勒和歌德都通过文学艺术的形式，既宣扬了人类思想体系理论，又再现了生活的各个侧面的形象。

浪漫主义文学是指欧洲资产阶级革命时代的西方文学。从文学思潮看，是一次群众性艺术思想运动。这一时期出现了华兹华斯、柯勒律治、夏多布里昂、茹科夫斯基、雨果、拜伦、雪莱、普希金等作家，给文学艺术理论和实践带来了非凡的创新意义。雨果的著名论点"浪漫主义的真正定义不过是文学上的自由主义而已"代表了时代心声。反对伪古典主义，更成为这一阶段文学艺术的一场重大革新，使后世文学作家受益匪浅。

19世纪主要盛行的是现实主义文学。现实主义文学界定为，从19世纪30年代兴起，延续到20世纪90年代。其中，含有界限分明的前后两大文学思潮，即19世纪的批判现实主义文学思潮，从1830年左右英法资产阶级获得统治权直至十月革命前夕；20世纪的社会主义现实主义文学思潮，从十月革命前夕到1991年的苏联解体。19世纪初期，大量作家冷静理智地观察思考现实，以文学艺术为武器，真实地揭示社会矛盾，深刻地暴露金钱罪恶，表现出愤世嫉俗的批判倾向，诞生了批判现实主义文学思潮。其中，代表作品有司汤达的《红与黑》、雨果的《悲惨世界》、巴尔扎克的《高老头》、福楼拜的《包法利夫人》、莫泊桑的《羊脂球》、罗曼·罗兰的《约翰·克利斯朵夫》、狄更斯的《艰难时世》、萨克雷的《名利场》、夏绿蒂·勃朗特的《简·爱》、哈代的《德伯家的苔丝》。俄国的批判现实主义文学不同于西欧，其作品多反映农奴制的没落和城市沙皇官僚群的腐败，表现革命分子觉醒、小人物命运。其思想主旨是关注社会前途和人的价值，探索俄国的出路，代表作品有普希金的

《叶甫盖尼·奥涅金》、屠格涅夫的《罗亭》、冈察洛夫的《奥勃洛摩夫》、果戈里的《死魂灵》、契诃夫的《套中人》、列夫·托尔斯泰的《战争与和平》《安娜·卡列尼娜》和《复活》。社会主义现实主义文学思潮是随着十月革命的胜利，在世界历史新阶段的必然产物。从19世纪末期发轫，理论纲领在20世纪30年代形成，被苏联全国第一次作家代表大会确定为文学创作和文学批评的指导方针。要求作家树立共产主义世界观，学习马克思主义；作品要再现生活真实，刻画从事社会主义革命和建设的一代新人。代表作品有高尔基的《母亲》、尼·奥斯特洛夫斯基的《钢铁是怎样炼成的》、阿·托尔斯泰的《苦难的历程》、法捷耶夫的《青年近卫军》、肖洛霍夫的《静静的顿河》等。

20世纪的外国文学呈现出多元格局的总体态势。20世纪初，批判现实主义文学还在流行，社会主义现实主义文学开始兴起，现代主义文学也于其中产生，形成了三大主要思潮互相排斥，又彼此渗透的局面。现代主义文学由多种具体流派松散组合而成，各流派的思想倾向和美学主张的共同点是对传统理性观念和群体人学挑战，旨在表现意识之下的深层情感和探索心理的深层真实，在艺术形式上追求新奇鲜见的手段和技巧。第二次世界大战后的后工业社会、后现代社会条件下诞生的后现代主义文学，是继现代主义文学的衰落而崛起的新派，既是现代主义文学思潮的延续，又对其具有超越，多年来一直是外国文学界，也是我国文学界的前沿研究课题，尚无定论。这一时期，作家受弗洛伊德的精神分析学和荣格的心理学的影响很深，作品的主旨在于开掘个体的深邃的精神世界，尤重表达人类意识领域和潜意识领域的个体真实。代表作品有象征主义如波德莱尔的《恶之花》、艾略特的《荒原》等，表现主义如卡夫卡的《变形记》、奥尼尔的《毛猿》等，意识流小说如普鲁斯特的《追忆似水年华》、乔伊斯的《尤利西斯》、福克纳的《喧哗与骚动》等，超现实主义如布勒东、艾吕雅的诗歌，存在主义如萨特的《厌恶》、加缪的《局外人》等，新小说派如阿兰·罗伯-格利耶的《橡皮》、萨洛特的《马尔特罗》等。

跨世纪的外国文学艺术，仍然遵循着人类精神解放和心灵自由的道路前进，现实主义、浪漫主义和后现代主义的汇流共处，呈现出既冲撞又融合、既排斥又渗透的多元状态与格局。

第二节 文学艺术及各类文学体裁的审美特征

一、文学艺术的审美特征

(一) 塑造艺术形象的间接性

在众多艺术门类中，文学艺术是作品最丰富、历史最悠久、内涵最丰富的艺术形式。它以语言为媒介塑造艺术形象，反映社会生活，表现思想感情和审美理想。文学艺术是语言构筑的意象世界，语言是文学的生命之根，因此文学又被称为"语言艺术"。语言是文学的第一要素，也是文学的基本材料，正如雕刻的材料是石头或铜，绘画的材料是颜料一样。作家通过语言这一思想的物质外壳，把对生命意义的理性思考和对情感的体验感受都传达并固定下来。

文学艺术形象的间接性，是区别于其他艺术的主要特征之一。绘画、雕塑等造型艺术以物质材料作为表现形式，音乐艺术运用音符作为表现形式，这些艺术形式直接作用于人的感官，不仅可以看到或听到，有些还可以触摸到，因此具有实体性的特点。唯有文学艺术运用语言来传达情感，所塑造的艺术形象必须通过读者的想象才能感受到，因此，文学艺术具有间接性的特点。具体来讲，文学艺术借助语言媒介塑造的艺术形象不能直接呈现在读者面前，读者只能通过调动自己的生活阅历，展开积极活跃的想象和联想，在头脑中呈现出栩栩如生的形象画面，才能感知和把握住文学作品中的艺术形象。因此，人们通常把文学艺术称为"想象的艺术"。文学形象借助语言媒介来塑造艺术形象，虽不能直接作用于读者的感受器官，却能够激发读者的想象，从而产生如闻其声、如见其人、如临其境的审美效果。

文学艺术形象间接性的特点，使得阅读文学作品与欣赏其他艺术作品的情况截然不同。李白"如画"诗句"孤帆远影碧空尽，唯见长江天际流"，具有强烈的形象感，但是对于不能读书识字的孩童来说，眼前则呈现的只是堆砌的抽象符号，大字不识的孩童无法通过语言这一媒介去感受如画的美景。倘若把诗中描写的优美景色拍成照片或电影，情况就会大不一样。因此，文学中的艺术形象只能通过想象间接存在，形象塑造的间接性是文学的一个突出特点。

(二) 反映社会生活的广阔性

文学区别于其他艺术门类的一个显著特征，就在于它是用语言作为媒介来塑造艺术形象。语言媒介的能动、自由的特性，源于它不直接受到物质世界的时间和空间的限制和束缚，这就使得运用语言来塑造艺术形象的文学所呈现的天地显得无比广阔和自由，实现了时空的无限延伸。因此，古今中外，无论是客观世界，还是主体意识，无论是湖光山色、鸟语花香，还是举止言谈、爱好趣味，语言都可以触及。也就是说，世界上的一切事物、景象，一切精神活动，一切发展过程，都可以在文学作品中得到充分的体现。语言的这种极大的自由性和容积量，使得文学形象具有其他艺术无法比拟的广阔性，可谓是"笼天地于形内，挫万物于笔端"。

不仅如此，语言还能够全方位地展现广阔而复杂的社会生活，它能够完整地把握和反映宇宙万事万物的各个侧面和每个属性。同样以浩瀚的大海为表现对象，音乐艺术家表现的是波涛的汹涌咆哮和航船汽笛的响亮悠长，画家表现的是海水的湛蓝、海面的广阔、云霞的起伏和远处的岛屿、船舶，而文学家不仅能逼真地描绘出上述提到的一切景物，还能够细腻地反映出人们可以见到、闻到、触到、想到的与大海有关的方方面面。

文学艺术能够全方位、多角度地反映社会生活，这一点其他艺术很难达到。音乐艺术受时间限制，舞蹈受身体语言限制，绘画受空间限制，戏剧受舞台限制，唯有文学的自由度最大。德国美学家莱辛在谈到诗歌与绘画的不同时就说过，语言艺术和造型艺术的不同就在于，后者作为一种空间艺术，只能表现最小限度的时间，即某个瞬间，而语言艺术却可以表现动态的事物，可以不受空间的局限去叙述过程。可见，语言有令其他艺术望尘莫及的能动性和自由性，这也使得文学艺术涉及的题材内容最广泛，上下几千年，纵横几万里，宏伟的战场、复杂的斗争、秀丽的风光、细微的生活、各色的人物等，都可以在文学作品中得到展现。

(三) 抒发思想感情的深刻性

语言是人类交流思想感情的工具，因此以语言为载体的文学艺术，可以直接运用语言本身去传达那些只能用语言才能确切表达的思想认识。语言可以直接地明确传达诸如政治思想观点、伦理道德观点、哲学观点、经济观点等任何主体意识。从这个意义上讲，文学是最富有思想感情的艺术。相比之下，音乐、舞蹈、绘画等艺术在表达思想感情的深度和广度上就远远落后于文学艺术，它们难免要借助语言艺术的力量，或明确标题，或题写诗词，来表现艺术家的审美意识，从而使作品具有一定的思想性。可见，在各类艺术中，文学艺术最富有深刻性和思想性，因为语言在表达人的思想感情方面的艺术表现力最强大。

同时，文学艺术对社会生活中各种矛盾来龙去脉的再现，能够使读者从中了解人物的思想发展、感情变化、个性生成等具体内容。从这个角度讲，文学艺术能使思想感情的表现一方面保持生动细致的感性描写，另一方面也不失深刻复杂的理性揭示。其他艺术形式因其形象的直观性和表现媒介的单一性无法具有这一特点，而文学艺术具有极其丰富的思想感情的表现力，成为思想性最强的一种艺术形式。

任何文学作品都包含作家的主观情感。抒情诗、抒情散文等情感类文学自然离不开情感性，小说、散文、剧本等叙事类文学也同样蕴藏着作家炽热的感情，只不过这类作品，或是通过作品中的人物对话和行动间接地传达情感，或是通过作家的叙述、抒情、评论等直接抒发思想感情。文学的情感性越强烈，其艺术感染力也就越浓烈，富有艺术震撼力的作品能使读者自发地去领悟作品蕴藏的深刻思想内涵。

(四) 创造审美意象的自由性

文学艺术以语言塑造审美意象。首先它赋予创造者以意象塑造的自由，作家在创造审美意象时可以突破客观世界具体物质的束缚，纵横驰骋，任意展开想象的翅膀，自由自在地在天地间翱翔，最终达到"神与物游"的最高境界。其次，它还赋予读者以再创造的想象空间，使读者在阅读文学作品时能够充分调动自己联想的积极性，真正参与到审美意象的再创造中来。因此，同一形态的描写，不同的读者可以在心中形成不同的审美意象，文学审美的自由和多向度也就体现于此。也就是说，由于审美主体的主观感受因时、因地、因人而发生变化，不同的读者在接受上会有不同的想象与再创造。因此，在古代诗词中，无论是花草还是山河，创造者不做具体的特征刻画，只是给人以整体印象。而对于读诗颂词的读者来说，他们也无须具体把握，却可仔细体味。无限的广度铺展开来，美感空间尽情吸纳着创造与想象的加入，客体主观化，变化无穷，美感中的宇宙已不完全是客观宇宙，宇宙的意义系于创造。

(五) 表现内心世界的丰富性

人的内心世界丰富复杂，细腻深刻，变幻不定，很难准确地表达出来。音乐、舞蹈、绘画、建筑等艺术手段因受到表现媒介的束缚而变得狭小和模糊，而文学艺术要比上述艺术更适宜反映人们的思想活动及其完整过程。文学作品不仅可以通过对人物音容笑貌、言行举止等方面的描绘来展现人物的内心世界，而且可以抛开人物外在的形象和行为，直接揭示人物复杂而丰富的精神世界，向人的内心世界深处发展，让人物内心独白，把那些难以言尽或不可言说的心理感受尽可能地表现出来，从而揭示出人物内心最复杂、最丰富、最隐秘的情感变化。

二、各类文学体裁的审美特征

(一) 诗歌的审美特征

1. 强烈的抒情美

诗歌通常被人们称为"文学之母"，最早的文学体裁当属诗歌。自从有人类以来，就有诗的存在。作为最早出现的一种文学样式，诗歌产生的初期与音乐艺术、舞蹈紧密相连。《毛诗序》里说："诗者，志之所之也，在心为志，发言为诗。情动于中而形于言，言之不足，故嗟叹之；嗟叹之不足，故咏歌之；咏歌之不足，不知手之舞之，足之蹈之也。"班固在《汉书·艺文志》中诠释《尚书》的"诗言志，歌咏言"时也谈道："故哀乐之心感，而歌咏之声发。诵其言谓之诗，咏其声谓之歌。"说明同一个道理。

一切文学作品都贯注着作家的感情，而诗歌表现得最为强烈和奔放。感情是诗的生命和血液，诗的字里行间奔腾着作家的艺术情思。没有情，无以谈诗，不抒真情，就算不得诗人，可见感情是诗情天性的最主要的动力。诗歌艺术的抒情美是其最本质的美学特征。

2. 幽远的意境美

诗歌强调抒情，但其情感的表达并不是直接宣泄和呐喊，而通常是凭借幽远的意境显现出来。王昌龄在《诗格》中说："诗有三境，一曰物境，二曰情境，三曰意境。"其中"物境"是客观的景物之境，"情境"是主观的情感之境，"意境"则是作者的主观思想感情与客观描绘的图景高度融汇在一起而形成的艺术境界，是诗歌艺术所追求的一种最高境界。"意"即情，"境"即景，"境"是基础，"意"是主导，创造意境的过程是通过想象和联想，将抒情主体的情感与客观世界的意象交融在一起的艺术过程。

诗歌的意境是大美无言，寓情于境。一首好诗总是通过意境把诗人的至情、美感呈现在读者面前。诗歌艺术总是以其令人陶醉的意境，让读者在阅读和赏析之中去感受和领悟作品的虚实相生、物我相通、深邃幽远的美感。

3. 精致的语言美

诗歌语言美的第一个表现就是讲究语言的锤炼。因为诗歌要在尺幅之内充分展现诗情画意，所以其用语必须鲜明、凝练而生动，具有表现力。因此，较之于小说、戏剧和散文，诗歌更重视语言的锤炼。综观古今中外，凡是在诗歌创作上成就卓著的诗歌大家，无不一丝不苟地锤炼自己的诗歌语言。

诗歌语言美的第二个表现是讲究语言的韵律。韵律的第一个要素是韵脚，诗从诞生之日起，就带上了押韵的基因，古人甚至把韵脚的有无看成决定诗文生死、雅俗的关键。因此从古至今，除了某些自由诗和散文诗之外，诗歌都讲究押韵。韵律的第二个要素是节奏，反映在诗歌上就是句式。句式使诗歌的节奏变得抑扬顿挫，具有悦耳的音乐艺术美感。韵律的第三个要素是平仄格式。平仄格式是对诗句中每个位置上语词声调的特殊规定，违背规则的就不是严格意义上的近体诗、词或散曲。

(二) 散文的审美特征

1. 广泛多样的题材内容彰显散文独特之美

所谓散文在内容方面表现出来的"散"，主要是指散文的题材丰富多样，取材异常广泛，古今中外社会生活中一切有意义的人、事、物都可以囊括在散文所描写的范畴之中。人情世故之叙述，自然美景之描绘，风土人情之反映，花鸟鱼虫之细摹，国际风云之审视，大千世界万事万物，无所不包，无所不容，真可谓是"行云流水皆成文，嬉笑怒骂也成章"。

散文题材无与伦比地广泛，也使得不同作家的散文风格彰显出独特之美。闲暇时分，静静地捧读一本散文，其散发的灵动之美无不使人驻足其中。例如，中国文学艺术中沈从文的散文氤氲温润，林贤治的散文持论正大，郁达夫的散文江南悲凉和北方豪爽兼有，梁实秋的散文自由洒脱，林语堂的散文睿智通达，巴金的散文天然自成，冰心的散文清丽典雅，给人留下深刻的印象。

2. "形散神聚"的结构形式彰显散文自由之美

与其他文学样式相比，散文的篇章结构较灵活自由。散文可以像诗歌一样抒发强烈的感情，营造充满诗意的空间，却不必讲究格式的严整和韵律节奏的严格；可以像小说一样描写人物，叙述事件，却不必讲究故事情节的完整和人物刻画的集中。散文是一种自由活泼的文学样式，它见于文学的边缘，形式开放灵活，样式不拘一格。这种特点使散文以丰富多彩的表现手法，达到"形散神聚"的审美特色。散文可以抒情，可以叙事，可以描写，可以议论，还可以兼采并用。穿梭于历史和现实的时空隧道之中，将虚构世界与现实社会相连，时而远涉古代，时而跨及未来，走走停停，意到笔随，这就是散文所谓的结构形式上的"散"，而实际上是"散"而不散，"散"中有"聚"，即"形散而神聚"。散文中有"神"，即文章的主题思想，可将所有散取片断贯穿起来，将所有散乱感情聚合起来，收放自如。

3. 天然真实的生活语言彰显散文舒展之美

散文作为一种文学形式，是一个人内心精神世界最为真实的表达，不仅是一种艺术形式，也是生命的一种载体。散文写作是生活状态的叙述，是生活方式的表达，更是生命体验的抒发。散文可以用最亲切的口吻来抒发心灵和性情，用最真实的方式来书写内心和情感。用散文述说真话，叙述事实，是散文的重要特征，所以生活化语言是散文的一个极其重要的特点。生活化的语言充分体现了散文"真"的特点。作家使用平易语言表达真挚的情愫，传达对生活的深刻感悟。

散文语言的舒展，是指它的"疏散"形式。散文语言较诗歌语言来说，是一种简洁朴实、不讲究押韵的自然语言；较小说语言来说，是一种收放自如，不必讲究叙事艺术和策略的舒展语言。散文行文疏散而优美，语言情真意切，丝丝入扣，品味起来常令人流连忘返。

(三) 小说的审美特征

1. 细致而多角度地刻画人物

人类是社会生活的主体和主宰，小说反映以人为中心的纷繁复杂的社会生活，再现社会生活的原貌，揭示社会生活的本质，决定了小说以形形色色的人物为描写对象。社会生活中人是丰富的统一体，不仅有行为、神态等动态的外在活动，还有思维意识等微妙的内心活动。人是一切社会关系的总和，在现实生活中必定要与不同思想、地位、性格、命运的人形成各种复杂的社会关系。因此，细致地刻画丰富的人物形象便成为小说文学艺术突出的特点。

与诗歌、散文相比，小说不仅能细致地展现人物的音容笑貌、举止言谈等外部形态，而且能把笔触延伸到人物的内心世界。通过深层心理描写来塑造有血有肉的人物形象，多角度地呈现人物的内心世界，这是小说独具的艺术特色，其他文体难以企及。从特定环境中的活动到不同环境中的行为，从物质生活到精神领域，从个人性情到社会关系，小说都可以不受时间和空间的限制，细致地从各个角度进行描写，交叉使用各种艺术手段进行刻画。

2. 完整而多变地铺叙情节

小说要细致而多角度地刻画人物性格，必须要借助完整而多变的故事情节，因为人物的个性通常要在具体的矛盾冲突中才能表现出来。矛盾冲突越激烈，人物的个性越能充分地表现出来。因此，优秀的小说作品有着完整而多变的故事情节，一般呈现出"开端、发展、高潮、结局"完整连贯的模式，使人物的个性变化能够得到饱满充分、立体展示。

较之叙事诗和叙事散文，小说的情节更为完整、复杂和连贯。不难理解，叙事诗一般受韵律的限制，故事情节虽然完整，但很难达到小说的布局错综复杂；叙事散文一般受真人真事的限制，篇幅虽然有所加长，但布局的复杂性和情节的连贯性也无法和小说相比。唯有小说，能够比上述文学样式更为全面、更为细致地刻画人物的思想性格，展现人物的关系和命运变化，尤其是长篇小说，往往头绪纷繁，主线、副线交叉出现，跌宕回旋，能够更为完整地表现错综复杂的生活事件和矛盾冲突，能够更加广泛地反映社会生活。

3. 具体而生动地描写环境

小说要刻画人物性格，要叙述故事情节，就必须描写具体的环境，因为人总是在一定的环境中生存和发展，事件也总是在一定的环境中得以发生、发展。因此，在小说里，只有生动地描写环境，才能真实地表现人物和事件的特征，才能深刻地揭示出人物的活动和矛盾冲突发生、发展的原因和背景。小说一般通过典型环境的具体描写，展开情节，刻画人物。人的生长环境不同，个性必然产生差异，小说中的典型环境描写，是人物活动的舞台，是人物性格形成的基础，是情节发展的依托。环境是小说不可或缺的因素，具体而生动地描写环境是小说的重要特点。

一般来说，典型环境包括人物所处的时代氛围、人与人之间复杂关系形成的社会环境和活动场所、自然景物等生活环境，它们总是水乳交融地汇集在一起，使得小说较其他文体更能具体而生动地描写环境，真实而细腻地再现生活氛围。

第三节　文学艺术的审美境界与话语解读

一、文学艺术的审美境界

文学艺术作品的创作蕴含着创作者独特的心灵寄托，王昌龄在《诗格》中指出："诗有三境，一曰物境：欲为山水诗，则张泉石云峰之境，极丽绝绣者，神之于心，处身于境，视境于心，莹然掌中，然后用思，了然境象，故得形似。二曰情境：娱乐愁怨，皆张于意，而处于身，然后驰思，深得其情。三曰意境：亦张之于意，而思之于心，则得其真矣。""意境"这个美学概念从提出到经过历代众多艺术家的执着追求，已蕴含特有的中国气派。因此，可以这样说，"意境"在当代已是文学艺术审美的独特范畴。

意境理论作为古代文论及美学领域的一个具体而重要的范畴，其沿革变化历经千余年，内容包罗万象。关于意境的理论文章，数量众多，思路各异。因此，首先应该弄清楚的一个重要问题就是意境的概念问题。艺术理论大家童庆炳先生在《文学理论教程》一书中，针对艺术理论界对意境概念解释众说纷纭这一普遍现象，对"意境"一词做出了比较适当的界说："意境是指抒情性作品中呈现的那种情景交融、虚实相生的形象系统，及其所诱发和开拓的审美想象空间。它同文学典型一样，也是文学形象的高级形态之一。"可以这样理解，意境不等同于情景交融，情景交融只是意境创造与生发的表现特征；意境也不等同于典型的艺术形象，典型的艺术形象只是意境产生的母体之一；任何艺术作品都应该情景交融，但并不是任何一部艺术作品都有意境。意境除了要达到主客观统一以外，还有其特殊的规定性——哲理性意蕴。

另外，童庆炳先生在《艺术理论教程》一书中还对意境理论的基本内容做了总结："总的来说，它有两大因素、一个空间，即情与景两大因素和审美想象的空间。这就是所谓'境'。这个'境'包括两个部分，即'象'和'象外之象'。"可以这样理解，"意"即情，也就是作者的主观情感，它能引起读者的共鸣和联想，从而产生"韵外之致、味外之旨"；"境"即景(包括人物)，它是能唤醒作者特定感情并在这种特定情感支配下所创造的情中之景。意境是一个微妙而复杂的综合体，情与景两大因素所产生的含蓄的情趣和氛围以及可触发的艺术联想与幻想就构成了其丰富的内涵，它通常具有"超以象外"的重要特征，具有独特的理论魅力。

二、文学艺术的话语解读

文学艺术的审美，烙印着人类各民族文化的印记，也积淀着人类各民族的心理特质。因此，中西文学作品所关注的对象和内容也因美学观念的不同而呈现出不同的侧重与取向。西方文学审美理论承袭模仿理论而自然发展，重在审美观照，带有明显的客观化取向，关注客体外部特征的描绘；而中国文学审美理论是庄禅引发的美学追求，重在审美领悟，将焦距直指人的内心，注重人的精神内蕴的挖掘和表现，重在主体内在体验的呈现。

当代文学艺术的审美把人的心灵世界视为崇高的艺术精神，注重人心内在美的追寻，把对人的精神内蕴的把握视为艺术精神的主体。通过文学艺术的独特语言、细腻的描写将创作主体的真情实感自然地表达出来，达到意与境的交融，这就给读者留下了充分的想象余地来仔细品味，从而获得其他艺术所不能达到的艺术效果。

第四节　文学艺术的鉴赏常识

一、中国古代诗词格律

(一) 诗

1. 分类

中国古典诗歌门类众多，体式纷纭，单以句式而言就包括四言诗、五言诗、七言诗、乐府诗、格律诗等多种形式。概而言之，可大致分为两大类：古体诗和近体诗。

古体诗和近体诗这两个概念都形成于唐代，两者相对而言。古体诗又称古诗或古风，是唐人对唐代以前诗人所写的格律自由的诗歌的统称。古体诗不讲究平仄、对仗，押韵较自由，篇幅长短不限。它包括四言诗、五言古诗、七言古诗、杂言体诗、楚辞体诗、乐府诗、歌行体诗等。五言古诗简称五古，七言古诗简称七古，三五七言兼用者，一般也算七古。唐代以后，四言诗很少见了，所以通常只分五言、七言两类。近体诗又称今体诗或格律诗，是唐代形成的律诗和绝句的通称。近体诗是唐代以后的主要诗体，它在句数、字数、平仄、对仗、押韵等方面都有严格的限制，包括律诗、绝句、排律三大类。

2. 近体诗的格律规定

绝句每首四句，律诗每首一般八句，超过八句的律诗称排律或长律，它的句数必须是双数。句式有五言、六言、七言三种，因此，绝句指七绝和五绝，律诗指七律和五律。排律一般是五言的，七言的很少。律诗通常为八句，每两句为一联，共计四联。第一联(1、2句)为首联，第二联(3、4句)为颔联，第三联(5、6句)为颈联，第四联(7、8句)为尾联。每联的上句称出句，下句称对句。

近体诗的"平"指现代汉语中的阴平和阳平，"仄"指现代汉语的上声、去声和古代汉语的入声。近体诗音律抑扬顿挫，富于节奏感和音乐美，读起来朗朗上口，主要是因为它有较为严格的平仄规则。具体来说，就是每句字字必须平仄相间，同联上下两句必须平仄相对，联与联之间必须平仄相粘。无论是绝句还是律诗，都要按照平仄相间的原理调配诗中每个字的声调，也要以粘对循环的原理组接诗中的每个句子，因而古人在具体操作中形成了一些较为严格的诗歌平仄格式，但也有变通的地方。一般可以笼统地概括为"一、三、五不论，二、四、六分明"，即在一般的句子中，第一、三、五个字可平可仄，而第二、四、六个字要严格按平仄规则安排。

近体诗不是每一联都用对仗，一般首联、尾联不用对仗，而颔联和颈联要求一联诗中的出句与对句句法结构一致，处于同一位置的词语词性相同，即名词对名词，动词对动词，副词对副词，名词性短语对名词性短语，动词性短语对动词性短语等。对仗有工对、宽对之分。工对比较严格，如数字对数字，颜色对颜色，草木对草木，山水对山水等；宽对比较宽泛，也就是说同一词性不需要严格区分小类的对应，只要求句子结构成分相对应，如体词(名词、代词)对体词，谓词(动词、形容词)对谓词等。律诗的对仗大多是半工半宽，绝对的工对和宽对不太多。

近体诗押韵的位置(韵脚)是固定的，律诗押韵的位置在第二、四、六、八句上，绝句押韵的位置在第二、四句上，规定必须逢双押韵，大都押平声韵，而且用韵分部极严，必须一韵到底，邻韵不能通押。首句可以押韵也可以不押韵，一般来说，五绝、五律的首句以不押韵者为多，而七绝、七律的首句则以押韵者为多。唐宋近体诗的用韵，详细情况可参看《诗韵集成》《诗韵合璧》等韵书。

(二) 词

1. 分类

词是诗的别体，是唐代兴起的一种新的文学样式，极盛于宋代。词又称曲子词、乐府、乐章、长短句、诗余等，是诗歌与音乐结合成的一种新型格律诗。按照不同的标准，词可以分为不同的种类，通常做如下分类：

按照篇幅长短的不同，词可以分为小令、中调、长调三个类别。五十八字以内的为小令，五十九至九十字的为中调，九十一字以上的为长调。按此标准的分类因习用已久，虽科学性欠缺，但至今一直沿用。

按照分片情况的不同，词有单调、双调、三叠、四叠这四种结构。只有一段的称为单调，有两段的称为双调，有三段或四段的称为三叠或四叠。在各种体段中，以双调词最为常见。

按拍节快慢的不同，常见的有令、引、近、慢这四个种类。令，也称小令，字数较少，拍节较短；引，以小令微而引长之，故名，一般每片六拍；近，以音调相近，从而引长，故名；慢，引而愈长，即慢曲、慢调，每片八拍，节奏舒缓。

2. 句式

词的句式大多参差不齐，短者为一字句，长者达十一字，因此，词又名长短句。值得注意的是，词中的五字句，与近体诗中的五言，在句法上往往不同，其结构特点被概括为"上一下四"。这里的"一"，从阅读节奏上看，被称为"一字逗"，就是把五字句分解为第一个字单独念，后四个字连起来念；从词语文义上讲，被称为"领字"。领字多由动词或副词担任，必须是去声字，主要起统领下文的作用。

3. 押韵

词中声韵的规定较近体诗更为复杂和严格。用字要分平仄，每个词调都有其特殊的押韵规定，有的要押平韵，有的要押仄韵，有的要平仄韵兼押，有的要平仄韵交替，有的还要押句中韵。后人对宋词的用韵情况研究颇深，并进行详细的归纳，现在比较通行的词韵著作是清代戈载所编的《词林正韵》。

4. 词调、词牌和词谱

词调本指写词时所依据的曲调，后人把每一种词调加以概括而建立各种词调的平仄格式，词牌就是词的格式的名称。词共有一千多个格式，有的时候几个格式合用一个词牌，有的时候同一个格式有几个名称，因此，词牌呈现出名目众多、格律纷繁等特点。不同的词牌在字句、平仄、押韵方面都有不同的规定。后来当各种词牌的字句、平仄、押韵等大致定型后，后人把每一词调的作品汇集在一起，对它们的平仄、句法加以概括并建立了相应的平仄格式，这就是所谓的"词谱"。古人照谱填写，所以常把创作词叫作"填词"。现有词谱中，清代人万树编的《词律》和王奕清等人编的《钦定词谱》内容比较完备，而今人龙榆生编的《唐宋词格律》则比较简明实用。每首词都有一个词牌，一般来说，词牌并不是词的题目，它只是填词所依据的格式。到了宋代，一些词人常在词牌下面另加题目，或写上一段小序，以表明词的内容大意。

二、中国古代主要诗派

(一) 建安风骨

汉魏之际，以曹氏父子(曹操、曹丕、曹植)和建安七子(孔融、陈琳、王粲、徐干、阮瑀、应玚、刘桢)为核心形成了主要作家群，他们的诗文有着鲜明的时代特色，普遍采用五言形式，以风骨遒劲而著称，并具有慷慨悲凉的明朗刚健之气，形成了文学史上"建安风骨"的独特风格，被后人尊为典范。

曹氏父子是建安文坛的领袖人物，成就最高。曹操的诗文将建安文学的感情深挚、气韵沉雄的共同基调表现得最为典型；曹植的诗文"骨气奇高、词采华茂"；而曹丕的诗文抒情叙事兼善，大多婉约纤细，悱恻缠绵，闪耀着与众不同的光芒。建安文学时期是"文学的自觉时代"，诗歌、辞赋及散文都取得了长足的发展，尤其兴起了中国文学史上第一次文人诗的高潮，成为中国诗歌史上的辉煌时代，对后来文学艺术的发展产生了深远的影响。

(二) 山水田园诗派

山水田园诗派是盛唐时期的两大诗派之一，这一诗派继承和发展了晋、宋以来陶渊明的田园诗和谢灵运、谢朓等人的山水诗的创作传统，形成了具有共同题材内容和相近艺术风格的诗歌流派。他们的诗歌多采用五言古体和五言律绝的形式，以静谧的自然山水或悠闲的农村田园生活为吟咏对象，描绘出一种田园牧歌式的生活，借以表现崇尚自然、返朴归真的情趣，抒写隐逸生活的闲情逸致。此类诗歌的主要特点就是"一切景语皆情语"，诗人将自己的主观情愫融入笔下的田园山水之中，借景抒情，情景交融，写景状物工致传神，从而形成了色彩自然雅淡、意境淡远闲适、格局阔大、气象万千的独特风格。代表人物有盛唐的王维、孟浩然、储光羲、常建等，以及中唐的韦应物、柳宗元等，其中又以王维和孟浩然的成就最高。

王维是盛唐山水田园诗派的代表人物，他继承和发扬了谢灵运开创的山水诗而独树一帜。他既是诗人，又是画家，诗中有画，画中有诗，以他人难以企及的静美的心态观览万物，使山水田园诗的成就达到高峰。他生前身后均享有盛名，有"天下文宗""诗佛"的美称，对后人影响巨大。

孟浩然也是盛唐山水田园诗派的代表作家。他是唐代第一个大量写作山水田园诗的诗人，往往将旅愁乡思的情怀融入游历所见的山水景色或家乡自然风光之中。他的田园诗平淡自然，抒写自己隐居生活的高雅情怀和闲情逸致，不乏恬淡的艺术美和淳朴的生活美。他的诗歌绝大部分为五言短篇，诗人朴素而有思致，善于将个人的主观感受和情感意蕴融入清淡朴实的语言之中，创造出清远拔俗、飘逸清旷的艺术境界，蕴含浓厚的情致韵味。

(三) 边塞诗派

边塞诗派是盛唐诗歌的主要流派之一。该派诗人大都有边塞生活体验，他们的作品大多情辞慷慨、意境雄浑，具有北方豪侠气概和大唐盛世豪放气势，给人一种奋发进取、蓬勃向上的精神力量。作品多采用七言歌行和七言绝句的形式，结合壮阔苍凉、绚丽多彩的边境景象，将请缨投笔、抗敌御侮的壮志豪情表现得细腻而深刻，同时也客观地反映了征人离妇的悲怨及戍边将士生活的荒凉艰苦。该派诗人以高适、岑参、李颀、王昌龄最为知名，而高适、岑参的成就最高。

高适是"边塞诗派"的领军人物，其诗作笔力雄浑深刻，气势雄健高昂，粗犷豪迈，风骨凛然，颇具特色。他的诗继承汉魏古诗的遒劲风格，常用铺排对比，直抒胸臆，感情浓烈。语言质朴简洁，不尚雕饰，技巧上看来全不用力，词从意出。诗歌以七言歌行最富特色。

岑参是"边塞诗派"的主要创作者，长达八年的边塞生活将他历练成为一名对边塞的征战生活和塞外风光有着深刻感悟的边塞诗人。他常以雄健生动的笔触，或大笔挥洒，或细节勾勒，声韵多变，语言跳跃，意象超凡，不拘一格，形成了"奇逸而峭"的风格。岑参长于七言古诗创作，其诗句容量大，内容丰富，富有浓郁的浪漫主义气息，色彩瑰丽，想象丰富，感情浓烈，气势雄浑，在绝域的荒凉和广漠中挖掘庄严和美丽，抒写了边防将士保卫边疆的激昂正气。

(四) 婉约派

婉约派是宋词两大流派之一。该派作品大都结构缜密，语言清丽含蓄，内容侧重儿女风情，但题材较狭窄，多写伤离送别、闺情绮怨、惜春赏花等。形象描绘刻工精细，善于运用白描手法，显示了婉约词"状难状之景，达难达之情，而出之自然"的艺术效果。抒情委婉含蓄，情景交融，境界典雅，情调婉柔，情致缠绵，委婉传情，情深意长。音律婉转和谐，"语工而入律"，具有感人的艺术魅力。自唐五代以来，直至近代，千娇百媚的婉约词将我国民歌的优良传统加以继承光大，形成了自己的特色，为中国古典诗歌增添了无限光彩。代表词人有李煜、柳永、晏殊、欧阳修、秦观、周邦彦、李清照等。其中，李清照、晏殊、柳永、李煜为婉约派四大旗帜。

李清照，四旗中号"闺语"。她的词委婉清新，感情真挚。前期词清丽明快，多写闺情；后期词含蓄沉痛，多悲叹身世。文学创作在词坛中独树一帜，善于抒情造境，用语浅显新奇，音节流转和谐，艺术风格独特，对后世影响较大。

晏殊，四旗中号"别恨"。他以词著称于文坛，尤其擅长小令，内容多表现诗酒生活和悠闲情致，音律和谐，词语雅丽，风格含蓄，在北宋文坛上享有很高的地位，与欧阳修并称"晏欧"。

柳永，四旗中号"情长"。他是北宋专力写词的第一人，并大力创作慢词，提供了小令之外的一种新的形式。其词以铺叙的手法说物言情，情景交融，达到了高度的艺术境界；大量吸收口语，语言通俗，音律谐婉，变"雅"为"俗"。他在音乐体制和创作方向两方面皆有杰出贡献。

李煜，四旗中号"愁宗"。他被称为"千古词帝"，留下了不少千古杰作，在中国词史上地位极高，对后世影响巨大。其词尤以降宋后的后期作品而著名，作品大都题材广阔，表现领域扩大，哀婉凄绝，可谓"逸品"。

(五) 豪放派

豪放派是宋词两大流派之一。该派作品大都视野较为广阔，山川景物、记游咏物、农舍风光以及吊古感旧、说理抒怀等被大量写入词中，内容侧重军情国事等重大题材，"无言不可入，无事不可入"。内容不为形式所羁，结构上跳跃动荡，节奏上舒卷变化，不拘格律，纵横潇洒，境界健朗，气势恢弘，格调豪迈。句式错落，语词宏博，较多用事，用词造句铿锵响亮，语言风格明快畅达。代表词人有苏轼、辛弃疾等。

苏轼，在中国文学艺术史上被公认为文学艺术造诣杰出的大家之一。其散文与欧阳修并称"欧苏"，诗与黄庭坚并称"苏黄"，词与辛弃疾并称"苏辛"。他对词的革新和发展做出了重大贡献，其词作激情奔放，胸襟旷达，气势雄浑，一改晚唐五代以来的婉约词风，开创了与婉约派并立的豪放派；题材上冲破了专写离愁别绪和男女恋情的狭窄范围，将悼古、怀旧、记游、说理等诗材纳入其中，具有广阔的社会内容；词的意境得到了丰富，冲破了诗庄词媚的界限。

辛弃疾是我国历史上伟大的豪放派词人、爱国者、军事家和政治家。辛词具有强烈的爱国主义思想和战斗精神，给人以慷慨悲歌、激情飞扬之感。辛词在苏词的基础上进一步扩大了题材范围，凡当时能写入其他任何文学样式的东西，他都写入词中，开拓了词的更为广阔的天地。辛词以苍凉、雄奇、沉郁为主导风格，多表现强烈的英雄豪情和悲愤，热情洋溢，慷慨悲壮，形成瀑布般的冲击力量；文词生动，笔力雄厚，笔墨饱满，意境开阔，气势飞动；语言自由解放，语义流动连贯，用典恰到好处，变化多端，不拘一格。

三、外国文学流派

(一) 象征主义文学

象征主义产生于19世纪中叶的法国，然后涉及欧洲其他国家，称为前期象征主义，是欧美现代主义文学中最早出现的一个流派。20世纪20年代，象征主义文学有了进一步的发展，成为很有影响的国际性文学流派，被称为后期象征主义，代表人物有爱尔兰诗人叶芝、英国诗人艾略特等。其艺术特点一脉相承。西方主流学术界认为象征主义文学的诞生是古典文学和现代文学的分水岭。象征主义者在题材上侧重描写个人幻影和内心感受，极少涉及广阔的社会题材；在艺术方法上否定空泛的修辞和生硬的说教，强调用有质感的形象和暗示、烘托、对比、联想的方法来创作。此外，象征主义文学作品多重视音乐性和韵律感。艾略特的《荒原》是其代表作。

(二) 表现主义文学

表现主义是第一次世界大战前后流行于欧美各国的文学流派。它起源于德国，继而波及欧美各国。表现主义在诗歌、戏剧、小说等领域都有杰出的表现。表现主义文学主张

"艺术是表现不是再现",认为文学不应该再现客观现实,而应该表现人的主观精神和内在激情。表现主义文学作品中的人物常以某种类型的代表或某种抽象本质的体现代替有个性的人,以怪诞的方式表现丑恶和私欲的"疯人院"式的人世罪孽和无穷痛苦,舍弃细节描写,追求事物的深层"幻象"构成的内部世界,凭借主观精神进行内心体验,并将这种体验的结果化为一种激情。其代表作有美国奥尼尔的《毛猿》,奥地利卡夫卡的《城堡》《变形记》。

(三) 存在主义文学

存在主义文学产生于第二次世界大战后,主要表现在法国文学中,20世纪中期流行于欧美各国,是存在主义哲学在文学上的反映。法国作家萨特是其创始人,他的理论著作《存在与虚无》提出著名的"存在先于本质"的观点,从而建立了这一哲学体系。存在主义否定客观事物独立存在,强调人的价值高于一切,主张"重在行动""自由选择"和"积极进取"。大多描写世界的荒谬和现实的肮脏,表现荒诞世界中孤独的人的失望和不幸,基调悲观。艺术上,存在主义文学力求寓哲理于作品,强调叙述的客观冷漠。存在主义文学主要是小说和戏剧。代表作家有萨特、加缪和彼伏瓦等。

(四) 意识流小说

意识流小说是20世纪流行于英、法、美等国的现代主义文学流派。意识流文学泛指注重描绘人物意识流动状态的文学作品。意识流小说不重视描摹客观世界,而着力于表现人的内心真实,特别是着力于表现人的意识流程,从而打破了传统小说的叙事模式和结构方法,用心理逻辑去组织故事。在创作技巧上,意识流小说大量运用内心独白、自由联想和象征暗示的手法,语言、文体和标点等方面都有很大创新。意识流的创作方法后来被现代主义作家广泛采用,成为现在小说的基本创作方法之一。代表作有乔伊斯的《尤利西斯》。

(五) 新小说派

新小说派是20世纪五六十年代流行于法国的一种现代派文学。新小说派不是一种理论而是一种探索,是为了在新的时代里继续小说创新,它追求的完全是主观性,它不遵循时间、空间顺序,不关心人物身份,也不提出什么现成的意义,它本身就是意义。在新小说中,人物迷失在无所不在的物质之中,只剩下对于物的肤浅感觉特别是视觉,失去了对于世界和自我的整体把握。人物跟着感觉走,没有积极情感,没有深层意识,没有时空观念。代表作有罗伯-格里耶的《窥视者》、米歇尔·布托尔的《变》。

(六) 荒诞派

荒诞派是20世纪50年代兴起于法国而后波及欧美的反传统戏剧流派,是存在主义哲学在戏剧领域中的表现,因马丁·艾思林的《荒诞派戏剧》而得名。荒诞派戏剧家提倡纯粹戏剧性,通过直喻把握世界,他们放弃了形象塑造与戏剧冲突,运用支离破碎的舞台直观场景、奇特怪异的道具、颠三倒四的对话、混乱不堪的思维,表现现实的丑恶与恐怖、人生的痛苦与绝望,达到一种抽象的荒诞效果。代表作家有尤奈斯库、贝克特等人。

(七) 魔幻现实主义

魔幻现实主义萌芽于20世纪20年代末,形成于20世纪50年代,盛行于20世纪六七十年代,是20世纪拉丁美洲最重要的文学流派。魔幻现实主义小说用魔幻的形式表现拉美的现实生活,把印第安人的神话传说、民间故事、各种超自然的现象插入反映现实社会的叙事和描写之中,把来自西方现代的意识流等手法与本民族的文学传统糅合在一起,营造出一个真实与虚幻互渗、神奇怪诞与普通平凡相融的艺术境界。从本质上说,魔幻现实主义文学所要表现的,并不是魔幻,而是现实。"魔幻"只是手法,反映"现实"才是目的。魔幻现实主义文学作为一个令世人耳目一新的文学流派,出现在世界文坛上。它创造了一个政治经济落后于文明的步伐而其文学成就却走在世界前列的奇迹。代表作有哥伦比亚的加西亚·马尔克斯的《百年孤独》。

(八) 黑色幽默

"黑色幽默"是20世纪60年代风行美国的一个现代主义小说流派。1965年,美国作家弗里德曼编辑一本短篇小说集,收录12位作家的作品,取名"黑色幽默",该派名称由此而来。"黑色"的内涵是绝望、恐怖、残酷和痛苦,面对这一切,人们发出玩世不恭的笑声,用幽默的人生态度拉开与现实的距离,以维护饱受摧残的人的尊严,这就是所谓的"黑色幽默"。实际上,"黑色幽默"是一种用喜剧的形式来表现悲剧的内容的文学方法。"黑色"是指可怕而又滑稽的客观现实,"幽默"指的是有目的有意志的个性对这种现实所采取的嘲讽态度。幽默加上了黑色,就成了一种展现绝望的幽默。故此,西方评论家把它称为"绞刑架下的幽默"。作为一个流派,"黑色幽默"在艺术上有以下几个方面的特征:"黑色幽默"是一种哭笑不得的幽默,"反英雄"式的人物,"反小说"的叙事结构法,小说具有寓言性。这一流派影响较大的三部作品是海勒的《第二十二条军规》、冯尼格的《第五号屠场》以及托马斯·品钦的《万有引力之虹》。

(九) 超现实主义

超现实主义产生于20世纪20年代法国的一个文学流派,是20世纪最大的真正有组织的国际文艺性运动。超现实主义认为,文学不是再现现实,而是要表现"超现实",所谓的"超现实"是由梦幻和现实转化而生成的"绝对现实",是现实和非现实两种要素的统一物。他们主张写人的潜意识、梦境,写事物的巧合,并提出"自动写作法"来作为上述内容的创作方法。超现实主义就是精神自动性的记录,在形式上,精神自动性努力追求潜意识的结构，摆脱理性束缚，打破传统规则，做无常法，随心所欲。在创作中，超现实主义常常使用无意识写作和集体游戏这两种方法。超现实主义戏剧反对物质对精神、社会对个人、现实对想象、理性对本能、传统对创新的压制，它企图通过超现实主义的艺术来获取自由。代表作有布勒东的《娜佳》。

(十) 后现实主义

后现实主义是20世纪后期流行于欧美的文化思潮。与20世纪前期出现的所有现实主义文学都有重要区别，在这一阶段现实主义文学观念发生了巨大的变化，强调文学介入现实，认为凡是促进人类主体从思想上和物质上掌握世界，并在这个过程中以发展和完善自我为己任的一切文学都可以看成现实主义文学。从总的文化倾向来看，它反叛西方传统的理性主义价值观、美学观，推崇非理性主义哲学，表现荒诞的现实，是对现代主义文学的继承发展。西方现实主义文学发展到20世纪后期，又出现了许多崭新的特点。代表作有索尔·贝娄的《洪堡的礼物》、帕斯捷尔纳克的《日瓦戈医生》。

第三章 设身处境 虚实有致
——戏剧艺术

第一节 戏剧艺术概述

一、戏剧艺术界定

(一) 戏剧艺术

戏剧艺术历史悠久，源远流长，从其表现力来看，独树一帜于世界艺苑。广义的戏剧包括话剧、歌剧、舞剧、音乐艺术剧、哑剧、木偶戏、皮影戏、电视剧、小品、中国传统戏剧等。狭义的戏剧艺术主要指话剧，其艺术形式主要来自欧美戏剧艺术，是综合性很强的舞台艺术，是融文学、舞蹈、美术、武术、杂技、绘画等多种艺术门类于一体，在舞台上由演员以对话和动作为主要表现手段，为观众现场表演的一门综合艺术。

戏剧艺术历史悠久，种类繁多。按照作品容量的大小，可以分为多幕剧和独幕剧；按照作品题材的不同，可以分为历史剧、现代剧、儿童剧等；按照作品的样式分类，又可以分为悲剧、喜剧、正剧三大类。在世界戏剧史上，这三种类型具有很大影响。悲剧和喜剧均在古希腊时代就取得了极大的成就；相对而言，正剧是出现较晚的戏剧类型，艺术复兴后逐渐发展起来，到18世纪，法国思想家狄德罗和剧作家博马舍称之为"严肃剧"，并经大力倡导之后，这种取材于日常生活，并具有社会现实意义的正剧才迅速发展起来。

(二) 中国传统戏剧(即中国戏曲)

中国传统戏剧形式堪称博大精深，富含民族特色，是以其动听的唱腔、优美的做工、绚丽的人物造型为主要表现手段与形式的一门表演艺术。

中国传统戏剧艺术发展至今，产生了数以百计的戏剧剧种，主要区别在于地域、方言、声腔的差异，在剧本体制、舞台表演、乐器配置、服饰化妆等方面则基本一致，共同构成神形兼备、虚拟写意、重礼乐功能和仪式功能，并能彰显东方艺术神韵的中国传统戏剧艺术表演体系。

中国传统戏剧艺术的剧种分类复杂繁多。中华人民共和国成立以后，文化部分别于50、60、80年代进行过全国性剧种调查，将剧种及名称规范化。据1959年统计，戏剧剧种有三百六十余个；据1980~1981年统计，有三百一十余个。戏剧剧种或以方言、声腔命名，或以行政区域命名，汉民族以外的少数民族中国传统戏剧艺术则以民族命名。

我国常见的戏剧有：京剧、评剧、川剧、越剧、晋剧、豫剧、黄梅戏等。

话剧、歌剧、舞剧则属于西方戏剧体系，不属于传统戏剧。

根据地方方言、腔调和表演的不同，我国传统戏剧艺术分别被称为"腔""调""曲""戏"。例如："昆曲""秦腔""梆子(腔)""皮黄(调)""秧歌戏""高甲戏""花灯戏""花鼓戏"等。

二、戏剧艺术发展历程

(一) 中国戏剧艺术发展历程

在人类的戏剧艺术历史上，依据国别、区域、民族、文化的不同产生了种类繁多、各具特色的戏剧艺术，其中，中国戏剧艺术和古印度戏剧、古希腊戏剧并称为世界"三大古老戏剧"。古印度戏剧的繁盛只是沉淀在历史的记忆之中，而今几近销声匿迹；古希腊戏剧在发展中曾经以诞生辉煌的悲喜剧而闻名，于中世纪近乎夭折，于艺术复兴时代复活，几经周折，后兴盛于欧洲，遍布世界各地，引入中国后称为"话剧"。中国戏剧艺术作为古老的华夏民族传统艺术样式，经历了漫长的发展历史，汲取众多姊妹的艺术精华，取得令人欣慰、灿烂辉煌的艺术成就，成为中华民族艺术的根须，发展至今依然焕发着勃勃生机，形成了华夏民族戏剧独特的理论体系和风格流派。长期以来，备受世界各国人民喜爱、崇尚，在国际上享有极高的艺术文化地位。

戏剧艺术诞生于华夏民族远古初民的祭祀、求雨、巫术活动之中，后在公元12世纪宋元时期商业性的勾栏瓦肆中走向成熟。其间，秦汉时期的诗歌与民间传说中带有戏剧性的故事情节奠定了戏剧艺术的发展基础。到汉魏时期，民间广为流传的平调、清调、杂曲，极大程度地推动了戏剧艺术的发展。南北朝时期，战事不断，以军中一段讽刺参军的往事为素材上演的一幕《参军戏》，在民间深受群众喜爱，启发了后世戏剧艺术以净、丑角色为主，使得以插科打诨为表现风格的讽刺短剧样式的流行。略晚其后于北齐时期诞生的另一幕经典曲目《踏摇娘》，故事取材于民间，市井酒徒每逢喝酒，必醉打辛苦持家的妻子，于是，其妻向邻里诉苦，后演化成为戏剧艺术的重要行当——生、旦，以载歌载舞的艺术形式推演戏剧情节的雏形。

历史发展至唐代，民族大融合，都市经济空前繁荣的帝国气象为中国戏剧艺术的发展奠定了坚实的物质基础与观赏条件。人民安居乐业，生活积极向上，使人们有经济条件和闲暇欣赏戏剧，歌曲杂戏也得以在大都市经常巡回演出，并不断在民间汲取艺术养料，演出场所逐渐固定下来，文人也开始介入戏剧艺术创作，极大地丰富了戏剧艺术的内容与形式，并彰显了戏剧艺术商业化和专业化的特点，戏剧艺术在这一时期得到飞速的发展。

宋元时期，首先出现了作为中国戏剧艺术成熟标志的"宋元南戏"，其后又出现了标志戏剧艺术进入黄金时期的北曲杂剧，是在宋金杂剧、院本的基础上糅合北方音乐艺术、舞蹈、说唱艺术内容而形成的，史称"元杂剧"。在元杂剧的鼎盛时期，从业者也渐渐走向职业化和专业化，出现了多达二百余位专业杂剧作家，七百余种杂剧。

明清时期，元杂剧黯然失色，取而代之的是另一种熠熠生辉的戏剧样式——"明清传奇"。自此，"明清传奇"在戏剧艺术舞台上演绎并兴盛长达四百余年之久，标志着戏剧艺术的第二个黄金时期。明清传奇以弋阳腔与昆腔闻名，前者粗犷豪放，后者清丽婉约，前者于民间广为流传，后者深受文人士子的喜爱，素称"官腔"，成为贵族豪门的"堂戏"，被称作"雅部"，前者则代表民间各声腔剧种，被称作"花部"，两者携手上演了戏剧艺术史上最为耀眼的一幕——"花雅之争"。后弋阳腔逐渐雅化、京化、规范化，被称为"京腔"，京剧就此诞生，又由于受到清政府最高统治者的喜爱与扶持，作家和剧目的数量、规模盛况空前，京剧成为名满华夏神州的"国剧"。

在近代历史中，中国传统戏剧艺术深受外来文化的影响，诞生了新剧——话剧，这是后来固定的称呼，当时被称为"文明新戏"，简称为"文明戏"。

(二) 西方戏剧艺术发展历程

古代希腊是西方戏剧的发源地。西方戏剧的发展，由古希腊第一位戏剧家忒斯庇斯肇始，至今已有两千五百余年的历史。西方戏剧起源于古希腊宗教崇拜的庆典，这种人类活动也是一种宗教仪式和娱乐形式，并兴盛于西方整个古典文化时期。古希腊年复一年地围绕丰产女神狄奥尼索斯举行三次戏剧庆典，在庆典中，演员表演成为核心内容。公元前六世纪以后，西方戏剧飞速发展，由初期仅侧重"酒神赞美"的内容表现继而达到在表演技巧、复杂程度、内容深度上的丰厚拓展。

在古代西方，戏剧的研究多与诗歌联系在一起。亚里士多德在《诗学》中认为，人文戏剧是诗歌重要的构成部分。戏剧包括喜剧与悲剧。悲剧是其主要类型之一，常常通过正义的毁灭、英雄的牺牲或主人公苦难的命运，显示出人的巨大精神力量和伟大人格，悲剧是通过毁灭的形式来造成观众心灵的巨大震撼，使人们从悲痛中得到美的熏陶和净化。因此，西方古代悲剧的重要人物多是神、国王、权臣等。到公元10世纪，悲剧的主角才归为平民。根据记载，当时诞生的重要悲剧诗人有忒斯庇斯、科里罗斯、普拉提那斯、佛律尼科斯，还有三位著名的悲剧诗人——埃斯库罗斯、索福克勒斯和欧里庇得斯，后世称其为古希腊的"三大悲剧家"。

喜剧则源于古希腊祭祀后的狂欢歌舞或滑稽表演。从希腊文的词源上推演意义，即"狂欢游行之歌"。希腊喜剧发展分为旧喜剧、中期喜剧和新喜剧三个时期。旧喜剧时期(公元前487—前404年)产生了以阿里斯托芬为代表的喜剧诗人，代表自由民和农民的利益，反对内战，主张和平，抨击官吏贪污腐败和大搞政治权术，谴责了贫富悬殊的现象和城市生活中腐化虚伪的社会风气。中期喜剧(公元前404—前338年)，是旧喜剧向新喜剧的过渡时期。这个时期的剧作多以戏弄神学和哲学为主，以家庭、爱情等生活问题为内容的剧作也开始出现。新喜剧时期(公元前338—前120年)的剧作多以爱情、家庭等生活问题为主要内容，形式上发生变化，合唱队作用削弱。在故事情节方面继承了欧里庇得斯悲剧中的计谋成分，使剧情生动、周密。对后世的喜剧家莫里哀、博马舍、哥尔多尼等产生影响。新喜剧代表人物米南德被尊称为"现代喜剧之父"。

罗马戏剧由希腊戏剧发展而来。其悲剧产生得比较晚，没有重要的代表作家、作品，演出实践匮乏，影响不大。罗马喜剧在元老院贵族权力的压制下，禁止讥讽国政，因此多取材于历史或现实中的家庭纠葛和爱情问题。代表作有普劳图斯的《一罐黄金》《孪生兄弟》等，通过笑声反映罗马贵族家庭的腐朽、高利贷主的剥削本性、婚姻的不自由、奴隶所受的迫害，对欧洲后代的喜剧产生重大的影响。

欧洲中古时代封建教会统治森严，教会打压古希腊、罗马戏剧，摧残戏剧艺术。但戏剧艺术为平民所深爱，在人民中间有一定的发展，并于中世纪产生了宗教戏剧、奇迹剧、神秘剧、道德剧和笑剧。它们大多是在搬演圣经故事的基础上形成，但在发展中也渗透了人民反对教会和僧侣的思想意识，为后世的艺术复兴奠定了一定的基础。

14世纪至16世纪的文艺复兴，使西欧各国逐步出现巨大的思想文化变革。人们反对封建主和教会的统治，提倡个性解放，争取个人幸福的权利，反对宗教所宣传的蒙昧主义。这一时期的西方戏剧以英国和西班牙戏剧最具代表性。主要代表人物为英国的威廉·莎士比亚，其代表作品有《哈姆莱特》《奥赛罗》等，因传达出善良、真诚、平等、博爱的人文思想与运用了高超的写作技巧，莎士比亚被马克思称为"天才的戏剧家"；西班牙的洛卜·德·维加，因创立民族戏剧，在作品中反映了农民对封建贵族的压迫与欺凌的反抗，并突出了西班牙人民渴望建立一个强大而统一的民族国家的理想，因而被称为"西班牙戏剧之父"。

17世纪的古典主义戏剧是在特定的社会历史条件下产生的，兴起于法国，而后影响了西欧各国。古典主义戏剧在政治上拥护王权，作品具有鲜明的政治倾向，宣扬个人利益服从国家的整体利益，尤重悲剧题材选择，多为古代希腊、罗马的英雄故事，在哲学思想上强调理性，要求用理智克制感情，在艺术形式上重视规范化，戏剧创作严格遵守"三整一律"，即遵守时间、地点、情节的"三整一律"，故事情节强调完整、简单、合乎常情，语言追求典雅和简练。其中，代表作家有高乃依、拉辛和莫里哀等，理论家有布瓦洛。主要剧作有《熙德》《贺拉斯》《西娜》《波利厄克特》《昂朵马格》《费德尔》《可笑的女才子》《伪君子》《悭吝人》《唐·璜》《史嘉本的诡计》等。古典主义戏剧理论家布瓦洛总结了古典主义戏剧作家的成就，并著有《诗的艺术》，倡导"希望一切文章只凭理性获得光芒"。这几位戏剧大师见证了古典主义戏剧艺术的兴起和繁盛，以独具的风华，冲破古典主义规律的约束，真实地反映出17世纪法国的民族意识和时代思想。

18世纪，在古典主义戏剧艺术统治欧洲各国戏剧舞台的同时，启蒙主义戏剧艺术伴随资产阶级新兴力量的发展兴盛起来。启蒙主义运动中主要的戏剧家有法国的勒萨日、伏尔泰、狄德罗、博马舍，意大利的哥尔多尼，德国的莱辛、歌德和席勒等，都以其剧作和编剧理论为武器，有力地宣传了启蒙主义，倡导天赋人权神圣不可侵犯，法律面前人人平等，否定君权神授和一切贵族特权，倡导人权、自由、平等，以之启发和教育人民。代表作品有《杜卡莱先生》(又名《冤桶情人》)《布鲁图斯》《私生子》《家长》《塞维勒的理发师》《费加罗的婚姻》《一仆二主》《撒谎人》《喜剧剧院》《萨拉·萨姆逊小姐》《爱密丽亚·迦绿蒂》《明娜·封·巴尔赫姆》等，对德国戏剧的发展具有很大的影响。更为重要的是这一时期戏剧理论亦有所建树，有狄德罗的《论戏剧艺术》，博马舍的《论严肃戏剧》的理论文章，莱辛的《汉堡剧评》，张扬资产阶级的博爱、平等、自由思想，以教育和启发人民，对后世的批判现实主义戏剧的发展起到了重要的奠基作用。

19世纪浪漫主义戏剧初发于法国，司汤达于1823年创作《拉辛与莎士比亚》，提倡浪漫主义戏剧，攻击了古典主义戏剧。1827年，维克多·雨果创作浪漫主义剧作《克伦威尔》和号称浪漫主义宣言书的《克伦威尔·序言》，高举浪漫主义旗帜，向古典主义戏剧发起攻击，随后又创作了《欧那尼》，并在法兰西剧院公演，两个剧目演出大获全胜，标志着古典主义戏剧被击败。积极浪漫主义戏剧重视理想，强调抒发个人情感；长于采用奇特的手法以浓重的民间生活色彩表现现实生活，反映新奇的风习和浓烈的情绪，在形式上运用自然、活泼、开阔、对照等新颖的写作手法。与此同时，因浪漫主义所具有的唯心史观、突出个人英雄主义和神秘色彩等时代和阶级的局限，使这一流派的戏剧作品数量不多、行世时间不长，后被批判现实主义戏剧替代。代表作品有法国维克多·雨果的《克伦威尔》《欧那尼》《玛丽蓉·德·洛尔墨》《玛丽·都铎》，英国拜伦的《该隐》、历史剧《威尼斯总督马里诺·法利诺洛》，雪莱的《解放了的普罗米修斯》和历史剧《钱起》等反抗暴力的名作，意大利的亚历山德罗·曼佐尼的历史剧《卡玛尼奥拉伯爵》和悲剧《阿岱尔齐》。

批判现实主义戏剧形成于19世纪30年代，汲取了自艺术复兴、启蒙运动以来积累的进步艺术运动创作经验，提倡正视现实，真实具体地描绘现实生活斗争和社会风貌，着力显示出社会制度、传统思想和生活际遇对人物性格形成、发展的内在影响。发展到后期，批判现实主义戏剧尖锐地提出了资本主义制度下出现的各种社会问题。批判现实主义著名的戏剧作家有法国的巴尔扎克、小仲马、奥吉耶、萨都、梅里美、罗曼·罗兰，英国的萧伯纳、高尔斯华绥，德国的赫伯尔、霍普特曼，挪威的易卜生、班生，塞尔维亚的纽西奇等。著名作品有被罗曼·罗兰称为"法国最伟大的剧作家"巴尔扎克的《巴梅拉·纪罗》《伏德昂》等，罗曼·罗兰的《信仰剧》《法国大革命剧》，梅里美的《克拉拉·伽索尔戏剧集》《雅克团》。小仲马、奥吉耶、萨都是三位先后同时代的剧作家，写过《茶花女》《金钱问题》《私生子》《放荡的父亲》《半上流社会》《公证人格南》等，被称为"风俗剧"或"社会问题剧"。此外，该时期的代表作还有赫伯尔的"社会问题剧"《玛利亚·马格达莲》，易卜生的《不愉快的戏剧》《愉快的戏剧》《为清教徒写的戏剧》《巴巴拉少校》《玩偶之家》《苹果车》等。

在长达两千多年的戏剧发展史的长河中，能够较清晰地看到两种不同的戏剧发展倾向：一种是适应新时代和新兴阶级的需要，善于继承前代的优秀艺术和良好传统，并勇于创造适合时代特点的生机勃勃的戏剧；另一种则是由于社会经济的制约、统治阶级的扼制或某种反动意识的影响，不敢正视现实，只能遵从统治者的意图，或模仿前代，或自我陶醉，或颓废没落的戏剧。

发展至新世纪，戏剧艺术的形式种类繁多，无可估量。伴随社会的发展、交通的便利、经济的交流，剧本体制、舞台表演、乐器配置、服饰化妆、民俗文化的趋同，以及地域、方言、声腔的差异，使新的戏剧艺术样式不断生成，蔚为壮阔，形成了世界艺术独特的表演体系。在当代商业语境的背景下，戏剧艺术的观赏性与商业性并举，同步共振，成为特殊的文化产品及文化商品，并以其独特的文化艺术价值、商业价值来满足新世纪人们"耳目视听"的精神需求和娱乐享受。

第二节　戏剧艺术的审美特征

一、多元融合、视听一体的综合性

首先，戏剧艺术的综合性体现为文学、音乐、舞蹈、绘画、服饰、建筑、武术等不同门类艺术元素的多元有机融合，使戏剧艺术成为多种艺术交融、视听兼备的综合艺术门类。戏剧艺术既具有音乐和诗歌的时间性、听觉性，又具有绘画、雕塑的空间性、视觉性，还具有与舞蹈、武术相同的以人体动作表演为载体的审美特征。文学剧本更是戏剧艺术应用的直接形式，是戏剧艺术的灵魂，为戏剧艺术提供了舞台化的故事结构。戏剧演唱的音乐艺术性，配合演唱，烘托气氛，渲染情绪，统帅节奏。武术动作和舞蹈表演，是戏剧艺术特有的表现手段，源自生活中提炼出来的艺术化的动作系列，使表演生动，具有相对固定的一整套连贯的动作模式，表意鲜明，丰富传神。戏剧艺术综合运用其他艺术门类元素时，以适应和完善戏剧艺术的表现方式和特点为原则，按照戏剧的规律达到完美特定的情境，给观众留下想象的空间。戏剧艺术有自己的地域、语言、文化和表演上的不同特色，戏剧还可划分不同的表演风格和流派，尤其是荒诞派、意识派、纯意象派戏剧的相继登台，使戏剧艺术美异常丰富，从而使观众在凝神忘我的观赏中产生心灵的交流与共鸣。

戏剧艺术的综合性还体现在集视听于不同的剧种，汇聚成为戏剧艺术的一体之中。说唱是戏剧艺术的主要表演手段之一，是诗的语言配上音的旋律，由演员根据预想的创作意图与音乐艺术情绪，依据自身的音色音量、运气技巧、风格感情、韵味处理，利用旋律修饰手法、声乐技巧等多种因素完成演唱，使欣赏者听起来感到和谐悦耳、风格迥异。在戏剧艺术舞台上，欣赏者还可观看到演员色彩绚丽、寓意分明的服饰穿着，充满了视觉的美学张力。

二、简洁自由、规范鲜明的程式性

戏剧艺术表演体现出一种程式美。程式是直接或间接源于生活，经过音乐艺术化、舞蹈化、装饰化提炼与概括后，被规范化、定格化的戏剧艺术特有的艺术语言。程式具有美感的视觉形象，具有相对独立的形式美，带有明显的假定性和规范性。戏剧艺术的角色行当、化妆服饰都有自己的程式，程式使戏剧艺术能经济、准确、简洁地表现生活，使形象生动鲜明，具有强烈的舞台审美效果。程式虽有形式上的规范性，却可由演员根据剧情和人物塑造的需要灵活自由地加以运用，按照戏剧艺术美进行富有生机的自由创造，既简洁自由，又规范鲜明。程式是随着戏剧的发展而不断发展的。程式使戏剧艺术既反映生活，又与生活保持一定的距离，使典型形象比生活形象更精炼、更集中、更夸张、更具美感。戏剧艺术的程式性特征使戏剧艺术的虚拟略形传神、以神制形。戏剧艺术简洁自由、规范鲜明的程式也是观众欣赏戏剧艺术时发挥想象的依据。

戏剧艺术表演的程式比较夸张，达到了"化"的程度。但中西方戏剧的程式化不同，中国传统戏剧艺术必须严格遵守曲牌或版式的规范，各个行当都有自己的一套表演格式与表演程式。而西方戏剧肯定人的价值、本能和欲望，无论在内容抑或形式上都紧密联系社会，反映人性的矛盾冲突。这种与现实生活的贴切性，使戏剧的表演注重现实艺术的再现和提升。中国传统戏剧可以无道具，西方戏剧则有必备的道具；中国传统戏剧有识别人物性格特征的脸谱，西方戏剧全靠角色揣摩和艺术表演的真实再现，按照戏剧艺术美的原则，从生活中提炼、概括出来，具有鲜明的节奏和舞蹈化的特征。由于程式是戏剧艺术在创造具体角色的过程中产生的，所以角色行当不同，表演同一个动作，必在程式上有所区别，即使是同一行当，由于人物性格有别，表演程式也各不相同。戏剧表演的程式化并不意味着公式化、凝固化的模式，从戏剧发展史上看，凡是有成就的演员，都在塑造人物的过程中，对原有的表演程式有所突破和创新。

三、时空镜像、离合交感的虚拟性

虚拟性是戏剧艺术的重要特征，虚拟是采取模拟、夸张、变形、想象等戏剧艺术技巧对要表现的生活中的真实事物以虚代实、虚实相生，以达到时空镜像、离合交感的戏剧虚拟艺术境界。戏剧艺术的虚拟表现手法，在戏剧表演中有着极其重要的意义和作用。

戏剧艺术一般通过在舞台上设置布景，通过演员在舞台表演中的时间、地点、环境的不断变化推动剧情的发展。既可以把人物当下所处的环境、地点，甚至具体时间表现出来，还可以展现黄昏到深夜、黎明至天亮的时间变化，又可以表现四时交替、季节更换，甚至弹指一挥，古今穿梭等情景。每一出戏，伴随场景的转换，完全依靠虚拟表演加以实现。戏剧艺术在舞台上淋漓尽致地展现当下四周变化的环境与景象，通过景象和环境的推移，把相对固定不变的舞台空间变成流动多变的时空镜像，丰富多彩、灵活自由。戏剧艺术可以使欣赏者在虚拟的时空镜像中，与红尘万事似浮光掠影般地离合交感，继而慨叹万千。

四、离形遁式、神超气越的写意性

重在写意是戏剧艺术的追求理念，戏剧艺术的写意必须做到美其形而传其神。戏剧艺术来源于生活，又高于生活。戏剧舞台上塑造的人物都是舞蹈化了的艺术形象。戏剧演员的舞台动作，是基于对生活真实的模拟，进而达到对生活的美化，是戏剧舞台上的一种艺术再现，既要有浓郁强烈的生活气息，又要进一步对生活进行提炼，并与演员舞台的表现有机配合，从而使一系列动作始终渗透着节奏韵律之美，成为艺术化了的生活动作。戏剧艺术是动态写意艺术，真正做到了以形传神、形神俱妙，戏剧艺术表演的写意性所展示出来的艺术魅力，任何艺术手段都无法替代。

从整体追求上看，戏剧艺术轻环境重感受，轻故事重体验，轻时空重心境，含蓄蕴藉，追求神似，注重当众展现人物的灵魂，注重整体效果的传神写意。在戏剧表演时点到即止，不重形似，讲究传达意蕴，创造出高雅的审美境界，具有撼动人心的感染力量。戏剧艺术写意表现手法的突出特点是夸张、变形，追求超乎生活常形之上的艺术真实，为求传神、表达情感，把生活中并不存在的舞台内容，进行艺术夸张和变形，为观众留下很大的想象空间，与观众通过想象而产生的心领神会一起，共同完成戏剧艺术别具一格的审美品位和艺术价值的创造。

第三节　戏剧艺术的审美嬗变与美育功能

戏剧艺术在独特的文化背景下，汇集诸多区域的剧种，走过了千余年曲折而又光辉的历程，留下了彪炳世界艺术史册的成就。戏剧艺术发展到今天，其思想性、艺术性、观赏性都达到了相当的高度，成为一个综合的艺术门类，以其高度综合的表演手段、绝美精湛的歌舞形式演绎故事，既具有无比强大的表现力，又具有独特的审美价值。戏剧艺术的影响甚广，魅力甚大，超乎寻常，世界各国无数戏迷为之倾倒。

一、戏剧艺术的审美嬗变

戏剧艺术在久长的审美嬗变过程中，形成了极强的适应能力，既能演绎凡人琐事或国家大事，又能塑造时代英雄模范，还可描述社会风云变幻，达到对历史严肃反思、对人性拷问的哲理深度。戏剧艺术在表演形式上可繁可简、可大可小，不断地适应着形势的需要和人们的需求。戏剧艺术发展至今，以其顽强的生命力、适应性强的美学品格、异彩纷呈的风格流派展现在国际舞台之上，诸如古典主义戏剧和浪漫主义戏剧、现实主义戏剧，以及自然主义戏剧、象征主义戏剧、表现主义戏剧、未来主义戏剧、超现实主义戏剧、存在主义戏剧、荒诞派戏剧、先锋派戏剧的相继登台，在表现形式、切入角度和思维理念上相继进行或继承了颠覆式的变异和创新，寻求戏剧艺术的新途径，探索更为广阔、更富内涵的戏剧艺术模式，引起中外戏剧界的强烈震动与激烈争论。

发展至今，戏剧艺术现已经成为经典艺术门类。戏剧艺术的美学成就建立在无数戏剧艺术界前辈的努力与心血的基础之上，是戏剧艺术集体呕心沥血的成果，呈现出很强的艺术原动力与审美教化功能。戏剧艺术经由千余年的历史传承与审美嬗变，使其自身带有人类文化的优秀艺术基因，并已形成了一个较完备严谨又焕发新姿的戏剧艺术标准与美学品格，从而达到艺术真实性与假定性的相辅相成，具有丰富的审美价值内涵与艺术张力，与世界其他艺术门类比较，有明显的艺术话语优势。从这种意义上来讲，戏剧艺术已成为一种强势艺术，其蕴含的思想性、艺术性的深度与广度，使戏剧艺术在众多艺术门类中先声夺人、脱颖而出，这正是令其他艺术门类难以企及的地方。

但是迈向新世纪后，戏剧艺术在审美嬗变中又遇到了新的困惑。其生成时间短暂，以现代大众传媒为介质，按市场规律运作，与注重休闲性、游戏性和娱乐性的影视等大众艺术样式进行比较时，大众艺术以一种日常文化的形态迅速渗入人们的生活方式之中，形成率真、感性、直观的面貌，极具平民化特征，有很强的亲和力和内生力，又因覆盖面广、传播速度快，以及对市场语境、高端科技得心应手的熟稔应对，产生较大影响，令戏剧艺术望尘莫及。当下戏剧艺术的影响力、传播力与辐射力较小，曲高和寡，以贵族化的姿态呈现边缘化的发展趋势。

在这样的时代大背景下，戏剧艺术更要全面、协调地发展，走可持续发展的道路，力改戏剧艺术处于边缘化的状态。戏剧艺术应该充满理性气息，关注人的发展，关注时代的变化；戏剧艺术应给人以鼓舞，给人以振奋，给人以信心和力量；戏剧艺术应传播先进的艺术理念，坚持正确的价值取向，弘扬社会主义核心价值体系，这样的价值观不能变。在以人为本位的当代社会，伴随大众传媒与文化产业的兴盛与扩张，戏剧艺术应充分利用大众传媒的优势和自身快速灵活的形式，丰富多彩的内容，易编易演、随编随演的优势，为广大群众制定普遍有效的艺术理解方式和审美价值原则，在这种意义上为广大群众"代言"，按照广大群众的生活方式、生存状态、思想观念和审美原则进行价值取舍。

此外，戏剧艺术在审美嬗变过程中，应始终贯穿审美教育的功能，融合时代的个性特点，紧随时代潮流，与时俱进，相信在党和政府政策的不断扶持下，在不久的将来，定会迎来繁花似锦的强劲势头和繁荣态势。

二、戏剧艺术的美育功能

戏剧艺术具有蕴含人类各民族精神、塑造欣赏者灵魂、规范欣赏者行为、激发生命激情、教化伦理风尚的重要意义。戏剧艺术于舞台之上塑造典型形象时严格恪守社会道德准则和审美原则，具有强烈的情感倾向和爱憎立场，传递着传统的人类文明。戏剧艺术在市井中丰富了寻常百姓的精神生活，承担了审美教育的职责，戏剧艺术作为一种艺术欣赏形式，给审美受众带来了极高的视听享受，人们徜徉其中，可品味愉悦、吸纳知识、接受教育。戏剧既能言传，又可意会，观众在通俗易懂、易于接受的戏剧艺术潜移默化、耳濡目染的影响之下，以戏剧艺术中的情理事例作为参照和标准，能够形成自己的道德观、人生观和善恶观定位。因戏剧艺术的审美思维和创作意象呈放射型、多元化，能够影响观众通过戏文戏理对人类文化、历史知识、人物传记如数家珍，还可以把因果报应、爱国亲民、行善积德、大公无私等丰富深刻的思想内容理解透彻。戏剧的启蒙式教育和覆盖面宽阔的传播功能，能使观众普遍受益，从而大大提高人们的文化素质。

纵观戏剧艺术发展史，其利用舞台阵地，在人类早期社会担当着文化启蒙和伦理道德教育的神圣职责；在革命时期和战争年代，戏剧艺术是团结、教育人民，打击、消灭敌人的有力武器；进入现代社会，戏剧艺术与时俱进，唱响了时代主旋律，弘扬时代主题，展示风起云涌的时代变革，讴歌时代精神，赞美社会风气和慷慨英雄。可见，戏剧艺术在人类社会发展的各个历史时期，始终肩负着启蒙、教化、礼乐、仪式、美育等多元化的神圣职责，肩负着高台教化、播撒文化知识、传承人类文明的神圣使命。戏剧艺术以其综合完美的形式、丰富健康的内容，讴歌人伦厚爱与人世间的真、善、美，褒贬人情世相，划分美丑善恶，为人们传输历史文化知识，演绎伦理规范和传统美德，起到推动社会进步、促进精神文明建设的重要作用。戏剧艺术始终尽责地完成为人民服务，为社会服务，传播人类文明，讴歌真、善、美的神圣使命。戏剧艺术还可以进一步培养观众的审美情趣，使欣赏者不仅懂得感受美、追求美，而且培养欣赏者创造美、思索美的能力，提升其人文素养与人文气质。戏剧艺术因重视审美陶冶功能的理念，对于欣赏者个体人格气质的陶冶濡染，能够在一定程度上起到推动与引领作用，最终提升欣赏者的全面综合素质，使欣赏者获得全面和谐的发展。

这一切，形成了独具时代特色的戏剧艺术文化现象，戏剧艺术为推动艺术事业的繁荣发展和社会的进步做出了重要贡献。因此，戏剧艺术将在新时期社会发展建设中发挥更为重要的作用。

第四节　戏剧艺术鉴赏常识

一、中国传统戏曲脸谱

戏曲脸谱，是中国戏曲艺术一种具有中华民族特色的化妆方法。戏曲演员使用油彩与水彩描、抹、勾、画于脸上，构成各式图案，其类型根据不同的人物性格、身份、地位和剧情来设置。脸谱在戏曲中最初的作用是表现剧中的人物性格、心理和生理特征，后来逐渐由简到繁，由粗到细，由表及里，最终形成了一种以人物的面部为表现对象的图案艺术，因为具有一定的谱式或规律，所以叫脸谱。

中国的戏曲脸谱，以一定人类群体中蕴含的比较稳定的习俗和心理为基础，经过长期的历史演绎和传承，逐步凝结成戏曲演绎群体的心志构成。它潜在地显示了民俗生活在人们头脑中循环往复积淀下来的心理意识，并凭借中国几千年来人们共同的习俗与心理习惯形成了丰富生动的脸谱艺术。戏曲脸谱艺术历史悠久，深受中国传统文化和民族精神的影响与熏陶，吸收并融合了剪纸、绘画等民间传统工艺、民族文化习俗的精华，按照中国民众特殊的心理习惯和文化传统来塑造人物，由此显示出其独特的民俗性和民族特征。

中国戏曲脸谱的创作从取材到立意表现，多利用和借鉴民族的文化习俗、生活习俗。中国戏曲艺术故事的取材大多来源于民间小说、通俗演义或史籍记载。脸谱则从一定意义上来说是戏曲中人物性格的外化形式，与戏曲故事共同构成一部活动的"历史演义小说"。由此，戏曲脸谱的构图多以历史为蓝本，具有鲜明的历史感，其中，多数是从民间故事中采集而来的，有着强烈的民间色彩。戏曲脸谱的构成，所表现的人物原型原本就来自民间，经过百姓的评说议论和世代传诵，使得这些人物的性格、行为更加具有生命力和感染力，而人们对这些流传故事的改编和润色寄予了丰富的民间期盼，反映在戏曲脸谱上具有极强的时代特征和民众意识。色彩搭配与民族心理夸张化、程式化是戏曲脸谱的特点，与戏曲的行当、服装以及表演艺术的表演特性相统一。戏曲脸谱面部化妆包括描眉、画眼，主要以线条、色彩为表现手段，对比强烈是戏曲脸谱艺术的一个重要特征。化妆色彩的基础色是红、白、黑，后来发展到以蓝、黄、绿为基本色调，配合紫、青、赭、金、银等十多种色别，每张脸谱根据人物性格与戏曲情节的需要往往又掺入其他色块和线条，形成一定的象征性和寓意性，人物的五官特征就会非常明显，而人物的年龄特征、性格气质也在色彩对比中表现出来。

戏曲脸谱是中国戏曲所独有的一种面部化妆的方式，已自成体系，具有深厚的民族特色。一张小小的脸谱造就一个乾坤世界，将种种人物性格、人间百态蕴含于方寸之中。绚丽的色彩、夸张的造型、抽象神秘的图案、丰满完整的构图，均显示出深刻的设计思想与内涵，反映了一种和谐圆满的东方美学观，又折射出中国传统文化的道德观、价值观。作为传统艺术形式中的精华之一，脸谱艺术以其独有的方式浓缩了优秀的民族历史和文化，具有很高的美学价值与人文价值，在众多艺术之中备受关注和重视。脸谱艺术已然成为中华民族的象征，备受中外艺术家的尊崇和青睐。

二、一桌二椅

中国戏曲艺术中的道具(称为切末)大多是抽象化、写意化的艺术品，而非实物。一桌二椅，是对中国戏曲艺术的舞台上所用桌椅的简称，桌椅多为木制，漆红色，上盖桌围椅帔，以区分于生活桌椅。中国戏曲艺术在简洁、朴素的"一桌二椅"场景中，用独特的歌舞形式演绎千回百转、回肠荡气的故事。一桌二椅在舞台上的摆放形式多样，是变化流动、多义又多功能的。根据不同的环境、不同的演员，可多可少、可分可合。上场演员为店小二，一桌二椅即是酒楼茶馆；上场演员为白面书生，一桌二椅即是书房案牍；上场演员表现途中跋涉，一桌二椅即是桥梁山岗；上场演员夜宿投店，一桌二椅即是筵席住室。一桌二椅时而作为桌椅使用，时而可以指代其他事物的布景方法，使一桌二椅本身具有独立的美学价值和观赏价值。此外，一桌二椅还可配以小道具(称为小切末)，如笔墨、马鞭、扇子、船桨等渲染舞台气氛，加强中国戏曲的演出效果。

中国戏曲艺术中一桌二椅场景的设置，是在没有固定演出场所、舞台十分简陋、演员收入甚微、物质低下的条件下形成、发展起来的，在发展过程中深受民族古典美学思想的影响，其内在的美学规律以"写意"为表现法则，极力追求神似而非一味追求形似。因此，中国戏曲艺术中的一桌二椅场景是一种写意艺术，形成了程式化、夸张化的美学特征，最忌写实，不追求身临其境的感觉，而是通过演绎生活场景的神韵传达创作者的审美理想。一桌二椅是经过改造、经过戏曲化了的布景，是生活具象的写意，与演员写意化、程式化的表演相辅相成，和谐互称，实现中国戏曲艺术的整一性。

三、男扮女装

中国戏曲表演艺术中的男扮女装，又称反串，即男女错位的角色分工，是中国戏曲表演艺术的一种特色现象。在中国古代戏曲中早已出现男扮女装，即男演员反串女角色。中国戏曲艺术在起源时期的原始祭祀仪式中，出现了萌芽阶段的角色分工，在男曰觋，在女曰巫，伴随私有制的出现，娱神祭祀歌舞演变为娱人而作歌舞，神圣的祭祀歌舞反而式微，继而封建礼教形成，对女性禁锢森严，女性抛头露面于公开表演场合便不合伦常礼法，于是，女性渐渐绝迹于舞台，原本女性扮演的角色往往以男性替代，其身份名称为"优""俳优""倡优"，成为后世中国戏曲舞台上"反串"演出的起源。男扮女装的男演员在中国戏曲中还有一个名称，称作"弄假妇人"。于北齐时代民间，"反串"演出广为流传，蔚然成风，男旦成为中国戏曲舞台上一道独特的风景。清顺治年间，统治者对教坊反复裁革，确定不用女乐的定制，促进男扮女装艺术达到登峰造极的地步，使"反串"成为中国戏曲中一门严谨的艺术。中国古代戏曲中男扮女装的现象具有深刻的文化内涵。

中国戏曲艺术中男扮女装以精湛的演技，令中外观众惊奇赞叹。京剧中的梅兰芳(1894—1961)、程砚秋(1904—1958)、荀慧生(1900—1968)、尚小云(1900—1976)以及川剧中的周慕莲(1900—1961)都因男扮女装而享有盛名。

四、四功五法

中国戏曲艺术在长期的发展和演变中，根据舞台形式逐步形成一套自成体系的表现方法，主要依靠演员的唱、念、做、打四种基本功和口法、手法、眼法、身法、步法五种方法，完成具体的舞台形象塑造，敷演故事。因此，唱、念、做、打及口、手、眼、身、步法是中国戏曲演员必须具备的基本技能，是中国戏曲艺术表演的基本手段，又称四功五法。

四功五法是中国戏曲艺术中的虚拟表现手法。唱，指传声、传情的歌唱；念，指有节奏感和音乐性的念白，念白分为韵白和散白两种，按照生、旦、净、丑角色的不同而四声、尖团、高低、粗细等字音的相应要求各有不同；做，泛指表演技巧，一般又特指舞蹈化的形体动作；打，是传统武术的舞蹈化，是生活中格斗场面的高度艺术提炼。唱、念、做、打四种基本功是中国戏曲艺术表演的特殊手段，也是中国戏曲艺术的特殊语汇，它们的结合，构成戏曲表演形式的特点；五法中要求身段、步伐、眼神、手势、口法必须按规定标准进行，每一种方法又有严格、具体、精细的划分，如步法有正步、跑步、滑步、蹉步、跌步等区分，不同的虚拟动作方法能体现角色不同的思想感情和心理活动。

四功五法是从日常生活中提炼出来，又不同于日常的实际生活动作，经过中国戏曲艺术"装饰"和"美化"的艺术再加工和再创造而形成的。四功五法是中国戏曲艺术表演的基础，是无数优伶与看客经由千百年的艺术实践共同锤炼而成的，已形成完整的表演体系与程式，高度概括了中国戏曲艺术的成就。四功五法依靠演员表演加以表达实现，具有极强的表现力。中国戏曲艺术演员，自幼小之时必经过四功五法的刻苦训练，四功五法虽为固定程式体系，更要求演员在吸收传统的表演规范手段、练好四功五法的同时，潜心革新创造，突破前辈艺人的表演水平，施展自己的表演个性。

五、中国传统戏曲行当

戏曲行当是中国传统戏曲艺术的重要构成，是角色类型化的分类，为角色再创个性提供方便条件。从角色角度讲，是中国戏曲中艺术化、规范化的性格类型，每个角色都属于某一行当之中；从演员角度讲，是带有性格色彩的表演程式以及分类系统。戏曲行当是中国传统戏曲艺术久长积淀的产物。

中国传统戏曲艺术由于各剧种的历史发展长短不一、反映生活面宽窄及演员创造个性不同等因素，故在分支层次、名目上，繁简粗细有别，大体分为生、旦、净、丑。中国戏曲行当的历史演变，大体以宋元戏、元杂剧的形成作为起点，此时分行较粗，宋杂剧有"五花"、南戏有"七行"。元杂剧分生、末、旦、丑，已确立了生、旦的主体地位。到明清时期，生、旦、净、丑各行得到全面发展，分行精细，由于近代戏曲流派的发展，行当又由窄变宽，基本形成"粗—细—粗"的发展趋势。

中国传统京剧较具有代表性，行当影响最为广泛，主要可分为生、旦、净、丑四大主要行当。

(一) 生行，简称"生"

生行最初见于宋代南戏，泛指剧中男主角，相当于北杂剧的"正末"行当。历代戏曲界均沿用此名目，将剧中的"净""丑"行的男性角色统归于生行，生行成为中国戏曲表演行当中的主要类型之一。根据角色的年龄、性格、表演特征、外部形象，生行分为"须生"（"老生"）、"红生"(勾红脸)、"小生""武生""娃娃生"等。

(二) 旦行，简称"旦"

旦之名始于宋杂剧，即宋杂剧中的"装旦"。在元代杂剧中，旦行又分为"正旦""小旦""搽旦"等，其中"正旦"同"正末"是两个并重的主要行当，正旦扮演剧中的女主人公。明清以后，旦行泛指扮演舞台上的女性角色行当。根据人物的年龄、性格、身份、表演等特征，可分为"正旦"（"青衣"）、"花旦""刀马旦""武旦""老旦""彩旦"等。

(三) 净行，简称"净"，亦叫花脸

净之名源于宋金北杂剧中的"副净"。原指扮演以插科打诨、滑稽调笑为主的喜剧角色，后世渐专工扮演性格粗犷、性情豪放、形象高大的男性角色。在舞台上，以宽宏厚实的声腔，大幅度的身段动作，刻画粗犷豪迈的男性人物形象。讲究工架大，勾大花脸脸谱，看起来并不干净，故反其意为"净"。净行可分为"铜锤花脸""黑头花脸""架子花脸""武功花脸""摔打花脸"等，在表演风格上均各有不同。

(四) 丑行，简称"丑"

从宋元杂剧到现代各戏曲剧种都有这一行当。丑行在鼻梁勾抹一小白粉方块，然后勾画脸谱，所以又俗称"小花脸"，以区别"大花脸"，与净行中的"大花脸""二花脸"并列，故又俗称"三花脸"。丑行在舞台上扮演行动滑稽、语言幽默、相貌丑而不怪、很风趣的男性角色，有时也扮演性格奸诈、内心险恶、吝啬卑鄙的人物。丑行重做功、念白，要求语言清脆，吐字清晰。根据人物的性格、年龄、身份，丑行又分为"文丑"和"武丑"。

六、亮相

亮相是中国传统戏曲艺术表演的程式动作，是刻画人物时的一种特有的艺术手段，多用于剧中人物所谓的"上场""下场"之中，在音乐伴奏、结合唱腔中展示人物的性格特征，表现剧中人物的精神状态。亮相依据人物数量可分为单人亮相、双人亮相和多人亮相。依据人物地位、戏份、剧情需要的不同可分为亮正相、偏相，亮高相、矮相，亮快相、慢相，亮胜相、败相。

单人亮相，即在中国戏曲舞台上一人展现，如《失街亭》中诸葛亮的出场，在较为缓慢深沉的音乐伴奏下亮相，衬托出诸葛亮端庄持重、儒雅潇洒的神态。

在《战太平》中花云整装披挂回府辞行时，在铜锣声中出场，展示了大将花云气壮山河、威风刚勇的气概。

双人亮相，即在中国戏曲舞台上两人展现，如《打渔杀家》中，肖恩父女两人摇桨一左一右，在锣鼓配合下向远方眺望时亮相，极富诗情画意；《牡丹亭》中杜丽娘与春香两人亮相，因是主仆身份，前者亮高相，后者则亮矮相；在《十字坡》中，武松与孙二娘对打时，要求每一短暂停顿时必亮快相；在武打戏中，敌对二人每打完一节动作后，也要各亮一相，胜者亮胜相，败者亮败相。

多人亮相，即在中国戏曲舞台上多人共同展现，如《华容道》中，关羽、周仓、关平三人亮相，因三人身份不同，关羽为主要演员，居中亮正相；周仓、关平位居两侧，亮偏相。

七、京剧唱腔

京剧音乐属皮黄系统而又吸收并融合了昆曲、梆子等声腔的音乐因素。由唱腔、打击

乐、曲牌三个部分组成。

唱腔以板腔体的西皮、二黄为主。西皮是一种比较明快、活泼的曲调，长于抒情、叙事、说理、状物。板式有原板、慢板、快三眼、导板、回龙、散板、摇板、二六、流水、快板。另有反西皮，传说由谭鑫培所创，是京剧传统唱腔中出现较晚的唱腔，板式仅二六、散板、摇板。

二黄是一种较舒缓、深沉的曲调，适合表现忧郁、哀伤的情绪，多用于悲剧型的剧情中。板式有原板、慢板、导板、回龙、散板、摇板，以及自20世纪70年代以来增加的二六、流水、快板等。二黄降低四度(即京胡由"52"定弦变为"15"定弦)是反二黄，与二黄相较，降低了调门，扩展了音区，曲调起伏更大，旋律性更强，更适于表现悲壮、凄怆的情绪。反二黄的板式与二黄相同。另有四平调，也叫"二黄平板"，由吹腔演变而来。板式只有原板、慢板两种，但曲调灵活，能适应不同的句式，可表现多种感情。不论委婉缠绵、轻松明快或沉郁苍凉，都可使用吹腔，旋律与四平调相近，伴奏用笛子。原是曲牌体，逐渐演变为板腔体。唱腔中伴有过门。吹腔的板式不多，基本上是一板一眼，也有少量的一板三眼及流水板。高拨子，亦称"拨子"，是徽班的主要腔调之一。原用弹拨乐器伴奏，后改用胡琴。板式有导板、回龙、原板、散板、摇板。曲调昂扬激越，适合于表现悲愤的情绪。上述诸腔为各行角色所通用，仅在发声、音区、唱法上有所不同。另有一些唱腔属于特定角色行当通用。如南梆子从梆子演变而来，仅旦角、小生唱，曲调委婉绮丽，适于表达细腻、柔美的感情，板式只有导板、原板；娃娃调(西皮、二黄都有)主要为小生专用，旦角、老生、老旦偶尔用之；南锣及其他杂腔、小调则为丑角、花旦专用。

八、"三一律"

"三一律"又称"三整一律"，是17世纪欧洲古典主义戏剧创作恪守的艺术法则。要求戏剧创作在时间、地点和情节三者之间保持一致性，即要求一出戏所叙述的故事发生在一天(一昼夜)之内，地点在一个场景，情节服从于一个主题。文艺复兴时期，意大利学者卡斯特维特罗在详细地阐述了古代戏剧理论的同时，提出了"一个事件、一个整天、一个地点"的主张。因此确定了"三一律"的法则，并影响了17世纪的古典主义戏剧。在当时，"三一律"有利于剧作情节结构的简练集中。

把"三一律"作为一种戏剧结构的方式，有助于使剧本的结构集中、严谨，运用这种结构方式也造就了不少成功的剧作。例如，莫里哀的喜剧《伪君子》就是按"三一律"写成的，全剧共五幕，单线发展，情节发生在一个地点，即奥尔恭的家里；所描写的全部事件都在一昼夜之内发生；主题集中在揭露答尔杜弗的伪善面目这一点上。这就是古典主义戏剧创作法则的主要内容之一的"三一律"。这一条法则是古典主义戏剧创作的金科玉律，然而它的影响却不限于古典主义作家。自从古典主义确立以后，舞台美术设计也遵循"三一律"的创作法则。如法国的剧场、舞台上设置了不变的宫廷布景，时间力求一致，幕与幕之间的时间距离则运用不同的灯光表现。

古典主义戏剧艺术的实践表明，"三一律"在艺术上虽然体现了时间和空间方面高度简练、紧凑、集中等优点，但也存在人物性格单一化、类型化，戏剧结构绝对化、程式化等缺陷，最终束缚了戏剧艺术的发展。18世纪以后，"三一律"受到浪漫主义的冲击，逐渐为后人所摒弃。

第五节　戏剧艺术经典作品鉴赏

一、《张协状元》

在中国戏曲发展史上，《张协状元》占有非常重要的地位，距今已有八百年的历史，其剧本是迄今所发现的最早的、保存最完整的中国古代南戏剧本，其时代可考，内容真实，是研究中国早期戏曲的重要文献资料。在研究早期南戏形制方面具有重要价值，在艺术成就上达到了较高的水平，对后世戏曲形制产生了深远的影响。

剧情介绍：古代四川成都，秀才张协忽得奇梦，遂辞家赴京赶考，途经五鸡山遇强盗劫伤。投宿古庙，困寒交加之际，得贫女救助，由邻居李大公夫妇做媒，与贫女结为夫妻，靠贫女卖发得钱，上京应试，得中状元。当朝宰相王德用有意招张协为婿，遭其拒绝，宰相之女胜花因此郁郁而亡，遂成仇冤。贫女得知张协考中状元，上京寻夫，张协以有辱身份而拒认，并把贫女赶出官邸，劳燕分飞，贫女返还五鸡山。张协到梓州赴任，途经五鸡山，复遇贫女，被斥不义，怒砍贫女，恩断义绝。贫女被赴任梓州以报拒婚仇隙的王德用救生并收为养女。王德用梓州任上，百般刁难张协，关西老将谭节使从中介和，王德用将养女(实为贫女)嫁给张协。夫妻破镜重圆，得遂心愿。有情无情之人，终成眷属。《张协状元》的故事结构，跳出戏剧的悲剧框架，以张协与贫女终成眷属的大团圆做结局，从而调和了贫富、贵贱、新旧间的矛盾冲突，颂扬了所谓才子佳人"一段姻缘冠古今"的审美定式。

南戏，又称戏文、南曲戏文、温州杂剧、永嘉杂剧，产生于北宋末南宋初的温州、福州和泉州一带。《张协状元》由南宋时温州九山书会才人编撰，留有从说唱过渡到戏文进入由演员扮演角色的戏剧性演出的痕迹，显示了南宋时中国戏曲较成熟的形态，表现出中国戏曲萌发期的文化特征、表演形态和美学原则。《张协状元》全面地运用了唱、念、做、打、舞等多种艺术表现手段，糅进了说唱、歌舞、杂技、武术、滑稽表演等多种技艺成分。在演出时，丝竹锣鼓伴奏，演员涂抹化妆，前后台分明，切末(道具)效果一应俱备，戏剧的规定情境系由演员的表演而假定，随着剧中人物的唱念、动作及上下场来体现，表现了中国戏曲艺术时空流动而自由的戏剧观。《张协状元》在中国戏曲的发展历程中，占据着开创和全面奠定基础的重要地位，被誉为"中国第一戏"和"戏曲的活化石"。剧本曾一度遗失，后来我国著名学者叶恭卓于1920年在英国伦敦一家古玩店铺内，偶然见到中国《永乐大典》第一三九九一卷，从中发现该戏曲剧本，欣然将其买下，使得《张协状元》剧本荣归故土。

二、《琵琶记》

《琵琶记》是中国古典戏曲中有代表性的作品之一，早期南戏多出自市井艺人之手，艺术创作粗糙，其文学性远逊于北杂剧。《琵琶记》借鉴和吸收了杂剧创作的文学成就，因而被称为"南戏中兴之祖"，对中国戏曲做出了富有开创性的贡献。其创作宗旨和艺术成就，乃至明清戏剧理论家对它的评价，都对中国戏曲史乃至中国艺术史产生了深远的影响。

《琵琶记》著者高明，字则诚，自号菜根道人，瑞安(今属浙江)人，出身于书香门第，是理学家黄溍的学生，中至进士后入仕，官声颇佳，晚年隐居，以诗文词曲自娱。

《琵琶记》的内容情节，沿着两条线索发展。一条写蔡邕离家后的种种遭遇；一条写赵五娘于家中的种种苦难。既集中笔力写蔡邕在荣华富贵后的辗转无奈，又重点描绘赵五娘的饥寒交迫，身陷绝境，比较广阔地展示出了当时人们的生活画面。在曲目安排上，特别注意让两条线索交叉进行，让不同的生活场景对比衔接。前写蔡邕蟾宫折桂，杏园奉宴，志得意扬，紧接后边写赵五娘典卖钗梳首饰，苦力支撑；前写蔡邕洞房花烛，后接赵五娘自食糟糠，公婆误责，又愧悔自恼，一亡一病；前写蔡邕中秋赏月，后接赵五娘剪发买葬、埋葬公婆后，背着琵琶来京寻夫。悲喜悬殊的情景，形成了强烈的反差，使观众一方面加深了对不合理的社会现实的认识，在深切地同情苦难中的赵五娘的同时，体悟到封建伦理纲常的荼毒；另一方面，写蔡邕在锦衣玉食、荣华富贵的时候，时常忧心忡忡，既挂念穷困的家乡，又感受到宦海生涯的不易，优裕闲适的环境与人物苦闷沉重的心态，也形成了鲜明的反衬。这些巧妙的安排，有助于加强整部戏的悲剧气氛，使人物的性格呈现得更加鲜明。

《琵琶记》在人物形象塑造、剧情结构安排以及语言使用方面取得了相当高的成就，说明在元代后期，戏曲剧本创作逐步摆脱了单线平涂的类型化写法，注意多角度地展示人物个性和内心世界，作者巧妙纯熟的创作技巧，使塑造的人物性格更加鲜明，戏剧效果更为突出。《琵琶记》布局结构较有创造性，全剧双线贯穿，交错并进。《琵琶记》把宋元南戏推向了艺术的高峰，又堪为明清戏曲的楷模，所以明代戏剧评论家称之为传奇中的"神品"，尊之为"南曲之祖"。《琵琶记》中虽明显存有劝教色彩，并有人物概念化和情节、语言失真的情况，但并未动摇其在戏曲史上的重要地位。发展至今，《琵琶记》已成为具有世界影响力的中国古典戏曲之一。

三、《窦娥冤》

《窦娥冤》全名《感天动地窦娥冤》，元代关汉卿作。此剧现存版本有明脉望馆藏的《古今名家杂剧》本、《元曲选》壬集本、《酹江集》本、《元杂剧二种》本、《元人杂剧全集》本。

剧情介绍：楚州贫儒窦天章贫困无钱，无力偿还蔡婆的高利贷，却欲进京赶考，无奈之下，卖七岁女儿窦娥为蔡家童养媳。不巧窦娥长大后初婚，丈夫病逝，婆媳相依为命。蔡婆外出向赛卢医索债时，被其骗至郊外谋害，途遇流氓张驴儿父子，惊走赛卢医，但被张驴儿父子胁迫，招父子二人入赘。张驴儿见窦娥年轻貌美，心生歹意，窦娥拼死不从，张驴儿便想出恶计，欲毒死蔡婆要挟窦娥，不料误毙其父。张驴儿诬告窦娥害父致死，贪官桃杌对窦娥严刑逼供，横加迫害，窦娥为救蔡婆自认杀人，被判刑屈斩。临刑之时窦娥指天发誓，死后血溅白绫、六月降雪、大旱三年，为己鸣冤，后来果然一一应验。三年后窦天章考取进士，任肃政廉访使至楚州，考察吏治，窦娥魂魄出现，向其父诉冤，窦天章重审此案，查明事实，为窦娥雪洗冤案，伸张正义。

《窦娥冤》是关汉卿的代表作，也是我国古代悲剧的代表作。故事源于《列女传》中的《东海孝妇》，关汉卿并没有局限于传统故事，仅停留在歌颂东海孝妇平反冤狱的事件上，而是紧扣当时的社会现实，借用窦娥被无赖诬陷，又被官府错判斩刑的冤屈故事，真实而深刻地反映了元蒙统治下中国社会极端黑暗、极端残酷、极端混乱的悲剧时代，深刻地揭露了元代吏治的腐败残酷，表现了中国人民坚强不屈的斗争精神和争取独立生存的强烈要求。《窦娥冤》成功地塑造了"窦娥"这一悲剧女主人公形象，使其成为元代被压迫、被剥削、被损害的女性的代表，剧中歌颂了窦娥的善良心灵和反抗精神，成为元代社会底层善良、坚强而走向反抗的妇女典型。

《窦娥冤》全剧为四折一楔子，艺术成就体现在现实主义与浪漫主义风格的融合上，作品用丰富的想象和大胆的夸张，设计超现实的情节，显示出正义的强大力量，寄托了作者鲜明的爱憎情感，反映了广大人民伸张正义、惩治邪恶的愿望。《窦娥冤》戏曲语言通俗自然，曲词不事雕琢，朴实生动，极富性格，评论家以"本色"二字概括其特色。

四、《西厢记》

《西厢记》全名《崔莺莺待月西厢记》，为元代著名杂剧作家王实甫所作。王实甫，今保定定兴县人，一生创作十四部剧本。《西厢记》故事源于唐代元稹的传奇小说《莺莺传》，宋金时期广为流传，经文人、民间艺人改编后成为说唱和戏剧，后由王实甫在前人丰富的艺术积累上加工创作而成，共五本二十一折杂剧，写于元贞、大德年间，成为其代表作，故事情节更加紧凑，融合了古典诗词，曲词华艳优美，富于诗情画意，文学性大大提高，有"西厢记天下夺魁"之说。

剧情介绍：书生张君瑞原为礼部尚书之子，但父母双亡，家境贫寒，赴京城赶考，路过普救寺，偶遇已故崔相国之女莺莺，莺莺年方十九岁，面容娇美，才貌并秀，无所不能，遂对其一见倾心；张生夜夜苦读，感动莺莺，莺莺对张生也生爱慕之情。此时恰遇叛将孙飞虎因贪恋莺莺美貌，率兵围困普救寺意欲强娶莺莺。崔老夫人在情急之下允诺若有人退兵，便将莺莺嫁之。张生喜出望外，请故人白马将军杜确率兵前来解围。崔莺莺父亲在世时，曾将其许配给郑尚书之长子郑恒，崔老夫人以此为由，命张生与崔莺莺结拜兄妹，并金帛相赠，绝口不提婚事，莺莺的贴身丫鬟红娘从中相助，莺莺月夜烧香时，聆听张生抚琴传情。张生因相思病倒，莺莺得知后，命红娘前去探望，张生遂通过红娘倾吐相思之苦，莺莺怜爱之情顿生，鼓起勇气，赠诗传情，在红娘的掩饰下，二人瞒过崔老夫人，幽会私订终身。老夫人得知后，怒责红娘，但无可挽回，便命张生进京应考。二人依依而别，半年后张生得中状元。郑恒趁张生未返回时谎称张生被卫尚书招赘入府，老夫人盛怒之下将莺莺嫁给郑恒，择吉日完婚。成亲之日，张生以河中府尹身份及时归返，征西大元帅杜确前来祝贺，真相大白，郑恒羞愧难言，含恨自尽，张生与莺莺一对有情人冲破层层困阻终成眷属。

《西厢记》作为我国戏曲史上的一部杰作，最突出的艺术成就是塑造了性格特征生动鲜明的男女主人公，在爱情上坚贞不渝，敢于冲破封建礼教的束缚，经过不懈努力，终于得到美满结果。这部作品以深刻的反封建礼教的思想性和精湛优美的艺术性，成为我国古典戏剧中的现实主义巨著，对后来以爱情为题材的小说、戏剧创作影响很大，《牡丹亭》《红楼梦》都从中不同程度地汲取了反封建的民主精神。作品通过流畅优美、字字珠玑的语言艺术描绘的爱情故事家喻户晓，作者王实甫堪称我国古代一位杰出的语言艺术大师，将唐诗宋词精美的语言艺术与元代民间生动活泼的口头语言完美地融为一体，创造了文采璀璨的元曲词汇，成为我国戏曲史上所谓"文采派"最杰出的代表。

五、《牡丹亭》

《牡丹亭》全名《牡丹亭还魂记》，又称《还魂记》，也称《还魂梦》或《牡丹亭梦》，二卷，五十五出，明代南曲的代表作。《牡丹亭》是汤显祖所著的传奇剧本，也是我国戏曲史上浪漫主义的杰作，据明人小说《杜丽娘慕色还魂》而成。作品通过主人公杜丽娘和柳梦梅二人生死离合、带有浪漫主义幻想的爱情故事，表达了追求个人幸福、呼唤个性解放、反对封建制度的浪漫主义理想，喊出了要求个性解放、爱情自由、婚姻自主的呼声，并且揭露了封建礼教对人们幸福生活和美好理想的摧残，感人至深。杜丽娘是中国古典戏曲艺术里继《西厢记》中崔莺莺之后出现的又一动人的女性形象。《牡丹亭》表现出汤显祖强烈的创作激情，表现了其对反抗斗争的坚持和对腐朽传统的叛逆。

剧情介绍：落魄书生柳梦梅睡梦中见到一位貌美佳人，立于花园梅树之下，向其倾诉，醒后便日思夜想，终不成寐。南安太守杜宝之女名为丽娘，貌美如花，师从陈最良，德才兼备，因读《诗经·关雎》篇章而伤春感怀，游园归来，便昏昏沉睡，梦中见一书生持柳求爱，两人遂在牡丹亭畔生情私会。杜丽娘梦中惊醒，自此相思难解，愁苦不堪，一病不起，在气若游丝之际求母亲把她葬于花园梅树之下，并叮嘱丫鬟春香将其画像藏于太湖石底。杜丽娘死后，其父升任淮阳安抚使，委托其师陈最良葬女，修建梅花庵观。三载过后，柳梦梅赴京赶考，借宿梅花庵观，在太湖石下偶得杜丽娘自画像，惊为梦中深爱佳人，杜丽娘魂游后园，和柳梦梅再度私会，柳梦梅掘墓开棺，杜丽娘起死回生，两人相爱，结为夫妻，一同前往临安。陈最良目睹杜丽娘坟墓被掘，遂告发柳梦梅盗墓之罪。柳梦梅在临安应试后，受杜丽娘之托，送信传还魂喜讯，反遭杜宝囚禁。发榜后，柳梦梅荣登榜首，中为状元，杜宝拒不承认二人婚事，强迫杜丽娘与之离异，纠纷惊动朝廷，皇帝出面调解，杜丽娘和柳梦梅二人终成眷属。

《牡丹亭》是一部伟大的浪漫主义作品，剧作家赋予"情"可以超越生死的巨大力量。作者怀着热烈的感情，通过虚幻离奇的情节，描写爱情等一切合理的生活欲望与追求，这一切在当时封建礼教严酷统治的现实社会中却得不到满足，于是作者把美好幸福、正当合理的审美理想寄托在超越现实境界的人世以外。汤显祖把主人公的死作为斗争的新转折，让幽冥中的杜丽娘与柳梦梅自由结合，又继续把理想描写引回现实，使幽冥结合在人间获得圆满成功，证明坚持不懈、百折不挠就可以争取到自己应有的生活权利。同时，《牡丹亭》的浪漫主义也带有一些消极成分，主人公的斗争仅限于个人精神生活的领域，通过幽深隐晦的曲词，表现出浮生若梦的虚无主义审美观念。

《牡丹亭》以文词典丽著称，宾白饶有机趣，曲词兼有北曲泼辣动荡及南词婉转清丽的长处。明代的吕天成称之为"惊心动魄，且巧妙迭出，无境不新，真堪千古矣"！

六、《赵氏孤儿》

《赵氏孤儿》全名《冤报冤赵氏孤儿》，又名《赵氏孤儿大报仇》，作者纪君祥，一作纪天祥，元大都(今北京)人。故事情节最早于《左传》、司马迁的《史记·赵氏世家》、刘向的《新序》《说苑》中有详细记载。《赵氏孤儿》是一部元代杂剧作品，于1735年被译为法文刊行，1762年被译为英文刊行，是我国古代剧作中较早介绍到国外的一部作品。

剧情介绍：春秋时期，晋国大臣赵盾辅佐襄公，国富民强，襄公死后，灵公继位，荒淫无道，残害臣民。赵盾多次劝谏，灵公怀恨在心，赵盾出逃。后来其弟赵穿发动政变，杀灵公，立成公继位。请回赵盾，主持朝政。其子赵朔迎娶成公姐姐。屠岸贾为晋灵公武将，与赵盾不和，嫉妒赵朔身为驸马，进谗言灭杀赵盾全族，赵朔妻系公主身份，幸免于死，生下遗腹子。在屠岸贾搜索之时，公主把婴儿藏于衣中，屠岸贾遂下令全国范围捕杀幼小婴儿，斩草除根，以绝后患。危难之时，赵氏门客公孙杵臼和程婴二人定计，公孙杵臼抱去别人婴儿匿藏，后由程婴"告密"，屠岸贾将公孙杵臼与其所藏婴儿当即处死。程婴救出赵氏遗孤，取名赵武，逃避于山林。二十年后，孤儿长大成人。程婴对孤儿说明真相，孤儿洗冤心决。景公重病占卜，卜者说原因在错杀功臣。大臣韩厥素与赵氏亲近，趁机向景公进言，赵氏世代有功，被错杀灭族，应恢复名誉，给予重用。景公从之，接赵武、程婴进宫，继承赵氏原有俸禄、封地，赵武奉命杀死屠岸贾，终报仇雪恨。

《赵氏孤儿》是一部历史剧，描写了忠正与奸邪的矛盾冲突，塑造了诸多正义凛然、忍辱负重、不畏强权而勇于献身的烈士形象，揭露了权奸的凶残本质，着力歌颂了维护正义、舍己为人的高贵品质，其震撼人心的精神力量，感人肺腑，惊天动地。赵氏孤儿的故事，两千多年来在我国广为流传。元朝时它被搬上了舞台，是元前期杂剧悲剧创作中最为突出的一部作品，通过歌颂英雄人物的自我牺牲精神，构成全剧悲壮的基调，使全剧充满着浓郁的悲剧气氛。直到现在，京剧和其他地方剧种还在陆续上演《赵氏孤儿》，经久不衰。

七、《长生殿》

《长生殿》是由清初洪升所作的传奇剧本。历经十余年始成，曾三易其名，初为《沉香亭》，继改称《舞霓裳》，三稿始定《长生殿》。共五十出，有《稗畦草堂原刊本》《文瑞楼刊本》《暖红室汇刻传奇》本等流传。

剧情介绍：唐代明皇继位，励精图治，国势强盛，而后骄侈喜功，不免纵情声色，遂下旨选美，宠幸才貌出众的宫女杨玉环。在金殿上举行册封贵妃典礼之时，明皇见玉环盛装之下，娇艳无比，便走下金阶，端详花容月貌，两人对天誓爱，并以钿盒内金钗定情，杨门一族至此荣耀一时。一年春日，唐明皇与杨贵妃游幸曲江，秦、虢、韩三国夫人随驾，唐明皇贪恋虢国夫人不施粉黛，淡雅风流，命其陪宴留宿。贵妃知悉，醋意大发，言语顶撞明皇，唐明皇盛怒之下，命高力士将其送归相府，明皇即刻便寝食难安，后悔不迭。高力士密报贵妃，贵妃剪断青丝一缕，托献明皇，倾诉相思之苦、悔恨之心，明皇睹物思人，又命高力士连夜迎贵妃回宫，两人和好如初。边将安禄山触犯朝规，按律当斩，却贿赂杨国忠，免于一死，又加官晋爵，从此骄横无度。唐明皇调任其为范阳节度使，再次失策。安禄山则招兵买马，妄图进兵中原，夺取天下。唐明皇年迈，愈加耽于声色，杨贵妃新舞《霓裳羽衣曲》技压梅妃《惊鸿舞》，三千宠爱，集于一身。安禄山反叛，唐军节节败退，唐明皇奔逃蜀中避难，途经马嵬坡，军士哗变，杀杨国忠，唐明皇无奈，赐贵妃自尽。自此唐明皇心灰意冷，传位于太子。大将郭子仪奉旨征讨，大败安禄山，收复长安。唐明皇以太上皇身份自蜀中归来，日思夜想贵妃，一场噩梦后，求访异人为贵妃招魂。临邛道士杨通幽奉旨作法，找到玉环幽魂。八月十五夜，杨通幽引太上皇魂魄来到月宫与杨玉环相会，玉帝传旨，让二人结为夫妇，永居天庭。

《长生殿》采用浪漫主义的表现手法，将现实世界与幻想世界互相呼应、互相生发，使浪漫主义的审美理想得以充分的发挥，完成讴歌感情的宏大主题。此外，《长生殿》还通过描写唐明皇与杨贵妃的爱情故事，进一步从多方面、多角度反映社会矛盾，将百姓困苦和宫廷奢华进行鲜明对比，爱憎分明。清宫内廷曾一度流行上演此剧，北京的聚和班、内聚班等班社都以演此剧而闻名。两百余年来，昆剧经常演出的有《定情赐盒》《密誓》《惊变》《埋玉》《闻铃》《哭像》等。

八、《红灯记》

《红灯记》是现代革命京剧之一，也是八个样板戏之一。《红灯记》故事取材于电影《自有后来人》，原创作者为黄泳江。《自有后来人》以东北抗日联军为背景，反映东北人民的抗日斗争，故事的发生地点在虎林铁路上的"辉崔"小站(黑龙江省虎林市境内)。20世纪60年代，电影率先在全国上映，不久，由上海沪剧团改编为沪剧，接着由哈尔滨京剧院搬上京剧舞台，当时名叫《革命自有后来人》。

剧情介绍：在抗日战争时期的东北敌占区，东北某地铁路工人、地下党工作者李玉和接受重任，为北山游击队转送一份密电码，由于叛徒出卖而被捕。悲痛万分之余，其母向孙女李铁梅讲述一家三代在"二七"大罢工期间结成异姓一家的缘由。日本宪兵先严刑拷打，后软硬兼施，逼迫李玉和交出密电码，李玉和誓死抗拒，日本宪兵又抓捕祖孙二人，祖孙三人坚强不屈地与日寇进行周旋与斗争，李玉和与李奶奶终惨遭日寇杀害。日寇故意放走李铁梅，欲以其为线索获得密电码。女儿铁梅继承先辈遗志，在党和人民的协助下，护送密电码上山，胜利完成任务。游击队歼灭了追赶铁梅的全部日寇。

在中国现代戏剧创作史上，《红灯记》是一部可圈可点的剧目，屡屡获奖并深受好评。

《红灯记》成功地塑造了革命者的光辉形象，表现了中国人民在共产党的领导下在同日本法西斯的斗争中宁死不屈、慷慨就义的大无畏英雄气节，奏响了一曲中华民族精神的胜利凯歌。《红灯记》在戏剧结构上以密电码为线索，贯穿全剧，组织矛盾，推演情节。剧情可谓一波三折，悬念迭起。又以红灯串联起三代人的命运起伏，非常值得称道。此剧是中国京剧院的优秀保留剧目，20世纪60年代至今，众多艺术家如李少春、袁世海、杜近芳、高玉倩、钱浩梁、刘长瑜、李维康、冯志孝、孙岳、王晶华、杜富珍、张岚等都曾先后参加演出。近几年来，常有青年剧团排演此剧，得到老一辈艺术家的指导，演出取得成功。

九、《威尼斯商人》

《威尼斯商人》是莎士比亚(1564.4.23—1616.4.23)早期的重要作品，是一部具有极大讽刺性的喜剧，大约作于1596—1597年。剧本的主题是歌颂仁爱、友谊和爱情，同时也反映了资本主义早期商业资产阶级与高利贷者之间的矛盾，表现了作者对资产阶级社会中金钱、法律和宗教等问题的人文主义思想。

"文学巨匠"莎士比亚，是英国伟大的戏剧家及诗人，是欧洲文艺复兴时期人文主义文学的集大成者，被称为"英国戏剧之父""时代的灵魂""人类伟大的天才之一""人类文学奥林匹斯山上的宙斯"。代表作有四大悲剧《哈姆莱特》《奥赛罗》《李尔王》《麦克白》，四大喜剧《第十二夜》《仲夏夜之梦》《威尼斯商人》《无事生非》。

莎士比亚戏剧以悲剧居多，《威尼斯商人》是一部具有极大社会讽刺性的喜剧，是莎翁喜剧的巅峰之作，探求的是金钱这一古老而又永不过时的话题。

剧情介绍：贫穷而出身高贵的威尼斯青年巴萨尼奥向其好友威尼斯商人安东尼奥借钱，以向美丽并富有的鲍西娅求婚。但就在他即将成婚之时，他收到了安东尼奥的一封告别信，明白了事情真相。安东尼奥的钱都投资于海上贸易，只好向犹太人夏洛克借钱以帮助巴萨尼奥。谁知两人宿怨颇深，夏洛克提出若安东尼奥不能按时还钱，则割其身体一磅肉偿还。天有不测风云，安东尼奥的船只失事，无法还钱，只好被迫走上法庭与夏洛克对质。在威尼斯长老院，安东尼奥险些丧命；终因鲍西娅假扮律师出庭，由于她的聪明机智，舌战而胜，得以了结此案。故事结尾皆大欢喜，有情人终成眷属。

这部剧作的一个重要文学成就，就是塑造了夏洛克这一唯利是图、冷酷无情的高利贷者的典型形象。夏洛克是高利贷资本的代表、一毛不拔的守财奴。其心胸狭窄，复仇心极重，一遇机会便要疯狂报复对他不利的人，非要置对手于死地不可，非常冷酷无情。剧中，夏洛克对别人的谩骂反唇相讥，冷静和自信的态度活灵活现。败诉以后他又想要三倍的还款，贪婪的本性又复原了，守财奴的本相暴露无遗。他是一个不折不扣的恶魔。同时，他也是一个在基督教社会里饱受欺侮的犹太人。夏洛克对安东尼奥的报复有合理而又复杂的动机。人们对夏洛克，既鄙夷他的贪婪，憎恨他的残酷，又多少有些同情他所受的种族压迫和屈辱。在很多人的眼里，夏洛克是一个老于世故、贪得无厌、一毛不拔、吸血鬼的形象，同时又是一个守财奴。

该剧塑造的另一个典型人物是安东尼奥，他慷慨仁厚，淡泊金钱。安东尼奥为了朋友可以赴汤蹈火，冒着生命危险去借钱，说明他对朋友讲义气、尊重友谊。但是从中能看到这个人物较鲁莽和冲动，有时显得有些愚蠢。

在《威尼斯商人》中，莎士比亚综合运用多种艺术手法展现了当时的社会矛盾，歌颂了纯洁的爱情和无私的友谊，批判了高利贷者的贪婪与残酷，对遭受种族歧视的犹太人也给予了深刻的同情。全剧结构完美、情节紧张、波澜起伏。在喜剧中不仅融合了悲剧因素，而且采用了综合主要情节和次要情节的复合结构。另外，莎士比亚在剧中还运用了悬念、对比、衬托、反笔等多种艺术技巧来展示人物性格，以推动剧情发展。

十、《等待戈多》

《等待戈多》是贝克特的代表作，于1952年用法文发表，于1953年首演。《等待戈多》是戏剧史上真正的革新，也是第一部演出成功的荒诞派戏剧。已译成20多种文字，在许多国家上演，风靡西方剧坛，被认为是荒诞派戏剧的经典之作。

剧情介绍：《等待戈多》是一出两幕剧。第一幕，两个身份不明的流浪汉戈戈和狄狄(弗拉季米尔和爱斯特拉冈)于黄昏时分在小路旁的枯树下，等待戈多的到来。他们为消磨时间，语无伦次，东拉西扯地试着讲故事、找话题，做着各种无聊的动作。他们错把前来的主仆二人波卓和幸运儿当作戈多。直到天快黑时，来了一个小孩，告诉他们戈多今天不来了，但明天准来。第二幕，次日黄昏，两人如昨天一样在等待戈多的到来。不同的是枯树长出了四五片叶子，再次前来的波卓成了瞎子，幸运儿成了哑巴。天黑时，那孩子又捎来口信，说戈多今天不来了，明天准来。两人大为绝望，想死没有死成，想走却又站着不动。剧作从剧情内容到表演形式，都体现了与传统戏剧大相径庭的荒诞性。

贝克特以戏剧化的荒诞手法，揭示了世界荒谬丑恶、混乱无序的现实，写出了在这样一个可怕的生存环境中，人生的痛苦与不幸。剧中代表人类生存活动的背景是凄凉而恐怖的，表明人在世界中处于孤立无援、恐惧幻灭、生死不能、痛苦绝望的境地。

《等待戈多》的主题和核心是等待希望，是一出表现人类永恒的在无望中寻找希望的现代悲剧。"戈多"作为一个代名词始终是一个朦胧虚无的幻影，一个梦魇中的海市蜃楼。戈多虽然没有露面，却是决定人物命运的首要人物，成为贯穿全剧的中心线索。戈多似乎会来，又老是不来。《等待戈多》向我们揭示了一个残酷的社会现实，也给我们以极大的启迪：希望是存在的，但要等待希望的实现是未知的，等待就意味着幻灭。尽管如此，人类还是应该"明知不可为而为之"。《等待戈多》中对希望的等待，体现了贝克特不愿将痛苦的人类推入绝望的深渊，于无望之中给人留下一道希望之光的存在主义、人道主义的思想。

1969年，贝克特获得诺贝尔文学奖奖金，获奖的原因是"他那具有新奇形式的小说和戏剧作品使现代人从精神贫困中得到振奋"。瑞典皇家学院的代表在授奖仪式上赞扬他的戏剧"具有希腊悲剧的净化作用"。

第四章 线墨性灵 形色交辉
——绘画艺术

第一节 绘画艺术概述

一、绘画艺术界定

绘画艺术在世界艺术领域中自成体系，独树一帜，以水墨画为代表的东方绘画体系与以油画为代表的西方绘画艺术构成了世界绘画艺术的两大流派。中西方绘画艺术相比，各自的艺术特点鲜明而多样。

绘画艺术源远流长，种类繁多，彰显自身独具的魅力。发展至今，按照不同角度，可以做如下分类：

根据使用特点，可分为年画、宣传画、壁画、装饰画、插图等；

根据展现形式，可分为连环画、系列画、组画等；

根据题材内容，可分为山水画、人物画、花鸟画、风景画、静物画、风俗画、历史画等；

根据媒介材料，可分为中国画、水彩画、水粉画、油画、版画等；

其中"中国画"又称为"国画"，是在东方文化中长期备受推崇的画种中的卷轴画，被称为代表中华民族绘画艺术最高水平的画种，常成为东方绘画艺术的代名词。

二、绘画艺术发展历程

(一) 中国绘画艺术发展历程

绘画艺术历史悠久，在华夏传统文化的孕育中，经由历代画家的艺术实践、不断探索，逐渐形成深厚博大、灿烂辉煌、具有中华民族特色的现代绘画艺术。

几千年来，绘画艺术在不同时期形成了不同的绘画形式、艺术风格和表现技法，经过不断演变、提高及推陈出新，形成了具有浓郁民俗风格和鲜明特色的绘画艺术体系。

商周以前，人们在劳作中创造了生动的带有强烈故事性的岩画与陶绘。春秋战国时期，绘画艺术已经走向成熟，广泛应用在社会生活中。汉代政治、经济的强盛，使绘画艺术显示出豪迈雄浑的气魄。

魏晋南北朝时期，壁画、漆画从技法到形式都趋于成熟；人物画进入发达时期；花鸟画开始萌芽；山水画逐渐独立出来；卷轴画开始兴起。画家群体出现，其中以东晋顾恺之、戴奎，南朝陆探微、张僧繇，北朝杨子华、蒋少游最具代表性，成就显著。以谢赫、宗炳为代表的绘画理论研究也开始发端。

隋唐时期，绘画艺术进入稳定成熟的高峰时期。绘画各种门类形成了自身独立完备的美学品格，且山水画成为专门画科。山水画以展子虔和李思训、李昭道父子为代表，人物画以阎立本、张萱为代表，无一不彰显着雍容大度、繁华绚丽的盛唐气象。花鸟画则作为专门题材出现，以韩幹、韩滉和戴嵩的作品为代表的动物类题材达到较高的艺术水平，浸涵着精神饱满、生气勃勃的帝国气势。

五代时期，出现了专设的宫廷画院机构，山水、人物、花鸟体现出一种自然主义韵味。同时期出现了以荆浩为代表的北方山水画派和以董源、巨然为代表的南方山水画派。周文矩、顾闳中延续了以宫廷贵族日常生活为主的人物画的风格。花鸟画出现"皇家富贵"和"徐熙野逸"两大流派，对后世影响深远。

宋代宫廷绘画的兴盛、职业画家的活跃、文人作画的雅趣，使绘画艺术兴盛异常。此时绘画按题材可分为山水、人物、花鸟、宗教、杂画等。李成、范宽继承并发展了北方画派的山水画。南宋时山水画家提出"三远"章法。李唐、马远、夏圭、刘松年并称"南宋四大家"。"黄家富贵"被崔白的"体制清赡，作用疏通"取而代之。北宋中后期兴起以苏轼、文同、米芾为代表的"文人画"，南宋米友仁、赵孟坚、杨无咎、法常将其进一步发扬光大。宋代中国画家更注重笔墨技巧，在勾勒挥洒中，或见理趣，或抒志向，或寓禅意，汇成多元变化的主题。

元代山水画发展到较高阶段，画坛以文人画为主流。元初山水画以赵孟、高克恭为代表，中后期出现黄公望、王蒙、吴镇、倪瓒等一代山水画大师，花鸟画以顾安、柯九思、王冕为代表。

明初出现以戴进为代表的"浙派"和以吴伟为代表的"江夏派"。明中期出现"吴门画派"和沈周、文徵明、唐寅、仇英等著名画家。明后期山水、人物、花鸟画都有新的发展，山水画以董其昌为代表，人物画以陈洪绶最有声望，陆淳、徐渭的绘画作品则代表花鸟画的最高成就。

清代文人画仍为画坛主流。在山水画方面，清代的朱耷与石涛影响最大，王时敏、王鉴、王原祁及吴历、恽格也是功力深厚的山水画大家。在花鸟画方面，清代中期，"扬州八怪"中金农、郑板桥、罗聘等勇于创新，作品独具一格。在人物画方面，以肖像、行乐图较为盛行。

在东西方文化交融碰撞的20世纪，画家探索出国画表现手法中新颖的形式与内容，为现代国画的变革奠定了坚实基础。其中黄宾虹、李可染等将古人笔法拓展为中锋用笔，穷于侧光山水研究，使中国现代绘画彰显苍润深沉之美；林风眠则穷其一生调和中西绘画，使之融为一体，为国画寻求现代突破做出了重要贡献。

道尚贯通，学贵根柢。艺术是时代精神的反映，伴随时代的发展，中国新时期的画家在立足传统国画艺术根基的同时，从东西方现代美学思想中汲取营养，培养画意，创造出了大量具有时代特色、享誉国际的艺术作品，使国画艺术与时俱进，提升到一个崭新的高度。

(二) 西方绘画艺术发展历程

西方绘画艺术发端于古希腊罗马时期，偏于反映客体对象的美学思潮，给予整个西方古代绘画艺术以强有力的影响。

西方古代绘画以表现再现化为其基本原则，因而使绘画在反映现实美方面取得了很高的艺术成就。公元前5世纪至公元前4世纪是艺术史上的古典时期，西方绘画艺术就已重视焦点透视，重视色彩与逼真效果，在理论与实践上都有很大的发展。写实主义的描摹与再现成为当时盛行的艺术主旨，绘画内容以风俗、风景、静物为主。此时罗马绘画艺术则表现出功利精神，绘画内容以肖像、神话、征服、宗教仪式为主。这时出现的镶嵌画成为早期基督教堂宣传教义的工具，更是后来中世纪绘画艺术的渊源。

中世纪后期，基督教信仰在西方社会中的地位日益增强。基督教绘画成为这一时期的主流样式。在罗马式的建筑墙体上，创作了大量以基督教为题材的壁画，与二维空间金黄色背景相脱离，绘画艺术效果简明而突出。哥特式建筑多取材于《圣经》，利用多彩的形式与几何图形制造无限的空间遐想，使彩色玻璃窗画得到长足的发展。

文艺复兴时期，西方绘画艺术达到成熟。初期意大利画家乔托率先在圣经题材的创作中穿插现代生活气息与世俗情调，成为欧洲绘画主义与现实主义的鼻祖。马萨乔继承并发扬其艺术传统，在绘画艺术中融入解剖学、透视学知识，其代表作品为《出乐园》《纳税钱》。油画在这一时期诞生，调和油料与颜料的发明与使用加强了绘画的表现力，配合解剖、透视、光色等技法，以油画为主体的西方绘画艺术体系日趋成熟。15世纪末至16世纪中叶，文艺复兴达到全盛时期，西方绘画艺术领域的著名画家相继出现，代表人物有米开朗基罗、达·芬奇、拉斐尔，被称为"画坛三杰"，代表作品有《创世纪》《最后的晚餐》《蒙娜丽莎》《西斯廷圣母》。

17世纪与18世纪，西方绘画艺术进入一个崭新的创作时代，风景画、肖像画、静物画、风俗画、动物画急速发展。各种技法使用成熟，注重用焦点透视法加深画面空间感、光线变化，加强形象立体感、多层着色提升画面质感，并产生了大批画家，如著名的荷兰画家伦勃朗、法国画家夏尔丹。

19世纪科技飞速发展，审美情趣彰显多元化，致使西方绘画艺术复杂纷繁。人类摄影技术的发明，导致以写实为主旨的古典主义绘画艺术不得不重新考证自身的功能与特征，并开始探索，西方绘画艺术迈入现代油画阶段。从再现客观真实转而表现内心世界，从注重内容转而偏于追求艺术形式，甚至极度变形夸张，向非理性、非和谐的个性化方向发展。荷兰画家梵·高是这一时期的代表人物，其代表作品《向日葵》张扬个性生命，极具震撼力。

19世纪形成的印象画派很有影响力，这一画派作品集中反映了现代油画的成就，特别强调光线在色彩变化中的作用，着重捕捉瞬间感受到的观影效果。这一时期的领军人物有莫奈、尚塞、雷诺阿、高更等，代表作品有《日出·印象》《浴女》《苹果与橘子》《塔希提的妇女》等。值得一提的是，同一时期俄国"巡回画派"画家列宾开始探索批判现实主义，代表作品《伏尔加河上的纤夫》较为著名。

20世纪初，法国产生立体主义，即从多角度观察事物，再组合成为画中形象，这种不在同一时间的观察结果成为绘画多角度表现的内容，立体主义绘画艺术将时间作为一种量度带入绘画艺术，这一主义的代表人物是毕加索，其中《弹曼陀铃的女孩》较为著名。

总之，从西方绘画发展的脉络上看，作为绘画艺术，一方面它可以沿着那种具象和再现的方向发展，另一方面可以沿着把物象程式化借以表现艺术家的内在的精神意趣的方向发展，若在总体上坚持绘画主要作为一种客观的主体性艺术，使主观内在的审美理想和情感有机地融合在二维画面中，将会促进人类绘画艺术的长足发展。

第二节　绘画艺术的审美特征

一、主次分明、疏密有致的形式美

形式是绘画艺术的筋骨。绘画艺术或是生活实相的严谨模拟，或是线条构图率真的形象表达，形式锤炼，组合布局饱满，或以粗犷敦朴、变形分割的手法，或以精巧细腻、工整细密的手法，按照一定的运笔机理，不拘一格地强化与开拓视觉造型效果，在主次分明、疏密有致中，求得变化统一的画面表现形式。这一形式表现使绘画艺术在置阵布势时，把发生在不同时间、不同地点的零散片段，按照主次交错，自然而巧妙地聚合起来，形成或工整美丽，或清新淡雅，或张扬狂放的艺术风格，达成绘画艺术作品疏而不漏、密而不繁，疏密之间交相辉映的艺术效果。

绘画艺术主次分明、疏密有致的形式美特征，通过造型和章法两方面实现。可以洒脱恣肆、淋漓酣畅又合乎情理地状天地之情、类万物之性。绘画艺术通过造型基本法则形成自身的艺术形象体系，并不与外在世界的艺术掌握对象保持形态上的高度统一，而趋向以形写意。绘画艺术画面形式凝练含蓄，为进一步内在意蕴的达成做外在形式的准备。观者通过绘画艺术这一外在形式的显现，不禁回味联想，深得绘画内容，得意图中，会心画外，妙可传神，进入境外之象与冥想之境。

二、气韵飞扬、生动传神的意蕴美

意境已成为当代绘画艺术的灵魂。"意"在绘画中是画家意念、精神的表达方式和最终体现。写意之美是绘画艺术非常重要的一项艺术崇尚与理念追求，绘画历来强调得形而后意溢乎形、忘乎形，成为绘画艺术至高至深的审美精神和艺术境界，同时也是当代画家必不可少的艺术修养。

唐代的张彦远在《历代名画记》中指出："守其神，专其一，合造化之功，假吴生之笔，向所谓意存笔先、画尽意在也。"只有如此，才可能得心应手地表现出具体物象的全部气韵。虚静心灵须落实在笔墨之上，才能把客观形象的气韵加以表现。一幅有意境的画，是主观感受与客观物象的复合体，绘画艺术家在创作作品时，对所追求的意念和感知并非通过细腻详尽、求全俱到的外在形式刻画完整，而是突出意念中最为本质的部分，简略其次要的形式细节，以达到笔虽不到而意到的艺术目的，开拓似又不似、似是而非的审美境界。画家的情感要以笔墨为载体，诉诸物象，使其画外有画，以简约概括的水墨表现给观者留下无穷精神意韵的想象空间。当画家以本心体会外物的自然本性时，才能实现心与物的自然契合，心物契合，进而心从手应，在一定的情境触发下，就会获得绘画的灵机，只有在灵机闪现后，才有可能创作出有意境的绘画作品。

绘画语言艺术于无拘束处求笔墨，从无法式中追求内在的超越精神。绘画艺术处处张扬出舒展的想象魅力，观者观之，情景交融，物我两忘，达到超越一切的自由境界。

三、笔意纵横、类物通德的绘画技巧

(一) 绘画工具与技法

掌握绘画艺术，首先要能识别其独特的绘画工具与技法。

(1) 中国画绘画时，采用中国特制的毛笔、墨或颜料，并在宣纸或绢帛上作画。因此中国画又有"水墨画""彩墨画"之称。正是因为运用毛笔与墨作画，所以使得"笔墨"成为中国画的重要技法与理论中的重要术语，甚至有时成为中国画技法的总称。笔与墨，是中国画的两大支柱，中国画以笔意与墨意为灵魂和生命。所谓"笔意"，是指运用毛笔作画时艺术经营与笔画运转间所表现出来的意向、风格、功力等，也指用笔的神态、意趣。笔意与笔势密切相关，笔势指由毛笔在运行之中产生的力学作用而表现出来的气势，常指通篇布局中的贯通之势、轻重向背的顾盼之势等。笔意的产生，以笔法为依托，所谓"笔法"，指用笔的方法，如运笔的轻重、快慢、偏正、曲直以及钩、勒、皴、点等技法，也包括线条的粗细、方圆、顿挫、徐疾、浓淡、转折等。所谓"墨意"，是指用墨创造绘画的意境。中国画以墨代色，称作"墨色"，即用浓淡变化的墨色创造画中的空间层次与物象特征，致使墨色能显牡丹之红、荷叶之绿。中国画家讲究"破墨法"，使墨色多变生奇，如以浓破淡、以淡破浓、以湿破干、以焦破润等。在"破墨"的基础上，又产生"泼墨法"，即用大笔饱蘸水墨渲染，或端砚倾墨，任墨在纸绢上晕化成各种状态，然后随墨色诱发的想象略加勾勒点染，使形象清晰起来，创造出富有新意的画作。笔意与墨意完美结合、合二而一，共同构成绘画艺术的两大手段。

(2) 以油画为主的西方油画工具多种多样，作画方法多样，其工具也有异同。几百年来油画艺术的历史演变，使绘画工具不断改进。常见的有：画箱，用来装绘画材料的一种工具箱，多为木质；画架，用来固定画幅；画桌、画凳；画伞，外出写生时专用的工具；画笔，分不同的笔型和大小型号，分动物毛和人造毛两类；画刀，用来调色、作画、刮色、清理画板；调色板，有长方形和椭圆形之分；油壶，用来装调色油、松节油等调和剂；洗笔器，用于洗刷或搁置带颜色的画笔；画杖，作画时用于支撑手臂；绷布钳，绷装画布时专用；订枪，用来固定画布；小锤和钉子，用于传统的绷装画布方法；砂纸或浮石，作底子时用来打磨画布；木炭、铅笔和橡皮；电动搅拌器，用来制作底料或胶液；板刷和刮板，用来做画布底子；加热器，制作胶液或调和剂时用来加热；大理石板和研磨杵，用于研磨油画颜料；镜了，便于观察整体效果或黑白关系。

油画工具材料的限定导致油画绘制技法的复杂性。几个世纪以来，艺术家在实践中创造了多种油画技法，使油画材料发挥出充分的表现效果。油画的主要技法包括以下几种、人体油画透明覆色法，即用不加白色而只是被调色油稀释的颜料进行多层次描绘，适于表现物象的质感和厚实感，惟妙惟肖地描绘出人物肌肤细腻的色彩变化，令人感到肌肤表皮之下流动着血液。不透明覆色法，也称多层次着色法，作画时先用单色画出形体大貌，然后用颜色多层次塑造，暗部画得较薄，中间调子和亮部则层层厚涂，或盖或留，形成色块对比。由于厚薄不一，显出色彩的丰富韵意与肌理。画家经常在一幅画作中综合运用多种技法，表现较暗物象时，用透明覆色法可以产生稳定、深邃的体积感和空间感。不透明覆色法则易于塑造明处的形体，增加画面色彩的饱和度。不透明一次着色法，也称为直接着色法，适合绘画花卉做出物象形体轮廓后，凭借对物象的色彩感觉或对画面色彩的构思铺设颜色，该画法中用笔所蘸的颜料比较浓厚，色彩饱和度高，笔触也较为清晰，易于表达作画时的生动感受。

为使一次着色后达到色层饱满的效果，必须讲究笔势的运用，即涂法，常用的涂法分为平涂、散涂和厚涂。平涂就是用单向的力度、均匀的笔势涂绘成大面积色彩，适于在平稳、安定的构图中塑造静态的形体；散涂指的是依据所画形体的自然转折趋势运笔，笔触比较松散、灵活自如；厚涂则是全幅或局部地厚堆颜料，有的形成高达数毫米的色层或色块，使颜料表现出质地的趣味，形象也得到强化。作为一种艺术语言，油画包括色彩、明暗、线条、肌理、笔触、质感、光感、空间、构图等多项造型因素，油画技法的作用在于将各项造型因素综合地或侧重单项地体现出来，油画材料的性能充分提供了在二度的平面底子上运用油画技法的可能。油画的制作过程就是艺术家自觉地熟练地驾驭油画材料、选择并运用可以表达艺术思想、形成艺术形象的技法的创造过程。油画艺术既表达了艺术家赋予的思想内容，又展示了油画语言的独特魅力。

(二) 构图方法

(1) 中国绘画艺术具有独特的构图方法，在构图上不受焦点透视法的束缚，而采用散点透视法，这是一种可移动远近的透视法，使得视野宽广辽阔，构图灵活自由，画中的物象可以随意列置，冲破了时间与空间的局限。绘画艺术可以营造出全景式、分段式、分层次的多种空间，形成一种由高转低、由远转近的回旋往复式流动的艺术空间。

绘画艺术以勾、皴、擦、染、点为主要技法，以散点透视为构图原则，以五色理论为参照。"外师造化，中得心源"，重以形传神，直抒胸臆。笔下的形象多是画家人格精神的真实写照，从历史上绘画艺术的沿革来看，其总体面貌是伴随时代的变化而不断发展变化的，在世界文明日趋融合的大形势下继续创新发扬，但万变不离其宗，笔墨、形式和意境这三大要素始终是绘画艺术的根基，并成为绘画艺术长久坚持的审美取向。

传统绘画艺术具有民族特色的意象描写绘画特征，蕴含了中国人文精神的审美意识。其表现手法与技术手段被人们赋予了多元审美价值，欣赏绘画艺术时，只关注中国画的笔墨技巧、技术手段本身，而不去关注艺术作品的本质问题——情感、情趣、思想在绘画作品中恰如其分的表达，属于舍本逐末，笔墨技巧、技术手段仅是充当艺术家完成绘画作品的语言材料和表述艺术家情感思想的载体而已。绘画艺术是带有较大主观性、倾向个体劳动的繁杂的综合艺术，从作品的立意构思到具体应用绘画素材、绘画技术手段及特色绘画语言的表述和制作，基本上都要靠画家独立完成。

(2) 西方绘画艺术采用透视法进行构图。其基本原理如同将隔着一块玻璃板看到的物象，用笔将其画在这块玻璃板上，就得出一幅合乎焦点透视原理的绘画。其特征是符合人的视觉真实，讲究科学性。在艺术与科学相结合的思想指导下，运用焦点透视，掌握表现空间的规律。

对于透视法的应用，要严格遵循视点的限制。第一种，当视点高时，景物在视平线以下，形成鸟瞰式构图。作画者使用透视法较多，因其便于展开全景描写，物障较少；第二种，视点和视线处于画面的中间，所有消失点都落在画面中间的视平线上，这种透视的物障重叠较多，使景物深远，用来表现强烈的远近对比；第三种，仰视透视，把视平线压到最低处，常用来画雄伟的建筑，或表现伟大的人物形象，有一种高远之感。

焦点透视在工整的山水画、人物画中用处也很大，用焦点透视画建筑及室内布置，能给人以适合安定之感，至于山水画中的透视布置，一般也含有焦点透视的原理。清代年熙尧认为，"爱言中土工绘事者，或千岩万壑，或深林赛夺，意匠经营，得心应手，因可纵横自如，淋漓尽致而相赏千尺度风裁之外，至于楼阁器物之类，欲其出入规矩，毫没无差，非取则于泰西之法，万不能穷其理而造其极"。

第三节　绘画艺术的现世追求与现实实现

绘画艺术是人类一种特殊的艺术思维方式，与人类固有的传统文化思想相融合，经过长期的发展变化，对艺术产生极其深远的影响。在色彩缤纷的文化、艺术领域中，以高度概括与凝练的具象图形进行设计造型的绘画艺术，发散着耀眼的光芒，成为世界灿烂思想文化的宁馨儿。

一、绘画艺术的现世追求

以文化思想入画或以画喻文化思想，直至思想文化的影响在绘画领域的具体体现，大大提高了绘画艺术的审美价值。

绘画艺术成为现实中人们的一种情感思维方式，一种认识和掌握世界的思维方式。在不同时代的大背景下成长的画家，长久以来形成的品貌气质多是以平常心做平常事、淡泊名利、宠辱不惊，甚至看破生死，将追求一种时刻胸怀坦荡、心境泰然的至美人生境界为其目的。绘画艺术家根植于生存背景与生活现实，个体生命要承受来自红尘世界的种种束缚与重压，画家们直探生活对象本身，现实生活与人生的美好愿景常常相悖而无法实现，体验到的往往是大千万象的刻板琐碎与无情冷漠。所以，以所在社会为背景形成思想观念和思维方式的画家，通过将外在现实世界作为自身创作的基本参照系统，借助绘画艺术世界超越并消解与现实的对抗关系，而去追求与艺术世界的一致，用画笔写意章法具体界定和阐发，领悟宇宙和自我相吻合的精神，准确揭示个体生命的自由不羁之思。

这一切是在直觉体验中进行的，并通过体验采用非逻辑的直觉思维方式完成。宇宙世界是一个客观存在，又是一个无限的概念，在知识急剧革新的今天，即使借用任何科技手段也无法穷尽其全部，"一落言诠，便不成妙"。只有人心神通，采用非概念的知觉体验方式，通过艺术的方式才能触及实现，其中流露出的意趣或清净寂寥，或趣味变形，或纯粹逼真，或立体质感，表现出一个奥妙无穷的审美世界，也使得绘画艺术逐步迈向最高艺术境界。

二、绘画艺术的现实实现

现实中的画家常苦于绘画艺术最高艺术境界的难以获得，通常他们是通过感悟来获得的。哲学观念与时空观念对画家的影响是形成并使用随心所欲、随机应变、变化无常、生动活泼的绘画艺术表达方式，把非理性思辨、看似空无的直觉体验引入画中，从而使绘画艺术表达出一种耐人寻思的理趣，促进了绘画艺术境界的形成。这种画的境界，既是画家的主观精神表现，又是绘画艺术大师们超然淡薄的无我之境，画家把主观心灵与整个宇宙融合在一起，从而创造出一个主观精神与宇宙精神共存的广延境界。虚怀若谷，灵智推敲，达到画境与心境的高度统一，在绘画艺术世界的自然山水、花鸟鱼虫、饮食男女中充满了信赖感、亲切感和愉悦感，消解了冷漠感与恐惧感，也是画家现实求真、向善、尽美的生命愿景在绘画艺术中的现实实现。

在绘画艺术中，一花一世界，一叶一乾坤，通过可以观赏的自然物象唤起的形象直觉来表达语言无法表达的妙谛，只有智者才能产生一种简洁平易的心灵交流和内心的神秘体验，因此绘画艺术追求本体论上的感悟。尤其是"实相无相，以心传心"的中国传统山水画，为了促进绘画艺术中意境的形成，山水画多以自然景物为描写对象，相对主体的人来说，应该是一种纯客体的表现，但是中国山水画由水墨写意、两度空间、多点透视以及留白处理等表现手法所形成的画面，已无一处忠实于自然的原貌。然而中国人相沿承袭，形成规范，与西方绘画相比较，构成中国画特质的两大特征，即以形媚道、天人合一，于是中国画家发明了黑白色相，由黑白两色相互叠印而成的水墨影像，人们从中既可以看到美丽的大自然，同时也可以反观自身；所谓天人合一，就是中国人把自然看作不可分割的整体，绘画以不似之似、虚中有实、实中有虚的创作方法把自然之美与人格之美合二为一，通过对宇宙天地、山川草木的热情赞颂，表达一种对现实生活中无法实现的自由理想人格的倾心向往。

在生命与艺术的创作轮回中，画家找到了自己现世追求得以实现的本真之途。在笔墨线条变化交替中玄览物质空间的实体，进而感受融自然与自我为一体的洁净与淡泊，不断以对生命的观览来荡涤红尘表象的尘垢，以获得心灵境界的感官超越。在经历静默与悠远的物我观照后，整体人格精神与自然流动气韵的汇流聚合后使审美意识得以升华，使渴望自身审美超越、崇高尊严与自由平等的人生向往全部得以实现，这并非以物幻化成的方式对生存世界分割与颠覆的抗议，而是一种超越后的坦然释怀，进而积极地入世，以求得最好的生存状态探索和践行客观的生活历程。

第四节 绘画艺术鉴赏常识

一、中国画的笔法

笔法，是运用毛笔的方法，包括执笔法、笔锋运用和各种用笔技法。

(一) 执笔法

古人作画时须指实、掌虚、腕平、肘悬。执笔方法可归纳为撅、押、钩、格、抵五个字。

"撅"是用拇指肚紧贴笔管的内侧；

"押"是用食指第一节贴住笔骨外侧和拇指内外配合；

"钩"是用中指第一、第二节弯曲钩住笔的外侧；

"格"是无名指第一、二节之间的骨节紧贴笔管用力把中指向内的笔管挡住并向外推；

"抵"是用小指托在无名指下面抵住中指的钩。

(二) 笔锋的运用

中国绘画使用毛笔，笔头分三段，前为笔尖，中为笔腹，与笔管相接处为笔根。中国绘画通常使用笔根以外弹性的笔头部位，技法依托于笔锋的变化。

笔锋可分为中锋、侧锋、顺锋、逆锋、藏锋与露锋等主要方式。

中锋也叫正锋，或叫正用笔，是将笔管垂直，与纸张成直角，笔尖留在墨线中间，所画出的线条挺拔流畅，多用于勾勒人物面部及衣纹等物体的轮廓线，线条粗细变化不大。画时须提、按均匀用力，行笔较稳。

侧锋即笔管与纸面不垂直，笔管横卧，与纸成各种角度行笔，笔尖不在墨线中间，笔尖的一边光，笔腹的一边毛，并有飞白的效果，侧锋线条一边轻、一边重，有一种厚、重、毛的感觉。除了白描以外，在一幅中国绘画中常中锋、侧锋合用。

顺锋运笔，采用拖笔运行，是指笔从怀内至怀外，由左向右，由上向下，行笔笔锋呈顺势，故称为顺锋用笔。所画出的线条轻快流畅，灵秀活泼，勾云画水常用此法。

逆锋则与顺锋行笔相反，采用逆势。正用和倒用都可以逆行笔，笔管向前右倾倒，行笔时按笔的轻重、行笔的快慢使锋尖逆势推进，笔锋受阻散开，笔触形成飞白效果。逆锋运笔，所画点、线极具苍劲生辣的笔趣。

藏锋运笔，古人称之为"一波三折"。笔锋要藏而不露，横行"无往不复"，竖行"无垂不缩"，画出的线条沉着含蓄、不露刚劲，用以强调所画物体的质感，取拙之意，称为藏锋运笔。常用于勾勒亭、台、舟、桥的轮廓，也用于山石、树干的双勾。

露锋与藏锋运笔相反，在笔画首尾处须留下明显的笔痕，使画面有锋芒外露的质感，有挺秀劲健的意味，如中国山水画中的竹叶、柳叶多为露锋运笔。

(三) 用笔技法

中国画笔法在画家的思维支配下行笔，因个体喜好、描绘对象、画家感情、艺术思维而各不相同，使中国画产生了不同的用笔技法与艺术效果。

1. 转折提按

"转"是画圆技法，"折"是画方技法，"提"是画细技法，"按"是画粗技法。中国画的技法千变万化，但基本行笔为圆和方两种最基本的线型，由此变化延伸，至于无穷多样。

2. 拖颤

拖笔，即握笔处要高，而且要悬肘画，使行笔拉长的线条有舒畅流动之姿，中国画画水纹、荷梗、藤蔓等常用此法。

颤笔，即行笔提顿中微有颤抖，以避免线纹光滑板滞，有迟涩凝重的质感。中国画画石头棱角及远视觉的线纹等常用此法。

3. 勾皴擦点染

"勾"是中国画用线条的形式完成事物造型的方法，可以表现物象、山水、人物、动物。中国画的技法虽多种多样，但"勾"是中国画造型的主要手段。勾法不同，其效果亦不同，中国书法中分楷书和草书，中国画分工笔和写意，中国画要根据画法的不同来确定勾法，工笔画要用楷书的笔意勾，写意画要用草书的笔意勾，既可用中锋、侧锋勾，也可以中、侧交互使用，根据被描绘事物而变换。勾还可与其他用笔技法相结合。

"皴"，在隋代还无此用笔技法，是后来逐步发展起来的技法。皴是中国山水技法逐步完善的标志，其功能在于辅助勾线时尽未尽之效，丰富物体的体积、阴阳、纹理、质感等。一般中国画作画顺序是先勾后皴，随勾随皴。皴还可造成距离感，近景成凹凸之感，远景则可略而无皴，所谓"远山无皴"。现代人物画也常用皴笔表现，皴法已从山水画过渡为人物画、花鸟画的用笔技法。皴用侧锋居多。

"擦"即横卧笔尖，轻轻地用笔腹蘸着淡墨在皴过的山石树皮上擦拂，以增强厚度和毛的质感。在使用擦笔时，笔头水分须少，否则成染。在使用擦笔时，要把笔锋减弱，使一些片断分散点进一步连接，逐渐统一。

"点"是以面造型的表现手法，写意使用较普遍，工笔画中也有没骨点染的方法。工笔的点和染联系密切，因此叫点染。写意画中的点叫点戳，点法要强调用笔方法和见笔触。写意的点法要从实际出发，可以藏锋，可以露锋；可以侧锋，也可以散锋，无论哪种方法都要见笔触，不可含混不清。

"染"是加强画面效果的又一种方法。工笔画及写意画均用，但工笔画用得更多一些。工笔画染可分为勾染、烘染。烘染是在物象轮廓外所做的一种效果的补充，另外还有分染、罩染、碰染之分。写意画的染一般都是和皴、点结合进行的，如皴染、点染，它是一种见笔触的染法。其作用同工笔一样，方法有湿染、干染两种。

二、中国画的笔墨

笔墨是中国画的特色，亦是中国艺术精华之所在。从广义上讲，笔墨指利用笔墨达到的画面气象、色彩、章法、意境、品味等诸多方面的绘画语言。狭义的笔墨专指用笔、用墨的技巧。

中国画用墨重光彩、显层次、求变化。对墨的要求有清、润、沉、和。清，指用墨层次分明；润，指墨色使用滋润；沉，指用墨效果不浮躁；和，指用墨效果相互融和。中国画使用笔墨的方法大体分为以下几种。泼墨法：用笔毛饱蘸浓淡相宜的水和墨，大胆落于纸上；积墨法：由淡入深用墨，待墨干后再层层添加；破墨法：先画一种墨，未干时再破以不同的墨，可以浓破淡、淡破浓、水破墨、墨破水、色破墨、墨破色。

三、中国画的分类

中国画基本分为三大科：人物画、山水画、花鸟画。

人物画，是中国画中的一大画科，出现较山水画、花鸟画更早。大体分为道释画、仕女画、肖像画、风俗画、历史故事画等。人物画力求将人物个性刻画得逼真传神，气韵生动、形神兼备。对于人物性格的表现，要寓于环境、气氛、身段和动态的渲染之中。画人物常用的画法有白描法、勾填法、泼墨法、勾染法。

山水画，是中国画中的又一重大画科，其组成包括：山、水、石、树、房屋、楼台、舟车、桥梁、风、雨、阴、晴、雪、日、云、雾及春、夏、秋、冬气候特征等。山水画又可分为：青绿山水，即用矿物质石青、石绿作为主色的山水画；浅绛山水，即在水墨勾勒皴染的基础上，敷设以赭石为主色的淡彩山水画；金碧山水，即使用中国画颜料中的泥金、石青和石绿三种颜料作为主色的山水画，比"青绿山水"多泥金一色。画法上也有工笔与写意之分。

花鸟画，是中国画中的又一画科。花鸟画的画法大致可分为两类：工笔花鸟，写意花鸟。昆虫亦有工、写之分。表现的方法有：白描(又称双勾)、勾勒、勾填、没骨、泼墨等。花鸟画具有悠久的历史。花卉的表现主题有竹、兰、梅、菊、牡丹、荷花等；禽鸟的表现主题有鸡、鹅、鸭、仙鹤、杜鹃、翠鸟、喜鹊、鹰等；昆虫的表现主题有鹦鹉、蝴蝶、蜂、蜻蜓、蝉等；杂虫的表现主题有：蝈蝈、蟋蟀、蚂蚁、蜗牛、蜘蛛等。

四、中国画的画幅形式

中国画的画幅形式多姿多彩，形状分横、直、方、圆和扁形，尺寸分大、小、长、短等，常见种类如下所述。

壁画，画于大型墙壁之上；

中堂，中国旧式房屋客厅中间墙壁所挂的巨幅绘画作品；

条幅，呈长条形的绘画作品；

横幅，横着作画装裱而成的作品；

小品，体积较小的绘画作品，精巧雅致；

斗方，将小品装裱成一方尺左右的字画，称为斗方，可压镜，可平裱；

镜框，用木框、金属等装框、压镜、装裱的绘画作品；

卷轴，中国画的典型代表，将画装裱成条幅，下加圆木作轴；

扇面，在折扇或圆扇扇面上作画装裱；

册页，将画装订成册，折叠画面各成方形；

长卷，将画裱成长轴一卷，画面连续不断，多为横看；

屏风，单幅可摆与桌上者为镜屏，摺幅者为立地屏风。

五、中国画的十八描

明代汪珂玉所著的《珊瑚网》一书中详细记载了"古今描法一十八等"，简称十八描，即人物的十八种描法，成为中国绘画发展至明代，对古今程式化技法概括较为全面的一个总结，具体包括：高古游丝描、琴弦描、铁线描、行云流水描、马蝗描、钉头鼠尾描、混描、撅头描、曹衣描、折芦描、橄榄描、枣核描、柳叶描、竹叶描、战笔水纹描、减笔描、柴笔描、蚯蚓描。

发展至今，十八描技法现归纳为三种类型：一种是无粗细变化的铁丝描类，这种方法最为古老；另一种为有粗细变化的兰叶描类；再一种则是笔线简化而快速的减笔描类。

铁丝描类(无粗细变化)：高古游丝描、琴弦描、铁线描、行云流水描、曹衣出水描；

兰叶描类(有粗细变化)：蚯蚓描、马蝗描、钉头鼠尾描、柳叶描、枣核描、橄榄描、战笔水纹描；

减笔描类(快速简化笔线)：撅头描、竹叶描、混描、折芦描、柴笔描、减笔描。

在人物十八种描法中每种描法的用笔都独具特点。中国画艺术家因性情、喜好各异选取自己所喜爱的描法，并加以发挥，形成独特的绘画技巧风格。

六、"五笔"之说

中国画运笔方法考究，积累了丰富的经验。"五笔"之说由现代杰出的国画大师黄宾虹先生(1865—1955年)提出，"五笔"即"平、圆、留、重、变"。

所谓"平"，是指运笔时用力平均，起讫分明，笔笔送到，既不柔弱，也不挑剔轻浮，要"如锥画沙"。

所谓"圆"，是指行笔转折处要圆润有力，要"如折钗股"。

所谓"留"，是指运笔要含蓄，要有回顾，不疾不徐，不浮不滑，不放诞，不犷野。

所谓"重"，是指沉着而有重量，要如"高山坠石"，不能像"风吹落叶"，即古人说的"笔力能扛鼎"的意思。

所谓"变"，一是指用笔有变化，要根据表现对象的不同而变化，不能执一；二是指运笔要互相呼应，做到"意到笔不到，笔断意不断"。

七、中国画用笔"三忌"

中国画用笔"三忌"是宋代韩纯全在《山水纯全集》中提出的，"用笔有三病：一曰板；二曰刻；三曰结。"是指中国画行笔时容易出现的三种主要毛病。

"板"，常指缺少腕力，下笔犹豫不定，用笔不灵活，勾画出的形状不准确、不自然，笔线平扁、缺少立体感。

"刻"，常指笔迹过于显露，运笔呆滞，转折的地方出现不应有的棱角，毫无生气。

"结"，常指笔迹迟钝，落笔僵滞，欲行却止，该散而不开，运笔不流畅。

此外，中国画用笔还禁忌"枯""弱""光滑""草率"等。中国艺术"书画同源"，要避免上述三忌，先要勤练书法篆、行、草等，以掌握各种用笔的技巧。

八、中国画的流派

(一) 黄派

黄派又称"黄筌画派""黄家富贵"，五代花鸟画两大流派之一，成熟于五代西蜀的黄筌，光大于宋初的黄居寀。代表晚唐、五代、宋初时西蜀和中原的画风，成为院体花鸟画的典型风格，在中国花鸟画史上占有重要地位。

(二) 徐派

徐派又称"徐家野逸"，五代花鸟画两大流派之一。代表画家为南唐的徐熙，绘画注重墨骨勾勒、淡施色彩、流露潇洒的风格，对后世影响很大，至徐熙之孙徐崇嗣处，徐熙画派名声渐振。后经张仲、王若水，到明代沈周、陈道复、文征明、徐渭等人加以发展，成为定型的水墨写意花鸟画，从而与黄筌的花鸟画派齐名，两者互相竞争，影响了宋、元、明、清千余年的花鸟画坛。

(三) 北方山水画派

北方山水画派亦称"北宗山水画派"，中国画流派之一。中国山水画至北宋初，始分北方派系和江南派系。郭若虚《图画见闻志》说："唯营丘李成，长安关仝、华原范宽，智妙入神，才高出类，三家鼎峙，百代标程。"又说："夫气象萧疏，烟林清旷，毫锋颖脱，墨法精微者，营丘之制也；石体坚凝，杂木丰茂，台阁古雅，人物幽闲者，关氏之风也。"李、关、范的画风风靡齐、鲁，影响关、陕，实为北方山水画派之宗师。

(四) 南方山水画派

南方山水画派亦称"江南山水画派"或"南宗山水画派"，中国画流派之一。北宋沈括的《梦溪笔谈》中说："董源工秋岚远景，多写江南真山，不为奇峭之气；建业僧巨然祖述董法，皆臻妙理。"米芾的《画史》也说："董源平淡天真多，唐无此品。"此派以董源和巨然为一代宗师，世称"董巨"。惠崇和赵令穰的小景，为此派支流。米芾父子的"米派云山"，画京口一带景色，显出此派新貌。南宋末法常(牧溪)和若芬(玉涧)等，均属南画体系，至元代而大盛。

(五) 湖州竹派

湖州竹派为中国画流派之一。此派以竹为表现对象，以宋文同、苏轼为代表，尤以文同画竹最为著称。明莲儒曾作《湖州竹派》，述自北宋至明代画家共有25人之多。因文同曾于湖州(今浙江吴兴)任太守，故称湖州竹派。元代张退之认为墨竹始于唐玄宗李隆基，吴道子、王维、李昂、萧悦等也善画竹。白居易曾作《画竹歌》赞萧悦。而至文同竹艺大进，文氏毕生画竹。

(六) 常州画派

常州画派为中国画流派之一。常州(今属江苏)古名毗陵、武进，故又称"毗陵画派""武进画派"。此派以花卉、草虫写生为胜。所绘花卉,不用墨线勾勒,直接用彩色描绘。祖述于北宋初年徐崇嗣、赵昌的没骨法。常州画派自宋以来画家云集。始于北宋毗陵僧人居宁,居宁草虫似属禅林墨戏一路。南宋元初于青言、于务道祖孙以画荷著称。明代孙龙擅画泼彩写意花鸟。清代以唐于光的"唐荷花"和恽寿平的"恽牡丹"最为著名。到了清初常州花卉画已达高峰。

(七) 米派

米派为中国画流派之一,指宋代米芾、米友仁父子所绘之画,画史上称"大米、小米",或名"二米"。米芾画山水从董源变来,突破勾廓加皴的传统技法,多用水墨点染,不求工细,自谓"信笔作之,多以烟云掩映树石,意似便已。"其子米友仁(1074—1153年),字元晖,晚年号懒拙老人,画院学士,其山水画发展了米芾技法用水墨横点写烟峦云树,崇尚平淡天真,运笔潦草,自称"墨戏"。"二米"均居襄阳和镇江,对萧、湘二水及金、焦二山自然景色特别陶醉。故"二米"山水画多以云山、雨霁、烟雾为题材,纯以水墨烘托,用卧笔横点成块面的"落茄法"表现烟雨云雾、迷茫奇幻的妙趣,世称"米点山水""米氏云山",属水墨大写意。南宋牧溪、元代高克恭、方从义等皆师之,对后世影响甚大。又说此派为米芾所创,由他的儿子米友仁继承发展。

(八) 松江派

松江派亦称"松江画派",中国画流派之一。晚明松江府治(今属上海市)下三个山水画派的总称。一是以赵左为首的"苏松画派";二是以沈士充为首的"云间画派";三是以顾正谊及其子侄辈为代表的"华亭画派"。其中"苏松派"和"云间派"都导源于宋旭,赵左和宋懋晋同师宋旭,沈士充师宋懋晋,兼师赵左。这些画家除宋旭外,都是松江府人。因风格互相影响,故称"松江派"。此派虽活动地区都在松江,但实际上是吴派的延续,将文人画的创作推向高峰。其实际首领为董其昌。由于受到山水画分宗说的影响,此派极为突显其南宋风貌,以温润、娴雅、含蓄、重视笔墨情趣享誉画坛。明唐志契云:"苏州画论理、松江画论笔。"(《绘事微言》)松江派在发展高峰之际取代了吴门派,在明末清初的画坛被视为正宗派系。

(九) 浙派

浙派亦称"浙江画派",中国画流派之一,由明代前期主要画家戴进开创。戴进(1388—1462年),字文进,号静庵,又号玉泉山人,钱塘(今浙江杭州)人。作画受李唐、马远影响很大,取法南宋画院体格。擅山水、人物、花果、翎毛,画艺很高,风行一时,从学者甚多,逐渐形成"浙派"。后江夏(今湖北武昌)人吴伟(1459—1508年),学戴进而更为豪放,也有不少人追崇他的画风,又形成浙江派的支流——"江夏派"。浙派、江夏派的著名画家有张路、蒋三松、谢树臣、蓝瑛等。至明代中叶后,吴派兴起,主宰画坛。至明末,

"浙派"不再出现于画坛。

(十) 黄山派

黄山派亦称"黄山画派",中国画流派之一。以清初宣城(今属安徽)梅氏一家为嫡系。他们是梅清、梅羽中、梅庚、梅府等及流寓宣城的石涛。石涛法名原济,早年喜山水,屡登庐山、黄山诸名胜,在宣城十载,与梅氏、戴本孝等交往。这些既师造化又师古人的画家,相互影响,以画黄山而著名,故称作"黄山派"。新安画派主要亦师"黄山",故有人主张将其归入黄山画派,但风格与"黄山派"不同,正如"浙""江"与程邃各有特色,故有人将其归入"黄山画派",实误。

(十一) 虞山派

虞山派亦称"虞山画派",中国画流派之一。清代山水画家王翚先后师王鉴、王时敏,悉心临摹历代名作,并取法宋元诸名家,平素与挚友恽寿平切磋画艺。圣祖玄烨(康熙皇帝)曾命他主持绘制《南巡图》巨构,并赐书"山水清晖"四字,声誉益著,故画名盛于康熙年间。他的主要学生有杨晋、顾昉、金学坚等。王翚为江苏常熟人,常熟有虞山,因此有"虞山画派"之称。其崇古风尚,对清代山水画影响颇大。

(十二) 江西派

江西派亦称"江西画派",中国画流派之一,以清初画家罗牧为代表。罗牧,江西宁都人,寄居江西南昌。善画山水,笔意空灵,在黄公望、董其昌之间,得魏书(石床)传授,林壑森秀,墨气凉然,颇具韵味,时称妙品。江淮间人师之者众,为江西派创始人。秦祖永评其画云:"稳当有余而灵秀不足。"作品有《墨笔山水图》《林壑萧疏图》等。

(十三) 大风堂画派

大风堂画派指由张善子、张大千的入室弟子及其传承人共同构筑,并以大风堂画斋命名的绘画群体。

(十四) 海上画派

海上画派简称"海派",中国传统画流派之一。形成于近代,即自清末上海辟为商埠以后,一些文人墨客从各地流寓于上海,以卖画为生,日久,遂成绘画活动中心。人数达百余人,主要以赵之谦、任颐、虚谷、吴昌硕、黄宾虹等为代表,有"海派"之称。这一画派的特点十分明显,即在继承传统绘画技法与风格的基础上,破格创新,既融合民族艺术之精华,又善于借鉴吸收外来的艺术,尽可能达到雅俗共赏。既重品学修养,又讲个性鲜明,形成不拘一格的新型画风,时人称之"海上画派"。

(十五) 相对画派

相对画派于1986年创立,创始人为薛宣林。相对画派的画风如真似幻,具象与抽象并合,在不和谐中求和谐。

九、西方画的种类

(一) 油画

油画是西方绘画中最重要的画种,产生于15世纪的欧洲,因其颜料用油调和而得名。它既可以画在画布上,也可以画在木板上,还可以画在墙壁上。油画色彩丰富、浑厚,可反复涂改画面,具有较强的遮盖力和可塑性,能够充分表现物体的真实感。

(二) 水粉画

水粉画是使用水调和粉质颜料而成的画,是介于水彩画与油画之间的一个画种,能兼具油画的浑厚与水彩画的明快两种特点。水粉颜料一般不透明,具有较强的遮盖力,可以在画面上产生艳丽、柔润、明亮、浑厚的艺术效果。

(三) 水彩画

水彩画产生于欧洲,在18世纪的英国曾盛极一时。水彩画用水调和颜料,水渗透在纸里淡化颜色,能够产生透明、润泽的艺术效果。干画法和湿画法是水彩画最重要的两种技法。干画法是指第一遍颜色干后,在上面继续涂颜色,没有水的渗化效果,比较简单;湿画法是指第一遍颜色未干时,再涂另一种颜色,或与另一种颜色相接,可表现湿润和过渡的色彩效果。

第五节　绘画艺术经典作品鉴赏

一、《洛神赋》,晋代顾恺之

中国文艺经典有"书画三绝","文绝"为三国时期文学家曹植的名篇《洛神赋》,"书绝"为东晋王羲之的名作《兰亭序》,"画绝"即东晋时期书画家顾恺之根据《洛神赋》文本绘制出的《洛神赋》图(局部见图4-1),成为中国绘画艺术的压卷之作。

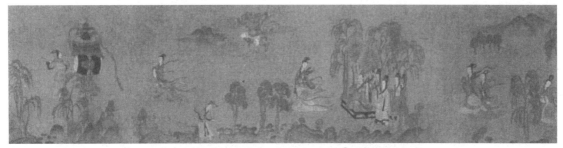

图4-1 《洛神赋》(局部)①

《洛神赋》绢本画卷，设色，高27.1厘米，宽572.8厘米，现为北京市博物院馆藏。

全画使用全景式"散点透视"方法，突破了时空的局限，将不同时间与不同空间的事物安排在同一个画面中，如同一组运动镜头把不同的场面集中到一起，组成一幅整体有机的画面。

画面描述贵族公子在由京师返回封地途中，与洛水女神相遇的动人爱情故事。《洛神赋》图作为一个横幅长卷，空间做分段式处理，共分为五个层次，通过活动时间的延展把空间有序地关联在一起。在一个画面里画出几个不同视域的景物，画面具有延长感、节奏感，达到全景的效果，更为完美动人。

画面开始，曹植在侍卫仆从的簇拥下，来到洛水河边，面对洛水微波，惆怅徘徊，神情忧郁；进入第二个层次，水面泛波，洛水女神高梳发髻，衣袂轻盈，缓缓漂浮而来，目光顾盼，身影娉婷，欲行又止；第三个层次，表现洛水女神在天空山间舒袖歌舞，翩若惊鸿，曹植携从一行依依不舍，款款相送；第四层次，在异兽驾驭的车上，女神端坐自如，乘风而去；第五层次，曹植一行人站在楼船内凝目远视，无限怅然，最终缓缓驾舆离开。

全画塑造众多人物形象，端庄秀雅，服饰繁琐瑰丽，人物形态脱俗不凡，生动传神。表现人物的前后空间时，采用浅浮雕式层次法，线的运用有前有后，达到杂而不乱、繁而不花的艺术效果。全画用笔细劲古朴，劲挺柔韧，如春蚕吐丝，韵味高雅。

二、《虢国夫人游春图》，唐代张萱

唐代之前，人物是中国绘画艺术作品的主要表现对象，以女性生活为题材的绘画作品不乏精品出现，但教化意味和鉴戒色彩浓厚。发展到盛唐时期，则多表现生活中真实的女性形象，成为表现鼎盛繁华、盛唐气象的主角。

《虢国夫人游春图》是张萱的传世之作，如图4-2所示。绢本画卷，设色，高51.8厘米，宽148厘米，现为辽宁省博物馆馆藏。此画描绘唐玄宗宠妃杨玉环的三姊虢国夫人及其眷从出游赏春的情景。

全画没有背景，简洁凝练，突显人物。画卷构图疏密有致，错落自然，共九人八骑(其中一骑是一个妇人怀抱女孩)。前半段偏于疏松，三骑在前；后半段趋于繁密，五骑在后。

---

① 摘自http://wenku.baidu.com

人物穿插呼应，生动自然。人物形象均丰颊硕体，服饰色彩艳丽。动势舒缓从容，给人以活泼明快的质感，正映游春主题。

笔墨均细，转折不大，富有弹性。设色华丽而不浮夸，使用勾线填色法。生活气息深厚，体现了盛唐仕女人物画的典型风格。

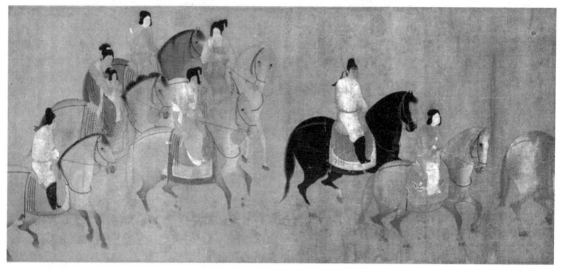

图4-2 《虢国夫人游春图》①

此画成为国画精品，还因为其所引起的一段公案：

虢国夫人生性高傲、妖冶风流，绰号"雄狐"。唐人张萱几次以此作画，可惜真迹未能流传于世。在画中华丽的行列里，哪一个是虢国夫人？一些书画鉴赏家根据盛唐时代宫廷女性喜好女扮男装的习惯，推断走在前边的贵人即是虢国夫人。另一些人则持否定态度，认为虢国夫人在画面的中二骑之中，根据是：其一，画卷的构图重心、视觉焦点更多集中在中二骑的贵妇身上；其二，全画中女性共三种盛唐时代宫廷发式，即垂练髻、坠马髻、百合髻，因坠马髻毕现女性娇憨慵懒、孟浪妩媚之态，是盛唐时期上流社会女性最爱的发式；其三，台北故宫博物院现藏南宋年间李公麟对《虢国夫人游春图》的仿摹缩临本——《丽人行》，仅有中后五骑；其四，当代书画鉴定权威杨仁恺近距离观赏时，发现中二骑的贵妇脸上脂粉毫无，正迎合了唐诗人笔下的诗句，"却嫌脂粉污颜色，淡扫蛾眉朝至尊"。

《虢国夫人游春图》中哪一人为虢国夫人至今为评论界争执不休，正因为如此，更平添了该作品的传世魅力。

三、《五牛图》，唐代韩滉

《五牛图》，如图4-3所示，作者韩滉，唐朝画家，以画牛著称。韩滉，字太冲，西安人，出身官僚，官至宰相，死后被追封为晋国公。《五牛图》高20.8厘米、宽139.8厘米，白麻纸本设色，是作者倾注毕生心血与智慧的力作。《五牛图》从问世之日起便享有盛名，宋

① 摘自http://wenku.baidu.com

代珍藏于皇宫内；金兵南犯，宋高宗携带此画出逃；元初为赵伯昂收藏；又流转于书画家赵孟頫处；八国联军侵住北京时，《五牛图》被劫至国外；20世纪50年代初，由寓居香港的中国画家斥巨资购藏，后用数十万港币购回大陆，现藏于北京博物馆。

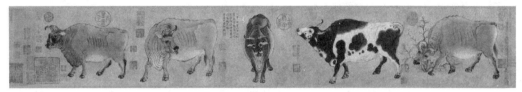

图4-3 《五牛图》[①]

画中五牛一字排开，体态各异，神情不同，或行，或止，或侧头，或回首，或活泼，或沉静，或喧闹，或胆怯。前后呼应，又可独立成图，造型生动，笔墨简劲，从不同的角度表现了牛的生活形态和习性，把牛温驯敦厚、稳重磊落的气质神态传神地加以描绘。此画色调自然，整幅画右侧有一丛小树，别无他景，呈现出朴实无华的田园趣味，打破了汉代只画牛侧面和平面的装饰性格局，标志着唐代中国画技艺水平的显著提高。在绘画技巧语汇表现上，作者使用粗壮有力、厚重朴拙、极具质感的线条表现牛的强健有力、沉稳迟缓；又准确地画出牛的比例透视关系，立体感强。此外，画家充分利用中国绘画材料的优势，发挥其吸水性强、着色效果好的优势，用笔设色，既有画面整体的厚重效果，又不失细节的精确刻画。

四、《雪景寒林图》，北宋范宽

《雪景寒林图》，北宋范宽所作，绢本，水墨，局部如图4-4所示，高193.5厘米，宽160.3厘米，现藏于天津市博物馆。该图在范宽有限的传世作品中尤其难得，历来受到广泛重视，名款"臣范宽制"四字，隐于前景树干中，年久字迹已辨认不清。

《雪景寒林图》画面构图气势磅礴，画境逼人。图中白雪皑皑，群峰屏立高耸，山势崎岖陡峭，寒气袭人，峰峦沟壑间气象万千。起伏处，村居、寺院、溪水又添生气，寒林树干充实之间见疏密，繁复之间见严谨，画面意境雄壮，浩莽而幽静，生动地描绘出秦地雪后山川、林树如诗的景象。全画布置严整有序，参差错落，笔墨质朴浑厚，浓重润泽，层次分明，皴、擦、渲、染并用，沉着典雅，浑然一体，坡石、山顶处留有

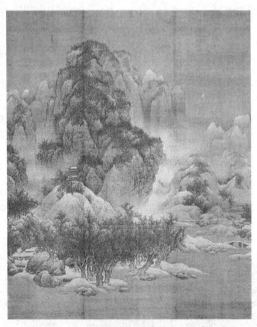

图4-4 《雪景寒林图》(局部)[②]

---

① 摘自http://wenku.baidu.com

② 摘自http://wenku.baidu.com

空白，以强调雪意。又以粗壮的线条勾勒山石、树木，结实、严紧，用细密的"雨点皴"刻画北方山石的质感。此外画中林木浓密、枝丫锐利却不着雪，寒冬冷寂、林木劲拔的气度表现得淋漓尽致，画家对景造意，自成家数。从画中可以体味到，作者不拘于刻形画物，而是着重表现山水的风格，其笔下的山水气骨令人感叹。

五、《踏歌图》，南宋马远

《踏歌图》，如图4-5所示，是南宋著名画家马远的传世名作，在中国绘画史上具有重要地位。绢本，水墨，高191.8厘米，宽104.5厘米，现藏于北京故宫博物院。作者马远在南宋画坛中占有重要地位，人们把他与李唐、刘松年、夏圭并称为"南宋四大家"，由他们所代表的山水画派，在美术史上被称为"院体"。马远常画山之一角，画面留有大片空白，后人因其常画剩山残水边角而称其为"马一角"。

《踏歌图》是一幅山水人物画。"踏歌"是古代民间不拘程式的一种娱乐活动，人们口唱欢歌、两足蹬踏，动作自由、活泼。画中表现雨后天晴的京城郊外景色，农民在清静深秀的山湾田埂上带有几分醉意地踏歌而行，憨态可掬，反映出丰收之年的欢乐情景，整个画面气氛欢快、清旷。画上有题诗"宿雨清畿甸，朝阳丽帝城。丰年人乐业，垅上踏歌行"。

画中上段，朝霞一抹，奇峰对峙，松林掩映，宫阙飞檐，曲折长廊隐约呈现。中段空白，云烟迷漫，仿佛山谷中蒙蒙细雨。下段近景中有巨石、溪流、

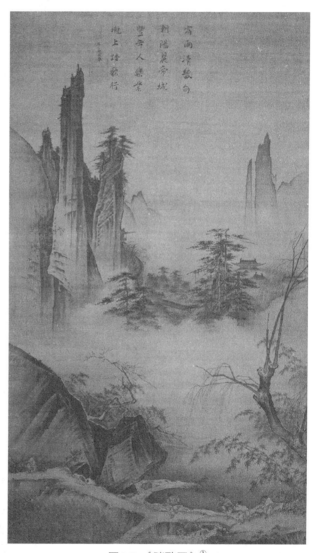

图4-5 《踏歌图》[①]

石桥、疏柳、翠竹、稻田、踏歌农夫，形成一种玩味不尽的意趣。

《踏歌图》用笔峭拔简括、遒劲峻爽、设色清润。使用简括的线条，清秀的色彩，巧妙地把山环水抱的复杂景物勾画得远近分明，图中没有花草的陪衬，却勾勒出愉快的春山环

---

① 摘自http://wenku.baidu.com

境。远山奇峭，近石方硬，树木多姿，云雾掩映中显出辽远的空间和光的感觉，具有清旷秀劲的特殊风格。大斧劈皴极其干净利索，辅以墨色层层烘染，显得凝重峻峭。树木枝干有下偃之势，是马远的独创画法。具体处理上，融入边角之景的法则，清新自然，灵动轻盈，一改北宋山水画迫人心肺的压倒气势。

六、《清明上河图》，北宋张择端

北宋画家张择端笔下的《清明上河图》(局部见图4-6)，是一幅举世闻名的现实主义风俗画卷。至今已有八百多年的历史，自问世以来盛誉无数，备受青睐，被称为我国宋代鲜活生动的百科全书。

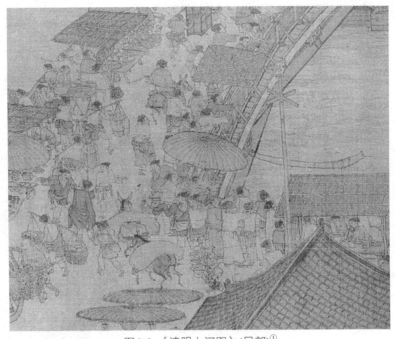

图4-6 《清明上河图》(局部)[①]

《清明上河图》气势恢弘，绢本，设色，长卷，长528.7厘米，宽24.8厘米。图中道具众多，场面宏大，结构严谨，大致分为三个层次：第一个层次是市郊景画，第二个层次是汴河，第三个层次是城内街市。画面仿佛展开一幅从容的景象，有张有弛，形成有趣的对比和节奏感。主要描绘北宋都城东京市民的生活状况，有汴河上店铺林立、市民熙来攘往的热闹场面和运载东南粮米财货的漕船通过汴河桥涵紧张繁忙的景象。画中大街小巷、当铺、酒店、茶馆、点心铺等百肆杂陈，还有城楼、河港、桥梁、货船、官府宅邸和茅棚村舍密集。这样波澜壮阔的社会风俗画卷，世所罕见。《清明上河图》上共有各色人物近一千七百人，动物两百余头，画中不同身份的人物，个个形神兼备，还有各种动物、植物无不惟妙惟肖，还有不同车轿二十余辆，大小船只二十余艘。画中每个人物、景象、细

节，都安排得合情合理。疏密、繁简、动静、聚散等画面关系，处理得恰到好处，繁而不杂，多而不乱。画家通过对汴京城内建筑、商贸、交通、运输等方面的描绘，再现了北宋都城的繁华和发达，充分表现了画家对社会生活的深刻洞察力和高度的艺术修养和表现能力。

《清明上河图》所反映的北宋城市风貌、地理位置、建筑特色、汴河航运以及医药店铺、广告传播、民风民俗、市井家具、社会生活等方面面都成为各行学者专家研究的对象，具有极高的历史文献价值。这幅现实主义的杰作，是研究我国北宋东京城市经济及社会生活的宝贵历史资料。针对《清明上河图》的各种论著层出不穷，研究呈现出不断深化、拓展与创新的趋势，甚至出现"清明上河学"的研究热潮。

七、《荷花水鸟图》，清代朱耷

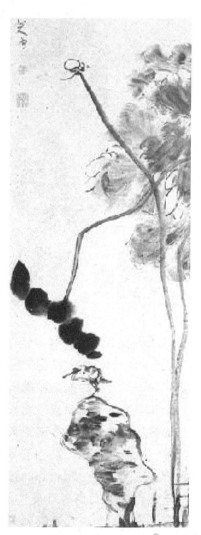

图4-7　《荷花水鸟图》[①]

《荷花水鸟图》，如图4-7所示，作者朱耷，字雪个，明皇室后裔，明亡后遁入空门，出家为僧，晚年作品署名八大山人。朱耷亲历国破家亡，被清军追杀，受尽磨难，佯装癫狂，寄情笔墨，以抒发孤愤苦闷愁绪。其作品构图奇崛，形象怪诞，用墨简约，纵恣不拘，留余大片空白，造就了意境丰富的水墨大写意，形成其独特的怪伟豪雄、清冷幽绝、淋漓奇古画风。朱耷擅花鸟、山水，作品中渗透出自由超脱的动感与舒畅淋漓的美感，开创了中国花鸟画史新的篇章，对中国画创作、笔墨形式和大写意花鸟画发展有很大贡献。自此，中国绘画艺术形成了新的审美趣味与艺术格调，朱耷也成为动荡时代中国文人、画家的楷模。

《荷花水鸟图》充满空阔冷寂的情绪。孤石倒立，疏荷斜挂，一只翻着白眼的缩脖水鸟，似睡非睡，独立于傲然弯曲的残荷、丑怪突兀的顽石之上。画中形象突出、主题鲜明、鸟睁怒目、白眼向人，使用阔笔大写意的象征画法，随心所欲，以此来表现作者孤傲不群、愤世嫉俗的性格，画中构图安排疏简奇险、错落有致、疏密得当，蕴含层层寓意，使得画中有画、画外生情、意境空远、韵味无穷。其画笔墨简朴豪放、苍劲率意、墨气酣畅。

《荷花水鸟图》对所画的花鸟岩石进行夸张变形，以其奇特的形象和简练的造型，打破传统花鸟画"顾盼生情"的表达原则，创造了一种前所未有的花鸟造型。妙在似与不似之间，出乎意料，合乎情理，有无可名状的孤傲

① 摘自http://wenku.baidu.com

之气，将超越具体感官的精神诉诸可感的艺术形象，表达难言的苦闷，观后令人思绪万千。欣赏八大山人的绘画作品时，要能解构画面赋予的深层意蕴，才会有对其绘画艺术的深刻解读。

八、《虾趣图》，齐白石(现代)

《虾趣图》，如图4-8所示，是1951年的作品，纸本，设色，长83厘米，宽45厘米，现藏于北京画院。作者齐白石(1864—1957年)，湖南湘潭人，现代杰出画家，书法家，篆刻家，曾任中国文学艺术界联合会主席团委员，美术家协会主席。1953年，中央文化部授予齐白石"人民艺术家"称号。他被誉为"二十世纪国画艺术大师""二十世纪十大书写艺术家、画家之一"，世界文化名人。

虾是国画大师齐白石擅长的绘画题材，齐白石老人也以画虾而著名世界，齐白石时常观虾的仪态，细加品味，故其作品惟妙惟肖。齐白石画虾数十年，到了七十岁时，达到了得心应手、炉火纯青的境界，并形成了独特的绘画技法。他在下笔画虾时，既能巧妙地利用墨色和笔痕表现虾的结构和质感，又能以富有金石味的笔法描绘虾须和长臂钳，使纯墨色的结构里也有着丰富的意味。虾头上的三笔，有墨色的深浅色彩，体现出一种动感，生趣盎然。摆布一对浓墨眼睛，脑袋中心用一点焦墨，摆布两笔淡墨，于是使虾的头部变更无穷。硬壳透明，由深到浅。而虾的腰部，一笔一节，持续数笔，形成虾腰，节奏由粗渐细，墨法高超，晶亮剔透。齐白石自创的"以水兑墨，墨中点水"的方法，使他笔下的虾给人一种通体透明、晶亮逼真之感，令人称叹。

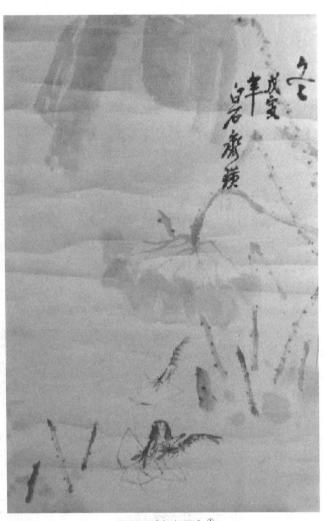

图4-8　《虾趣图》[1]

此外，图中布局空白，带给人以无穷的遐想，仿佛林野河畔，碧水蓝天，风平浪静，群虾嬉水，画中群虾长须飘逸，瘦腰横眼，肢节清晰，肌体透明，肠胃可见，形态活络机灵，

---

[1]　摘自http://wenku.baidu.com

疏密摆设得当，拥而不挤，密而不乱，巧妙地处理群虾肢体的穿插、叠加和呼应，优美自然，进退自若，栩栩如生，富有生命力。

九、《星月夜》，荷兰梵·高

《星月夜》，如图4-9所示，也被译为《星空》，是荷兰后印象派画家文森特·梵·高于1889年6月在圣雷米的一家精神病院里创作的一幅著名油画作品。高92.0厘米，宽73.0厘米，现藏于纽约现代艺术博物馆。

文森特·梵·高，荷兰画家，1853年3月30日—1890年7月29日，后期印象画派代表人物，是后印象派的三大巨匠之一。一生作画800多幅，他的代表作有《向日葵》《星月夜》《夜间咖啡馆》等。他献身于艺术，大胆创新，作品大多热情奔放、有着强烈的个性色彩。他广泛吸收印象派画家在色彩方面的经验，并受到东方艺术的影响，形成了自己独特的艺术风格，创作出许多饱含生活激情、富有人道主义精神的作品。

《星月夜》画的是一幅夜晚的星空图。高大的白杨树战栗着悠然地浮现在我们面前；山谷里的小村庄，在尖顶教堂的保护之下安然栖息；宇宙里所有的恒星和行星在"最后的审判"中旋转着、爆发着。在画中，梵·高用对比的手法强化了情感的刺激。前景的小镇是以短促、清晰的水平线笔触来描绘的，与上部呈主导趋势的曲线笔触，产生强烈对比；那点点黄色灯光，均画成小块方形，恰与星光的圆形造型形成鲜明对比。教堂的细长尖顶与地平线交叉，而柏树的顶端则恰好拦腰穿过那旋转横飞的星云。

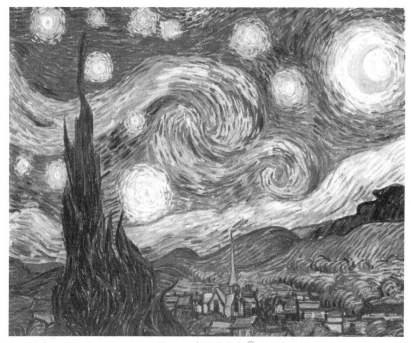

图4-9 《星月夜》①

---

① 摘自http://wenku.baidu.com

这幅画中呈现两种线条风格，一是歪曲的长线，一是破碎的短线。两者交互运用，使画面呈现出眩目的奇幻景象。在构图上，骚动的天空与平静的村落形成对比。火焰则与横向的山脉、天空达成视觉上的平衡。全画的色调呈蓝绿色，色调柔和宁静。

画家用充满运动感的、连续不断的、波浪般急速流动的笔触表现星云和树木；在他的笔下，星云和树木像一团正在炽热燃烧的火球，具有极强的表现力，给人留下深刻的印象。夜空的星星涌流奔腾旋转。而人间却显得出奇的静。梵·高把整个天空画成动态的，显得激情洋溢，热血沸腾。而人间却又是如此的宁静渺小。强调了深蓝色天空中月亮和满天的星斗与大地之上宁静村庄的强烈对比，极富动感。许多人认为它体现了作者内心紧张的幻想和内心躁动不安的情感，并认为是作者内心消沉、愤怒的反映。也有人说画中的图像都具有象征含义，比如月亮暗示着某种神性，如火焰燃烧的柏树，不断翻滚的星云象征着人类的奋斗与挣扎。

梵·高的《星月夜》达到了其艺术成就的巅峰。尽管梵·高的一生中只卖出过一幅油画，但他作品的影响是无可估量的。该画是当代文化著名的代表之一，它也是被复制最多、印刷最多的油画。

十、《亚威农少女》，西班牙毕加索

《亚威农少女》，如图4-10所示，创作于1907年，是第一幅被认为有立体主义倾向的作品，是毕加索艺术人生的转折点，是立体主义的里程碑，也是现代艺术发展史上的重大突破。《亚威农少女》开创了法国立体主义的新局面，高243.9厘米，宽233.7厘米，现收藏于纽约现代艺术博物馆。

毕加索(1881—1973年)，立体主义流派的主要将领，20世纪西方美术诸派中最具影响力的画家。他在艺术上兼收并蓄，打破了历来的造型法则，开创了立体主义流派。他在世纪之交的变革时期，在多个艺术领域都取得了令人瞩目的成就。代表作有《格尔尼卡》《拿烟斗的男孩》《吉他》《梦》《和平鸽》。毕加索的代表作与女人题材相关甚多，如《三舞女》

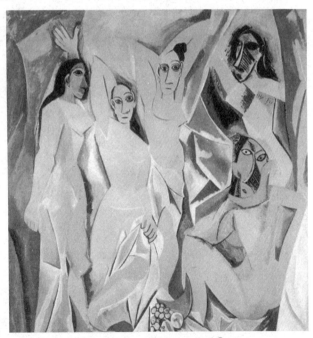

图4-10 《亚威农少女》[1]

《在红色椅子熟睡的女人》《玩球的浴女》《公鸡》等。

《亚威农少女》标志着毕加索未来的活动朝现代派方向发展。画中五个裸女的色调以蓝色背景来映衬，背景也做了任意分割，没有远近的感觉，人物是由几何形体组合而成的。作品的着眼点不在色彩上，而在形体上，他采用灵活多变且层层分解的、雄浑有力的、宽广而有概括性的平面造型的手法，把形体的结构随心所欲地组合起来。这些平面甚至发展到超越单个的物象，囊括周围的全部空间。

毕加索否定了以三度空间为目的的传统画技，杜绝人物的真实描绘，将人体几何化后装配成平面，废除远近法式的空间表现，舍弃画面的深奥感，而将量感或立体元素处理成平面性，增加了欣赏的目标性。他大胆地抛弃了西方传统绘画的造型法则，向文艺复兴以来确立的审美法则挑战，画中没有任何情节，没有具体的环境描写，在一个画面上表现正面、侧面和斜切面，追求一种结构的美。

《亚威农少女》不仅是毕加索一生的转折点，也是艺术史上的巨大突破。这幅画以后的十几年中法国的立体主义绘画得到空前的发展，甚而波及其他领域。在芭蕾舞、舞台设计、文学、音乐领域，都引起了强烈的共鸣。

第五章 弦音雅意 通达人心
——音乐艺术

第一节 音乐艺术概述

一、音乐艺术界定

音乐艺术是以声音为表现手段，用音乐塑造意象、表达思想、抒发情感的艺术。音乐艺术历史悠久，源远流长，在所有的艺术形式中，音乐是最擅长抒发情感、最能拨动人心弦的艺术形式。

音乐艺术总体上可分为声乐、器乐、戏剧音乐(包括歌剧音乐、舞剧音乐、戏剧配乐等)三类。按音乐艺术的创作者可分为创作音乐和民间音乐；按音乐艺术产生的时代可分为古典音乐与现代音乐；按音乐艺术的风格可分为古典音乐、现代流行音乐等。

声乐从唱法上主要可以分为美声唱法、通俗唱法、民族唱法、原生态唱法。

二、音乐艺术发展历程

(一) 中国音乐艺术发展历程

中国是世界上音乐艺术发展较早的国家之一，其可考历史可以上溯至新石器时代，音乐艺术已约有9000年可考的历史。中国古代先民们在劳动和生活中创作的歌谣，集诗、舞、乐为一体，即是中国文学的开端，也是中国音乐、舞蹈艺术的萌芽。

从商代开始中国音乐艺术逐渐步入以青铜、石制乐器为代表的"金石之乐"时代。夏周时期，乐舞作为一种大规模的艺术形式，真正从社会中独立出来，周代建立了第一套完整的礼乐制度及宫廷雅乐体系，至周末各种乐理、乐律学观念得以初步定型。周代还有采风制度，收集民歌，以观风俗、察民情，这些民歌经春秋时孔子删定，形成了我国第一部诗歌总集——《诗经》。《诗经》中最优秀的部分是"风",此外还有文人创作的"大雅""小雅"以及史诗性的祭祀歌曲"颂",在《诗经》成书前后,著名的爱国诗人屈原根据楚地的祭祀歌曲编成《九歌》,具有浓重的楚文化特征。

周代时期,民间音乐生活涉及社会生活的十几个侧面,十分活跃。世传伯牙弹琴,钟子期知音的故事即始于此时。这反映出演奏技术、作曲技术以及人们欣赏水平的提高。古琴演奏中,琴人还总结出"得之于心,方能应之于器"的演奏心理感受。著名的歌唱乐人秦青的歌唱据记载能够"声振林木,响遏飞云"。更有民间歌女韩娥,歌后"余音绕梁,三日不绝"。这些都是声乐技术上取得的高度成就。秦汉时期经济的繁荣和政治的稳定带来了文化上的宏大通达的统一新格局,秦汉时开始出现的"乐府"继承了周代的采风制度,搜集、整理、改变民间音乐,也集中了大量乐工在宴享、郊祀、朝贺等场合演奏。这些用作演唱的歌词,被称为乐府诗。汉代主要的歌曲形式是相和歌。它从最初的"一人唱,三人和"的清唱,渐次发展为有丝、竹乐器伴奏的"相和大曲",并且具"艳—趋—乱"的曲体结构,它对隋唐时的歌舞大曲有着重要影响。在汉代还有"百戏"出现,它是将歌舞、杂技、角抵(相扑)合在一起表演的节目。

魏晋南北朝时期是中国音乐艺术史上的民族音乐艺术大融合的繁荣时期。这个时期的战乱使清商乐流入南方,与南方的吴歌、西曲融合。在北魏时,这种南北融合的清商乐又回到北方,从而成为流传全国的重要乐种。随着丝绸之路的畅通,西域诸国的歌曲已开始传入内地。北凉时吕光将在隋唐燕乐中占有重要位置的龟兹(今新疆库车)乐带到内地。传统音乐文化的代表性乐器古琴趋于成熟,一大批文人琴家相继出现,如嵇康、阮籍等,《广陵散》《荆轲刺秦王》《猗兰操》《酒狂》等一批著名曲目问世。

隋唐两代国力强盛,外域文化与中原文化交流充分,歌舞音乐成为这个时期音乐艺术全面发展的主要标志。唐代宫廷宴享的音乐,称作"燕乐"。隋、唐时期的七部乐、九部乐就属于燕乐。唐代歌舞大曲是燕乐中独树一帜的奇葩。见于《教坊录》著录的唐大曲曲名共有46个,其中《霓裳羽衣舞》为唐玄宗所作,著名诗人白居易写有描绘该大曲演出过程的生动诗篇《霓裳羽衣舞歌》。唐代音乐文化的繁荣还表现为有一系列音乐教育的机构,如教坊、梨园、大乐署、鼓吹署以及专门教习幼童的梨园别教园。文学史上堪称一绝的唐诗在当时是可以入乐歌唱的。当时的歌伎以能歌名家诗为快,诗人也以自己的诗作是否流传广泛来衡量写作水平。在唐代琵琶是主要乐器之一,已经与今日的琵琶形制相差无几。

宋、金、元时期音乐艺术的发展以市民音乐的勃兴为重要标志,承隋唐时期的曲子词,宋代词调音乐得到了空前的发展,这种长短句的歌唱文学体裁可以分为引、慢、近、拍、令等词牌形式。在填词的手法上已经有了"摊破""减字""偷声"等。南宋姜夔是既会作词,又能依词度曲的著名词家、音乐家。他有十七首自度曲和一首减字谱的琴歌《古怨》传世。宋代的古琴音乐以郭楚望的代表作《潇湘水云》开古琴流派之先河,作品表现了作者爱恋祖国山河的盎然意趣。在弓弦乐器的发展长河中,宋代出现了"马尾胡琴"的记载。戏剧艺术代表了这个时期音乐艺术发展的高峰,马致远、关汉卿、郑光祖、白朴被誉为"元曲四大家",王实甫、乔吉甫与其并称为"元曲六大家"。典型作品如关汉卿的《窦娥冤》《单刀会》,王实甫的《西厢记》。元杂剧有严格的结构,即每部作品由四折(幕)一楔子(序幕或者过场)构成。一折内限用同一宫调，一韵到底，常由一个角色(末或旦)主唱。元杂剧对南方戏曲产生了重大影响，促成南戏的进一步成熟，出现了《拜月亭》《琵琶记》等经典作品。

明清时期，市民阶层日益壮大，音乐文化的发展具有世俗化的特点。明代的民间小曲内容丰富，影响广泛，而且从民歌小曲到唱本、戏文、琴曲均有私人刊本问世。如冯梦龙编辑的《山歌》，朱权编辑的最早的琴曲《神奇秘谱》等。另外，这个时期说唱音乐异彩纷呈，其中南方的弹词、北方的鼓词以及牌子曲、琴书、道情类的说唱曲种成为主要艺术样式。南方弹词中苏州弹词影响最大，形成了以陈遇乾为代表的苍凉雄劲的陈调、以马如飞为代表的爽直醋畅的马调和以俞秀山为代表的秀丽柔婉的俞调三个重要流派，在这三个流派的基础上又繁衍出许多新的流派。北方的鼓词以山东大鼓，冀中的木板大鼓、西河大鼓、京韵大鼓为主要艺术样式。牌子曲类的说唱有单弦、河南大调曲子等；琴书类说唱有山东琴书、四川扬琴等；道情类说唱有浙江道情、陕西道情、湖北渔鼓等，少数民族也出现了一些说唱曲如蒙古说书、白族的大本曲。这个时期的民歌、小曲以其丰富多样、形式鲜活的特点被广泛地认同和接受。各地出现了多种形式的民歌，如江南吴地的小山歌、棹歌，湖南的采茶歌，广西僮族的浪花歌，侗族的琵琶歌等。在乐律学方面，明代的"新法密率"是音乐艺术文化史上最早出现的十二平均律的律学理论，标志着音乐艺术科学在乐律学方面开始进入世界先进行列。

19世纪末到20世纪40年代是中国近现代音乐形成和发展时期，这一时期由于社会政治、经济形势的剧烈变化，西方文化尤其是西方戏剧、音乐被大量引入中国，中国传统音乐的主导地位下降，新音乐逐渐成为主流音乐，音乐艺术呈现复杂、多元的特点。

20世纪初期，西洋音乐艺术的传入促使音乐艺术史上产生了具有启蒙意义的"学堂乐歌"，它是中西文化碰撞、交流的产物，对我国音乐艺术的发展及中西音乐艺术文化交流起到了积极作用。学堂乐歌的出现，造就了一批传播西洋近现代音乐艺术，创建、发展学校音乐艺术教育的音乐艺术家，是中国近现代音乐艺术史上专业创作的发端。专业音乐艺术教育的出现体现了音乐艺术受西方音乐艺术影响之深。20世纪20年代，肖友梅在上海创建上海"国立音乐艺术院"，这是正规专业音乐艺术教育的开始。

声乐作品是近现代音乐艺术创作的主体，包括独唱歌曲、合唱歌曲和群众歌曲等多种体裁。独唱歌曲是代表近现代歌曲创作艺术水平的主要部类，借鉴了欧洲艺术歌曲的创作方法，也体现了鲜明的民族特色和时代特点。赵元任的《卖布谣》《教我如何不想他》，青主的《大江东去》《我住长江头》等作品流传至今。小型合唱歌曲以赵元任的《海韵》、黄自的《抗敌歌》《旗正飘飘》等为代表，黄自的《长恨歌》和冼星海的《黄河大合唱》则是大型合唱作品中的精品。群众性歌曲创作在规模空前的歌咏运动的背景下奏出时代的最强音，聂耳、冼星海、贺绿汀、张曙、吕骥、孙慎、麦新等人的歌曲创作，是革命音乐艺术家同人民群众相结合的最早尝试。

近现代民族器乐曲创作中，以民族音乐艺术的一代宗师刘天华的创作为代表。他在民族音乐艺术的基础上吸收西洋音乐艺术和演奏技巧，在民族器乐创作和演奏上取得了杰出的成就。他被视为近现代二胡演奏学派的奠基人，《光明行》《空山鸟语》《病中吟》等二胡独奏曲成为经典乐曲。

传统器乐合奏曲创作中，以吕文成的《步步高》、谭小麟的《湖光春色》、聂耳的《金蛇狂舞》、任光的《彩云追月》等最为著名。

西洋乐器音乐艺术创作中，由于专业音乐艺术家参与人数之多，取得了比传统器乐更为迅速的发展。近现代管弦乐创作的代表人物当属黄自、马思聪、江文等人，其作品《怀旧》《第一交响曲》《台湾舞曲》等很有影响。此外，独奏器乐曲方面也出现了一些较好的作品，如贺绿汀的钢琴曲《牧童短笛》，瞿维的钢琴曲《花鼓》，马思聪的小提琴曲《内蒙组曲》等。

戏剧音乐艺术中京剧的发展在这一时期出现了程长庚、谭鑫培以及后来的梅兰芳、程砚秋、周信芳等一代名优。各种地方小戏、评剧、越剧、楚剧等蓬勃发展。

新中国的成立使得音乐艺术进入了新的历史时期。"文革"之前的十七年，是音乐艺术蓬勃发展的时期；"文革"十年的音乐艺术，尤其是声乐，处于一种近乎停滞甚至倒退的状态；"文革"之后的改革开放八九十年代，音乐艺术再度进入发展与繁荣期。

中华人民共和国成立十七年，"为新中国放声歌唱"的广大音乐艺术家在声乐、器乐、歌舞剧等方面，创造了大量的优秀作品。

在声乐方面，歌曲创作取得了重要成果，以《歌唱祖国》为代表，出现了一批优秀的作曲家及风格明朗热烈的群众歌曲；许多电影歌曲在社会上广泛传唱；大型声乐套曲《红军不怕远征难》(简称《长征组歌》)出现于这一时期，并成为我国音乐艺术史上继《黄河大合唱》之后又一部里程碑式的大型音乐艺术作品。这一时期的作曲家，如翟希贤、刘炽、时乐濛等，都较有影响。

在器乐创作领域也呈现出焕然一新的局面。笛曲《喜相逢》、唢呐曲《百鸟朝凤》等是民族器乐独奏的代表作品；被誉为"国乐大师"的彭修文(1931—1996年)等人为民族管弦乐建设做出了重要贡献；西洋器乐的创作以钢琴和小提琴发展最快，小提琴协奏曲《梁山伯与祝英台》影响最为突出。

歌舞剧创作也异彩纷呈，《瑶族长鼓舞》《红绸舞》《荷花舞》等是歌舞音乐艺术作品的优秀代表，《王贵与李香香》《小二黑结婚》《江姐》等是歌剧作品的优秀代表，《宝莲灯》《小刀会》《渔美人》等是舞剧作品的优秀代表。

"文革"结束后，声乐发展经历了70至80年代抒情歌曲的丰收期、80年代后期的流行歌大潮、90年代的多元发展三个阶段。70至80年代的《祝酒歌》《我爱你，中国》《在希望的田野上》《在那桃花盛开的地方》等，90年代的《爱我中华》《春天的故事》等，均以其强烈的艺术感染力进入了人们的心灵。流行音乐艺术，如《军港之夜》《让世界充满爱》等，在90年代也成为音乐艺术文化的重要组成部分。

器乐发展也在不同门类中显示出新时期音乐艺术创作的勃勃生机。西洋器乐的创作中，交响乐、室内乐重奏的创作成果尤为丰硕；民族器乐作品，在深入挖掘各地传统、充分表现乐器性能方面均获得较大的发展；歌舞剧事业在中断十余年后也开始复苏并得到长足发展。这一时期在各方面涌现出的优秀作品数不胜数。

(二) 西方音乐艺术发展历程

西方音乐艺术最初在基督教教堂发挥着作用。教堂音乐艺术深受希腊人、希伯莱人和叙利亚人的影响，把不断发展中的圣咏及时集中到有组织的礼拜仪式中。

六世纪末，教皇格里高利一世改革了基督教的音乐艺术。格里高利圣咏从希腊和希伯莱音乐艺术而来，当时只有单一的旋律线。在罗曼风格时期，西方音乐艺术史上出现了极为重要的发展(复调音乐艺术作为最重要的音乐艺术风格出现)，使具有深度的听觉艺术进入欧洲文化，这一时期，封建宫廷音乐家和行吟诗人的艺术使世俗音乐艺术繁荣起来。

在人文主义思潮的影响和推动下，欧洲发生了政治、文化等多方面的深刻变革，即艺术复兴运动。继文学、绘画等艺术形式之后，音乐艺术也进入了"复兴"时期。这一时期的音乐艺术中，世俗音乐艺术占据的地位越来越重要。音乐艺术作品中对于人的内心世界及自然美描写十分突出，形成全新的音乐艺术风格，并产生多种器乐体裁、歌剧形式和一批富有个性的著名作曲家，如帕勒斯蒂里那、拉索、兰迪诺、杜法伊等，其创作充满新音乐艺术倾向。在这时期音乐艺术全面发展，当时的复调音乐艺术于十六世纪已发展到黄金时代。音乐艺术理论在这一时期也趋向成熟，大小调的调性体系基本确立，和声的功能体系正在萌芽和发展中，记谱法已由字母法和符号法转为二线谱、四线谱直至五线谱，对位法的应用已到较为丰富的程度。乐器也在飞速发展中，古提琴、短号、小号、长号、管风琴和琉特琴等乐器都已出现并活跃于音乐舞台之上，艺术复兴后期小提琴和古钢琴的出现，更使西方音乐艺术光彩四射。

在巴洛克风格音乐艺术时期，声乐、器乐并行发展。声乐上诞生了许多新的大型体裁，如歌剧、清唱剧、康塔塔、受难乐等。在器乐方面，古钢琴、管风琴、小提琴音乐艺术得到极大发展。随着乐器制造业的发展，管弦乐队开始兴起，许多管弦乐体裁得到高度发展，如大协奏曲、独奏协奏曲、三重奏鸣曲、古代组曲、序曲等。世俗音乐艺术与宗教音乐艺术共同发展，十二平均律付诸实践。

西方音乐艺术古典主义时期，诞生了四位维也纳乐派的大师，即海顿、莫扎特、贝多芬、舒伯特。当时，音乐艺术家面临三大难题：第一，探索大小调体系所具有的全部可能性；第二，完善一种纯器乐的大型曲式，这种曲式能最大限度地发挥那些可能性；第三，区分已应用了这种理想曲式的奏鸣组曲的不同变体——独奏奏鸣曲、二重奏鸣曲、三重奏、四重奏及其他室内乐形式、协奏曲以及交响曲。四位音乐大师在处理素材时，进行大胆尝试，使音乐艺术从属于最完美的秩序，并发展了一种器乐的动力性语言，使用完美手段挖掘主题；完善了由理性和逻辑产生出来的宏大构思，整体结构活泼灵动，足以使多样化情感得以自由表现。西方音乐艺术古典主义时期缔造出了一个人类音乐艺术的新世界。

浪漫主义产生于法国大革命以后的社会的和政治的动乱之中，支配着十九世纪的音乐艺术。早期浪漫派的代表人物有威柏和舒伯特。舒伯特的艺术歌曲广为流传，而肖邦、舒曼和李斯特则把钢琴音乐艺术推向了新的高峰。柏辽兹、李斯特开创了标题音乐艺术。俄国、东欧和北欧作曲家的作品则带来了不同民族的风情。法国的比才、意大利的威尔第和普契尼、德国的瓦格纳推动了歌剧的繁荣。历史学家注意到艺术风格是在古典派和浪漫派这两个极端之间变换的。这两派的艺术家都力求表达特定的感情，并寻求在完美形式中加以表现。

印象主义音乐艺术产生于十九世纪末，是受象征主义文学和印象主义绘画的影响而出现的音乐艺术流派，力求摆脱浪漫主义的主观情感表现，追求和声化的新发现。印象主义音乐艺术也把情绪和气氛看得比结构重要，歌颂大自然带给人们的喜悦。

人类历史进入二十世纪,风云变幻。两次世界大战改变了各国的边界和人们的思维方式,科学正在以令人目眩的速度把人类推向一种尚未为所知的未来。在反时代精神的策动下,各种艺术,如绘画、雕刻、文学、戏剧和音乐艺术,正在冲破各种旧的形式,试图表现新的生活方式。二十世纪五十年代后的先锋派作曲家完全抛弃了传统的音乐艺术观念,追求艺术表现的绝对自由,因而他们的音乐艺术呈现出深奥玄秘的特点,使绝大多数音乐艺术爱好者为之瞠目。

音乐艺术中每一时期都有独特的灵魂和魅力,西方音乐艺术体裁的种类丰富多样,能反映人类精神世界,同时又能震撼人们的心灵。

第二节　音乐艺术的审美特征

一、音乐艺术是声音流动的艺术

音乐艺术不是静止的艺术,是一种诉诸听觉的声音流动的艺术。音乐艺术的载体是乐曲,乐曲由旋律、节奏、调式、和声、复调、曲式、逻辑等要素构成。音乐艺术运用旋律的起伏、节奏的疾徐、力度的强弱、色彩的浓淡等变化,来表现情绪、情感的发展变化过程。它的美不是瞬间的美,而是一种流动的美。音乐艺术所传达的情感随声音流动,就是在流动的音乐艺术声中唤起听觉意象。音乐艺术的声响高低、舒缓、节拍与音乐效果有直接联系,音乐艺术语言有规律的组合或运用,就形成了乐曲的高低强弱的起伏变化,这种变化构成音乐艺术特有的具有流动性的节奏感和韵律感的艺术特征。

音乐艺术作为一种主观的客体性艺术,其借助的媒介是声响,这就要求它必须具有鲜明的节奏感和韵律感。音乐理论作曲家姆尼兹·豪普德曼在他的名作《和声与节拍的本性》里说"音乐是流动的建筑",就是因为音乐艺术在时间里流动的同时,和建筑艺术一样,广泛自由地运用形式美的结构原则,遵循特定的艺术规律,形成严格的数理结构,同样具有严谨的结构美和形式美。音乐艺术是以一种充满运动、变化、对比的状态来推动时间过程,音乐艺术的状态是流动的,它所表达的情感也呈现出一定的运动形态。人的情感变化能引起人的肌体内部的各种生理变化,这些变化和音乐艺术的运动形态一样,存在"同构关系",音乐艺术对情感的表现,能够从其动态特征入手,对其进行模拟、类比和再现,将不同情境下的诸如悲痛至极、激昂向上、深沉抑郁等情感,表现得深刻而细腻,从而使其成为一种具有鲜明动态性的艺术。

二、音乐艺术是感性抒情的艺术

音乐艺术的表现力强,善于抒发情感,弱于叙事。《乐记》对音乐艺术产生于感性情感有着精辟的论述："凡音之起，由人心生也。人心之动，物使之然也，感于物而动，故形于声。"《毛诗序》更指出了诗乐的强烈抒情特征："嗟叹之不足，故咏歌之。"音乐艺术源自情感，表现情感，激发情感，是充满激情的艺术样式。人类复杂多样的情感世界，如喜悦、悲痛、紧张、愤怒等在所有的音乐艺术作品中都无所不在；音乐艺术也是易于激起内心情感的艺术，由情而生、以情动人是音乐艺术美的主要审美特征。作为情感的艺术，音乐艺术对情感的表现专注而纯粹，它能直接拨动人们的心弦，感染人们的情绪，抒发人们的情感，陶冶人们的性情，美化人们的心灵，激发人们对美好生活的无限向往。

音乐艺术直接表现感情，它是心灵的直接语言。绘画必须通过由线条和色彩构成的客体形象来表情，戏剧必须在故事情节的展开中通过人物的语言和行动来表情，舞蹈必须借助人体动作、姿态来表情，它们对感情的抒发都是间接的，只有音乐艺术对感情的表现最直接，不需要客体形象做依托，也不需要动作、姿态来表现，感情在音乐艺术中可以独立存在。音乐艺术以其律动起伏的节奏与人的情感发展变化过程产生同构关系，使得感情在音乐艺术中被抒发得坦率无间。

三、音乐艺术是感性与理性统一的艺术

作为作用于听觉艺术的形式，音乐艺术所塑造的意象是将生活和自然现象转化为饱含情感的乐音，凭借情感，概括而抽象地反映一定的社会和生活情景，并在声音的运动中形成音乐艺术形象，它活跃、流动、不断发展，欣赏者只能感性地接受与理解，这个过程可能存在较大的差异性，对音乐意象的捕捉必然是模糊和不稳定的，音乐艺术形象的这种不确定性和模糊性，要求听者必须依靠丰富的想象，把抽象的听觉形象转化为具体的视觉形象，在心中描绘出可感的形象。

音乐艺术对心灵和情感的体现源于生活，但并不是直接反映或描绘现实生活或自然界，并不是对现实生活中存在状态的再现，而是表现从中体验到的情感。音乐艺术拙于写实而长于写意，虽然某些标题音乐艺术带有叙事性质，但它不表现具体的情景、事件和心理活动，而把重心放在抒情方面。我们听一首小提琴协奏曲，对作品的准确把握不在于对主要情节的联想和再现，而要强调对主人公所表达的情感的挖掘和感受。音乐艺术所表现的这种情感体验，具有抽象性和一般性。它已不再是具体的感受，也和具体的事件或人物没什么联系，它是从生活情景、事件中提升出来的比较笼统的某种情绪。叔本华曾认为，音乐艺术所表现的，不是这样或那样个别的和一定的快乐，这样或那样的悲哀，或痛苦，或恐惧，或狂欢，或喜悦，或心灵的宁静，而是表现快乐、悲哀、痛苦、恐惧、狂欢、喜悦、心灵的宁静等本身，某种程度上说是抽象的，是主体意志本身的表现，其他艺术只是观念意志客观化的复写。因此，音乐艺术所反映的现实生活中的美，不是直接被再现，而是通过人的主观心灵的折光，间接得到表现。即便是某些音乐艺术作品中对鸟鸣、流水等自然声响的模拟，都必须与烘托和渲染某种特定的情感氛围相联系。

音乐艺术的抽象性，使其内容具有模糊性、宽泛性的特点，因此音乐艺术是最接近"只

可意会，不可言传"的艺术。音乐艺术是令人陶醉的艺术，不少音乐艺术作品仿佛遮着一层神秘的面纱，其艺术魅力无法用语言来说明，听者不仅要用耳，更要用心去感受，以寻求心灵情感上的共鸣。

四、音乐艺术是朦胧含蓄的艺术

构成音乐艺术的物质材料是声音，具有非空间造型性和非语义符号性等特点。音乐艺术不能直接描摹表现对象具体的准确形体。所谓"音乐艺术形象"，与绘画、雕塑中视觉可见的形象不同，它不可能具有客体对象之形状、色彩等特征的确定性，不能如绘画、雕塑艺术等传递给人们以空间造型的感觉。音乐艺术的声音也不像日常语言的词语，不能与概念或实物相对应而形成约定的语义。因此，人们一般都无法从直观形态的分析中，或在与语义符号化的对应关系中，找到音符与含义之间的关系。因此，音乐艺术所代表的含义往往是含蓄的、不确定的。也就是说，音乐艺术在反映客观生活方面，很少受到反映对象的具体的约束，它间接和曲折地反映复杂多样的社会生活，较之造型艺术有更大的自由性。

音乐艺术的这种情感导向的明确性与描摹形象的模糊性，使得不同的人对同一部音乐艺术作品会产生不同的内心感受，这就构成音乐艺术的似语非语、朦胧多义的含蓄之美。从创作层面看，音乐艺术提供的只是一个不确定的想象空间，其浓厚的文化属性、民族属性和时代属性都被模糊而充分地表现出来；从接受层面看，听者由于经历、情感的不同，加之时间、地点、心境等方面的差异，对同一首乐曲的欣赏，也会产生模糊不定的视觉表象。

第三节　音乐艺术的写意表现与交流融合

一、音乐艺术的写意表现

七千多年前，远古先民就用锐利清脆的骨哨声，吹出了音乐艺术最远古的声音。时至今日，每当现代人置身于对音乐艺术久远历史的回望中，总喜欢用远古的声音再现祖先的经历，用各种虔诚景仰的目光来观赏先人们的"神工"之作。音乐艺术与人类有着解不开的情结，一件件古老乐器总是引起人们无尽的遐想，总是能将远古的一个个瞬间定格于人们百感交集的脑海之中。

人类文明进程的演绎历史创造了无比丰富的各地民族音乐艺术。无论高亢激越，还是婉转悠扬；无论嘹亮悠扬，还是欢快活泼，在人类栖居的广袤土地上，人们就是这样用独特的音乐艺术情调倾诉心中的喜乐愁悲，在悦耳的节奏和韵律中人们得以体味历史的深邃和生命的意蕴。这些独具匠心的民族音乐艺术，折射出人类悠久的历史文化精神，也表现出厚重扎实的人类文化底蕴。

在这种人类文化的深远影响下，音乐艺术的表现形式充分体现了重情、重意的美学特征。这种重情、重意的表现形式，通常不注重情感描绘的具体性，不追求主题表现的深刻性，也不在意现实模拟的忠实性，而是让音乐艺术形式的张力趋向人的自然生命状态，它更注重人的内在情感的自由体验，让人们在一个较大的空间内进行开放性的联想。这种表现形式通常是以旋律、和声、复调、手法等复合体，强调的是生命意兴的表达，来表现音乐艺术的全部。音乐艺术的情感宣泄可以热情奔放，个性追求也可以浪漫独特，这种注重写意的表现手法尤其在以古琴音乐艺术为代表的中国传统器乐曲中体现得尤为深刻和充分。古琴音乐艺术在音乐艺术结构变化的节度、音高的分寸感、意境创造等方面都有较高的要求，它所创造的写意空间，能够令听众思绪飘渺，能够引动听众展开想象的翅膀，从而在虚幻可变的开放性空间中获得独特的享受。

二、音乐艺术的交流融合

中西音乐艺术存在哲学基础的殊异，西方哲学侧重天人之别，而中国哲学则侧重天人合一。

中国儒、道、佛传统文化都主张"天人同构"，也就是追求天与人在道、性、情三方面所达到的默契统一的境界。中国音乐艺术在这种"天人合一"的美学思想的作用下，重视自然万物、人与自然、人与社会、人与人之间以及人类身心的和谐融通，因此中国音乐艺术与情感交汇，乐曲与心灵相通，其艺术境界具有"大音希声，大象无形"的无言之美。所谓"大音希声"，就是超然于有声音乐艺术之外的、凭借想象的翅膀领会于心间的音外之"音"、曲外之"曲"。所谓"无言之美"，它源于老子所说的"大音希声"和庄子所说的"至乐无乐"。中国传统音乐艺术重虚灵，所表现的意境是一种"虚无"境界，灵透而空明，所追求的最高境界是超然物外的"无己"和"坐忘"。音乐艺术可以引领人们进入至美至淳的意境。在这个悠远、朦胧、辽阔的空间里，人们陶醉于"物我为一"的美妙境界之中，尽情享受音乐艺术带给人们的无限神韵。

西方哲学自古希腊开始就十分突出人与自然之分，把天人之分看作知识和智慧的起点、人自觉为人的起点。西方音乐艺术沿着天人相分的理念将音乐艺术作为一种哲学和科学的超功利的知识设置在客体层面考察，从古希腊时期开始，毕达哥拉斯学派已将音乐艺术与哲学、数学结合起来思索，认为宇宙天体和万物是一种和谐存在的秩序与数的关系。因此音乐艺术也存在同样的数的关系，音乐艺术反映了主宰宇宙的数的本质，可以看出西方音乐艺术思想带有强烈的理性精神和科学内涵。可见，哲学基础的不同，致使西方音乐艺术创作偏重科学逻辑数理与上帝精神的统一，注重句法和曲式结构的程式化和书面排列的公式化。

中西方音乐艺术所具有的价值意义在人类整体艺术进程中同样都是不可替代的。中西方音乐艺术所具有的截然相反的哲学观与文化价值观在日新月异的现代社会成就了两者互助互补的可能性，协调中西方音乐艺术的价值观，探寻各自与当今文化哲学科学观结合下新的音乐艺术表现方式，正是中西两种音乐艺术的审美价值提升、获得新生命的契机。

第四节 音乐艺术鉴赏常识

一、音乐的主要表现手段

(一) 旋律

旋律也称曲调,是音乐语言的首要要素,也是音乐艺术最重要的表现手段,通常是指把若干乐音经过艺术构思,按照一定的节奏、节拍及调式、调性关系等组织起来,构成有组织、有节奏的乐音的和谐运动。在旋律的行进中,横向的秩序有长短、断续、疏密之分,纵向有上行下行的级进、跳进以及波浪起伏幅度的大和小。这些由于音高的走向而形成或直线或曲线的"波浪线"便叫作旋律线。旋律表达感情,不同旋律进行而构成的旋律线,可以直观表述旋律进行特点的不同表现意向。

旋律分为声乐旋律和器乐旋律。声乐旋律与人的音域条件和语言习惯有密切联系,主要特点是音域比较窄、歌唱性突出;而由于乐器种类的繁多、性能特点丰富,使器乐旋律的音域表现较为宽广,速度与力度的变化幅度也较大,更富于节奏性与技巧性。

旋律最小的结构单位是动机。人们称乐曲的基本动机是旋律发展的"种子",它有个性鲜明的形态,并贯穿发展于全曲之中。中国是一个多民族的国家,在各民族风格迥异的民间音乐中蕴藏着极其丰富的旋律宝库,这就使得动机和旋律带有鲜明的民族特色,且发展手法丰富。变奏和重复是中国民族民间音乐展开乐思的两个重要手法。变奏有别于西方音乐的变奏,常见的是旋律加花变奏和自由变奏。旋律加花变奏就是变奏时结构并不改变,而是扩充或压缩音乐的节拍;自由变奏就是在音乐变奏的同时加以展开或加入新材料。重复就是作曲者在音乐力度的增长过程中,有意识地把重复的结构逐渐细分,并在进入音乐高潮时,让一个音做不间断的重复。可以这样说,音乐的重复就是通过旋律的多次重复逐渐强调和巩固音乐力度的过程。

旋律线条的起伏方式最能体现音乐的情绪和隐藏在音符背后的情感意义,因此它具有重要的表情意义,一般可分为水平式、上升式、下降式、波浪式等。水平式旋律线情绪从容、舒缓,持续的流动曲线给人一种放松和期待;上升式旋律线情绪上扬、激越,音乐张力和紧张感的不断增长可以造成一种壮丽和辉煌;下降式旋律线情绪松弛、低落,旋律在低音区的徘徊,可产生一种低迷和阴郁;而波浪式旋律线情绪起伏、跳动,旋律大范围的上下流动给人以波涛汹涌之感。

旋律是音乐的灵魂和基础。在庞大的曲式结构中,一段又一段有着内在联系的旋律线条贯穿始终,它是一首乐曲连续不断的主线,它对欣赏者在欣赏音乐时的情感变化起着重要的引导作用,而围绕旋律这根主线的其他音乐要素,它们对欣赏者听觉产生的作用是时断时续的。同时,旋律将所有音乐的基本要素结合在一起而形成一个有机统一体,在这个统一体中，富有表现力和感染力的旋律又是音乐形式整体显现的基础。旋律音符的无穷组合，会产生体味不尽的音乐美感，从而引起欣赏者强烈的情感共鸣。

(二) 节奏

音乐的节奏是指在音乐旋律进行中音阶、音符或音节的长短、强弱、轻重等相互关系的有序组合。节奏不同于节拍，节奏是时值各要素总的时间组织，节拍是音乐中的强拍和弱拍周期性的有规律的重复。我国传统音乐称节拍为"板眼"，"板"相当于强拍，"眼"相当于次强拍(中眼)或弱拍。节奏包括节拍，节拍是节奏的表达方式之一。在音乐美学中，规律交替的节拍一般被称作"韵文式节奏"，而自由散板则被称为"散文式节奏"，它们表现出不同的审美情趣。

无论是广袤的大自然，还是琐碎的日常生活，处处交织着有声与无声的节奏韵律。啄木鸟的咚咚敲打、青蛙蟋蟀的鸣叫鼓噪、铁匠的当当锤击、水车的吱呀运转，还有昼夜的交替轮回、四季的适时更换、走路的步伐节奏等，这些节奏无不对人类产生非常直接的效果，创造出节奏的美感，这就使得我们自然而直接地认为音乐起源于节奏的敲击。

节奏常被比喻为音乐的骨骼，有着重要的表现功能。节奏是旋律的主干，它能把乐音组织成一个整体，使乐曲体现出情感上的波动起伏，对音乐情绪的表达、内容的体现和形象的塑造都起到非常重要的作用。音乐的强烈表现力，就在于音乐直接表现出的有生命的情感，而节奏是音乐运动的依托。离开节奏，音乐将无法在时间中展开，自然就会黯然失色。

一种节奏的重复被称为节奏型，一首乐曲一般有一个基本的节奏型，但又不能始终使用一种节奏型而显得单调，于是人们在统一的基础上不断创造出节奏的许多变化形式。这种变化呈现出多样统一的风格，每个音乐作品都会有多种节奏表现。音乐家从未停止对节奏的创造，一些探索性的音乐作品，其复杂多样的节奏形态只能运用数学办法才能得以明晰；还有一些音乐作品，原来的节奏只要被改变，音乐的整个性质就会发生变化，而新的思想内容和精神内涵也会随之获得，因此有时我们仅仅通过节奏型本身就可以判断乐曲的类别。

节拍本身具有一定的表现力，不同的节拍表现出不同的节奏感，不同的节奏感表达出不同的情绪。二拍子表现出的节奏感具有一种队列行走的律动，常用于表达刚劲有力、欢乐活泼的情绪，具有规则、往复、平稳的特点；三拍子表现出的节奏感具有一种旋转的韵律，常用于舞曲或不平心境的表达，具有动荡、摇曳、回环的特点。

节奏主要有四种类别：自由节奏、灵活节奏、有量节奏和韵律节奏。自由节奏主要指存在于东方音乐中的节奏，如中国昆曲中的节奏、京剧中的散板；灵活节奏主要指西方古典音乐中的素歌，基本上只有音高变化而没有时值变化；有量节奏就是有量记谱法，基本上只有音符的长短、高低之分，而没有强拍、弱拍的区别；韵律节奏就是轻重律节奏，它包括音符的时值长短和有规律的强弱节拍两方面。

(三) 和声

和声是两个以上不同的音按一定法则同时发声而构成的音响组合，它是多声部音乐按照一定关系而构成的重叠复合的音响现象。和声包括和弦与和声进行。和弦是和声的基本素材，是三个或三个以上不同的音按照一定的方法结合构成的纵向结构；和声进行是和声的横向运动，是指各和弦的先后连接。德国作曲家罗伯特·舒曼曾经这样形容过和声的作用："音乐像国际象棋一样，在它里面王后(旋律)起最大的作用，但决定最后胜负却永远是国王(和声)。"

和声使音乐具有立体感、结构感和色彩感。和声是扩展音乐表现力的重要手段，一方面，各声部相互组合成的协调整体，有力地强化着各音级的功能意义，强化着音乐内在的动力；另一方面，和声以其稳定到不稳定再到稳定的进行状态，以一定的疏密关系组织起来，辅助特定的旋律而形成声音的"立体"流动，具有很强的渲染力。和声也强化着旋律的结构，和声所起到的乐曲结构作用，就是通过和声进行、收束式、调性布局等在曲式构成方面所起到的构成分句、分乐段和终止乐曲的作用。和声的色彩感，是指各种和弦结构、和声位置、织体写法与和声进行等所具有的音响效果，有着显著的浓、淡、厚、薄的色彩作用。

和声在中国专业音乐创作中的应用始于20世纪初，最初采用欧洲大、小调和声方法，之后中国化的和声问题得到不懈的研究和实践；30年代，和声问题得到进一步的重视，并进行一些具有突破性的探索和试验；40年代，研究者重视应用调式和声方法，并尝试一些适合于五声音调的和弦结构；中华人民共和国成立后，和声的民族风格问题引起更大的重视，并在保持调性、调式的基础上，进行许多探索与尝试；近年来，近现代和声手法与民族风格相结合的处理方法问题得到不懈探索，并取得可喜成果。

(四) 曲式

曲式是乐曲的基本结构，它是根据曲调在发展过程中所形成的各种段落的规律性特征，而找出的具有共性的格式。对于音乐的曲式结构，可以和文学作品做对比，解释如下：一部长篇小说可以分为若干卷，在音乐中作曲家将其称为乐章；书的每一卷包括若干章，作曲家将其称为段；书的每一章由若干个段落组成，音乐的每一个乐段由更小的单位组成；书的每个段落由若干句子组成，乐曲中类似句子的单位被称为"乐思"。

音乐曲式的传统分类包括小型曲式和大型曲式两种。小型曲式包括一部曲式、二部曲式、三部曲式、复二部曲式、复三部曲式，大型曲式包括变奏曲式、回旋曲式、奏鸣曲式。一部曲式的主体部分结构是一个乐段，它是完整的曲式中规模最小的结构；二部曲式包括两个部分，每个部分都由一个乐段组成；三部曲式由三个部分组成，每一部分基本上也都是一个乐段。变奏曲式由基本主题的最初陈述及其若干次变化重复或展开。变奏是多种多样的，可以根据内容表现的需要不同采取不同的手法，如严格变奏、自由变奏、装饰变奏、性格变奏、技术性变奏、艺术性变奏等类型。回旋曲式由一个相当完整的、独立意义较强的主部和各个不同的插部交替出现而构成，主部至少在乐曲中出现三次，插部至少有两个。这种结构善于将纷繁的内容统一组织在一个作品之中，既多姿多彩、富于变化，又有主部贯穿全曲，具有充分而集中的表现力。奏鸣曲式主要由"呈示—发展—再现"三大部分组成。呈示部包括在音乐上有明显区别的主部和副部；展开部规模较大，发展手法复杂而丰富，把呈示部的音乐材料加以充分的变化和发展；再现部在更高的水平上，把呈示部的音乐加以重复或变化重复。这种结构长于表现深刻的思想感受，以及具有矛盾冲突与戏剧性斗争的生活内容，富有很强的概括力和艺术表现力。

曲式无论是大是小，无论古典还是现代，都包含三个原则：对比、变奏和重复。作品中多个音乐材料在旋律形态、节奏型、情绪特征上的不同造成对比，带给听者的是新鲜的感觉。变奏是将一个音乐材料在保留某些特征的情况下进行或大或小的变化，一方面保持作品的原型，另一方面可使听者有新鲜感。重复是指音乐材料的简单再次出现，或带有变化的再现。带有变化的再现，实际上体现了变奏原则，同时又因为它的变化，产生了对比效果。

(五) 织体

织体是指多声音乐作品中各声部的组合形态(包括纵向结合和横向结合关系)。织体分为两类：主调式，即主调织体；复调式，即复调织体。

主调织体指有一个声部是主旋(大多数情况在高声部)，其他声部是从属性质的伴奏。主调有充分的独立性，伴奏只起一种辅助作用。复调织体是指每个声部的旋律都有一定的独立性。复调织体有两种基本类型。一种是对比性复调，指将两个或两个以上的旋律同时结合的织体形式，如《牧童短笛》的A段。另一种是模仿复调，指在不同声部出现反复和模仿进行的织体形式，如《保卫黄河》的轮唱部分。

二、常见的器乐体裁

(一) 交响曲

交响曲是大型器乐曲体裁，亦称"交响乐"，是音乐中最大的管弦乐套曲。

交响曲的结构，一般分四个乐章(也有只用两个乐章或五个乐章以上的)。交响曲是音乐作品中思想内容最深刻、结构最完美、写作技术最全面而艰深的大型器乐体裁，它以表现社会重大事件、历史英雄人物、自然界的千变万化、富于哲理的思维以及人们为之奋斗的崇高理想等为见长；它总是带有一定程度的戏剧性。

海顿确立了四个乐章的交响曲的规范形式，采用了编制理想的乐队组合方式，展示了多样的主题发展方法，使小步舞曲洋溢着民间的气息。他一生写了104部交响曲，被誉为"交响曲之父"。

莫扎特的交响曲，清丽流畅、结构工整，吸收了德奥歌剧的创作经验和民间素材，采用带有复调因素的主调风格和旋律化的展开手法，丰富了交响曲的表现力。

海顿、莫扎特的交响曲，被人们视为交响音乐创作中的"珍品"。

贝多芬在他的交响曲中浸渗了法国大革命的先进思想和战斗热情。以富于动力性的和声，扩大了展开部的内容，给结束部以充分抒发的余地，使奏鸣曲式成为戏剧性的形式。用谐谑曲代替了小步舞曲乐章，使终曲乐章成为全曲肯定性的结局，末乐章引入了合唱，这使他成为浪漫乐派的开路人。

(二) 序曲

序曲原指歌剧、清唱剧等作品的开场音乐，十七、十八世纪的歌剧序曲分为"法国序曲"及"意大利序曲"两类。前者为复调风格，由慢板、快板、慢板三个段落组成，中段为赋格形式，末段较短；后者为主调风格，由快板、慢板、快板三个段落组成，后世交响曲即由此演变而成。十九世纪以来，从贝多芬开始，作曲家常采用这种体裁写成独立的器乐曲，其结构大多为奏鸣曲式并有标题。如贝多芬的《科里奥兰序曲》、柴可夫斯基的《1812年序曲》等。

(三) 狂想曲

狂想曲是一种技术艰深且具有史诗性的器乐曲，原为古希腊时期由流浪艺人歌唱的民间叙事诗片断，十九世纪初形成器乐曲体裁。其特征是富于民族特色或直接采用民间曲调，如李斯特的19首《匈牙利狂想曲》、拉威尔的《西班牙狂想曲》等。

(四) 幻想曲

幻想曲是一种含有浪漫色彩而无固定曲式的器乐叙事曲，原指一种管风琴或古钢琴的即兴独奏曲。十八世纪末叶起，幻想曲遂成为独立的器乐曲，如格林卡运用俄罗斯民间音乐写成的管弦乐曲《卡玛林斯卡亚》。

(五) 小夜曲

小夜曲原指傍晚或夜间在情人的窗下歌唱的爱情歌曲体裁，所以曲调常是亲切抒情的。在十八世纪末开始出现多乐章的重奏或合奏曲的小夜曲，则是为当时的达官贵族餐宴时助乐用的，曲调较轻快活泼，而与爱情无关，属于室内乐体裁。

(六) 摇篮曲

摇篮曲又称催眠曲，它原是母亲抚慰小儿入睡的歌曲，通常都很简短。其旋律轻柔甜美，伴奏的节奏型常带摇篮的动荡感。

(七) 圆舞曲

圆舞曲又称"华尔兹"，起源于奥地利北部的一种民间三拍子舞蹈。圆舞曲分快、慢步两种，舞时两人成对旋转。十七、十八世纪流行于维也纳宫廷后，速度渐快，并始用于城市社交舞会。十九世纪起风行于欧洲各国。现在通行的圆舞曲，大多是维也纳式的圆舞曲，速度为小快板，其特点为节奏明快，旋律流畅；伴奏中每小节常用一个和弦，第一拍重音较突出，著名的圆舞曲有约翰·施特劳斯的《蓝色多瑙河》、韦伯的《邀舞》等。

(八) 协奏曲

协奏曲是指一种由独奏乐器与管弦乐队协同演奏的大型器乐作品。它的特点是独奏部分具有鲜明的个性和高度的技巧性。在音乐进行中，独奏与乐队常常轮流出现，相互对答、呼应和竞奏。独奏时，乐队处于伴奏地位，会奏时，独奏乐器休止，完全由乐队演奏。古典协奏曲的奠基人是莫扎特。协奏曲一般分为三个乐章：第一乐章是热情的快板，多用奏鸣曲式，音乐充满生气；第二乐章是优美的、抒情的慢板，音乐带有叙事风格；第三乐章是欢乐的舞曲，音乐蓬勃有力，活跃奔放。在第二乐章结束前往往加有独奏乐器单独演奏的华彩乐段，以表现高度的演奏技巧。

(九) 组曲

组曲是由若干器乐曲组成的套曲，其中各曲有相对的独立性。组曲有古典、近代之分。古典组曲又称"舞蹈组曲"，兴起于十七到十八世纪，它采用同一调子的各种舞曲连接而成，但在速度和节拍等方面互相形成对比，如巴赫的古钢琴组曲。近代组曲又称"情节组曲"，兴起于十九世纪，从歌剧、舞剧、戏剧音乐或电影音乐中选若干乐曲编成。有的组曲系根据特定标题内容或民族音乐素材写成，如挪威作曲家格里格的《培尔·金特组曲》、俄国作曲家里姆斯基的《舍赫拉查达》、捷克作曲家德沃夏克的《捷克组曲》等。

(十) 奏鸣曲

奏鸣曲是大型声乐套曲体裁之一，原意为"用声乐演唱"，一个是"响着的"，一个是"唱着的"。起初奏鸣曲泛指各种结构的器乐曲，到十七世纪后期在意大利作曲家柯列里的作品中才开始用几个互相对比的成套曲型的奏鸣曲。到十八世纪方定型为三个乐章(海顿、莫扎特的钢琴奏鸣曲都是三个乐章的)。后来"奏鸣——交响套曲"又增加了一个"小步舞曲"乐章，插在第二、三乐章之间，成为四个乐章的"奏鸣——交响套曲"。到贝多芬又用"谐谑曲"代替"小步舞曲"，后来的作曲家还有用"圆舞曲"作为第三乐章的。奏鸣曲是在结构上类似组曲的一套乐曲，但它又和交响曲分不太开，它是大型套曲形式的体裁之一。

三、乐器的种类

(一) 打击乐器

凡是用敲击的办法使用乐器的本体发声的，都称为打击乐器。在打击乐器中又可分两种类型：一种是"体鸣乐器"，如铃、木鱼等；另一种是"膜鸣乐器"或"草鸣乐器"，如鼓、拊博等。

据不完全统计，打击乐器大致有四十多种。主要包括：钟、特钟、编钟、磬、特磬、编磬、祝(也叫"控")、敔(也叫"楬")、拊博(也叫博拊，简称"拊")、方响、拍板、木鱼、梆子、简板、大锣(也叫"京锣")、小锣、云锣(也叫"九音锣")、包锣、马锣、铙钹(简称"钹")、水钹铃、碰铃、犁铧片(也叫"月牙片""铁片")、三角铁、鼓、羯鼓、堂鼓、板鼓、腰鼓、八角鼓、书、通鼓、象脚鼓、达卡(也叫"手鼓")、萨巴伊、姑古拉、大鼓、定音鼓、铃鼓、响板、木琴、排钟、钟琴等。

(二) 管乐器

利用气流振动管体而发声音的乐器一般称为管乐器，又叫"吹奏乐器""气鸣乐器"。管乐器又分有簧和无簧两类。在西洋乐器中，一般称管体用木制的或原来用木制成的为"木管乐器"，如双簧管、长笛等；称管体用金属制成的为"铜管乐器"，如长号、萨克斯管等。

管乐器有排箫(古称为"箫"，又称为"洞箫"，在欧洲"排箫"叫"潘管")、篪、竽、笙、胡笳、觱篥、管子、头管、笛子、唢呐、大喇叭、芦笙、侗笛、尺八(也叫"箫管")、风笛、短笛、长笛、双簧管、英国管、单簧管、大管(也称"巴松")、短号、小号、圆号(也叫"法国号")、长号(也叫"拉管号")、大号、萨克斯号、萨克斯管等三十多种。

(三) 弦乐器

弦乐器也叫"弦鸣乐器"，以弦作为发声的主要条件。弦乐器又分三类：一是拨弦乐器，即用手指或弹拨片弹拨的，如古琴、竖琴等；二是弓弦乐器，如二胡、小提琴等；三是击弦乐器，如扬琴等。我国古代对弦乐器统称为弦索。

常见的弦乐器有：古琴、筑、瑟、筝、箜篌、琵琶、阮咸、三弦、忽雷、月琴、扬琴、火不思、冬不拉、丹不尔、札木聂、吉他、曼陀林、独弦琴、竖琴、马头琴、二胡、四胡、京胡、板胡、牛腿琴、中提琴、低音提琴、根卡等。

(四) 键盘乐器

键盘乐器一般是按键盘而使琴匣内部的弦、管、簧片或金属片振动而发音。键盘一般为长方形，由黑白琴键组成。

常见的键盘乐器有管风琴、风琴、钢琴、钢片琴、手风琴等。

(五) 电子乐器

电子乐器是以电路作为发音体的乐器。它的中心发音体大都是电子振荡器。这种乐器用电路改变声音的波形或振幅，它的音源和以往的乐器一样是弦、簧片、空气柱的振动，然后用拾音器或话筒收录音源的声波振动，最后，由电气化操纵形成，从扬声器播出。历史上最早的电子乐器是美国人卡希尔在1904年研制成功的，当时，这种乐器没能普及，到20世纪20年代才得到集中研制。到50年代，由于半导体问世及电子工业的迅速发展，出现了多种电子琴。到60年代，世界各国又相继研制出了具有多种形态和多种功能的各种"音响合成装置"。目前，由于电子技术的提高，各种传统乐器几乎都能电气化，其中最成功的是电吉他。

第五节 音乐艺术经典作品鉴赏

一、《高山流水》

《高山流水》为十大古曲之一。传说春秋战国时期晋国的上大夫伯牙既是弹琴能手，又是作曲家，被人尊为"琴仙"。一日他在山中弹琴，遇到樵夫钟子期。伯牙心中所想，钟子期通过琴声都能体会到。伯牙鼓琴而志在高山，钟子期曰："善哉乎鼓琴，巍巍乎若泰山"，伯牙又弹奏一曲，志在流水，钟子期又曰："善哉乎鼓琴，洋洋乎若江河"。伯牙非常兴奋，视其为知音。钟子期死后，伯牙凄楚地在坟前弹奏一曲《高山流水》，弹罢挑破琴弦，将琴摔碎，并发誓今生再不弹琴。所以，后人用"高山流水"比喻知音或知己。

《高山流水》有多种谱本。有琴曲和筝曲两种，两者同名异曲，风格完全不同。随着琴的演奏艺术的不断发展，《高山》《流水》有了很大变化。两者最初只为一曲，到唐分为两部分，本不分段，而后世琴谱多分段。清朝之前，《高山》为四段，《流水》也只有八段，清朝张孔山改编的《流水》，增加了以"滚、拂、绰、注"手法作流水声的第六段，又称"七十二滚拂流水"，故为九段。本谱因其形象鲜明，情景交融，广为流传，后世演奏也多依据此谱。

《高山流水》采用比拟的手法，形象地描绘了流水潺潺、竞相奔涌、波涛汹涌的百般形态。其中第一段为引子，乐曲从深沉、浑厚的板子开始，意指换音与实音相间，旋律不断跳跃变换，犹如身处高山之巅，云雾缭绕，飘忽无定。第二段清澈的泛音，活泼的节奏，犹如"淙淙铮铮，幽涧之寒流；清清冷冷，松根之细流。"静心聆听，愉悦之情油然而生。第三段将二段移高八度重复演奏，并且省略了第二段的尾部。第四、五段有如行云流水，洋洋洒洒。第六段跌宕起伏的旋律，真似"极腾沸澎湃之观，具蛟龙怒吼之象。息心静听，宛然坐危舟过巫峡，目眩神移，惊心动魄，几疑此身已在群山奔赴，万壑争流之际矣。"第七段先降后升，好似"轻舟已过，势就倘佯，时而余波激石，时而旋洑微沤。"第八段再现了前面如歌的旋律，并加入了新的元素。略快而有力，乐曲中洋溢着热情。结尾流水声再起，回味无穷。第九段旋律由低向上引发，充满激情。

筝曲《高山流水》，与琴曲大为不同，但同样来源于"伯牙鼓琴遇知音"的故事。现有多种流派谱本，其中获得普遍认可的是浙江武林派的传谱。山东派的《高山流水》是四个小曲的连奏，也称为《四段锦》。河南派则是取自民间《老六板》的板头曲，这三者与古琴曲的《高山流水》名同实异。

《高山流水》中生动多变且令人震撼的音乐感受以及其背后蕴藏的对知音的强烈人生诉求，使这首曲子流传千古，成为中国文化的代表符号，扬名海外。1977年8月20日，美国发射了以寻找外星人类为目的的"航行者"号太空船，太空船上载有一张刻录了二十七首世界名曲的唱片，古老的《高山流水》作为人类文化的杰出代表收录其中。

二、《广陵散》

《广陵散》，又名《广陵止息》，我国著名十大古曲之一。萌生于秦汉时期，最早见于魏应璩的《与刘孔才书》："听广陵之清散"，魏晋时期逐渐定稿，流传于古代广陵一带。琴曲慷慨激昂，充满杀伐之气。

《广陵散》描写的是春秋战国时期齐国人聂政刺杀韩王的故事。多年前聂政的父亲为韩王铸剑，超过了规定的期限，被韩王下令所杀。聂政长大后听说韩王喜欢听琴，就请了一位老师教他弹琴，经过多年苦练，他终于弹得一手好琴。一天，他在京城门楼下弹琴，"观者如堵，马牛止听"，听到的人都陶醉于他美妙的琴声。韩王听说有这样一位弹琴高手，就命他进宫演奏。聂政弹的琴曲博得韩王喜爱，这时，聂政突然拔出藏在琴腹的匕首，把韩王刺死。然后他割下自己的眼皮、嘴唇、鼻子、耳朵，彻底毁坏了容貌，自刎而死。

使《广陵散》成为千古绝唱的是魏晋时期杰出的思想家、诗人和音乐家嵇康。嵇康对司马氏的统治愤然不平，公然反对，最终招致杀身之祸。公元262年，统治者司马昭下令将嵇康处死。行刑前，嵇康担心一首优美的名曲后继无人，所以在刑场上当众弹奏了一首《广陵散》，之后从容赴死。此后，每当提到《广陵散》人们总是联想到这位英雄，想到他面对邪恶不屈的意志，在刑场上蔑视死亡的无畏精神。整首曲子也被赋予更为强烈的文化意蕴。

《广陵散》乐谱全曲共有四十五个乐段，分开指、小序、大序、正声、乱声、后序共六部分。正声前主要是表现对聂政不幸遭遇的同情；正声之后则表现对聂政英勇事迹的歌颂与赞扬。正声是乐曲的主体部分，着重表现聂政的情感变化过程，深刻地刻画了他不畏强权、坚忍不拔的复仇意志。全曲两个主题音调交织在一起，并且不断发展、变化。一个是"正声"第二段的正声主调，另一个是大序尾声的乱声主调。正声主调多在乐段开始处，突出了它的主导作用。乱声主调则多用于乐段的结束，它使各种变化了的曲调归结到一个共同的音调之中，具有整合全曲的作用。

《广陵散》气势磅礴、沉郁凝重中蕴含悠扬飘逸。其悲怨的曲调、激昂的旋律、豪迈的气势总是能引起刚直不阿、宁死不屈的勇士的共鸣。同时，它的曲式结构变化多端，演奏形式丰富多彩，是琴曲艺术的代表，也为后人提供了极丰富的借鉴素材。

三、《茉莉花》

《茉莉花》是一首江南民间小调，产生于明末清初，后来飘香海内外。前身是广为传唱的《鲜花调》，1942年作曲家何仿在20世纪50年代从民间艺人口中听到这首歌并进行改编创作，从而形成目前广为流传的版本。

歌曲三段歌词同用一段曲子，并以悠扬婉转的拖腔结束，一唱三叹，反复回转，表现了委婉流畅、柔和优美的风格，生动地描述了一位姑娘被芬芳美丽的茉莉花吸引，却不敢采摘的复杂心情，刻画了一位可爱纯洁的美好形象，生动而又含蓄地表达了人们对真善美的向往和追求。歌曲洋溢着青春的气息，风格清新活泼、含蓄秀雅，曲调优美流畅、婉转动听，使人产生平和、亲切、恬静、舒适的心理感受。《茉莉花》的另一大特点就是朴实无华，没有过多华丽的修饰，以清新秀丽的面貌示人，返璞归真，易于记忆，朗朗上口，具有浓郁的民间风情。

《茉莉花》作为具有典型东方韵味的中国民歌，已经被世界很多国家所熟悉。1982年，联合国教科文组织向全世界人民推荐的优秀歌曲中就有《茉莉花》。伟大的意大利歌剧家普契尼的绝笔之作《图兰朵》是众多意大利歌剧中最灿烂的一部，令人惊叹的是普契尼将《茉莉花》作为女主人公的主题形象，巧妙地融化在整部作品中。之后《茉莉花》频频现身于各大重要场合，香港和澳门回归的交接仪式上都选用了这首民歌。宋祖英作为第一个在维也纳金色大厅举办个人独唱音乐会的中国歌唱家，她演唱的第一首歌也是《茉莉花》。在雅典奥运会和北京奥运会上，《茉莉花》作为中国符号占据重要位置。这一首清新、淡雅的民间小调将古老中国的艺术魅力带到全世界。

四、《黄河大合唱》

光未然作词、冼星海谱曲的《黄河大合唱》是中国大型声乐代表作品，在延安礼堂首次公演，轰动全城。周恩来同志听后挥笔题词："为抗战发出怒吼，为民众谱出呼声。"郭沫若也热情赞扬："听吧！黄河在怒吼！那就是他的灵魂在怒吼，是中国的灵魂在怒吼！"此曲很快传遍全国，并在海外享有声誉。

这部作品的创作经历：1938年11月，诗人光未然在陕西宜川县的壶口附近东渡黄河，黄河那呼啸奔腾的壮丽景象以及船工们英勇搏斗的精神激起了诗人的创作欲望。经过战斗生活中的不断酝酿，1939年初，诗人终于完成《黄河吟》这首长诗的创作。当时，冼星海回国痛感民族危亡的深重，听罢病榻上的诗人为其朗诵的《黄河吟》，顿时乐思如潮，于是纵笔为长诗谱曲，"为抗战发出怒吼"，而后便有了史诗般的《黄河大合唱》套曲。

这是一曲气势恢宏的中华民族英雄史诗。全曲由《序曲》(乐队)、《黄河船夫曲》(合唱)、《黄河颂》(男声独唱)、《黄河之水天上来》(配乐诗朗诵)、《黄水谣》(女声合唱)、《河边对口曲》(对唱、合唱)、《黄河怨》(女声独唱)、《保卫黄河》(齐唱、轮唱)和《怒吼吧！黄河》(合唱)九个乐章组成。《序曲》由管弦乐队演奏，对全曲进行了概括性描绘，乐队效果色彩浓郁。《黄河船夫曲》是大合唱的第一乐章，船夫那粗犷的劳动号子以领唱、合唱的形式表现出来,具有强烈的生活气息和艺术感染力,同时生动地刻画了船夫与暴风雨奋力拼搏的感人形象,歌颂了华夏儿女吃苦耐劳和充满必胜信念的可贵品质。男高音独唱《黄河颂》表达了对祖国的热情颂歌,用黄河象征祖国,第一部分歌唱了黄河的雄姿,节奏平稳,气息宽广;第二部分旋律奔放热烈,热情激昂地赞美了中华民族的英雄气概。配乐诗朗诵《黄河之水天上来》之后,是抒情叙事曲《黄水谣》,音调朴素优美,具有民谣风格,第一部分描写了奔流不息的黄河之水和中华儿女美好安宁的和平生活,第二部分描写了日寇侵略后妻离子散天各一方的悲惨情景。《河边对口曲》描摹了国土沦丧后日寇铁蹄下人民的悲惨遭遇,叙事般的对唱形式,手法简练,富于乡土气息。《黄河怨》哭诉了一个遭受日寇蹂躏、失去丈夫孩子、留下遗愿而投入滚滚黄河的妇女的深仇大恨,音调低沉凄惨,悲痛欲绝。齐唱、轮唱《保卫黄河》以"卡农"(复调音乐的一种技法)形式写成,表现了游击健儿的英勇气概,与上一章《黄河怨》在情绪上形成强烈对比。"龙格龙格龙格龙"的衬词此起彼伏,增强了乡土气息,也使得轮唱更加生动活泼。混声合唱《怒吼吧!黄河》是整部大合唱的终曲,也是全曲的高潮,前面出现过的几个重要基本主题得到了综合的展现。最后,在乐队全奏和八声部合唱中乐曲结束。

这部作品将诗一般的语言和激昂的旋律完美地交融在一起,以其雄壮、高昂、呐喊、沉厚、凄婉,激励中国人民起来保卫黄河、保卫华北、保卫全中国。在音乐布局上,《序曲》呈示基本主题,末乐章对主题进行总结概括,首尾合唱呼应,朗诵为每乐章之前的先导等,使整个作品具有高度的统一性。整套乐曲各个乐章在表现内容、演唱形式和音乐形象等方面既有相对的独立性,又能构成鲜明的对比。全曲音乐合唱手法丰富多彩,语言通俗明快,民族风格鲜明,具有独创性的艺术特色。

五、《二泉映月》

这是一首脍炙人口的二胡独奏曲,它不仅在国内家喻户晓,深得人民的喜爱,而且漂洋过海,得到了世界乐坛的赞誉;它不仅是二胡演奏家们的保留节目,还被音乐家们改编成小提琴独奏曲、弦乐合奏曲和民族乐器合奏曲。

曲作者是民间盲艺人阿炳(华彦钧),江苏无锡人。自幼丧母,随养父学习道教音乐,精通音律及各种乐器,二胡、琵琶的演奏技艺尤为精湛。二十五岁后,他双目失明,余生沦落街头,以卖唱、奏乐为生。阿炳的演艺技巧娴熟、臻于精妙,音乐内涵丰富、情真意切,可谓博采众长、广纳群技。所作二胡曲《二泉映月》《听松》《寒春风曲》和琵琶曲《大浪淘沙》《昭君出塞》《龙船》是1950年中央音乐学院民族音乐研究所派人赴无锡寻访后记录整理下来的,《二泉映月》是最具代表性的作品。

《二泉映月》并非标题音乐,此名为研究者所命。"二泉"为无锡一处名景,再由泉水引出"映月",由此即兴得名。作者采用江苏民间音乐素材,以其深沉、悠扬而又不失激昂的旋律和深切感人的音乐内涵,将来自人民底层的健康而深沉的气息充分地表达出来。

这首乐曲采用的是我国民间音乐中常见的变奏体曲式结构。全曲主体部分共分为六段,经历了五次变奏,前后还有引子和尾场。引子是一个音阶下行的短句,宛如一声百感交集的叹息,将人们带进了深沉的意境之中。乐曲第一段由三个乐句构成,第一乐句曲调位于中低音区,出现了呈微波形的旋律线,恰似对往事的沉思和回忆;第二乐句从第一乐句尾音的高八度上开始,曲调在中高音区上回旋,旋律渐趋激昂,流露出不堪回首往事的感慨之情;第三乐句曲调在高音区上跌宕起伏,同时出现了带切分音的较为急促有力的节奏因素,情绪更为激越、愤懑。此后的五个段落,句幅时而扩充,时而减缩,曲调音域时而上升,时而下降。经过多次变奏,音乐获得进一步的展开并形成高潮,那发自灵魂深处的疾声呐喊终于如决堤的海潮势不可挡地呼叫出来。最后,在饱含不平之鸣的音调中乐曲进入了结束句,给人以意犹未尽之感。

这首乐曲不仅是这位穷苦盲艺人心路历程的真实写照,同时也细致地表现了饱尝生活艰辛的社会底层人们的悲怆心情和倔强性格以及对生命的深刻体验。全曲将主题做多次变奏,整首曲子时而委婉低回,时而激越高亢。忽强忽弱、时起时伏的反复变奏不是表现互相对比的情绪,而是在音乐本身娓娓道来的陈述、引申和展开中,充分抒发作者的内心情感,从而使音乐形象得到层层深化。全曲层次分明而又浑然一体,旋律婉转而又质朴苍劲,音乐感人但更促人激愤。作者对多种二胡弓法娴熟的运用和对运弓苍劲有力的处理,体现了他在演奏上具有愈久弥珍、令人回味悠长的强烈的艺术感染力。世界著名指挥家小泽征尔在第一次听到用二胡演奏的这首乐曲时,感动得流下了热泪,说道:"这样的音乐应该跪下来听!"

六、《梁祝》

这是一首由何占豪、陈钢于1959年创作的小提琴协奏曲,乐曲内容取材于一个古老而优美动人的民间传说。这部作品以其绚丽多彩、抒情动人的鲜明特点以及浓郁的民族风格,被称为"我们自己的交响音乐"。

这部作品按照剧情构思布局,全曲包括呈示部、展开部和再现部三部分。

第一,呈示部。引子中,长笛模仿鸟的叫声吹出了优美动人的华彩旋律,接着双簧管奏出缓慢抒情、田园风格的主题,展示出一幅风和日丽、鸟语花香的美丽画面。主部中,独奏小提琴在明朗的高音区奏出甜美、明朗、诗意般的爱情主题,接下来大提琴以浑厚圆润的音调与小提琴的轻盈柔和形成甜蜜对答。最后乐队全奏爱情主题,充分揭示了梁祝真挚纯洁的友谊和相互爱慕的深情。在独奏小提琴的自由华彩的连接乐段后,乐曲进入副部。副部节奏轻松、欢快,旋律活泼、跳动。独奏小提琴和乐队如影随形,时而小提琴主奏,乐队伴奏,时而乐队站在前面,小提琴在一边附和,生动地展示了一幅同窗好友共玩共读、追逐嬉戏的画面。结束部音乐欢快的旋律突然变缓,断断续续的音调表现了祝英台欲言又止、矛盾害羞的内在情感,在弦乐颤音背景上出现小提琴与大提琴情意绵绵的对答,仿佛两人长亭惜别,互诉衷肠,恋恋不舍。

第二,展开部,描写了"抗婚""楼台会""哭灵、控诉、投坟"这三个情节。"抗婚",铜管以严峻的节奏、阴沉的音调,奏出了封建势力凶暴残酷的主题。独奏小提琴以戏曲散板的节奏,陈述了英台的悲痛与惊惶,接着乐队以强烈的快板全奏,衬托出小提琴果敢反对封建势力的反抗主题。主题逐渐激化,形成英台抗婚的怨愤场面,以铜管为代表的封建势力又施以重压。"楼台会",缠绵凄苦的音调,如泣如诉,小提琴与大提琴的对答,时分时合,把梁祝相会楼台时百感交集的情绪表现得淋漓尽致。"哭灵、控诉、投坟",音乐急转直下,节奏激昂而果断,小提琴的散板独奏与乐队的快板齐奏交替出现,变化运用了京剧导板与越剧嚣板(紧拉慢唱)的手法,深刻表现了英台在坟前对封建礼教的血泪控诉。最后打击乐和乐队齐鸣,雷声大作,英台纵身投坟,乐曲达到最高潮。

第三,再现部,乐曲进入"化蝶"部分。长笛以美妙的华彩旋律,与竖琴的级进滑奏相互映衬,把人们引向神仙的境界,重现了开始时的那幅江南美景。独奏小提琴再次奏出了那令人难忘的爱情主题,展现出梁山伯与祝英台化为双蝶自由飞舞的情景,歌唱他们忠贞不渝的爱情。

这首小提琴协奏曲,在艺术处理上,灵活吸收了中国戏曲效果中的表现手法,具有鲜明的民族特色。在结构安排上,采用了西洋协奏曲中奏鸣曲的形式,使戏剧性的矛盾冲突得到充分表现。在音乐形式的塑造上,对原剧内容和越剧曲调进行了综合提炼,并加以发展创造。这首协奏曲以其优美的旋律和绚烂的色彩,成为西方管弦乐与我国戏曲音乐综合运用方面的一个成功范例。

七、《赛马》

脍炙人口的二胡曲《赛马》展现了我国蒙古人民在传统节日"那达慕"大会上进行赛马时的情景,由著名作曲家黄怀海在1959年根据我国蒙古族音乐创作而成。它使用二胡这种简单的民族乐器,通过多种演奏技巧,表现了赛马时万马奔腾、纵横驰骋的壮观场面。乐曲旋律轻快奔放,情绪热烈而富有激情,使人仿佛置身于草原上狂奔的千军万马之中,令人随着跳荡的节奏而心潮起伏,对辽阔神秘的内蒙古草原产生无限神往。

乐曲是典型的复三部曲式,演奏时要求一气呵成、干净利索。第一个段落(一小节至四十小节)一开始就是以坚定有力的强音和快速急促的音型宽紧结合,刻画出群马奔驰、人声鼎沸的场景,将内蒙古草原上举行赛马时那种热烈、壮阔的场面毫无遮拦地展现在听众面前。第二段落(四十一小节至八十八小节)由一个十六小节的歌唱性乐段,再加上两次变奏组成。这个十六小节的歌唱性乐段情绪非常开朗、愉快,呈横线条进行。主题选自内蒙古民歌《红旗》,旋律富有浓郁的内蒙古风味,热情昂扬,抒发了人们在节日里的欢乐之情。第一次变奏音乐活跃跳动,富有动力。第二变奏以伴奏乐器演奏主题,由二胡用拨弦模仿马蹄声来做衬托,奏出跳跃的分解和弦,两个声部的巧妙结合,妙趣横生。这种形式是黄怀海先生的一大创举,为我们留下了一个著名的拨弦乐段。本段完整地引用民歌的全曲旋律,通过对民歌锦上添花地变奏,创造性地运用大段落的拨弦技巧,使乐曲别开生面,独树一帜,随后自然地引出了华彩乐段,这是模仿马头琴演奏手法的一段"独白"式的音乐。它把草原的辽阔美丽和牧民们的喜悦心情表现得酣畅淋漓,同时把二胡的演奏技巧提到了新的高难度水平。第三段(八十九小节至一百一十八小节)描写了赛马从面前连续奔驰而过直至终点的场景,观众情绪兴奋欲狂,赛马活动气氛达到顶点。本段重现首段旋律后,快速分弓演奏旋律,使情绪更加热烈高涨。大起大落的分解和弦音跌宕起伏。最后从最低音区开始,向上前进，最后急速跃向高潮，强烈的羽音声势浩大。当羽音切住后，以坚定的节奏结束全曲，铿锵有力。全曲不到两分钟时间，它简洁明了，短小洗练，可以说是真正的器乐小品。

《赛马》以其欢快、热烈的情绪，通俗易懂的内容，极佳的舞台演出效果，成为二胡作品中知名度较高的乐曲之一。近年来，有人还将它改编成二胡齐奏，也取得很好的演出效果。

八、《我爱你，中国》

《我爱你，中国》是影片《海外赤子》中的插曲。这首歌曲作于1980年，瞿琮作词、郑秋枫作曲，由我们国家著名的女高音歌唱家叶佩英女士演唱。《海外赤子》是一部反映归侨爱国情怀题材的影片，这部影片上映以后马上轰动了全国，特别是《我爱你，中国》这首歌曲当即传遍了祖国的大江南北，直到今天这首歌曲也是众多表演者经常演唱的曲目。

这首歌曲为F大调、4/4拍，以带再现的单三部曲式结构而成。歌曲的第一段开始是一个节奏自由、气息宽广、音调明亮高亢的引子，旋律跌宕起伏、大起大落，激昂的旋律越过高山，跨过海洋，响彻祖国田野，使人感受到海外赤子强烈的爱国之心，具有强烈的感染力。作者采用叠句、排比等手法，对春苗、秋果、森林、山川、小河等进行形象的描绘和细腻的刻画，抒发了海外游子对祖国无比强烈的眷恋和赞美之情。

第二段是歌曲的主体部分，节奏比较平缓，旋律逐渐上升。歌曲以大段的抒情曲调从多个角度表达了对祖国的热爱，浓郁、婉转而又深沉，展现了祖国的大好山河，使主题进一步深化。

最后一段是歌曲的高潮部分也是结尾乐段。旋律起伏较大，两个"啊"的抒发，饱含着对祖国说不尽道不完的热爱，乐曲热情、激昂、奔放，充分地体现了所有中华儿女特别是海外华侨同胞对祖国无限炽热的眷恋之情。

九、《第九交响曲》

《第九交响曲》是由路德维希·凡·贝多芬作曲，于1823年的年底完成，1824年5月7日，首演于维也纳凯伦特纳托尔剧院。一直以来，该曲被认为是贝多芬在交响乐领域的最高成就。

路德维希·凡·贝多芬(1770.12.17—1827.3.26)，德国伟大的音乐家、钢琴家，维也纳古典乐派代表人物之一，与海顿、莫扎特一起被后人称为"维也纳三杰"。他的作品受十八世纪启蒙运动和德国狂飙突进运动的影响，个性鲜明，较前人有了很大的发展。在音乐表现上，他几乎涉及当时所有的音乐体裁；大大提高了钢琴的表现力，使之获得交响性的戏剧效果；又使交响曲成为直接反映社会变革的重要音乐形式。贝多芬集古典音乐的大成，同时开辟了浪漫时期音乐的道路，对世界音乐的发展有着举足轻重的作用，为人类留下了无价的音乐宝藏，因此，世人尊称他为"乐圣"。他的主要作品有交响曲九部(以第三《英雄》、第五《命运》、第六《田园》、第九《合唱》最为著名)。

《第九交响曲》共有四个乐章，成为贝多芬最后一部交响曲，最终成为他作曲生涯的巅峰。

第一乐章是不太快的略呈庄严的快板，d小调，2/4拍子，奏鸣曲形式。第一主题严峻有力，表现了艰苦斗争的形象，充满了巨大的震撼力和悲壮的色彩，这一主题最开始在低沉压抑的气氛下由弦乐部分奏出，而后逐渐加强，直至整个乐队奏出威严有力、排山倒海式的全部主题。第二主题为bB大调，木管乐器显现出一丝悲凉的气氛。发展部为g小调，弦乐器紧张的搏斗将乐曲引发至高潮。旋律跌宕起伏，时而压抑、时而悲壮，我们似乎看到的是勇士们不断冲击关口，前赴后继，企盼胜利的景象。

第二乐章用了极活泼的快板，d小调，3/8拍，而且是庞大的诙谐曲式。主题明朗振奋，充满了前进的动力，似乎给正在战斗的勇士们以积极的鼓励，似乎让人们一下子在阴云密布的战场上看到了和煦的阳光和蓝色的天空，可是在其中人们依然可以体会到生活的艰辛。乐曲三声中部主旋律中带有奥地利民间舞曲"连德勒"的特征，和谐而具有舞蹈性，轻松而细腻。到了乐章最后，旋律重新急促起来，隐约透露出非常不安的气氛。

第三乐章是慢板乐章，如歌的柔板，降B大调，4/4拍，不规则的变奏曲式，有意在编排上做了创新。这个乐章相对宁静、安详，旋律虽然平缓，但是不失柔美。法国著名作曲家、乐评家柏辽兹评价此乐章是"伟大的乐章"。第三乐章共两个主题，其中第一主题充满了静观的沉思，具有强烈的抒情性和哲理性，第二主题温文尔雅，富有浓厚的浪漫主义气息。在前两个乐章表现出激烈的战斗场面之后，第三乐章似乎是大战中短暂的平息，但乐曲在第三次奏完第一主题之后，却出现了猛烈的号角声，说明革命尚未结束。

第四乐章是整部作品的精髓，急板，D大调，4/4拍。通常划分为两个部分 ——序奏以及人声。在一些唱片中，第四乐章单独占据一个轨道，也有一些唱片把序奏部分和人声独唱、重唱、合唱部分分为两轨，但其实上两者都属于第四乐章这个整体。序奏部分是坚强刚毅，惊心动魄。接着木管徐徐地引出了"欢乐颂"的主题，好像一缕阳光突破浓密的云层洒向大地，整个欢乐的主题渐渐拉开序幕，大提琴与低音提琴奏响了欢乐主题，继而加入中提琴、大管、小提琴等乐器，意味着贝多芬真正的理想王国就在眼前！经过一系列铺垫，人声部分终于浮上水面，开始了《欢乐颂》的吟唱！随后，乐曲转入bB大调，使歌唱声更富有活力。紧接着乐队奏出了多重赋格，将乐曲推向第一个高峰。待平息之后(D大调)，合唱团闪现《欢乐颂》与《工人们团结起来》的旋律，人们得到的是无与伦比的奋进力量和精神支柱。乐章的最后，这种气氛被表现到了极致，整部作品在无比光明、无比辉煌的情景下结束。《第九交响曲》被公认是贝多芬在交响乐领域的最高成就。

十、《蓝色多瑙河》

《蓝色多瑙河》是奥地利作曲家小约翰·施特劳斯最负盛名的圆舞曲作品。该曲创作于1866年，并于1867年2月9日，在维也纳首演，被誉为"奥地利第二国歌"。每年的维也纳新年音乐会都将该曲作为保留曲目演出。乐曲以典型的三拍子圆舞曲节奏贯穿，音乐主题优美动听，节奏明快而富于弹性，体现出华丽、高雅的格调。

小约翰·施特劳斯(1825—1899年)是老约翰·施特劳斯长子，奥地利著名的作曲家、指挥家、小提琴家、施特劳斯家族的杰出代表，被世人誉为"圆舞曲之王"。 1899年，约翰·施特劳斯逝世时，维也纳人民举行了十万人的盛大葬礼。他的代表作有圆舞曲《蓝色的多瑙河》《维也纳森林的故事圆舞曲》《春之声圆舞曲》《皇帝圆舞曲》《南国玫瑰圆舞曲》，波尔卡舞曲《闲聊波尔卡》《火花波尔卡》，轻歌剧《蝙蝠》《吉普赛男爵》。

《蓝色多瑙河》按照典型的维也纳圆舞曲的结构写成，由序奏、五个小圆舞曲和尾声组成。

序奏开始时，小提琴在A大调上用碎弓轻轻奏出徐缓的震音，好似黎明的曙光拨开河面上的薄雾，唤醒了沉睡大地，多瑙河的水波在轻柔地翻动。在这背景的衬托下，圆号吹奏出这首乐曲最重要的一个动机，连贯优美，高音活泼轻盈，它象征着黎明的到来。

接下来是五首连着一起演奏的小圆舞曲，每首小圆舞曲都包含两个相互对比的主题旋律：

第一小圆舞曲描写了在多瑙河畔，陶醉在大自然中的人们翩翩起舞时的情景。主题A抒情明朗的旋律、轻松活泼的节奏以及与主旋律相响应的顿音，充满了欢快的情绪，使人感到春天的气息已经来到多瑙河；主题B轻松、明快，仿佛是对春天的多瑙河的赞美。

第二小圆舞曲首先在D大调上出现，第一部分旋律跳跃、起伏，层层推进，情绪爽朗、活泼，给人以朝气蓬勃的感觉；突然乐曲转为降B大调，显得优美委婉，与第一部分形成对比。巧妙而富于变化的第二圆舞曲描写了南阿尔卑斯山下的小姑娘们，穿着鹅绒舞裙在欢快地跳舞，富于变化的色彩显得格外动人。

第三小圆舞曲属歌唱性旋律，主题A有优美典雅、端庄稳重的特点；主题B具有流动性特点，加强了舞蹈性，呈现出狂欢的舞蹈场面。这段音乐采用了切分节奏，给人以亲切新颖的感觉。

第四小圆舞曲的主题A优美动人，富于歌唱性；主题B强调舞蹈节奏，情绪热烈奔放，与主题A形成对比。在开始时节奏比较自由，琶音上行的旋律十分美妙，仿佛春意盎然，沁人心脾。

第五小圆舞曲是第四圆舞曲音乐情绪的继续和发展，只是转到A大调上。主题A旋律起伏回荡，柔美而又温情；主题B则是一段炽热而欢腾的音乐，形成全曲的高潮。起伏、波浪式的旋律使人联想到在多瑙河上无忧无虑地荡舟时的情景。

最后是全曲的高潮和结尾。乐曲的结尾有两种，一种是合唱型结尾，接在第五小圆舞曲之后，很短，迅速地在热烈的气氛中结束。另一种是管弦乐曲结尾，较长，依次再现了第三小圆舞曲、第四小圆舞曲及第一小圆舞曲的主题，接着又再现了乐曲序奏的主要音调，最后结束在疾风骤雨式的狂欢气氛之中。

第六章　拙于叙事 长于宣情
——舞蹈艺术

第一节　舞蹈艺术概述

一、舞蹈艺术界定

舞蹈艺术是一门古老而又充满青春活力的艺术，它具有独立的品格和独特的审美价值。舞蹈是一门动态的表情或表现艺术，它把人体作为表现手段，以艺术化的人体动作，利用节奏、表情、构图、造型和空间运动等因素，来表现人们内心深层的精神世界，创造出为人感知的舞蹈形象，从而表达舞蹈作者的审美情趣和理想，反映生活的审美属性。

舞蹈艺术品种繁多，异彩纷呈，按照不同角度，分类如下所述。

按照社会作用分类，可以分为自娱性舞蹈和表演性舞蹈。

按照舞蹈的风格特点分类，可以分为古典舞、民间舞、现代舞、当代舞和芭蕾舞。

按照舞蹈的表现形式分类，可以分为独舞、双人舞、三人舞、群舞、组舞。

按照舞蹈的体裁分类，可以分为抒情性舞蹈、叙事性舞蹈和戏剧性舞蹈。

按照舞蹈的特征分类，可以分为专业舞蹈、国际标准交谊舞、时尚舞蹈，其中专业舞蹈可以分为古典舞、芭蕾舞、民族舞、民间舞、现代舞、踢踏舞、爵士舞；国际标准交谊舞可以分为拉丁舞(伦巴、桑巴、恰恰、斗牛、牛仔)、摩登舞(华尔兹、维也纳华尔兹、探戈、快步、狐步舞)；时尚舞蹈可以分为迪斯科、锐舞、街舞、芭啦芭啦、啦啦队舞、热舞劲舞。

二、舞蹈艺术发展历程

(一) 中国舞蹈艺术发展历程

中国原始舞蹈，其主要形式最初与狩猎、劳动有关。由于原始社会中的人们崇拜图腾和迷信鬼神，巫舞便成为沟通人神的重要手段之一，以达到娱神、通神的功能。舞蹈从娱神向娱人的功能转化在商代已初见端倪。

舞蹈在周代发生了重要变化。宫廷乐舞机构规模之宏大，西周雅乐体系制定之规范，著名的"六大舞"影响之久远，反映了周代"功成作乐，舞以象功"的宏伟气概。

汉、唐是我国封建社会伎乐舞蹈的两个高峰期，这一时期国力强盛，经济繁荣，宫廷乐舞随之出现，随着人口迁徙，不同地域之间的文化交融也日益频繁。

汉代，宫廷乐舞与民间歌舞蓬勃发展。官署乐府机构的专门设立，民间歌舞的广泛采集，技艺高超艺人的大力选拔，使汉代歌舞被注入了新鲜血液。同时，汉代乐舞也是一个广收并蓄的时代，由"角抵"演变而成的"百戏"综合了音乐艺术、舞蹈、杂技、武术等多种门类之精华，使舞蹈艺术的表现手段和能力都得到了丰富和提高。

南北朝时期，产生了新型乐舞《西凉乐》等，这是中原和西域乐舞交流的结果，是南北文化交融的产物。这些新型乐舞的产生为盛唐乐舞高峰的出现奠定了基础。

唐代，可谓集历代乐舞之大成。宫廷乐舞机构有了巨大发展，设立了太常寺、教坊、梨园、宜春院等，召集了大量技艺超群的乐舞伎人；在乐舞人才培养和训练方面重视舞蹈技巧；宫廷乐舞水平有了巨大提高并有所创新，从七部乐、九部乐、十部乐发展到坐部乐、立部乐，舞风对后世产生了重要影响。唐代舞蹈又可谓集各民族优秀舞蹈之大成，众多优秀舞目和专业舞人得以汇集、提高和发展。歌舞大曲代表唐代乐舞艺术的最高水平，其中以《霓裳羽衣舞》最为著名。

宋代的民间歌舞异军突起，十分兴盛。民间舞队每逢重大节日，都表现得异常活跃，舞队的许多优秀节目至今还在民间广为流传。

元代的戏剧舞蹈和宗教舞蹈十分繁荣。"勾栏""瓦子"在城镇的出现是商业经济发展和市民阶层壮大的结果，有力地促进了民间舞蹈向表演艺术的演进。元杂剧中出现的插入性表演，很多都具有舞蹈性质，还有许多武功技巧，也包含舞蹈动作。中国古代的宗教舞蹈主要是巫教、道教和佛教舞蹈，元顺帝时创作的《十六天魔舞》就是久负盛名的赞佛舞蹈。

明清两代的舞蹈，主要为宫廷队舞、戏剧舞蹈与民间舞蹈三种。明代的宫廷礼乐、宴舞的主要功能是行仪仗、排场之用。属"四夷乐"的兄弟民族舞蹈和百戏歌舞杂技也可进宫表演。清代的宫廷乐舞满族风格浓郁，著名的《队舞》颂扬了清王朝的强盛及其历史功德。

宋代以后，舞蹈作为独立的表演艺术呈现出衰落趋势，取而代之的是综合性艺术——戏剧的产生和发展。戏剧舞蹈是一门集唱、念、作、舞(武)于一身的综合性艺术，乐舞的优秀传统得以继承发展，民间舞蹈、杂技、武术之精华得以融汇吸收，并经过历代杰出艺人的雕琢和创造，从而形成具有相对完整的程式和独特的训练、表演体系的艺术。

中国近现代舞蹈继承了中国古代舞蹈的优秀传统，可以分为三个阶段：清末民初的舞蹈、五四运动以后的新舞蹈和社会主义时期的舞蹈。

清末民初，民间舞蹈迅速发展，并呈现出向戏剧化发展的趋势。每逢喜庆佳节或迎神赛会上，民间舞蹈都会以娱乐的形式进入广场演出。广大农村的地方小戏也在民间舞蹈的基础上日益增加，并且组成了草台戏班，如花鼓戏、采茶戏、黄梅戏、二人台等。这些地方小戏的班社，多是半职业性质，农忙务农，农闲卖艺。戏剧舞蹈作为戏剧表演艺术中的一个组成部分，在这一时期，其舞蹈技巧，尤其在刻画人物的表演方面得到了提高和发展。20世纪初，齐如山的《国剧身段谱》，记载了袖谱、手谱、足谱、腿谱等二百多种身段的规范。

五四运动以后，舞蹈艺术在新思潮的影响下在革命斗争中得到了发展。革命根据地的舞蹈，由自娱性活动转向为革命服务，先后成立了战斗剧社(1928年)、战士剧社(1930年)、工农剧社(1932年)、高尔基戏剧学校(1938年)并附设蓝衫剧团等综合性艺术团体，并产生了一定的影响。李伯钊、石联星等人把苏联十月革命后的舞蹈带回根据地，借鉴苏联的经验，创造了一批表现中国工农兵生活的新舞蹈，如《工人舞》《农民舞》《青年舞》《陆海空军舞》等。声势浩大的新秧歌运动在抗日战争爆发后出现在革命根据地，《组织起来》《大秧歌舞》《腰鼓舞》《丰收舞》等有较高艺术成就的舞蹈节目以其健康、优美、抒情的特点受到广泛欢迎。20世纪20年代前后，"土风舞""形意舞""体操舞"等西方舞蹈在一些大城市的学校中流传开来，西方的芭蕾艺术也开始传入中国。20世纪30年代，随着黎锦晖的儿童歌舞剧《葡萄仙子》《麻雀与小孩》等在社会上的流行，大批民营舞蹈学校和舞蹈表演团体在我国出现。吴晓邦和戴爱莲开创了"新舞蹈"运动，开展新舞蹈工作，传播新舞蹈种子，这标志着舞蹈在中国成为一门独立的舞台艺术。新安旅行团、陶行知育才学校演剧队、中国乐舞学院等在他们的影响下，相继展开新舞蹈的创作和表演活动。

1949年新中国成立后，专业歌舞表演团体在各地相继建立，北京和上海等大城市还建立了专门的舞剧团。1954年在北京创办了中国第一所专业性的舞蹈学校——北京舞蹈学院，此后上海、广州等地也在其影响下先后成立了舞蹈学校。社会主义时期的舞蹈具有鲜明的中国特色，形式多样，风格多变。1964年，大型音乐艺术舞蹈史诗《东方红》的隆重上演，显示了音乐艺术舞蹈在创作和表演方面的新成就，为音乐艺术舞蹈的革命化、民族化、群众化做出了榜样。舞剧《宝莲灯》《小刀会》《渔美人》和中国芭蕾《红色娘子军》及《白毛女》等的出现，代表了在探索民族舞剧发展的道路上所取得的成就。"文化大革命"以后，民族民间舞蹈开始复苏，一些风格多样的舞蹈作品，如《再见吧！妈妈》《水》《金山战鼓》《啊！明天》《追鱼》《无声的歌》《小萝卜头》《敦煌彩塑》《海浪》等先后获奖。同时，舞剧创作也出现了欣欣向荣的局面，《丝路花雨》《文成公主》《奔月》和《凤鸣岐山》等民族舞剧在全国各地上演，一批由中国近现代文学名著改编的舞剧，如《祝福》《家》《雷雨》《黛玉之死》等也相继被搬上了舞台。

(二) 外国舞蹈艺术发展历程

从世界范围进行考证，传统舞蹈的含义广阔，包含民俗舞蹈、土风舞蹈、古典舞蹈等，由于各国的民族文化、社会风尚、区域环境、审美价值的差异，世界舞蹈的模式、格局呈现出多样化的特征。舞蹈学家曾将其划分为八大文化圈，即中国舞蹈文化圈、印度-马来舞蹈文化圈、印度舞蹈文化圈、马来-波利尼西亚舞蹈文化圈、阿拉伯舞蹈文化圈、拉丁美洲混合舞蹈文化圈、黑非洲舞蹈文化圈、欧洲舞蹈文化圈。还有另外一种划分方式，从东、西方划分出以下文化模式：东方有中国舞蹈文化模式、印度舞蹈文化模式、埃及舞蹈文化模式、西班牙舞蹈文化模式；西方有英国舞蹈文化模式、俄国舞蹈文化模式、美国舞蹈文化模式。

可见，无论哪种分化，构筑起的世界舞蹈艺术都是瑰丽多姿、博大繁复的丰富图景。

东亚舞蹈包括中国、朝鲜和日本的舞蹈。日本传统的古典舞蹈有"舞乐""能乐"和"歌舞伎"三种。其动作压抑、忍耐、缓慢、尚静、细腻、平和、精雕细琢、程式化，与日本整体文化风格相一致。南亚舞蹈以印度舞为代表，印度是一个可以被称为"舞蹈王国"的古老国度，其古典舞有婆罗多、卡塔卡利、卡塔克和曼尼普利四大流派，总体风格是表演性强、十分理性和高度程式化。在阿拉伯伊斯兰地区则流传着一种神秘的东方舞蹈，即俗称的"肚皮舞"，它以腹部和胯部的动作为主，狂放热烈，妩媚柔美，风格独特。西班牙舞蹈热情奔放，但又不失冷漠高傲，其中，"弗拉门戈"是西班牙众多歌舞艺术中的代表。地域舞蹈最令人称奇的是非洲黑人舞蹈，松弛而洒脱，热烈而自由，节奏鲜明，韵味十足，一种真正的投入和执着，体现了一种生活和生命的本质。拉丁美洲具有多元文化背景，同时也形成缤纷的舞蹈文化，如墨西哥的"哈拉拜"、巴西的"桑巴舞"、古巴的"伦巴舞"、阿根廷的"探戈"等，节奏明快，气氛热烈。欧洲民间舞蹈受到芭蕾舞的规范吸收，仍具有鲜明的民族特色，如"波尔卡""玛祖卡""华尔兹""塔兰台拉""俄罗斯舞""西班牙舞"等。除了芭蕾中的民俗舞蹈外，欧洲还有许多其他传统民俗舞蹈，如爱尔兰舞蹈、苏格兰舞蹈等。

最具代表性的西方舞蹈是欧美芭蕾艺术。芭蕾真正作为一种独立的艺术形式始于18世纪后半叶，在启蒙主义的影响下，出现了反映平民生活，强调自由平等精神、注重情感表达的芭蕾。浪漫主义运动时期，在梦境、爱情、神话、传奇的渲染下，芭蕾艺术趋于轻盈飘逸，技巧复杂多变，增强了炫示性。在俄国，随着《睡美人》《天鹅湖》等名剧的问世，古典芭蕾达到了最辉煌的时期。19世纪末，芭蕾艺术因动作语言的高度程式化、呆板僵化、缺乏创新而逐渐衰落。此后，来自芭蕾内在的改革需求和一批致力于发展芭蕾艺术的艺术家的努力，使得古典芭蕾吸收东方、古代和现代艺术的营养，在新的审美风尚下重组、整合、变化，焕发出新的生机和活力。欧美芭蕾呈现出多元化的发展，出现了戏剧芭蕾、交响芭蕾、摇滚芭蕾、现代芭蕾以及当代芭蕾。现代芭蕾不像古典芭蕾那样追求戏剧性的结构，而较多地运用意识流手法，并力求体现出音乐的结构特点，其动作则充分发挥了胸背、腰腹、臀胯等部位的表现力，深入表现人物的内在情感。随着芭蕾艺术从少数的贵族艺术发展成为欧美艺术教育中的普及课程，芭蕾的技术体系越来越体现出其实用和科学的训练价值。其"开、绷、直、立"的美学原则，内聚上提，放射型的用力方式，飞升彼界、轻灵飘忽的动势体态，几何形状的动态形象形成芭蕾艺术独特的美学特征。

19世纪末，古典芭蕾舞渐趋式微，一成不变的动作传统和陈规陋习使舞蹈失去了活力。人们急欲打破中世纪以来各种思想对人体的束缚，从思想观念到行为规范都进行一场真正的革命。艺术家们热衷于回归自然，崇尚田园和古代文化，希望从中寻找一种感性的真实和人性的力量。在伊莎多拉·邓肯、玛丽·魏格曼、玛莎·格莱姆、多丽丝·韩芙丽等舞蹈家的努力之下，一种新的舞蹈形式脱颖而出，这就是现代舞。现代舞以观照人类精神为初衷，不仅体现了人体文化的复兴，更以一种极富个性化、时代化的全新的艺术形式赢得了人们的喜爱。

20世纪是人类身体全面觉醒的世纪。现代舞从反芭蕾的自由动作开始，从大自然和人类情感中寻求动作的革命，表现人的内在需求，弘扬个体，张扬生命，因此又被称为自由舞。

现代舞的发展一直是一个世界性的话题。日本、朝鲜、中国的"新舞蹈"，以色列、澳大利亚、非洲等独具特色的现代舞都有较快的发展。不同民族和国家的现代舞存活、发展、壮大，最终都在自己的时代和文化中找到了属于自己的身体语言和表达方式。现在，当代舞比现代舞在时间上和舞种上具有更大的宽容度、自由度和现代感，伴随现代科学技术和艺术表现手段的发展，比如一些舞蹈的情节性和戏剧性的加强、场面和镜头组接手段的运用、系列性和信息性的衍生等，当代舞的综合性更强，更具新的舞美特征。

 # 第二节　舞蹈艺术的审美特征

一、流动的动作美

通常把富于节奏和变化的人体动作和姿态称为舞蹈语言和舞蹈语汇。舞蹈不同于其他艺术，文学借助语言，雕塑借助材料，绘画借助色彩，而舞蹈语言具有其流动的动作之美。这里仅将舞蹈与雕塑进行比较。可以这样说，雕塑艺术是将瞬间即逝的形象依据审美理想凝固起来的永恒形象，而舞蹈艺术是将人类理想的美定格于瞬间造型之中。因此，从本质上说，雕塑是空间艺术，舞蹈是时空艺术，而舞蹈艺术是一种流动状态的直觉形象艺术。流动的舞蹈动作组成流动的舞蹈语言，人物思想的表现、情节的发展、冲突的推进、氛围的渲染等都在舞蹈语言的不停变换和重复中得以完成。

舞蹈的物化材料是人体自身，舞蹈采用直接的、有生命的人体作为构成形式美的物质手段。因此，人体是舞蹈美的物质基础，有组织、有节奏的连续的人体形体动作是舞蹈艺术的主要表现手段。这就决定了舞蹈形象具有鲜明的动作美，也就是说，舞蹈用经过提炼、组合和美化了的人体动作来抒发感情和反映生活。

舞蹈动作可以大致分为三类：表现性(表情性)动作、再现性(说明性)动作和装饰性联结性动作。类型性和概括性是表现性动作的主要特点，模拟性和象征性是再现性动作的主要特点，而衬托性和过渡性则是装饰性联结性动作的主要特点。其中，表现性动作是塑造人物形象的主要艺术表现手段，一部舞蹈作品是否具有强烈的艺术感染力，取决于它的艺术形象塑造得是否鲜明、生动，而艺术形象塑造得是否成功，关键在于以表现性动作为主体的主题动作运用得是否恰当。

二、静止的空间美

空间美指的是舞蹈动作静态的空间造型。空间造型主要包括两方面的内容：一是人体动作姿态的造型，二是舞蹈队形、画面的造型。人体动作姿态的造型很多来源于生活，由于不同的民族审美风格蕴含着不同的民族文化内容，不同人的审美观念带来不同的兴趣和爱好，所以对于造型美的要求和看法呈现出民族间和地域间的差异。如中国舞蹈中蒙古舞动作的开阔，北方秧歌动作的粗犷，江南民间舞蹈的秀巧，均显示出地域文化内涵的差异。我国舞蹈动作要求拧、曲、圆，很多民间舞蹈动作呈现出曲线的运动过程，有些舞蹈动作以"三道弯"为美，而西方芭蕾动作讲究开、绷、直。舞蹈队形、画面造型，即舞蹈的构图，是舞蹈作品构成的重要因素。不管是独舞还是群舞，也不管是抒情舞、叙事舞，还是舞剧，根据所要表现的情绪和内容的不同需要，舞蹈者总是要按照一定的方向和路线在舞台上运动。

　　舞蹈动作静态的空间造型是舞蹈肢体语言本质的艺术特征之一，也是舞蹈艺术形象本身的审美内容之一。舞蹈者不断变化动作姿态、手势造型，舞蹈队伍不断变换在舞台的位置和路线，舞者捕捉到的生活形象经过人体自身的放大、变形、组合而凝聚起来，并呈现出一个三维空间里的舞蹈构图——瞬间即逝的空间美。

三、强烈的节奏美

　　如果说，舞蹈艺术的动态美和空间美主要就运动和造型而言，那么，节奏美则是舞蹈艺术运动和造型的存在条件。具体而言，舞蹈艺术的动态美和空间美都须在流畅的节奏中得以连贯，也就是说，舞蹈动作的连续必须通过节奏的强弱、快慢、大小、轻重的对比作用来表现。从某种意义上说，没有节奏就没有舞蹈，没有节奏舞蹈就不会感人。

　　内节奏和外节奏是舞蹈节奏的两种形式。内节奏也叫情感节奏，如喜悦、忧愁、悲伤等感情变化在人体动作上的反应；外节奏也叫形式节奏，即舞蹈外形式的节奏表现，如动作的快慢、旋转的速度、跳跃的力度以及队形的开合变化等。内节奏是舞蹈表演者的基础，外节奏使得舞蹈者的内节奏表演得以体现，两者相互依存、缺一不可。

　　节奏的重要性，使得舞蹈艺术与音乐艺术的关系密不可分。可以这样说，音乐艺术是舞蹈的灵魂，舞蹈是音乐艺术形象的体现。优秀的舞蹈作品往往都包含比较成功的音乐艺术，听觉与视觉被高度完整地统一其中。舞蹈和音乐艺术都有节奏，两者的共性成为它们结合的坚实基础。舞蹈作为一种直觉的形象，其表现更需要富有节奏的音乐艺术来强化其节奏，而舞蹈的节奏感更有助于表现音乐艺术优美的旋律。同时，舞蹈和音乐艺术的个性差异又使得它们的结合是一种互补，舞蹈和音乐艺术都是表情达意的艺术，音乐艺术的抒情性表现得比较抽象，而舞蹈的抒情性相对而言表现得直接而具体；舞蹈作用于人的视觉，是"无声"的艺术；音乐艺术作用于人的听觉，是"无形"的艺术。两者可以在某一时间过程中同步进行，可以结合得浑然一体，音乐艺术可以为舞蹈"发声"，舞蹈可以使音乐艺术间接的形象得以直观的表现。

四、丰富的抒情美

　　长于抒情、拙于叙事是舞蹈的又一美学特点，究其本质，可以说舞蹈是抒情的艺术。古人对舞蹈的抒情性早有研究，汉代《毛诗序》就有这样一段论述："情动于中而形于言，言之不足，故嗟叹之；嗟叹之不足，故咏歌之；咏歌之不足，不知手之舞之足之蹈之也。"这句话说明，古人把舞蹈看作表达感情的最高级的形式。较之语言，虽然舞蹈动作不如语言在内在含义的表达方面那样明晰、细腻，但是动作表现力的强烈性、丰富性和直接性在人物情感的表现方面往往要胜过语言的表达能力。在语言、感叹和歌唱都不足以表达人的内心情感的时候，舞蹈能够给予充分的表现。舞蹈通常采用象征、比拟等手法，通过奔放舒展、刚柔结合的优美动作，创造出有血有肉的艺术形象，表达出特定人物深刻的情感内容，从而抒发出语言难以表达的强烈感情。舞蹈表达感情的方式是心神结合，以感情引起体动，以体动表达感情，给人以生动的直观形象。

舞蹈通过动作的运动来表现形象，而形象展示的最终极意义在于感情。舞蹈没有台词，音乐艺术和场景的烘托及配合就足以使舞蹈者的情感自然流淌于动作、姿态之中，这就使得舞蹈有了抒发情感的更加广阔的天地。舞蹈艺术对现实的审美把握不是模仿现实生活中人物行动，也不是着重再现某一事件情节，而是重在表现与这一事件密切相关的人物情感，因此，一部气氛热烈的作品，它可以极力抒发内心的狂欢，但可以隐去激发这种热情的事因，即便是略带情节因素，也是为了抒情而存在。另外，舞蹈中的感情抒发，既可以大到某种情绪范畴，也可以细到一个人内心感情的复杂变化过程。"此时无声胜有声"可以说是其长于抒情的最好写照。

五、象征的虚拟美

舞蹈因其以人体动作为表现手段而具有虚拟美的特点。舞蹈以人体动作来表达人物主观情感及推进事件情节的发展，这本身就具有虚拟性的特征。舞蹈善用虚拟、象征的手法来激起观众感情的波澜，引起观众的联想和反思，得到一种富于哲思的体验与认识。舞蹈者通常把自己的情感"外化"为可以感知的动作和姿态，进而塑造舞蹈形象。舞蹈和戏剧都是以人体动作为主要表现手段，但戏剧中的人物动作强调逼真地模拟生活，这种模拟要服从人物的性格和特定的情节；而舞蹈更强调形体动作，这种形体动作是经过提炼、美化和加工过的虚拟动作，它受情感逻辑的统帅，不是片面地追求形式美，也不是机械地模拟生活，而是形式服从内容，形式与内容达到真实统一。

舞蹈形象的形成需要两个条件：一是建立在视觉和听觉基础之上的物质条件，一是建立在舞蹈"程式"中的虚幻性联想。舞蹈在音乐艺术的配合下产生诉诸人的视觉和听觉的动态形象，带给人的是一种虚化而又实在的力量之美。舞蹈的这种虚处见实、实处见虚的运动形式，使得其具有浓重的虚拟性，这就给观众留下了宽广的想象空间。进一步说，舞蹈的虚拟性又是通过其高度凝练的、程式化的舞蹈语言——造型动作来实现的。中国舞蹈和欧洲古典芭蕾都有规范的程式，即便是富于挑战和创新的现代舞蹈，也没有完全摆脱程式的束缚，只不过是在运用中表现得更加自然和灵活罢了。

第三节 舞蹈艺术的美学效应与多元表现

一、舞蹈艺术的美学效应

(一) 歌以叙志，舞以宣情

在当下审美泛化的年代，人们注重生命中浪漫情怀的表达。舞蹈艺术注重表达人的内心情感和内在的精神世界，它把真实的生活情感作为创作的原发动力，以理性的态度将情感的真实性进行节制的、收敛的表达，通过舞蹈艺术叙志宣情。舞蹈在揭示人的心灵和抒发内心感情方面具有强大的艺术魅力。

舞蹈艺术舞姿内敛、和谐，彰显出一种情感与理性交织的中和之美。舞蹈艺术以情感为贵，以理性为内在脉络，使舞蹈动作呈内聚性形态，总体呈现为一种回旋圆转的状态。无论是炽热如火的强烈之情，还是心乱如麻的纷乱情绪，其舞蹈的美学原则和动作要素都是以人类文化中的适度、均衡、稳定为审美原则，因此再激烈的情感也能表达述说，再烦乱的心绪也能整理出秩序。在这种独特的非对峙、非排斥的平衡结构之中，人类各民族博袖、软裙之飘逸，或奔放激荡或含蓄柔韧都被细腻而完美地表现出来。

(二) 形神兼备，内外统一

舞蹈艺术具有深厚的历史传统及丰富的作品源泉。舞蹈讲究动作细节与精神气质的完美结合，这种结合之美便成为舞蹈艺术动律的核心法则。同时，舞蹈艺术讲求"形神兼备"，即外形和神韵的完美统一。"形"即外在动作，也就是可以看得见的一切形态和过程，包括形形色色的体态、千变万化的动作及动作连接的运动线路。例如，中国古典舞讲求外在动作的线性流动，无论是"圆——转"动律，还是动作连接的"横向"趋势，都是自内而外的有序运动。"神"即神韵，泛指内涵、神采、韵律、气质。无论哪门艺术，如果没有神韵，那么灵魂就无从谈起，其生命力也就荡然无存。"形未动，神先领，形已止，神不止"。形神之间的联系在这一简短而精辟的论述中得到了最好的阐释。

舞蹈的艺术表现过程是比较复杂的。舞蹈者首先要在平时的刻苦训练中不断挑战自己手臂伸长、腿部高抬、身体旋转及跳跃等方面的极限，以达到对自身韧性、力度、耐力等方面的全方位展示。其次，舞蹈者要将不同的审美元素注入肢体的各种动作之中，从而使其具有别样的意味和韵律。例如富有贵族傲慢气质的芭蕾舞，其所有脚位和手位都以"开"为根基，动作紧绷、外开、延长，旋转多为直体，因此常给人以流畅、舒展、清晰、单纯之感。而舞情并茂、意蕴深邃的中国古典舞，其脚位和手位则是开关结合，动作拧倾圆曲、周而复始，显现了细腻、圆润、复杂、婉转的审美特质。它还讲求精、气、神与手、眼、身、法、步的和谐统一，以生动的气韵动作，表现深厚的古典精神。

二、舞蹈艺术的多元表现

(一) 源自生活杂收并蓄

人们常以"行云流水""龙飞凤舞""曲折婉转"等对舞蹈艺术进行形象的描绘。这种令人赏心悦目、回味无穷的人类艺术，已经升华为一种人类生命的艺术，是经由人类生活中提炼、组织和美化的人体动作即舞蹈化动作来作为主要表现手段。人类的一切生活内容，如婚丧嫁娶，生育献祭，播种丰收，祛病除邪，都可通过舞蹈艺术表现，因此诞生了习俗舞蹈、宗教祭祀舞蹈、社交舞蹈、自娱舞蹈、体育舞蹈、教育舞蹈等品类。从上古之时各地域就以舞蹈艺术样式共同表现出身处生活现实中人们内在深层的精神世界、细腻的情感、深刻的思想、鲜明的性格和人与自然、人与社会、人与人之间以及人自身内部的矛盾冲突，创造出可被人感知的生动的舞蹈形象。舞蹈艺术成为远古先民的质朴的生活方式和感知世界的手段。舞蹈艺术堪称艺术之母，是人类在生活中追溯生命激情和展现人类文化的一种艺术形式。

(二) 以气运力，气力相交

舞蹈艺术以气运力，气力相交，柔弱绵软的外形中内含刚劲气韵。力，即赋予外部动作的内在节奏和有层次、有对比的力度处理。舞蹈艺术的节奏自由而有规律，舒而不缓，紧而不乱，动静互现，这种弹性的节奏就需要舞蹈者在运用力度的过程中自始至终处理好轻重、缓急、强弱、长短、刚柔等辩证关系，从而达到"刚中有柔""韧中有脆""急中有缓"的艺术境界。

舞蹈艺术的动作靠气息传导，舞蹈者气息上提以表喜悦，气息下沉以表愤怒，气息间断以表哭泣，内吸一口气以表恐惧。舞蹈艺术讲求"心与意合，意与气合，气与力合，力与形合"，气把心、意表达的主旨与力、形所呈现的表现形式连接起来，情感的表达、心灵的倾诉要靠气力相交产生动作韵律才能完成，无气则无韵，气通则心意相融，气顺则力形相现。即使是舞蹈艺术中的软舞看似无力而实则有力，气力结合，内运以为骨梗，方能刚柔相济。气是人的本质力量，人之生命、人生、人格的底蕴都是气，舞蹈之美的底蕴也是气，看似简单的气之呼吸，可以折射出舞蹈和舞蹈者对生命与自然的深刻领悟。

第四节 舞蹈艺术鉴赏常识

一、主要表现手段

(一) 动作、姿势

1. 手、臂

双手或双臂的交叉是典型的封闭式姿势；单举手、双举手、塔尖式举手、双手叉腰以及摆动手部等，则是开放式姿势，表达愉悦、激昂、胸有成竹等情感意味；而握拳、屈肘、剑指、甩手、按掌等，流露的情绪多是愤怒、恐惧、自负等。

2. 腿、脚

两腿直立，显示了自豪和崇敬；两腿叉开而立，具有挑衅、攻击之势；两腿交叉，可以表达秘密、羞涩、恐惧的情绪，也可以具有争夺、攻击之势；屈膝而立，让人有轻松、崇高、眷恋之感。脚的轻快踢踏与拍打，大多表现喜悦之情；而沉重地移动，则蕴涵愠怒之情。

3. 躯干——腰、腹、胸、背

展开的挺拔与直立，具有自负、坦然、桀骜、英勇的精神；闭锁的蜷缩与弯曲，则是寂寞、挣扎、机警、小心的表现；躯干的起伏，意味着亢奋、激动等情绪的高涨；躯干的扭动，则是欲扬先抑的兴奋和夸张的娇嗔等情感的流露。

4. 头部

中立静止的头势，表示安静、慈祥；转动摇晃的头势，则表现暴躁、奔放。头部前伸，具有主动性和攻击性；头部后仰，则具有被动性和排他性。头部上扬，显得自负、倔强；头部下垂，则显得顺从、懦弱；头部偏歪，呈专注和娇嗔；头部侧拧，则显躲闪与憎恶。

(二) 表情

1. 眼睛

眼睛直视，表示对生存空间的寻找、俘获和守护；目光回避，表示沮丧或嗤之以鼻；凝视，表示注目，乃至倾慕；瞪眼，表示极度地惊讶、愤恨；平视，表示相互体贴、敬重；上视、仰视，是尊敬、畏惧或崇高、自信的表现；下视，带有保护、谅解、自卑、谦虚的心理。

2. 嘴

嘴的张、闭、撇、咧、咬、颤动等，将微妙的情感变化，如激动、寂寞、蔑视、痛苦等表现得细腻而直观。

(三) 节奏

节奏是指舞蹈动作、姿态、造型在力度、速度、时间和幅度等方面的规律性变化。舞蹈节奏是为表现特定情感状态服务的。同样的表现手段，由于节奏的变化，其表现力和感染力也会有所不同。例如，当力度减小、速度缓慢时，扩张式的斜线运动能显得平和、安静；而力度加大、速度加快时，柔和的弧线运动也能产生激烈、动荡之势。

(四) 构图

舞蹈构图是舞蹈语言在舞台上存在和呈现的方式，也是舞蹈在时间、空间中的动态结构，它包括舞蹈队形变化、舞蹈静态造型所构成的画面组织等。舞蹈者在舞台空间的运动线路、运动队形以及画面造型是舞蹈作品的重要表现手段之一。我们也可以把舞蹈构图称为舞蹈画面，舞蹈构图对作品主题的表现、意境的创造、气氛的渲染、形象的塑造都有很重要的作用，是舞蹈艺术形式美的重要因素之一。

1. 舞蹈的空间运动线

舞蹈的空间运动线可分为斜线(对角线)、竖线(纵线)、横线(平行线)、圆线(弧线)、曲折线(迂回线)五种。

斜线，表现奔放、澎湃、张扬的情感意蕴，体现力度之势，并有延续和纵深之感；竖线，使观者产生紧迫、压力的紧张情绪，尤其是径直向前的竖线，体现强力动势，多用于正面行进的舞蹈；横线，一般表现沉稳、静谧、舒缓的情绪；圆线，一般给人以亲和、流畅之感，配合延绵不断的重复手段，产生圆润、韵致之情；而曲折线，一般给人活泼、荡漾的视觉感觉，表达人物内心游移的情愫。

2. 舞蹈构图

独舞的构图，顾名思义是一个人的画面，由其在舞台上位移变化中做出的动作和姿态形成。一般独舞的构图焦点很明确，借助光束的效果，突出人物的内心活动。独舞以光的移动形成线的变化。它们具有独立的主题、内容及意境，短小精巧、形象生动，具有较强的艺术感染力和较高的审美价值。

双人舞构图，是两个人在舞台上的动作构图，是两个点在舞台空间的移动线。点、线的距离和远、近以及变化的方位和角度，充分表达两个人物之间的情感，通常随着故事的波荡起伏呈现若即若离、亲密无间、热情奔放等关系。

三人舞构图，是三个点在舞台上的移动，可以充分形成点、线、面的效果，等边或不等边三角形使造型更加立体，可运用对称及非对称性，表达完全不同的情绪。所以在表现内容上具有更大的容量，有比较大的创作空间。

群舞的构图多变，要求表演者动作整齐，风格统一，配合默契，因而具有丰富的艺术表现力。点、线、面手法发挥到极致，会呈现出不同线条画面的变化，烘托全剧的气氛。群舞主要体现在大型舞蹈作品中，有时因画面、构图的需要，或为突出主要人物形象和强化戏剧效果，中间常常穿插一些独舞、双人舞、三人舞的段落。

(五) 服饰、道具

服饰是舞蹈的重要组成部分，服饰可以形象地说明人物的年龄、性格、职业、时代、地域、民族等特点，还可以表达舞蹈作品的艺术魅力，增加角色的艺术感染力。

以多样化的形式和色彩来表达舞蹈的意境和人物的情绪，从而烘托出舞蹈的多样化感情，这是舞蹈服饰的重要功能。通过以虚构、夸张、抽象概括为手法进行设计的服装，与剧情结构、角色特征、舞蹈主题高度协调，可以极大地提高舞蹈的审美价值。

纱巾、扇子、草帽、水袖、手绢等是舞蹈的主要道具，与舞蹈表演有着密切的关系，也是表现舞蹈环境、渲染气氛的重要手段。正因为如此，《红扇》这一舞蹈直接以道具来命名。在整部舞蹈中，红扇在地面、空间等多个层面与人的动作进行结合，表现了年轻人积极向上、富有朝气的精神状态。

二、中国民间舞蹈的主要形式

(一) 花鼓灯

花鼓灯是汉族最具代表性和震撼力的民间舞蹈，以华夏文明的主体形象出现，屹立于世界舞蹈之林。2006年5月20日，经国务院批准被列入第一批国家级非物质文化遗产名录。传播于淮河流域，是一种以舞蹈为主要内容的综合性艺术形式，包括舞蹈、歌唱、锣鼓演奏、武术和杂技。男角称"鼓架子"，幽默风趣，动作粗犷洒脱、快捷灵巧；女角称"兰花"，俏丽多姿，动作大方泼辣、欢快奔放。它是典型的民间广场艺术，以锣鼓为乐，运用折扇、手绢和花伞，多在节日集会时表演。表演风格兼有南北文化之长，富有浓郁的乡土气息。

(二) 秧歌

秧歌是汉族最具代表性的民间舞蹈形式之一。2006年5月20日，经国务院批准被列入第一批国家级非物质文化遗产名录。主要流行于中国北方地区，人们常把某地区或形式特征冠于前面以显示地区和风格的不同，如"鼓子秧歌"(山东)、"陕北秧歌""地秧歌"(河北、北京、辽宁)、"满族秧歌""高跷秧歌"等。它是民间广场中独具一格的集体歌舞艺术，舞队一般由十几人到上百人组成，舞蹈者扮成各种人物，手持彩绸、手帕、扇子等道具，随着鼓声节奏，变换各种队形，边舞边走。舞姿丰富多彩，形式欢快热烈，气氛红火热烈，生活气息浓郁。

(三) 腰鼓舞

腰鼓舞是汉族民间舞蹈形式之一。它原流行于中国陕北地区，以安塞等地腰鼓最为著名，随后在许多地区流行，群众称"打腰鼓"。腰鼓舞属集体舞蹈，用于欢庆、热烈的场面，表达人们欢欣鼓舞的心情和劳动人民的英雄气概。舞蹈者男女都有，均穿彩服，腰间挂一只椭圆形小鼓，双手各持鼓槌边敲边舞。鼓点变化丰富，节奏强烈，舞步多变化，能走出各种复杂美妙的图案。腰鼓队少则四至八人，多至十人甚至上百人。表演时情绪奔放热烈，节奏强烈粗犷，动作健壮有力，队列整齐浩大。

(四) 狮子舞

狮子舞是汉族民间舞蹈形式之一。它流行于中国广大地区，历史悠久，汉代已有记载。一般由两人合演一头大狮，称"太狮"，一人持彩球逗引，扮狮子郎。表演风格分"文狮"和"武狮"两种，"文狮"表演细腻而稳重，有抢球、戏球、打滚等动作，着重刻画狮子温驯可爱的性格；"武狮"讲究武功技艺，有翻、滚、扑、跃、闪、腾等动作，还有爬高、攀索、过跷板、走梅花桩等高难度动作，主要表现狮子的勇猛矫健、威武雄壮。多用打击乐伴奏，由于采用许多高难度动作，成为舞蹈与杂技结合的艺术舞蹈形式，动作风格独特，表演细腻传神。

(五) 龙舞

龙舞是汉族民间舞蹈形式之一，又称"龙灯""舞龙""龙灯舞"，因舞蹈者持传说中的龙形道具而得名，广泛流行于中国广大地区。演出时间大都与中国的传统节日密切相关。"龙"的造型各异，但分节均为单数。表演时一人持彩球引龙作舞，其他舞蹈者每人各举一节木柄，左右挥舞。一般以锣鼓伴奏，舞时多放鞭炮助兴。中国民间龙舞历史悠久，表演和扎制技巧高超，表演形式丰富多彩，场面热烈欢腾。

(六) 安代舞

安代舞被称为蒙古族舞蹈的活化石，是流传于内蒙古通辽市周边地区的一种原生态舞蹈。2006年5月20日，经国务院批准被列入第一批国家级非物质文化遗产名录。舞蹈者不分男女老幼，自然围圈站立，在歌手领唱(或乐曲伴奏)下，双手各持一巾，甩巾踏步，边歌边舞。通常在节庆或闲暇进行，富有强烈的自娱性。舞姿奔放明快，动作热烈奔放，民间本色浓郁，规模空前盛大，艺术魅力无穷。

(七) 农乐舞

农乐舞是朝鲜族民间舞蹈形式之一，是朝鲜族民间舞蹈的代表和象征，俗称"农乐"，流传于吉林、黑龙江、辽宁等朝鲜族聚居区。它是一种融音乐、舞蹈、演唱为一体的综合性民族民间艺术，通常在农事劳动和喜庆节日里表演。以"舞手鼓"和"甩象帽"为其主要特色，舞手鼓者动作丰富，舞姿似骑马射箭，生气勃勃；甩象帽者以颈部为轴，转动头戴的象帽顶上的飘带轴，飘带在舞蹈者周身如车轮般飞舞，令人眼花缭乱。表演形式自由生动，气氛热烈昂扬。

(八) 热巴

热巴是藏族的一种以歌舞为主的综合性表演艺术形式。男持铜铃，技巧表演扣人心弦；女持手鼓，变化多端，情绪灼热。整个舞蹈，舞姿优美多变，动作粗犷热情，技巧熟练精当，节奏强烈鲜明，表情丰富，情绪奔放，粗犷豪迈，英武豪放，具有较高的艺术性和趣味性。通常把从事这一表演又能歌善舞、各怀绝技的艺人称作"热巴"。

(九) 赛乃姆

赛乃姆是维吾尔族民间歌舞形式之一，曾为维吾尔族古代舞曲名。它广泛流行于天山南北的城镇乡村，是维吾尔族人民日常生活中不可缺少的一部分，在喜庆佳节以及举行婚礼和亲友欢聚时都要跳赛乃姆。其舞蹈形式自由活泼，动作灵活，没有固定的程式，舞蹈者即兴表演，合上音乐节奏即可，可一人独舞、两人对舞或三五人同舞。赛乃姆的音乐曲调优美、深情，节奏鲜明，节奏基本由慢到快。伴奏乐器中，手鼓最为重要，鼓声响亮流畅，鼓舞人心。由于赛乃姆的音乐和节奏特点，使得舞蹈动作抒情优美、婀娜多姿。

(十) 扁担舞

扁担舞是壮族民间舞蹈形式之一，广泛流行于广西地区。扁担源于劳动工具和日常生活，在舞蹈中既是独特的伴奏乐器，又是舞蹈的道具。每逢佳节、丰收喜庆或劳动间歇之时，男女老少便会以跳扁担舞为乐，动作多表现农业劳动。舞蹈者为双数，手持扁担互相敲击，打出变化多端的节奏音响，边击、边歌、边舞。音响和谐，节奏复杂，舞姿优美，富有浓郁的生活气息。

(十一) 芦笙舞

芦笙舞是苗族民间舞蹈形式之一。它是苗族人民最喜爱的民间舞蹈。它流行于西南、中南苗族居住地区，同时也分布在中国贵州、广西壮族自治区和湖南等地的侗族地区。每逢喜庆节日，人们欢聚在传统的跳芦笙坪上，围绕中央竖立的芦笙柱起舞。在侗族统称的芦笙舞中，包括多种内容和形式的舞蹈，其中有节日时的自娱性舞蹈，有青年男女之间进行交谊的舞蹈,还有为展现芦笙高手边演奏芦笙、边做舞蹈高难技巧的舞蹈。这种舞蹈以边吹芦笙边舞蹈为特点,常带有表演性和竞赛性。

(十二) 阿细跳月

阿细跳月是彝族民间舞蹈形式之一,多在自称"阿细"和"撒尼"人的云南彝族聚居地区流行,也称"阿西跳月""跳月",是青年男女进行社交的娱乐形式。在悦耳的口哨声的引导下,男舞者一般弹大三弦或吹笛子,女子和着节拍与男子对舞,始终保持跳跃状态。它是阿细人在"火把节"时所特有的自娱性舞蹈,多在月光下或围着火把跳至深夜。节奏欢快鲜明,情绪欢腾激越,具有浓厚的民族民间艺术风情。

(十三) 孔雀舞

孔雀舞是傣族民间舞蹈形式之一,流行于云南傣族聚居地区。孔雀对傣族人民来说是吉祥的象征,傣族人喜爱孔雀,多在节庆的日子里表演孔雀舞,并以跳孔雀舞来表现自己的民族性格,表达美好的理想和愿望。舞姿多模仿孔雀形象,动作优美,体态的曲线变化灵活,眼、手、腿运用自如,以雕塑性舞姿造型见长,着重表现孔雀的温驯、轻巧、美丽善良、婀娜多姿的特点。

三、西方舞蹈的主要形式

(一) 芭蕾舞

芭蕾孕育于意大利文艺复兴时期,17世纪后半叶开始在法国发展流行并逐渐职业化,在不断革新中风靡世界。"芭蕾"一词是源自意大利文"Ballare"的音译,意为"跳"或"跳舞"。芭蕾舞是用音乐、舞蹈和哑剧手法来表演戏剧情节。它最重要的一个特征即女演员表演时以脚尖点地,故又称"脚尖舞"。

芭蕾最初是欧洲的一种群众自娱或广场表演的舞蹈,在发展进程中形成严格的芭蕾舞规范和结构形式。1581年上演的《皇后喜剧芭蕾》是世界上第一部真正的芭蕾作品。1661年,路易十四创立了历史上第一所舞蹈学校——法国皇家舞蹈学院,专门教授舞艺。专业芭蕾演员应运而生,并逐步取代了贵族业余演员,职业女芭蕾演员也开始登台演出,舞蹈技术得以较迅速地发展。

芭蕾结构形式有:独舞、双人舞、三人舞、四人舞、群舞等,编导运用古典舞、性格舞(舞台化的民族舞蹈和民间舞蹈)、现代舞等,按上述形式可以编出多幕芭蕾(如《天鹅湖》)、独幕芭蕾(如《仙女们》)、芭蕾小品(如《天鹅之死》)等。芭蕾的这种结构形式在19世纪后期发展到高度规范化和程式化,以致影响和限制了芭蕾的发展。在20世纪编导创作的大量芭蕾作品中,这些规范和程式已被大大突破,不断出现新的探索和创造。

芭蕾舞脚部的五个基本位置如下所述。

第一位：两脚跟紧靠在一直线上，脚尖向外180度；

第二位：两脚跟相距一足的长度，脚部向外扭开，两足在一直线上；

第三位：两脚跟前后重叠放置，足尖向外张开；

第四位：两脚前后保持一足的距离，两足趾踵相对成两直线，腿向外转；

第五位：两脚前后重叠，两足趾踵互触，腿向外转。

手部基本位置如下所述。

1. 瓦卡诺娃派(俄国派)

第一位：双于在正面的腹前成自然圆；

第二位：双手在旁侧伸，在视线范围内，手心向内；

第三位：双手上举在头上方的视线内。

2. 却革底派(意大利派)

第一位：双手垂下成自然圆，手指轻触在大腿旁的位置；

第二位：双手在旁侧伸；

第三位：一手在身体前手心向内，另一手在旁侧伸；

第四位：一手在身体前与横隔膜保持相同的高度，然后同时上举在头的上方。

世界公认的一流古典芭蕾舞团有七个：苏联的基洛夫芭蕾舞团和莫斯科年夜剧院芭蕾舞团，美国的纽约市芭蕾舞团和美国芭蕾舞剧院，英国的皇家芭蕾舞团，法国巴黎歌剧院芭蕾舞团和丹麦皇家芭蕾舞团。今世芭蕾呈现出空前的普及和繁荣，代表性人物和集体为捷克人伊日·基里安(1947—今)和他的荷兰舞蹈剧院以及美国人威廉·福赛特(1949—今)和他的德功令国法公法兰克福芭蕾舞团。

紧身裙衣和紧身白色裤袜是舞蹈者在练功室最常用的基本练习服，而穿紧身的舞蹈服是为了保护体型，一般的芭蕾舞练习服是连体的。古典式芭蕾舞衣，裙子的长度不超过膝盖，是短式的，有多层丝布，晃动时大腿露出不到四分之三，不过袖子有无袖、长袖、灯笼袖等；浪漫派芭蕾舞衣的裙子几乎到脚踝附近，成吊钟型，有无袖的、灯笼袖的，颜色有白色的、淡色的、淡紫色等。

发式也是舞蹈服饰的一部分。跳芭蕾的女士们喜欢把头发在脑后挽成一个髻，原因是马尾及其他发型会影响到练习和演出，而且不盘起来会变成一种负担。

芭蕾舞鞋不同于普通的软底练功鞋，叫作足尖鞋。它的前部由特殊的胶水把布一层一层地粘起来并打实，形成一个硬硬的头，并且在最前端有一个小小的平面；而鞋底内有一块橡胶鞋板，鞋底外有一块皮质底。芭蕾舞女演员就是靠鞋板的帮助立起来，并利用鞋头的小平面固定重心的。

(二) 现代舞

现代舞是20世纪初在西方兴起的一种与古典芭蕾相对立的舞蹈派别。其主要美学观点是反对古典芭蕾的因循守旧、脱离现实生活和单纯追求技巧的形式主义倾向，主张摆脱古典芭蕾舞过于僵化的动作程式的束缚，以合乎自然运动法则的舞蹈动作，自由地抒发人的真实情感，强调舞蹈艺术要反映现代社会生活。它的最鲜明特点是反映现代西方社会矛盾和人们的心理特征，故称为现代舞。美国现代主义舞蹈家海伦·汤米尼斯概括现代舞的与众不同之处在于："不存在普遍的规律，每一个艺术家都在创造自己的法典。"具体来说，就是在现代舞作品中，强调的是舞者自身的重量而不是如芭蕾般的轻盈，在动作中强调空间的过程而不是自己的动作，在空间上强调韵味的顿挫而不是流利，在构图中强调不平衡而不是平衡，强调过程的揭示而不是过程的讳饰。

美国舞蹈家伊莎多拉·邓肯是现代舞的创始人，她认为古典芭蕾的练习造成人体的畸形发展。她向往原始的纯朴和自然的纯真，主张"舞蹈家必须使肉体与灵魂结合，肉体动作必须发展为灵魂的自然语言"，真诚地、自然地抒发内心的情感。

系统地为现代舞派建立起一套较为完整的理论和训练体系的是匈牙利人鲁道夫·拉班，他创造了一种被称为自然法则的训练方法，把人体动作的构成归纳为"砍、压、冲、扭、滑动、闪烁、点打、飘浮"八大要素，认为正确处理各要素之间的关系，就能组成各种动作。他创造的"拉班舞谱"，至今仍为世界上很有影响的舞谱之一。但现代舞在美国的发展是曲折的，现代舞的先驱邓肯和R.圣丹尼斯都不是在美国而是在欧洲首先得到承认并获得成功的。当她们在大西洋彼岸名声大振之后，才引起美国人的注意。美国没有自己的传统舞蹈文化，现代舞一旦被接受后，马上受到了重视，几乎成为其本土的舞蹈文化，进而开启现代舞最繁荣的鼎盛时代。

(三) 国标舞

1. 华尔兹

华尔兹(Waltz)，大约是在1780年前后出现的，最初来自古德文"Walzer"，意思是"滚动""旋转""滑动"。它最早流行于欧洲，特别是在德国巴伐利亚和奥地利维也纳一带的农民中；后出现于皇家舞会。华尔兹是体育舞蹈中历史最悠久的舞种。

华尔兹根据速度分化为快慢两种之后，人们把快华尔兹称为维也纳华尔兹，而不冠以"维也纳"三字的即慢华尔兹。作为三步舞的华尔兹，其基本步法为一拍跳一步，每小节三拍跳三步，但也有一小节跳两步或四步的特定舞步。

快慢两种华尔兹都以旋转为主，因而有"圆舞"之称。华尔兹因速度慢，除多用旋转外，还演变出复杂多姿的舞步，其中有不少舞步在步法上与探戈、狐步舞和快步舞的同名舞步基本相同，只是节奏和风格不同。再加上四大技巧在华尔兹中得到全面和充分的体现，所以它被列为学习国标舞的第一舞种。

华尔兹舞步在速度缓慢的三拍子舞曲中流畅地运行，因为有明显的升降动作而如一起一伏连绵不断的波涛，加上轻柔灵巧的倾斜、摆荡、反身和旋转动作以及各种优美的造型，使其具有既庄重典雅、舒展大方，又华丽多姿、飘逸欲仙的独特风韵。它因此享有"舞中之后"的美称。

2. 探戈

探戈(Tango)是一种双人舞蹈，源于非洲，但流行于阿根廷。目前探戈是国际标准舞大赛的正式项目之一。

探戈舞伴奏音乐为2/4拍，是顿挫感非常强烈的断奏式演奏，因此在实际演奏时，将每个四分音符化为两个八分音符，使每一小节有四个八分音符。

跳探戈舞时，男士打领结穿深色晚礼服，女士着一侧高开叉的长裙。男女双方的组合姿势和其他摩登舞略有区别，叫作"探戈定位"，双方靠得较紧，男士搂抱的右臂和女士的左臂都要更向里一些，身体要相互接触，重心偏移，男士主要在右脚，女士在左脚。男女双方不对视，定位时男女双方都向自己的左侧看。舞步华丽高雅、热烈狂放且变化无穷，交叉步、踢腿、跳跃、旋转，令人眼花缭乱。

3. 伦巴

伦巴是英文"Rumba"的音译，也被称为爱情之舞，拉丁舞项目之一。它是源自16世纪非洲的黑人歌舞的民间舞蹈，流行于拉丁美洲，后在古巴得到发展，所以又叫古巴伦巴。伦巴是拉丁音乐和舞蹈的精髓和灵魂，引人入胜的节奏和身体表现使得伦巴成为舞厅中普遍的舞蹈之一。舞曲节奏为4/4拍。

伦巴的节奏为4/4拍，每分钟27~29小节。每小节四拍。乐曲旋律的特点是强拍落在每小节的第四拍。舞步从第四拍起跳，由一个慢步和两个快步组成。四拍走三步，慢步占二拍(第四拍和下一小节的第一拍)，快步各占一拍(第二拍和第三拍)。胯部摆动三次。胯部动作是由控制重心的一脚向另一脚移动而形成向两侧作"∞"形摆动。它的特点是较为浪漫，舞姿迷人，性感且热情；步伐曼妙有爱，缠绵，讲究身体姿态，舒展优美，婀娜多姿，柔媚抒情，舞态柔媚。胯部的摆动是伦巴最优美的舞步，充分表现女性的风韵魅力，是带有典型热情气息的舞蹈，所以也有拉丁舞灵魂之称。伦巴步法婀娜款摆，音乐缠绵浪漫，是表达男女爱慕情感的一种舞蹈。伦巴的肢体动作暧昧。

4. 桑巴

桑巴是一种源于巴西的民间舞蹈，它是音乐加舞蹈的混合体，音乐主要由弦乐、打击乐和歌手来共同完成，而舞者则负责舞蹈的部分。这种舞蹈以上下抖动腹部、摇动臀部为主要特征。

桑巴舞是一种集体性的交谊舞蹈，舞蹈以鼓、锣等打击乐伴奏。这种舞蹈的舞步简单，双脚前移后退，身体侧倾，前后摇摆。男女舞者成对原地或绕舞厅相伴而舞，也可分开来各跳各自的舞步。男舞者钟情于脚下各种灵巧的动作，两脚飞速移动或旋转。女舞者则以上身的抖动以及腹部与臀部扭动为主。桑巴舞可在舞厅和舞台上演出，而更多的则是在露天的广场和大街上集体表演。舞者围成圆圈或排成双行，边唱边舞。舞者狂放不羁，动作幅度很大，节奏强烈，给人以激情似火的感觉。而大鼓、铜鼓、手鼓等打击乐器同时并作，高亢激越，声浪滚滚，更烘托出一种紧张炽热、烈火扑面的气氛。在这种气氛达到高潮之时，乐声往往又戛然而止，高难的舞蹈动作一下子冷凝为万般皆寂的雕塑似的静态。动与静的瞬间变化，大起大落的惊人和谐，制造出一种特有的惊喜感与震撼美。

改良过的国际标准拉丁桑巴舞与会将人们带入狂欢状态的原始巴西桑巴舞有所不同，不过仍保有"嘉年华会游行"式和充满活力的特点。其重点是须有良好的身体平衡性，及在定点舞步和如Z形样式移动的舞步中彼此正确分配运用，大体而言桑巴舞是属于渐进移动的舞蹈。而移动须如"嘉年华会游行"式的渐进的圈式舞蹈，而定点式舞蹈时须与观众互动。对竞赛选手而言，高度灵活及柔韧性良好的身体为首要。高级舞者会正确地运用身体重量与地心引力，产生"很沉"的重心。选手须将重点放在肌肉的适度松弛和重心，生理及心理的紧绷均无法将活泼、热情的桑巴舞表现良好。

5. 恰恰

恰恰是曼波最原始的衍生舞蹈，在20世纪50年代，恰恰风靡全美国，是所有拉丁舞中最受欢迎的舞蹈。在国际标准舞拉丁系列中恰恰舞是最年轻的一种。由于伴奏舞曲及舞步速度轻快，因而具有活泼、热烈而俏皮的风格特点。

乐节拍为4/4拍，有时为2/4拍，虽然恰恰舞曲经常演奏着每分钟34小节的节奏，其实最理想的节拍是每分钟32小节。恰恰舞是古巴的舞蹈，与伦巴舞一样，古巴舞者以音乐的第二拍开始前进或引导。男士方面，正确的方法是两脚稍微分开站立，重心置于左脚，第一拍时，以右脚向右侧跨一小步(女士相反)，然后以左脚前进(女士右脚后退)进行基本动作，跳每个舞步都应该在前脚掌施加压力、膝盖部分稍屈、当重心落到某只脚上时，脚跟放低，膝部伸直，臀部随之向侧后方摆动，另一条腿放松屈膝。臀部的摆动要明显，只是在跳快步时可不必强调。节拍数法有："慢，慢，快快，慢""踏，踏，恰恰恰"。

6. 斗牛舞

斗牛舞源于法国，盛行于西班牙，根据西班牙斗牛场面创作而成。斗牛舞音乐雄壮、舞态豪放、步伐强悍振奋。它的音乐为2/4拍，速度每分钟62小节左右。

跳"斗牛舞"的时候，男女双方扮演不同的角色，男士象征斗牛士，一名身手矫健的斗牛士，而女士象征斗牛士用以激怒公牛的红色斗篷，所以女士有相当大的跳跃、旋转动作。男女动作都相当舒展、激烈，男舞者的角色尤其重要，要求表现出斗牛士的勇猛坚强、潇洒挺拔、阳刚和热情。因此"斗牛舞"也被称为"男人的舞蹈"。女舞者要突出线条优美，自由流畅，要有大幅度的旋转动作及跳跃，要表现出迷人的优雅。

斗牛舞舞蹈技巧要求动作动静鲜明，力度感强，发力迅速，收步敏捷顿挫，强调头部和视线的协调性，尤其是对于眼睛的神态和视线的要求，要充分表现出如同真实斗牛时的追逐牛、挑动牛的眼神。斗牛舞的舞姿挺拔，无胯部动作及过分膝盖屈伸，重心靠前。舞步的重心在脚底，但是绝大多数向前的舞步都是脚跟的动律，并以脚掌平踏地面完成舞步，以表现极具节奏感、淋漓尽致的舞步动律，使整个舞蹈的表演扣人心弦。

四、中国舞蹈荷花奖

"荷花奖"的名称源于"中国舞蹈第一人"戴爱莲的舞蹈作品《荷花舞》。"荷花奖"

的设立是由中国文学艺术界联合会、中国舞蹈家协会联合创意，由中宣部立项，中央两办批准。它是全国性专业舞蹈评奖活动，自1997年创建以来，已成为标志中国专业舞蹈艺术最高成就的专家奖。

"荷花奖"舞蹈比赛原则上每两年举办一次，舞剧、舞蹈诗比赛每三年举办一次。鉴于规范国家级文艺性评奖的需要，中央在将原三百多个奖项减少至三十多个的情况下，增设了舞蹈专业"荷花奖"，该奖与戏剧梅花奖，电影金鸡奖、百花奖属同一级别，具有较强的权威性。

"荷花奖"旨在奖励优秀的舞蹈艺术作品，表彰成绩突出的舞蹈创作与表演人员，活跃舞蹈理论与舞蹈评论，推动我国舞蹈艺术事业的健康发展。自举办首届评奖以来，已成功推出了大批优秀作品和德艺双馨的舞蹈人才，使中国古典舞、民间舞、芭蕾舞、现代舞、当代舞及舞剧和舞蹈诗的创作与表演水平得到了不断的提高，有力地推动了我国舞蹈艺术事业的健康发展。"荷花奖"以其评奖的导向性、公正性和权威性在国内外产生了广泛的影响。

第五节　舞蹈艺术经典作品鉴赏

一、《荷花舞》

类别：群舞

编导：戴爱莲

作曲：乔谷、刘炽

作词：程若

舞美设计：郁风、张正宇

首演：1953年

演出单位：中央歌舞团

主演：徐杰

《荷花舞》由著名舞蹈家戴爱莲编导。根据有关资料的记载及舞蹈家戴爱莲的回忆，这个舞蹈的提议策划者是周恩来总理。1952年，"亚洲、太平洋区域和平会议"即将在北京召开，印度代表团也要来参加此次会议，于是周总理就有了以象征和平与幸福的荷花为主题来编排舞蹈的创意，以向对荷花充满喜爱之情的印度代表团表达特别的尊敬和友好。在中央戏剧学院骨干创作组成员的共同努力下，《荷花舞》在大会上如期演出，获得一致好评。之后，艺术界的专家也指出其美中不足之处，尤其在主题的突出、舞蹈的整体感、模拟自然形态的尺度等方面都提出了中肯的意见。之后在1953年，戴爱莲为了准备参加世界青年与学生和平友谊联欢节的舞蹈演出，她以高超的编舞技法，反复对《荷花舞》的编排进行了再创作，在舞蹈的主题、结构、艺术表现手法等方面都有创新设计，于是崭新的《荷花舞》于

1953年诞生并首演于北京。同年荣获第四届世界青年与学生和平友谊联欢会舞蹈比赛银质奖章，并于1994年荣获中华民族20世纪舞蹈经典评比经典作品奖。

《荷花舞》的基本素材采用流传在陇东、陕北一带的秧歌舞中的小场子"荷花灯"，经舞蹈家戴爱莲点石成金般的改编，一个并不起眼的民间艺术就变成了优美动人的舞台艺术。整个作品可以分为五部分。第一部分是群舞荷花。一群荷花姑娘，行云流水般地飘然而至，她们在舞台上时而回旋，时而蜿蜒，以轻盈、流动的姿态，以各种圆形变种的舞台构图，向观众展现出一幅朵朵荷花快乐回旋、蜿蜒于水中的祥和美景。轻盈平稳的舞步，流畅舒缓的动作，自由舒畅的心情融于优美的自然环境之中。第二部分是群荷荡漾。群荷在由中板变为慢板的舒缓音乐中，由圆形慢慢变化为两行而面向观众。舞台就像是静静的荷花池，舞者以"碾步"向两旁轻轻移动，宛如美丽的荷花仙子在碧波涟漪中翩然起舞，随波荡漾的妩媚姿态尽在眼前。第三部分是领舞白荷花仪态万千地上场。她与群荷相互交错，或进或退，彼此间的亲密情感交流被充分表现出来，纯洁、崇高、幸福、和谐的情感主题也被突显。第四部分是整个舞蹈的高潮部分。白荷花与众荷花抒发情感的共舞场面与明畅爽朗的主题歌的伴唱融为一体，引起观众强烈的情感共鸣。第五部分是舞蹈的尾声部分。音乐又回复到第一部分的舒缓基调，众荷花在白荷花的带领下，在夕阳的霞光中缓缓漂向远方，舞步圆润流畅，队形变化舒缓平稳。

《荷花舞》在诸多方面的创新使其表演经久不衰。编导很有创意地运用了民间舞和古典舞结合在一起的舞蹈素材，采用传统的民间表演、戏曲舞蹈中"走圆场"的碎步和大幅度调动队形变化的表现形式，巧用"莲花盘"作为道具，灯光布景以绿色、蓝色为基础，并运用比兴的手法，突显荷花圣洁和美丽的秉性。整个舞蹈，从人物造型到动作设计，从空间构图到灯光布景，都强调水、风、荷的巧妙融合，并在统一中求得变化和丰富。舞蹈形象鲜明，内容简洁，音乐优美，动作流畅，结构凝练，于简洁中见功力。画面多姿多彩，洋溢着丰富的动感，流畅至极又完美工整。

中国古典舞被称为"画圆的艺术"，运动的核心就是"圆形"。"圆形"动律在《荷花舞》中得到了最充分、最集中的体现。舞者形体姿态的上下、左右、前后之开合，都是运用各种大小不一的圆形轨迹进行"大圆套小圆"的运动。荷花女柔和自然、圆润自如地流动在舞台空间，在流动中造成一种行云流水的艺术境界，民族的气质与韵味得以展现。此外，群荷造型也很讲究"两轴、三面"的子午线，两轴即颈和腰，三面即头、胸和腰，它们相互错位，形成层次分明、具有立体感及特定古典韵味的造型艺术。

二、《宝莲灯》

类别：民族舞剧
艺术指导：李少春、查普林
舞剧编导：李仲林、黄伯寿
舞剧音乐：张肖虎
伴奏乐队：中央实验歌剧院管弦乐团

舞台美术：李克夫　邱泽三

首演：1957年，北京

演出单位：中央实验歌剧舞剧团

主演：赵青、张锦心、傅兆先、李松涛、刘德康、陈云富、孙天路

由苏联芭蕾编导大师查普林与表演艺术家李少春联合指导的《宝莲灯》，是中国当代第一部具有典型意义的大型民族舞剧。《宝莲灯》创作和演出的成功，使得我国的舞剧创作进入了一个新的历史阶段。我国舞蹈工作者在中华民族传统舞蹈的基础上，借鉴芭蕾舞剧的艺术表现形式，创造出具有浓郁中华民族风格的大型舞剧，树立了我国古典民族舞剧一种比较完整的样式，为发展这个类型的舞剧奠定了基础。

《宝莲灯》讲述的是一个在我国流传极广的古代神话故事——"沉香华山救母"。全剧共分六场：第一场，玉女峰圣母祠中的三圣母爱上了赴京赶考的书生刘彦昌，三圣母的行为冒犯了天规，其兄二郎神作为宗法的维护者率哮天犬前来阻挠。三圣母借助法力无边的宝莲灯大败二郎神，跟随刘彦昌离开圣母祠来到凡间。第二场，三圣母和刘彦昌结为连理，并生下一子沉香。沉香百日庆典上，众人欢歌舞蹈，二郎神施计夺走宝莲灯，将三圣母压在华山脚下。第三场，十数年后，沉香于深山随霹雳大仙苦练武功，经大仙点化并授予宝剑，得知身世的沉香奔往华山救母。第四场，在圣母祠前，刘彦昌和沉香父子团圆。第五场，在霹雳大仙的暗中帮助下，沉香力斗巨龙，获得劈山斧。第六场，沉香手持劈山斧勇闯华山，终于战胜二郎神和哮天犬，夺回宝莲灯。最后，沉香剑劈华山，救出母亲，一家团圆。

《宝莲灯》的舞蹈语汇主要来自传统戏曲和汉族民间舞蹈。编导化用传统戏曲形式，刻画出善良多情的三圣母、坚定英勇的沉香、慈爱仗义的霹雳大仙等一系列个性鲜明的人物形象。其中，三圣母的长绸、沉香的劈山斧、霹雳大仙的拂尘等，都是在戏曲舞蹈基础上的发展创造，富有表现力。而在交代背景、烘托气氛方面，编导则使用了汉族民间广泛流传的"扇子舞""手绢舞""莲湘""大头舞"等元素。例如第二场"沉香百日"庆典上，各种民俗气息浓厚的汉族民间舞展演，对强化舞剧的民族风格和地方色彩起到了重要作用。

《宝莲灯》对于中国舞剧的发展具有重要的开拓性意义，在国内外舞坛都产生了不可忽视的影响。1959年，它被拍摄成彩色艺术影片，受到广泛好评。1994年荣获"中华民族20世纪舞蹈经典评比"经典作品奖。

三、《红色娘子军》

类别：芭蕾舞剧

舞剧编导：李承祥、王锡贤、蒋祖慧

作曲：吴祖强、杜鸣心、戴洪威、施万春、王燕樵

伴奏乐队：中央歌剧舞剧院芭蕾舞剧团管弦乐队

伴唱：中央歌剧舞剧院歌剧团

指挥：黄飞立、李华德、王若忠、卞祖善

舞美设计：马运洪(景)、梁宏洲(灯光)、李克瑜(服装)

首演：1964年，人民大会堂小礼堂

演出单位：中央歌剧舞剧院芭蕾舞剧团(中国舞剧团)

主演：白淑湘、钟润良、刘庆棠、王国华、吴静珠、李承祥、万琪武

《红色娘子军》将西方芭蕾舞与中国民族文化相融合，是中国芭蕾史上的里程碑，中国特色芭蕾创作的典范。本剧是20世纪60年代在周恩来总理直接关怀下创作演出的，是我国芭蕾舞按照周总理指示"革命化、民族化、群众化"进行改革的首次尝试。1964年9月在人民大会堂小礼堂首演时，周总理出席并邀请了柬埔寨国家元首西哈努克亲王观看。1979年中国艺术团访美、1986年中央芭蕾舞剧团访问英国和苏联时都演出了《红色娘子军》第一场。1994年，它被评为"中华民族20世纪舞蹈经典作品"。

故事发生在十年内战期间，海南岛的农家姑娘吴清华，由于家中贫穷，被地主南霸天强抢为奴，虽然几次试图逃脱但都被抓了回来。吴清华被当作礼物送给了巨商，但被意外释放。她历经磨难，来到革命根据地，参加了一支完全由劳动妇女组成的"红色娘子军"，并发现当初释放她的富商的真实身份是娘子军的党代表洪常青。在侦查过程中，清华见到南霸天，怒火中烧，擅自开枪，违反了侦查纪律。通过洪常青的批评教育，清华进步很快，但不幸的是，洪常青为掩护战友，受伤被俘，英勇就义。在大家艰苦的斗争下，红军解放了椰林寨，击毙了南霸天。清华光荣地加入了中国共产党，接任娘子军的党代表职务。

《红色娘子军》全剧充满了革命主义激情，在吸收传统芭蕾舞舞蹈语言的基础上，结合中国民族舞蹈的特点，使东西方舞蹈艺术有机融合。在足尖舞中融入了中国戏曲舞蹈和民族舞蹈的成分，例如"斗笠舞""五寸刀舞"，戏曲中的燕式跳和点地翻身等元素在剧中都有所体现。另外，剧中既有芭蕾舞的贵族之气，也有军人舞蹈的飒爽英姿。射击、投弹等来源于军事生活的动作超出西方古典芭蕾舞的定势，令人耳目一新。

《红色娘子军》突破了芭蕾原有的传统造型，结合富有传统魅力和浓郁地域风情的中国元素，加入中国人民意气风发的革命精神，开拓了中国芭蕾的新领域，从而树立了具有中国特色的表演风格。在它的带领下，中国芭蕾推出了如《祥林嫂》《林黛玉》《大红灯笼高高挂》等一大批具有中国特质的优秀芭蕾舞剧。

四、《白毛女》

类别：芭蕾舞剧

艺术指导：佐临

舞剧编导：胡蓉蓉、傅艾棣、程代辉、林泱泱

作曲：严金萱

配器：陈本洪、张鸿翔、陈燮阳

伴奏：上海舞校管弦乐队

伴唱：上海广播文工团

指挥：樊承武

舞美设计：胡冠时、杜时象、朱士扬(景)，张小舟(灯光)，李苏恩等(服装)，程漪芸(化妆)

首演：1965年，上海

演出单位：中央歌剧舞剧院芭蕾舞剧团(中国舞剧团)

主演：茅惠芳、石钟琴、凌桂明、董锡麟、王国俊、陈才喜

红色芭蕾舞剧《白毛女》由上海舞蹈学校师生共同创作，于1965年的第六届"上海之春"首演，轰动一时，历经四十多个春秋，演出了一千六百余场，是目前我国国内演出场次最多的芭蕾舞剧。

《白毛女》根据同名歌剧改编，《序幕》共七十九小节，是个乐舞兼备的段落，展现了本剧的典型形象。第一场《深仇大恨》，包括北风吹、窗花舞、阶级情谊深、仇恨怒火燃胸怀、迎爹爹、扎红头绳、黄世仁逼债、杨白劳奋起反抗、喜儿哭爹、大春怒斥黄世仁、与走狗搏斗、举斧独舞、投奔八路共十三个舞段。首先使用典型的古典芭蕾系列组合将喜儿天真烂漫的性格展现出来，接下来是喜儿的独舞与四人舞相结合，主要以古典芭蕾的"阿提久""八朗塞"和中国古典舞的"小射燕"的组合，作为舞蹈的主题动作。在杨白劳的形象刻画中，采用了背身倒退的上场方式，多用"错步""串翻身"的舞蹈形式表现其艰难跋涉的舞蹈形象。本部分舞蹈形式多样，既有轻快的"格利莎"，凄惨而悲愤的"跪地横移"，也有雄性风格的"变身跳""弓箭步"。

第二场《冲出虎狼窝》，包括喜儿与张二婶共患难、恶毒的地主婆、喜儿受迫害、冲出虎狼窝四个舞段。舞蹈动作以"平转""大跳""阿提久""阿拉贝斯克""变身跳""倒踢""格朗""皮鲁艾特"等为主，用以表现喜儿"冲出黄家这虎狼窝"的决心。

第三场《要报仇》，包括张二婶掩护喜儿、走狗追赶喜儿、喜儿藏身芦苇丛、走狗悻悻而回、要报仇五个舞段，采用"五位立足尖""四位转""阿提久""探海翻身"（"变身跳"接"大跳"以及"点翻身""倒踢"等大幅度的舞蹈动作)，表现主人公翻江倒海般的心理活动。

第四场《盼东方出红日》，包括进深山、抗风沙、打野兽、顶风冒雪、盼东方出红日五个舞段。采用了象征的方式，表现了喜儿变成"白毛仙姑"的全过程。

第五场《红旗插到杨各庄》，包括欢迎子弟兵、大春回到杨各庄、张二婶诉说喜儿遭遇、宣传群众、军民团结同仇敌忾五个舞段。

第六场《见仇人烈火烧》，包括喜儿进奶奶庙、惊慌的黄世仁、见仇人烈火烧、大春率众搜捕黄世仁、大春发现"白毛女"五个舞段。

第七场《太阳出来了》，包括喜儿回到山洞、见亲人、大春带来解放的消息、喜带红头巾、太阳出来了五个舞段。先是用十五个"格郎·弗耶泰·雷勒韦·昂·图尔让"接"四位转"的技巧动作，表达喜儿欣喜若狂的心情，然后用反复的"吸腿跳""孔特勒唐"将热烈的气氛渲染到极致。

第八场《将革命进行到底》，包括红缨枪舞、喜儿回来了、斗争黄世仁、迎太阳、庆翻身、百万工农齐奋起六个舞段。

《白毛女》巧妙地运用了中国古典舞和民间舞的素材，并进行再创造，以写实和浪漫相结合的方法将剧情予以芭蕾化的展现，是"洋为中用"更深层次的实践，以其独有的中国特色自立于世界芭蕾艺术之林。

五、《丝路花雨》

类别：传统舞剧

编剧：甘肃省歌舞团《丝路花雨》创作组，赵之洵执笔

编导：刘少雄、张强、朱江、许琪、晏建中

作曲：韩中才、呼廷、焦凯

乐队：甘肃省歌舞团中西混合乐队

指挥：韩中才

舞美设计：李明强、杨前(布景)、郝汉义(服装)、杨树云(化妆)

演出单位：甘肃省歌舞团

主演：贺燕云、张丽、仲明华、吴鸿玉、李为民、吴鸿玉、张稷

主要舞段舞者：

飞天舞——辛谨梅、王竹月

马铃舞——周嘉明、王建

印度舞——张丽

霓裳羽衣舞——孙淑芳、杨虹

1979年10月1日，作为国庆三十周年献礼，由甘肃省歌舞团创作并首演的舞剧《丝路花雨》在人民大会堂与观众见面，引起强烈反响。此后，《丝》剧五度进京，巡演大江南北，并多次应邀赴海外许多国家演出，获得中外观众的一致赞誉。1982年，《丝》剧由西安电影制片厂摄制成宽银幕彩色艺术片。1990年，《丝》剧为第十一届亚运会献演。《丝》剧久演不衰，对民族艺术的弘扬做出了突出贡献。1994年，该剧荣获中华民族20世纪舞蹈经典评比经典作品奖。1992年，甘肃省歌舞团改名为甘肃敦煌艺术剧院。

该剧在题材、构思、舞蹈等方面都有创新之处。

第一，题材新颖。敦煌是一座历史名城，自古以来就是丝绸之路通往西域的重镇，东西文化的交汇孕育了一颗奇光异彩的明珠——莫高窟千佛洞。《丝》剧打破以往舞剧取材于神话传说、民间故事的惯例，别开生面地以艺术宝库莫高窟和古今闻名的丝绸之路为背景，采用了一个全新的舞剧题材，在题材开掘上创造了"古为今用"的良好先例。

第二，构思奇特。《丝》剧的情节铺展包括开端、发展、高潮和结局几部分，人物的命运演变也贯穿全剧，属于传统的"线形结构"样式。而《丝》剧的创作者们却在这司空见惯的结构样式中，创造性地赋予莫高窟壁画中千秋落寞的人物以活生生的气息，使剧中、画中的人物命运紧密地交织在一起。剧中女主人公英娘的独舞贯穿全剧，并在其中起主导性作用。整个舞剧充满着神奇色彩，画舞交融，相互生辉，艺术构思极具想象力。

第三，舞蹈经典。《丝》剧在舞蹈结构上突出了独舞的形式，英娘的重要独舞段落有十处之多。英娘的"扭腰""送胯""勾脚""S"形舞姿等，以其华美的格调、新颖别致的造型、富于异域色彩的风格，将壁画中孤立、静止的舞姿图像，活化成从壁画中走出的、别开生面的经典"敦煌舞"造型。舞段中的"琵琶舞""波斯舞""盘上舞"等，因其独特的风格和极富形式美感的编排，被公认为"敦煌舞"的代表性舞段，而"琵琶舞"里的"反弹

琵琶伎乐天"造型更是"敦煌舞"的经典标识。

第四，研究方法启发世人。《丝》剧的出现，不仅为舞蹈艺术增添了新的视觉形象，同时也为中国古代舞蹈的研究提供了新的启示。它的大胆创举带给世人这样的启示：舞蹈工作者在寻古探微、重塑中国古舞的道路上，可以将追寻的目光对准文物、古代壁画、石窟造像和文献典籍的丰富内容上。《丝》剧创造性地"复活"敦煌舞的尝试以及所取得的巨大成功，使举国上下出现了持续数载的掘古创新热潮，一批以古乐舞为题材的舞剧先后诞生。这些舞剧创作，不仅继承和弘扬了民族传统文化遗产，而且为20世纪80年代运用和发展民族的舞蹈语言提供了新的方式。

六、《雀之灵》

类别：独舞

编导：杨丽萍

作曲：张平生、王浦建

舞美：孙济昌

首演：1986年

演出单位：中央民族歌舞团

主演：杨丽萍

《雀之灵》首演于1986年，同年荣获全国第二届舞蹈比赛创作一等奖，表演一等奖，作曲三等奖，服装设计特别奖。这部作品的创作者是著名白族舞蹈家杨丽萍，《雀之灵》获得成功后她声誉鹊起，先后多次去泰国、新加坡、缅甸、菲律宾等国访问演出，受到广泛欢迎。

《雀之灵》具有形式美的欣赏价值。孔雀是傣族人民心目中的"圣鸟"，象征着幸福和吉祥。孔雀舞是傣族人民最喜爱的民间舞蹈，民间艺人或模仿孔雀动作姿态，或身穿孔雀模具翩翩起舞。在傣族舞蹈的历史上，孔雀的形象屡见不鲜，而杨丽萍在傣族舞蹈基本动作的基础上注入了现代意识，向观众展现了一只充满灵性的孔雀，迎着晨曦，踏着露珠，一只晶莹、洁白的孔雀亭亭玉立。她时而宁静伫立，时而轻梳羽翅，时而侧身微颤，时而慢移轻挪，时而高视阔步，时而随风起舞，时而跳跃飞奔。她欢跃着，舞动着。最后，美丽的倩影映衬在初升太阳那圆形光环之中。《雀之灵》给人的直观印象好像是对孔雀形态的简单模拟，但是细细品味，我们会看到作者将民间的孔雀舞素材进行加工、创造，并赋予其现代动感和活力，使之具有新的生命和新的艺术品格，从而具有较高的形式美的欣赏价值。舞者着力挖掘人体手、腕、肘、臂、肩、胸、腰、胯等部位的表现力，特别是手臂酥软无骨般的颤动，手指灵活多变的造型，腰、胯部位的婀娜多姿，将舞者柔中带刚、刚中带柔的表演功力体现得淋漓尽致。

《雀之灵》又具有空灵而丰满的思想内涵。忘情的舞者在尽情地欢跃，孔雀那高贵、优雅、奔放、挺拔的直观形象跃入观众的视野。它是纯洁的精灵，徜徉在大森林，畅饮在小溪边，翱翔在天空中。那高洁、纯真、富有生命激情的形象，是真、善、美的化身。舞者通过对"孔雀"灵性的刻画,达到灵与肉的交融,亦真亦假,似实似虚,于纤细、柔美之中迸发出生命的激情,将内心美好的理想投影于舞蹈之中。舞蹈的光芒笼罩整个舞台,飞扬的活力在膨胀中爆发出凝聚的能量。形似之中见神似,舞者用舞蹈抒发出企盼吉祥、和平和幸福的心声,勃发向上的精神蕴含其中。无论是在创作上,还是在表演中,舞者都能将对生命的深刻体验和真切动人的情感与灵动的舞蹈韵律结合在一起,具有极为强烈的艺术魅力。

七、《踏歌》

类别:古典舞

编导:孙颖

作曲:孙颖

作词:王建

舞台美术:刘斓源

首演:1997年,北京

演出单位:北京舞蹈学院

主演:刘捷、张婷婷

踏歌,两脚踏地出声作为节奏,边歌边舞,是中国古代很流行的一种民间自娱舞蹈形式,汉代兴起,唐代风靡,以民间的"达欢"意识为母题,民间有,宫廷也有。汉族地区已经失传,边疆少数民族至今仍有踏歌形式的舞蹈,北京舞蹈学院表演的《踏歌》是取魏、晋以及南朝的文化风韵和古江汉秦淮地域特色参考文物中的舞蹈形象资料编创的。曾获得1998年首届中国舞蹈"荷花奖"比赛作品金奖、表演银奖。曾在欢迎克林顿总统的宴会上、亚运会晚会、雅典奥运会闭幕式上精彩亮相。

《踏歌》所表现的是阳春三月,碧柳依依,一行踏青的少女,翠裙垂曳,联袂歌舞,踏着春绿,唱着欢歌,融入一派阳光明媚、草青花黄的江南秀色里。

《踏歌》具有中国汉代女乐舞蹈的形态特征:汉代女乐舞者以"纤腰""轻身"为美,舞蹈"机迅体轻"却又节奏感极强,如赋中所说"兀动赴度,指顾应声",舞者时而"绰约闲摩",时而"纷飙若绝",时而"翼尔悠往",时而"回翔竦峙";"轶态横出,瑰姿谲起",交长袖,手足并重,"委蛇姌袅,云转飘忽"。在静态舞姿上大量借鉴古代遗存汉画砖的造型,在动态中大胆运用藏族牧区民间舞蹈动律,将奇妙瑰丽的汉魏舞风和民间古朴的踏歌风格相结合。舞蹈动作创造性地运用了"一边顺"的独特舞姿,180度运动弥补了动作的协调对称。如顿步向后甩右手,再用肩带右臂向左前方扣盖、顿步;然后,向前行进,右手曲小臂向后、向前,由低到高前后收送,斜前举臂的动作。这样典型的"一顺边"动作使舞蹈更显得新颖别致,别有一番韵味。《踏歌》的旁侧三道弯体态打破了汉风塌腰撅臀的做作之态,静态中含有自然的动态。翘袖、搭袖、打袖、抛袖这四种水袖技法使整体动作缓急结合,形成典雅而又现代的特点。《踏歌》除了以各种踏步为主要步伐以外,还发展了部分流动性极强的步伐,在"顿"中呈现一瞬间的"流",虚实结合、动静结合,体现了中国古典文化的神韵。

《踏歌》中洋溢着浓厚的文化气息，充满了诗韵、画韵，舞姿古朴别致、流动延绵，生发出文人之气。它复活了古典舞形象，为仅存于汉画中的舞蹈动作找到了新的生命力。

《踏歌》透过容聚其中的民族情韵、清新的格调、鲜活的乡土气息与深邃的内蕴，带给我们的史学和美学价值远远超乎作品本身的艺术成就。

八、《千手观音》

类别：群舞

编导：张继刚

作曲：张千一

手语：王晶等

首演：2000年，美国

演出单位：中国残疾人艺术团

主演：邰丽华等

《千手观音》由总政歌舞团团长、中国舞蹈界"世纪之星"唯一获得者、被称为"舞界奇才"的张继刚编导，由生活在无声世界里的中国残疾人艺术团的聋哑舞蹈演员演出。作为艺术团"我的梦"专场演出的保留剧目，凭借其气势恢宏、雍容大度的表演，曾在四十多个国家演出，均引起轰动。

《千手观音》共有三个版本，第一个是2000年中国残疾人艺术团出访美国时，在"我的梦"晚会中的表演，第二个是在2004年雅典残疾人奥运会闭幕式上的表演，第三个版本是2005年中央电视台春节联欢晚会上的表演。

《千手观音》取材于佛教中的观音形象，以敦煌壁画中的千手观音形态为蓝本，凭借独特的艺术构思和演员丰富的肢体语言，创造出给人心灵以震撼的视觉盛宴。

《千手观音》将最主要的舞蹈元素集中于演员的"手"，手臂的动作整齐划一、层次分明，单一而有秩序，通过变幻莫测的动作设计达到令人惊叹的艺术效果。这与传统的舞蹈形式有很大的不同，整场舞蹈基本没有大幅度的移动，肢体语言都被凝聚在演员手臂的开放收合上，手上的动作仅表现为兰花指的收、放、弹、点。简约的表演在悠远的音乐设计和单纯的舞美构成下，传达给观众的是安详、沉静、肃穆的心理感受。

《千手观音》通过"千手千眼"的舞蹈编排，达到了艺术的极致性视觉效果，具有极强的视觉冲击力。整个作品气势恢宏、雍容大度、无以复加。观音手臂之舞，出神入化、玄机四伏、千变万化、终以归一。

《千手观音》获得成功，使观众除了在艺术上获得极致的审美感受，而且在精神层面上也得到纯净、肃穆的心灵熏陶。作为深具民族特色和文化蕴涵的观音文化，本身就具有相当深厚博大的世俗关怀，强调仁爱精神，旨在普度众生。之前也有人尝试使用观音作为舞蹈元素，但这是第一次成规模地出现在舞蹈中，它突破了对敦煌舞姿的单纯展示，塑造了源于宗教文化而又不同于宗教文化的观音形象，表现了观音安详端庄及其关爱天下苍生的宗教情怀，唤醒了人们内心深处的神圣感与崇高感。

九、《仙女》

类别：芭蕾舞剧
编剧：欧尔多夫·努里
作曲：琼·施奈茨霍夫
编导：菲利浦·塔里奥尼
首演：1832年3月12日法国巴黎皇家歌剧院

《仙女》是芭蕾丹麦学派的代表，为丹麦皇家芭蕾舞团的传统保留剧目。它由H.拉文斯基·奥尔德作曲，丹麦著名芭蕾大师、舞蹈编导、丹麦学派创始人奥古斯丁·布侬维尔编导。

《仙女》最初是于1832年由菲利浦·塔里奥尼为他在巴黎歌剧院的女儿玛丽·塔里奥尼创作的。布侬维尔于1834年在巴黎看了这部芭蕾，两年以后，他在哥本哈根创作了他自己的《仙女》，露茜亚·格拉恩演仙女，而他自己演詹姆斯。受法国浪漫主义的影响，布侬维尔的《仙女》是他唯一的一部悲剧芭蕾，把哑剧和舞蹈完美地结合在一起是这部芭蕾的特点。

仙女是古典芭蕾舞中最具诱惑力的人物。她多少年来给观众和演员所带来的是对布侬维尔永恒的舞蹈魅力的欣赏与赞叹。芭蕾通过华丽的舞蹈描述了忧郁的感情，并表现了中产阶级的安逸生活的不协调和阶级本身对未知者的一种不可抗拒的诱惑。

《仙女》讲述了苏格兰青年农民詹姆斯订婚前与林中仙女——西尔菲达在梦中相见。他们彼此相爱，他离开了原来的未婚妻，跟仙女离去。不久，詹姆斯发现很难留住仙女，于是采纳了女巫的意见，用长纱巾缠住仙女的腰部，结果仙女的两个翅膀掉了下来，立即死去。这时詹姆斯的未婚妻答应了詹姆斯朋友的求婚，婚礼的行列在詹姆斯一旁通过，见此情状，詹姆斯非常懊悔，最后昏倒在地。

这部舞剧的情节与以往的芭蕾舞剧有所不同，过去的芭蕾舞剧情节往往习惯以大团圆、狂欢舞蹈来结束，而《仙女》则以忧郁悲伤的场景结束，给人留下无限回味。这部舞剧的成功之处在于它实现了浪漫主义舞剧的变革，它无论在故事情节、戏剧结构以及舞台布景、人物服饰、舞蹈表演技巧等方面，都较之前的芭蕾舞有了较大的突破。这部舞剧最突出的贡献是女芭蕾舞演员立起了脚尖，并且身着半透明的白色薄纱。白纱舞裙后来成为浪漫主义的芭蕾象征而保留下来。此外，还新设计了"飞行""大跳"等优雅的舞姿造型，丰富了古典芭蕾舞剧的语汇。

十、《天鹅湖》

类别：芭蕾舞剧
作者：柴可夫斯基
导演：魏泽尔·尤利乌斯·莱辛格
首演：1877年2月20日莫斯科大剧院
主演：莱尼亚尼

《天鹅湖》原为柴可夫斯基于1875—1876年为莫斯科帝国歌剧院所作的芭蕾舞剧，于1877年2月20日在莫斯科大剧院首演，是俄罗斯古典芭蕾学派的经典之作，与《睡美人》《胡桃夹子》并称"三大古典芭蕾舞剧"，是世界上最著名的芭蕾舞剧，也是所有古典芭蕾舞团的保留剧目。《天鹅湖》版本众多，彼季帕、伊万诺夫于1895年为了纪念柴可夫斯基编排的《天鹅湖》，成为范本。

《天鹅湖》取材于神话故事，描述被妖人洛特巴尔特用魔法变为天鹅的公主奥杰塔和王子齐格弗里德相爱的故事。最后，爱情的力量战胜了魔法，奥杰塔得以恢复为人身。全剧分四幕，包含二十九个分曲。

舞剧中几段双人舞、三人舞、四人舞和令人眩目的性格舞以及整齐划一的天鹅群舞令人目不暇接、美不胜收。尤其是伊万诺夫编导的第二幕，无论是构思、结构、编舞，还是艺术手法都十分严谨、完美和高超，在舞蹈思维方式上向高度概括化、抽象化和象征化迈进了一大步，创造了交响乐般的多层次结构的编舞形式，为舞剧的成功做出了重要贡献，成为所有版本保留的经典，是芭蕾艺术中千古绝唱的精品，被视为19世纪浪漫主义芭蕾的巅峰。其中"四小天鹅舞"的设计更是令人拍案叫绝。他用音乐复调手法，成功地处理腿和头的动作，当腿做各种急速的小跳打击动作时，头也不断地从一边缓慢移动到另一边，腿的急速动作代表了小天鹅顽皮、活泼的性格和儿童特征，头的缓慢移动代表了天鹅的温柔和从容不迫。他让四位女演员相互手拉手，一直捆绑着手臂，只有足蹈，没有手舞，似乎限制了演员的表现力，但这一特殊的艺术处理，恰恰增强了四小天鹅舞蹈独特的艺术魅力。一方面它使观众注意力集中在编排灵巧、整齐、美妙的腿部动作上，同时，又因四小天鹅挨得很近，每个动作又好像在空间放大了四倍，产生了奇特的视觉效应，更重要的是编导准确地捕捉住四小天鹅会走、会跑、会跳，但不会飞的艺术特征。只有在舞蹈结束时，四位女演员才撒开双手，抬起手臂，仿佛展翅欲飞，但又立即跪下来，并把"翅膀"收起来，交叉在胸前，毕竟它们还不会飞。

此外，奥杰塔和奥吉莉亚通常是由同一位女芭蕾演员扮演的。这是古典芭蕾舞角色里面难度最大，而且强度最大的挑战。这不仅是因为两个角色截然相反，而且舞蹈动作要求也非常严格。例如第三幕里一场景里黑天鹅的32圈名为"挥鞭转"的轴转。这32圈挥鞭转要求连续完成，整个过程脚尖的移动范围不能超过一条皮带围成的圈才为优秀的表演，这十分考验女演员的腿部力量。这32圈挥鞭转是意大利芭蕾演员皮瑞娜·莱格纳尼于1892年独创的，舞者以细腻的感觉、轻盈的舞姿和完美的技巧，诠释了白天鹅和黑天鹅完全不同的心灵世界，而这一高难度动作后来也作为天鹅湖里的一段重头戏，成为衡量芭蕾演员和舞团实力的试金石。

芭蕾是世界舞坛公认的舞蹈界的王冠，而《天鹅湖》是王冠上璀璨夺目的宝石。《天鹅湖》以其无与伦比的艺术魅力成为"一部站在19世纪的俄国和世界芭蕾的纪念碑"。

第七章 时空百转 声画相济
——影视艺术(上)

第一节 电影艺术概述

迄今为止,人类艺术历史中影视艺术是唯一可以确定其诞生时间的艺术门类。

影视艺术从诞生之日起,即为人类增添了一对文明的翅膀,以叙事的千回百转、画面的色彩斑斓、时间的随意转换完善了人类一次次的梦幻之旅,解决了空间与时间、视觉与听觉、表现与再现的美学矛盾,改写着人类的生活方式,成为人类忠实的精神伴侣。

一、电影艺术界定

电能技术、摄影技术、医学技术是电影艺术赖以发生的、不可或缺的条件,而这三者恰是外国所具备的,正是基于此,可以想见电影是外国电影人的发明。所以,电影艺术之于中国人来说,是一种舶来艺术,但是正如电影史学家乔治·萨杜尔在其著作《世界电影通史》中所说的,电影的先驱是皮影戏与幻灯。可见,电影艺术与中国古老的宫廷游戏渊源甚深,是中国古代文明启发了现代电影艺术的产生。

在人类的文明史上,电影艺术是继文学、戏剧、绘画、音乐艺术、舞蹈、雕塑艺术之后产生的艺术,被称作"第七类艺术"。电影艺术诞生较晚,但全面包容此前的艺术门类,并呈现出综合性的新质。作为影视艺术之一的电影艺术同样是一种使用综合手段的艺术样式,融合吸纳了现代电影艺术先进的技术手段与高超的艺术手段,又兼收并蓄其他姊妹艺术特长与本民族文化特色,成为世界电影之林中一道独特的风景。

二、电影艺术发展历程

(一) 中国电影艺术发展历程

1895年12月28日,路易·卢米埃尔和奥古斯特·卢米埃尔兄弟二人在法国巴黎卡普辛路十四号大街咖啡馆的地下咖啡厅里放映他们摄制的短片，标志着人类伟大又举世闻名的视听艺术——电影艺术诞生。

世界电影艺术诞生不久，1905年的秋天，北京丰泰照相馆(即今南新华街小学原址)园子里放映一部约半个小时的短片——《定军山》，标志着中国电影艺术正式诞生。这部短片是由该照相馆摄影师刘忠伦使用定点拍摄方法把当时著名京剧演员谭鑫培的京剧唱段《定军山》搬上银幕，成为中国第一部电影。《定军山》是中国人自导、自演的第一部戏剧片，表现出极其鲜明的戏剧艺术特色，还没有完全脱离戏剧艺术。

1913年，电影伟大的先驱者，戏剧评论家出身的郑正秋与经营广告业务的张石川联合执导的电影《难夫难妻》(又名《洞房花烛夜》)上映，虽然是由美国人经营的中国第一家电影公司亚细亚影视公司所出品，但是标志中国人自己创作的第一部故事片的诞生。

《难夫难妻》的成功，吸引了不同艺术观念、创作目的的人士进入电影行业，外国、民族资本家为获得高额票房利润，纷纷投资兴办电影公司，使中国无声电影进入了一个繁荣但混乱的发展时期，正如当时电影评论所述，影片内容五花八门，既有忠孝节义，也有匪首红颜；既仰仗戏剧舞台，也照搬文明戏，出现了《孤儿救祖记》《玉梨魂》《最后之良心》《上海一妇人》等一批在商业与艺术上获得双重成功的作品。作品大都揭露与鞭挞封建婚姻、娼妓制度。这一时期电影艺术的繁荣标志我国民族电影艺术初盛时期的到来。王汉伦成为中国第一位女职业演员，她享有"悲剧明星"之誉。

自1926年后的四年多时间里，电影界掀起了"古装片""武侠、神怪片"的创作热潮。"古装片"多以文学艺术中"才子佳人"与"英雄美女"的传统叙事为母题，过于注重商业利益，迎合市民低俗趣味，充满媚俗的情调。值得一提的作品是民新影片公司的作品《西厢记》和大中华百合影片公司的作品《美人计》。与此同时，在市场的诱惑下，另一类低成本、短周期的影片"武侠、神怪片"迅速席卷当时的电影业，风靡一时，出现了《火烧红莲寺》《火烧九龙山》《火烧七星楼》《荒江女侠》《儿女英雄》《女镖师》《乱世英雄》等大批影片，不胜枚举。同时也诞生了洪深、孙瑜、史东山和欧阳玉倩等一批对后来电影产生深远影响的电影人。

1930年，中国左翼作家联盟在上海正式成立，这对于电影的发展影响深远。1932年，在"左联"领导下成立进步电影小组，由夏衍负责，确立了电影的正确方向，艺术上也取得了一定的成就，并创办理论性电影刊物《电影艺术》，自此电影的美学品格初步形成。这一时期的电影直接反映尖锐的社会矛盾，表现出现实主义特征，出现了大量电影精品，有郑正秋编导的《姊妹花》、蔡楚生编导的《渔光曲》《新女性》、孙瑜执导的《大路》、吴永刚执导的《神女》、袁牧之与应云为联合执导的《桃李劫》。电影演员的演技也由此走向成熟，涌现了大批优秀演员，女演员如阮玲玉、蝴蝶、白杨、王人美、周旋、上官云珠等，男演员如金焰、赵丹、蓝马、陶金、袁牧之、金山、魏鹤龄等，至今使人难忘。

1937—1941年，中国特殊的战事背景使上海苏州河以南的德租界与公共租界虽被日军包围但相对安全，电影人在时局和商业的双重压力下，以极大的勇气在此制作了大量借古喻今的古装影片，被称作"孤岛电影"，其中魏如晦编剧、张善琨导演的《明末遗恨》，反响较大。

从抗日战争到新中国成立之前，电影艰难曲折地发展着，出现了一批具有浓重审美厚度的优秀影片，如《八千里路云和月》《一江春水向东流》《万家灯火》《小城之春》《祥林嫂》《假凤虚凰》《生死恨》《神女》《松花江上》等，饱含民族电影在沉重时代中的悲壮气度，电影的悲剧美学品格开始形成。

1949年以后，社会主义事业百废待兴，电影结束了悲剧时代，直至"文革"前被称为"十七年电影"。电影人以真诚的态度、真挚的情感拍制出了大批脍炙人口的优秀作品，主题大多是对旧时代、旧社会的彻底批判，对新时代、新政权的热情讴歌，在今天看来，因过于强调现实的欢悦气象，颂扬英雄的伟大，导致对现实生活的处理过于简单化，对人性的表现过于拘束，甚至有些变形。其中较成功的电影作品有《白毛女》《小兵张嘎》《我这一辈子》《红旗谱》《今天我休息》《李双双》《我们村里的年轻人》《红色娘子军》《祝福》《老兵新传》《钢铁战士》《柳堡的故事》等。

"文革"十年期间，电影成为政治的工具，艺术被践踏、现实被抛弃，造就了畸形的电影。

改革开放的到来，使得蛰伏了十年的电影整装待发，在理想的催发下，以突飞猛进的态势发展着，以入世的责任、救世的情怀真实地表现生活，展现人生百态。代表作品有大家耳熟能详的《苦恼人的笑》《小花》《人到中年》《巴山夜雨》《喜盈门》《邻居》《小街》《被爱情遗忘的角落》《乡情》《人生》《老井》《青春祭》《湘女萧萧》等。

进入20世纪90年代，伴随改革步伐的加快，电影进入了一个多元化、市场化、国际化的发展时期，电影类型分化促使精品迭出。电影导演顽强探求，新人不时涌出，使得电影进入一个审美狂欢、明媚多姿的时代，并走向国际舞台。

(二) 外国电影艺术发展历程

人类电影艺术自诞生之日起，被认为是一种新奇的事物，用来展示魔术与幻景。最初的影片长不过几十米，放映时间为几分钟，是变换镜头的单镜头影片。但在幼稚的影片中，已出现景的变化和特技摄影。

法国卢米埃尔兄弟是纪录片的创始者，所拍摄影片真实地记录了生活中的实景，在1896年摄制的《火车到站》中由于用了不同的景深，使同一个镜头具有远景、中景、近景和半身特写。

美国人梅里爱被誉为"现代电影之父"，他所拍摄的影片，最初是一些魔术片或演出的时事片，梅里爱在《贵妇人的失踪》中用停机再拍的方法，使一个坐在椅子上的女人忽然消失。梅里爱在使用模型和特技摄影上成就非凡，发明的特技摄影包括叠印、叠化、合成摄影、多次曝光、渐隐渐显，信守"银幕即舞台"的概念，遵循经典的戏剧三一律，在地点、时间、动作的统一基础上，还做到了"视点的统一"。

1908年，因题材恐慌造成电影艺术危机。为了吸引上流社会观众，电影转向"高尚的题材"，求助于戏剧艺术。1908年，法国成立"艺术影片公司"，提出"用著名的演员演出著名的作品"的口号作为制片方针。第一部艺术影片《吉斯公爵的被刺》拍成上映后，在国内外获得巨大的商业成功。意大利、丹麦、美国的制片公司相继效仿，从著名的戏剧和文学作品中吸取题材，摄制艺术影片顿时成为盛行风尚。

蒙太奇作为电影艺术的独特语言，在1908年以前，英国人詹姆斯·威廉逊等人拍摄的短片中就已存在。但真正把蒙太奇生成为艺术手法的是美国电影大师格里菲斯，他吸取梅里爱的特技技巧和英国电影经验，创造了平行蒙太奇和交替蒙太奇。电影拍摄剪辑中各种蒙太奇手法的运用使其代表作《一个国家的诞生》获得巨大成功，开辟了电影艺术的新纪元。蒙太奇手法也对苏联电影研究产生了深远影响，蒙太奇经由维尔托夫、库里肖夫、爱森斯坦和普多夫金有效的探索，不同的镜头组接在一起时，会产生各个镜头单独存在时所不具有的奇妙含义，使蒙太奇理论达到了细致完美的高度，建成了完整的蒙太奇理论体系。

1921年，苏联的吉加·维尔托夫组织了"电影眼睛派"，发表了"抓住生活即景"的宣言，认为电影实质在于拍摄角度和蒙太奇，因此他致力于研究电影艺术手段，这给纪录电影以极大推动。但由于该流派过分痴迷蒙太奇创造一切，使电影艺术流于形式主义和唯心主义。

人类最早的电影为无声电影，伴随贝尔电话技术的发明，1926年，华纳兄弟公司制作有声电影《爵士歌王》获得巨额收入，1928年有声电影广泛出现，好莱坞其他制片公司竞相拍摄音乐艺术歌舞片，风靡一时。影片故事情节用言语来叙述，人物思想感情通过言语来表达。声响与对白成为电影艺术语言的新元素。电影趋向"戏剧化"。20世纪三四十年代的美国影片，大部分是按照戏剧冲突律构成；有序幕、纠葛、突变、高潮、结局等戏剧结构。在第二次世界大战爆发之前，好莱坞的影片模式通过它在欧洲摄制的外语版影片和后来的配音译制片扩展到各国。"戏剧化"成为各国电影的共同趋向。在表现方法上，有声电影注重包括声音和演员动作在内的画面结构。

第二次世界大战后的20世纪50年代是电影艺术革新的年代。立体电影、全景电影、宽银幕电影相继出现，轻便摄影机、高速感光胶片与磁带录音、立体声的出现使电影艺术飞速发展，促使电影艺术更加多样化，更真实化。这一时期，以战争为题材的故事片在各国风行。影片内容在人民运动推动下，转而反映社会现实。意大利的新现实主义电影和法国的"新浪潮"电影在这一时期竞相产生。战后崛起反传统的意大利新现实主义电影。在内容上，表现意大利人民的反法西斯斗争与战后社会问题；在制片方式上，提倡"把摄影机扛到街上去"，使用非职业演员，拒绝舞台手法和动作设计，采用即兴演出；在表现方法上，大量采用中、远景，摇镜头和长焦距镜头，显示背景和人物全貌，拒绝蒙太奇效果。新现实主义电影对各国电影有着长远的影响。法国"新浪潮"用来指1958—1962年出现在法国的一批新兴而年轻的电影导演。他们的文化修养和个性风格各不相同，共同之处是反对传统电影的做法，强调电影是一种个人的艺术创作。在制片方式上，承袭意大利新现实主义电影，这是由开始拍片时经费不足所决定的，在其影片完成后，原有的制片方式被逐渐放弃。"新浪潮"电影在内容上不表现重大的政治和社会问题，表现多为个人题材；在技巧上使用长时摇拍、长镜头、定格、镜头摇晃颤动等。在剪辑手法上节奏快、切割频繁，用以增加影片的镜头数目，广泛使用景深镜头，即长焦距镜头，代替传统的蒙太奇手法。"新浪潮"电影，使用景深镜头和推、拉、摇、仰俯拍等改变了电影艺术面貌。

20世纪60年代兴起"作家电影"和"真实电影"，两者趋向相反。"作家电影"由志趣相通的短片导演和艺术作家组成，因住在巴黎塞纳河左岸，又名"左岸派"，包括阿仑·雷乃、阿涅斯·瓦尔达等，代表作品有《广岛之恋》《长别离》等。真实电影则主张表现处于社会中间层的普通人的生活，开始于法国，成员主要为纪录片导演，要求电影记录真实的社会现象。

由于电影艺术各种流派和各国导演的不断创新，外国电影从20世纪六七十年代以来有着显著的变革。纵观电影取得的成就，是电影人在艰辛曲折的道路上长久的努力，更是无数电影前辈倾洒血汗的结果。电影艺术发展至今，已形成一系列较完备的艺术标准和自身独具特色的艺术品格，在人类艺术中已形成明显的话语优势。未来电影艺术会不断地创新文化产业发展样式，成为具有竞争力的新型电影业态，励精图治，前途无限。

第二节　电影艺术的审美特征

一、艺术兼容的综合性与视听结合的技术性

在人类的艺术史上，文学、戏剧、绘画、音乐、舞蹈、雕塑、建筑艺术在蒙昧时代或文明时代初期就已相继出现，而电影艺术则产生于19世纪末期。虽然它的诞生晚于其他姊妹艺术，但是电影艺术融合与吸纳了各种门类艺术的优势与学养，借鉴了戏剧艺术在表演、编剧、导演等方面的艺术规律；汲取了文学艺术的叙事方式和典型形象塑造等方法；吸收了造型艺术的空间处理方法等；融汇了音乐艺术、舞蹈艺术抒发情感、渲染情绪等作为重要艺术手段，进而对其进行化合改进，形成自身彰显的独特个性，成为一种综合性艺术。电影艺术既是视觉艺术，又是听觉艺术，既是时间艺术，又是空间艺术，它形式上遵循各门类艺术共有的规律，灵魂中浸润了各门类艺术精神、文化层面的内涵，由此可以说综合性是其最显著的特征。正是由于其自身具有综合性的美学特征，使它能够集视听、时空、动静、表现与再现于一身，是客体与主体、再现与表现、反映与创造、技术与艺术的有机统一。此外，电影艺术在百余年的成长历史中，先后经历了从无声到有声、立体声、模拟声及数字声的变革；从无色到彩色的变革；从常规银幕到宽银幕、遮幅式宽银幕、水幕、环幕的银幕变革；从传统拍摄到计算机合成技术的变革，电影发展历程中的四次技术革新，严格地解决了视听结合的美学矛盾，使之成为视觉艺术与听觉艺术的综合艺术。

电影艺术最大限度地融汇了诸多艺术门类的手段技巧和人类日臻完熟的科学技术成果，呈现出一种艺术兼容的综合性与视听结合的技术性。

二、画面的运动性与画幅的固定性

电影是以活动影像的形式问世的。电影诞生时进行运动摄影、分切拍摄，即使用不同

景别的分镜头拍摄和组接叙述，运用蒙太奇方法处理影片。电影由许多段落构成，每个段落由一个以上的镜头画面组成，每个镜头画面长度不一，但都是分切单独拍摄的，因此它是完整作品的一个组成部分，是完整银幕形象的一个构成因素，所以分切单独拍摄的每个镜头画面，还必须运用蒙太奇方法组接电影画面，即单独分切拍摄组接连续叙述，这样连接起来的镜头，不仅可以客观地再现运动景物，而且镜头和镜头的组合还会产生新的含义、新的韵味，意识流镜头、声画对位、主观镜头、内心独白、跟踪拍摄、同期声、长镜头以及幻觉画面等技巧的运用，大大丰富了电影的表现手段，增强了画面的运动性，使之动态地呈现在电影之中。

电影画面的普通画幅为22∶16，遮幅画面为1∶1.66～1∶1.68，宽银幕压缩画面为22∶18.5，用变型镜头放映出来的画面为1∶2.5，除此之外还有全景电影、环幕电影等形式。对于一部电影来说，电影银幕的画幅变化会使受众视觉的宽广空间感增强，增加电影画面的构图美，提高电影画幅的固定性与运动表现。运动表现也称运动摄像，指摄像机在运动中表现对象的静止或运动状态。运动摄影突破了固定画框的局限，延伸了画面空间，运动摄像可以在一个画面中得到不同景别、视角的变化，同时在运动中光线、色彩也在不断地变化，这些变化使电视画面在再现现实方面，得到更加逼真的效果。单一的画面，不能构成完整的艺术作品，虽然每个镜头画面都有一定的含义，但不能单独表达作品的主题。必须把许多不同内容、不同景别、不同角度的画面通过蒙太奇的手段组接起来，才能塑造出完整的艺术形象，叙述一个完整的故事，体现电影艺术画面的运动性与画幅的固定性审美特征。

三、视觉形象的逼真性与艺术形象的假定性

电影画面在某种情况下，可以激起观众强烈的现实感，使观众确信银幕上出现的一切是客观存在的。因此，电影艺术画面塑造的视觉形象要具有直观性，能够真实地再现空间与时间，实现一种直观的真实，达到其他任何门类艺术无法超越的真实反映客观对象的独特能力，呈现出视觉形象的逼真性的艺术特征。伴随科学技术的飞速发展，在电影艺术家主观意识的支配下，电影艺术这一特征呈现得愈加强烈。

但是电影艺术并不是生活的简单照相，也不是客观的真实显现，并非记录与复现客观世界，而是使用二维空间的平面图像表现三维空间的立体现实的一种艺术。电影艺术所追求的真实是一种艺术真实，这种艺术真实也就是艺术形象的假定性。对于电影艺术而言，在艺术处理上必须达到情节真实、语言真实、细节真实，符合客观事物原本的发生发展的艺术规律，这是电影艺术创造的重点，失掉艺术的真实性就会削减电影的艺术魅力。

因此从这种意义上说，视觉形象的逼真性中透露出的是一种假定的真实，即艺术形象的假定性。电影艺术中视觉形象的逼真性与艺术形象的假定性要做到有机统一，相辅相成。

四、公众观赏的时限性与电影时空的无限性

电影画面是影视语言的基本元素，也是其有机组成部分，每个电影画面呈现在电影公众面前都有一定的时间限制。观看电影，要受到严格的时间制约，常规电影九十分钟，每个画面又是瞬时即逝，决定了电影艺术显现出观赏的时限性。这一特性要求对画面的造型处理必须单一，内容要简练，人物设置合乎情理，众多的群众场面也是如此，构图、造型意图应当单纯，一目了然，不能含糊不清，画面闪过，观众要心领神会。经过电影创造者的取舍、剪裁、加工、提炼与改造，大至宏观世界，小至微观领域，甚至具象化的心理时空，都能尽收电影影像，观众欣赏电影艺术时，也是红尘万千景象尽收眼底，感受到电影艺术穿越时空的无限性，实现自身的梦幻之旅，得到一种非凡的审美享受。电影艺术呈现的公众观赏的时限性与电影时空的无限性，使电影艺术成为老少皆宜、雅俗共赏的艺术门类。通过特定的技巧处理与表现手段，可以将联想、回忆、幻觉、梦境同现实融为一体，将现实的时间延长，或者将时间定格，通过打乱现实时间的自然顺序，将过去、现在和未来的时空进行交叉衔接。在影视独有的自由时空和美学时空里，公众观赏的时限性与电影时空的无限性这对美学矛盾得以解决，美的形式中映射着同样美感的表达，美被定格或延长，从而产生美的交叠，营造出奇妙的表达效果。

第三节 电影艺术的审美狂欢与现代启示

现代科技的飞速发展、大众传媒技术的普及、社会市场语境的独立形成、影视艺术的文化产业化，促使电影艺术作为一种新的文化样式日益主流化。当代电影以大都会城市为中心，以大众消费为服务宗旨，以现代大众传媒为介质，与文化产业相关联，批量生产并按市场规律运作。因其注重休闲性、游戏性和娱乐性，以一种日常文化形态迅速渗入人们的生活方式之中。在这种市场语境下，作为大众文化主流样式的电影艺术，呈现出狂欢化的发展态势，影响着躁动的社会人群，引导着人们的日常文化消费。

一、电影艺术的审美狂欢化

"狂欢化"理论来源于欧洲中世纪和艺术复兴时期的狂欢节文化，由20世纪思想家巴赫金提出。他认为，中世纪人们过着两种生活：一是刻板严肃、严格遵守等级制度；二是狂欢节式的自由自在、疯狂恣情。后者由于摆脱了特权、禁忌而成为人们自由真实的存在形式。如今，巴赫金的"狂欢化"论，已发展到整个大众文化及社会消费领域，并且已经内化为人们的艺术思维方式和独特的世界观，对人们生活和审美观念产生影响。当下，在全球化、城市化、工业化、现代化进程日益加剧，经济增长和社会飞速发展的背景下，社会公众工作繁

重，长期被压力、情绪所困，电影艺术审美的日常文化心态深受快节奏的现代化进程影响。传统遭受颠覆，文化审美观念转变，形成独特的欣赏要求与一种潜在的定向心理期待，大众更追求滑稽幽默、搞笑热闹的审美视觉体验，即追求心理愉悦感，达到心态平衡，最终升华为一种情感上的自我实现和自我超越。

走上文化产业轨道的电影艺术，其作为特殊精神商品的复杂性、流变性以及其本身特有的传播方式，决定电影艺术在市场语境下突出狂欢化的审美价值，体现出单向度、瞬间即时性的审美特征，力图使电影公众在欣赏电影艺术的视觉审美活动中淡化现实性时间压力，集中生产与制造于审美受众直接感受的满足效应，这种审美体验迎合了人性中最本能的要求——娱乐、狂欢。

正如20世纪80年代张艺谋的电影《红高粱》首先揭开了中国电影"狂欢化"的序幕，是巴赫金"狂欢化"理论的民间再现，整部影片中的民族性格和世界观都染上了"狂欢化"的色彩，一种野性的原始力量在一片火红高粱里张扬劲舞，狂放不羁的人们毫无世俗观念，充满坚持的力量与激昂的精神，喝酒、骂人，直至完成最后一场生死狂欢——火中毁灭与再生的狂欢。从此，电影解放思想、打破陈旧观念，走入狂欢化，颠覆陈旧的价值观念和道德规范，尽情演绎人性的不羁、自由和生命张力。20世纪90年代，冯小刚以他的贺岁喜剧系列作品，以荒诞离奇又贴近现实生活的剧情制订了游戏规则，带领中国观众进行时间性的调侃、游乐，狂欢逍遥，快意无比。

发展至今，当下电影艺术的审美狂欢，已经驾轻就熟。电影狂欢化的审美视觉快感追求，使它取消了生存的严肃性，将沉重人生化为轻松诙谐，不肯定也不否定，拒绝生命的批判意识，把承担化为笑料加以嘲弄，迎合审美公众的心理，把小人物的生活理想做了充分的展示，用游戏的快感打造一切。狂欢就是一切。

二、电影艺术狂欢化的现代启示

电影艺术在商业和利益的驱动下，对传统道德规范造成了前所未有的冲击。在全民娱乐的狂欢中，文化似乎失去了其应有的品位。面对这种种困境，重构电影艺术文化品格与审美价值，应引起我们积极的思考。

(一) 以人为本的理性追求

以人为本、人文关怀是社会文明进步的标志，是人类自觉意识提高的反映。在以人为本位的新时代，伴随文化产业的兴盛与扩张，电影艺术为受众制定审美狂欢化式的理解方式和价值原则，满足精神世界的审美需要。在这种意义上电影艺术应面向市场语境为消费者进行"代言"，电影艺术以人为本，倡导人性关怀，就是充分从电影受众群体出发，考虑受众的精神需求。在今天审美泛化的时代，人是最重要的因素。欣赏电影艺术已成为一种群体性的审美活动。精品选出的电影艺术在一定程度上能调整市场语境下受众的审美情绪，感召人创造美好生活。从这个角度上，电影艺术要立足于现实本身，贴近目标消费群的心理情态，以人性化的角度诠释自身，并成为提升文化软实力的工具和手段，在社会精神文明建设中起到一定的教化与启蒙作用。市场语境下，电影艺术作为大众文化的重要组成，在一定程度上应使审美主体的审美意识随着社会的发展而不断地由低级向高级渐变，使人逐步地成为追求生命完美的人，兼具感性和理性，知、情、意和谐统一的完整的人。而人性的完美正是社会和谐发展稳定有力的保障和首要的价值取向。

(二) 不拘一格的个性自由化

在经济日益发展、物质日益丰富的时候，不乏社会责任感淡化、道德规范防线崩溃、金钱成为生存逻辑的现象。从文化上辨析，则是没有正确的审美导引、审美意识失衡所致。在市场语境下，人们的生活丰富多元、复杂多变。受众的审美意识表现为流动、矛盾、复杂而又深刻，甚至在一味追求物质利益与个性的同时，背离文化的本质。针对这种现象，电影艺术在制作时，应予以正确的审美指引，欣赏电影艺术的固有动力——受众对新奇事物的无止境接受，是一种无形价值。所以，电影艺术应具有多层面而不拘一格，以受众趣味为基石，将雅俗共赏作为审美追求，充分利用传统文化优势，将民俗、人情、地域、风貌有机地融合在一起，加强生活实践的表现，预测文化市场的动向，琢磨审美受众的情感欲求，强调个体生命经验的自由张扬，为受众搭建一个宣泄情感、实现梦想、张扬个性的平台。

电影艺术应追求强烈自由的个性，以突显的时尚引领着社会潮流的走向。因此，缺乏创意和个性的电影艺术，只是浮光掠影式的扫描。不能因循守旧、墨守成规，而要勇敢地标新立异、独辟蹊径、不拘一格。此外，还要为促进电影公众的个性自由和形成较强的审美能力、完美的人格，具备至真、至善的审美追求，发挥积极的导向作用。

(三) 打造健康时尚的审美观念

电影艺术传播对弘扬优秀的人类文化，塑造适应社会发展的价值观念，建构符合时代的大众审美标准都有重大意义。在市场语境下，物质生活水平空前提高，物质文明与精神文明之间出现反差。受商业市场与文化市场的利益驱动，大量缺乏美学品味、粗制滥造的电影个案出现，不仅污染人类生存环境，威胁人类精神健康，还改变着受众的价值观念和审美情趣，更阻碍文化的发展，与真、善、美背道而驰。

在自由多元的市场语境下，当代电影艺术表现出的社会秩序与价值观念，体现了新时期的审美突变。市场视域下省察，电影艺术应在"商业性"和"艺术性"中寻求辩证统一，实现经济效益和文化效应的共振，出现多元化、绩效化、互动化、人文化的发展趋势，并逐步提升自身的美学趣味与审美价值，营造出时尚流行的大众文化环境，并最终创造出社会、商业、艺术、文化价值。电影艺术树立健康、时尚的审美观念，引发审美公众艺术共鸣，提升个人的审美修养与能力，个人的自由价值也得到充分肯定，并把自由推向无限。在电影艺术美的感召下陶冶、净化心灵，启迪智慧、愉悦身心，塑造完美的人格。

第四节 电影艺术鉴赏常识

一、中国导演代系划分

(一) 第一代导演

"第一代导演"是中国电影无声期间的代表,主要活动时间在20世纪初到20年代末,以张石川、郑正秋、杨小仲、邵醉翁等为代表的一批导演,堪称中国电影的先驱。"第一代导演"拍摄条件简陋艰苦,创作理念受"五四"新文化运动影响,创作出中国第一批故事片,影片故事性强,结构严谨,戏剧冲突较强,雅俗共赏,一定程度上表现出反封建的民主思想。艺术手段上,中国戏曲色彩浓重,多使用传统的戏剧观念处理电影,采用定点拍摄方法,摄影机基本固定。

其中成就较大的是张石川、郑正秋。代表作品有中国第一部短故事片《难夫难妻》、第一部长故事片《黑籍冤魂》、第一部有声故事片《歌女红牡丹》、第一部武侠片《火烧红莲寺》以及早期较有影响的《孤儿救祖记》。

(二) 第二代导演

"第二代导演"是有声电影开始到新中国成立期间的代表,主要活动时间在20世纪30至40年代,以程步高、沈西苓、蔡楚生、史东山、费穆、孙瑜、袁牧之、应云卫、陈鲤庭、郑君里、吴永刚、沈浮、汤晓丹、张骏祥、桑弧等为代表的一批导演。"第二代导演"的贡献是使中国电影的思想内容从单纯娱乐走向较深入真实地反映社会生活,并发挥社会功能。在故事情节上,追求戏剧悬念、戏剧冲突、戏剧程式;在艺术成就上,强调与突出写实主义,把"写实"和电影化结合起来。此时,中国电影艺术的基本规律逐渐形成,打破戏剧艺术的舞台形式局限,转向对电影艺术内涵的探寻。"第二代导演"使中国电影艺术从戏曲艺术的襁褓中分离出来,显出自己独立的艺术价值,开始使中国电影艺术逐渐走向成熟。

"第二代导演"中成就较大的是蔡楚生、郑君里、费穆、吴永刚、桑弧、汤晓丹等。代表作品有《渔光曲》《八千里路云和月》《一江春水向东流》《神女》《三毛流浪记》等。

(三) 第三代导演

"第三代导演"是新中国成立后到"文革"期间的代表,主要活动时间在20世纪50至60年代,以成荫、谢铁骊、水华、崔嵬、凌子风、谢晋、王炎、郭维、李俊、于彦夫、鲁韧、王苹、林农等为代表的一批导演。"第三代导演"的贡献是以遵循现实主义原则、表现生活本质为创作理念,在影片努力反映时代,深入地展现矛盾冲突,注重中国电影向民族风格、地方特色、艺术意蕴等方面挖掘与探索。"第三代导演"的创作背景正逢中国电影的曲折发展时期，这些电影人引领中国电影自此走上康庄大道。

"第三代导演"中成就较大的是成荫、水华、崔嵬、谢铁骊、谢晋、凌子风等。代表作品有《牧马人》《芙蓉镇》《舞台姐妹》《白毛女》《伤逝》《青春之歌》《小兵张嘎》《红旗谱》《骆驼祥子》《早春二月》《包氏父子》《西安事变》《南征北战》等。

(四) 第四代导演

"第四代导演"是新中国自己培养、主要创作在"文革"结束后这一期间的代表，主要活动时间在20世纪70至80年代，以60年代电影学院的毕业生或自学成才的吴贻弓、吴天明、张暖忻、黄健中、滕文骥、郑洞天、谢飞、胡柄榴、丁荫楠、李前宽、陆小雅、于本正、郭宝昌、颜学恕、黄蜀芹、杨延晋、王好为、王君正、张子恩、宋崇、丛连文等为代表的一批导演。

"第四代导演"学艺于20世纪60年代，其艺术才华到"文革"以后发挥出来。特殊的成长背景，使他们在历史的重荷之下面对现实痛苦的审视，意识到夸饰的弊害，以一种理性批判的勇气使中国电影作品带有一种厚重意味，他们以开放的视野，吸收新鲜的艺术经验，不懈地探索艺术的特性，承上启下，力图用新观念来改造和发展中国电影：打破戏剧式结构；提倡纪实性，追求质朴、自然的风格和开放式的结构；注重主题与人物的意义性；从生活中、从凡人小事中开掘社会和人生的哲理。"第四代导演"是改革开放初期获得重大成就的一支导演力量，为中国电影奠定了厚实的基础。这一代导演至今仍以稳健的创作实力和持久的艺术后劲活跃在中国电影舞台上。

"第四代导演"中成就较大的有吴贻弓、吴天明、黄健中、滕文骥、郑洞天、谢飞、胡柄榴、丁荫楠、陆小雅、郭宝昌、黄蜀芹等，代表作品有《小花》《苦恼人的笑》《生活的颤音》《巴山夜雨》《城南旧事》《神女峰的迷雾》《邻居》《我们的田野》《如意》《乡情》《人生》《人·鬼·情》等。

(五) 第五代导演

"第五代导演"是指"文革"以后在新时期创作中以狂飙突进式的态势影响了中国电影的北京电影学院七八级毕业的一代导演。"第五代导演"经历了十年浩劫的磨难，在改革开放的年代，以创新的激情走入影坛，制作了大批中国新时期探索电影，他们以敏锐的洞察力为中国电影更新了创作理念与影像语言，在选材、叙事、刻画人物、镜头运用、画面处理等方面标新立异，在每部影片中探究新的创作角度。"第五代导演"向中国电影的民族文化、历史与民族心理结构的深度挖掘，其作品以强烈的现实本色表现与文化寓言倾向震撼着中国影坛。在新世纪的中国电影舞台上，伴随市场化的进程，正成为一种中坚力量。

"第五代导演"中成就较大的有陈凯歌、张艺谋、田壮壮、黄建新、李少红、周晓文、张军钊等。代表作品有《一个和八个》《黄土地》《红高粱》《站直喽，别趴下》《摇滚青年》《秦颂》《血色清晨》等。

(六) 第六代导演

"第六代导演"又称"新生代导演"，在20世纪90年代步入中国影坛，是带有先锋性、前卫性、青春性特质的创作群体，以陆川、张元、路学长、贾樟柯、王小帅、张杨等为代表的一批导演。"第六代导演"以文化姿态、创作风格的相对一致而形成在新世纪中国影坛引人注目的电影现象。这一代导演执导的电影作品反映当代中国人内心世界产生的极大转变。因而"第六代导演"的电影体现着一种灰色情调，他们的艺术关注视野与以往历代导演迥然不同，都会边缘人混乱的情感纠葛、迷茫的追求、琐碎的细节描写和俚语脏话式的台词构成了独特的"第六代导演"电影语言体系。"第六代导演"迸发出的强劲创作力，使寂寥的中国影坛突然焕发了勃勃生机。

"第六代导演"中成就较大的有陆川、张元、路学长、徐静蕾、贾樟柯、王小帅、张杨，代表作品有《妈妈》《可可西里》《寻枪》《长大成人》《一个陌生女人的来信》《小武》《三峡好人》《青红》《十七岁的单车》《爱情麻辣烫》等。

二、重要电影奖项

(一) 中国电影奖项

1. 中国电影金鸡奖

"中国电影金鸡奖"是中国电影界专业性评选的最高奖项，由中国电影家协会主办，以奖励优秀影片和表彰成绩卓著的电影工作者。

首届"中国电影金鸡奖"评奖活动于1981年5月举行，以金鸡啼鸣象征百家争鸣并激励电影工作者闻鸡起舞，故名"中国电影金鸡奖"，金鸡奖每年评选一次，评奖委员会由电影专家组成，因此又被称为"专家奖"。

"中国电影金鸡奖"常设奖项为二十项左右(时有增减)，其中包括最佳剪辑、最佳置景等普通观众不甚熟悉的专业性较强的奖项。

2. 中国电影华表奖

"中国电影华表奖"是中国电影的最高荣誉奖，其奖杯采用的是北京天安门城楼前的华表造型，每年由广播电影电视总局对上一年度完成的各片种影片进行评选。华表奖的前身是文化部优秀影片奖，始评于1957年，中断了22年后，从1979年继续进行评奖活动，一年一届。从1994年开始启用"中国电影华表奖"的名字。

3. 香港电影金像奖

"香港电影金像奖"于1982年由《电影双周刊》创办，是从《电影双周刊》每年邀请影评人评选十大电影的扩大和延续，目的是通过评选与颁奖的形式，对表现优异的电影工作者加以表彰，同时亦检讨过去一年电影的不足，希望借此促进香港电影的繁荣发展，提高观众的欣赏水平。1982年与香港电台合作举办第一届颁奖礼，当时只有十大华语及外语片奖等五个奖项。其后与星岛报业合办第二届与第三届，此后由《电影双周刊》独力举办。

4. 大众电影百花奖

"大众电影百花奖"是由中国发行量最大的电影刊物《大众电影》杂志社主办的一年一度的群众性评奖。"大众电影百花奖"和金鸡奖一起统称为"中国电影双奖"。"大众电影百花奖"代表观众对电影的看法和评价，因此又被称为"群众奖"。"大众电影百花奖"由《大众电影》发放选票，读者投票评奖，各项奖均以得票最多者当选。

"大众电影百花奖"评奖始于1962年，但在1963年第二届评奖之后，一直中断了17年，直到1980年才恢复并举行了第三届评奖，此后每年举办一次。自1983年以来百花奖只设有最佳故事片、最佳男女演员、最佳男女配角五个名目的奖项，其中从1980年的第三届评奖开始，"最佳故事片"得奖名额由前两届的一个增至三个。

5. 金马奖

"金马奖"自在我国港台地区创立以来，奖励了许多优秀华语影片及优秀的电影工作者，成为华语影片制作事业最崇高的荣誉指标，也直接或间接地带动了中国整体电影事业的发展。"金马奖"对华人电影事业，堪称具有极重要的历史意义与地位。

"金马奖"华语影片竞赛自1962年开始举办至今，只要是华语发音的影片(包括普通话、粤语、上海话等)均可报名参加竞赛。第十五届之前于事前公布得奖名单，第十五届之后则于颁奖典礼当天公布得奖名单。金马奖共设有二十一个奖项、二个特别奖项、一个非正式竞赛奖项。它包括剧情片、创作短片、纪录片及动画长片等影片奖项；个人奖项则有导演、男女主角、男女配角、新人奖、原著剧本、改编剧本、摄影、剪辑、音效、动作设计、视觉效果、原创电影音乐、原创电影歌曲、美术设计、服装设计等；特别奖项为年度最佳台湾电影、年度最佳台湾电影工作者；非正式竞赛项目则有观众票选最佳影片。每年约有四十部剧情长片，二十部纪录片、创作短片及动画长片报名。

每年金马奖均会发函邀请各大电影团体推荐金马奖特别奖候选人，并由台北金马影展执行委员会讨论通过后，在颁奖典礼上颁发奖状以表扬其杰出贡献。徐立功(杰出制片人特别奖)、李连杰(大陆人士特别奖)、李行(终身成就特别奖)、郎雄(终身成就纪念奖)等，均曾荣获此象征电影界最高荣誉的肯定。

每年12月上旬举办的金马奖颁奖典礼，为每年华语影坛重大盛事之一，华语影坛之重量级导演与明星均受邀出席金马奖颁奖典礼。许多为华语电影做出贡献的电影人，均曾在此获奖。

6. 中国电影童牛奖

"中国电影童牛奖"是中国电影的重要奖项之一，是专为奖励优秀儿童少年影片、表彰取得优秀成绩的少年儿童电影工作者而设立的。1985年，中国儿童少年电影学会受国家广电总局、教育部、文化部、全国妇联、共青团中央委托创办了中国电影童牛奖,其宗旨是团结少年儿童电影工作者,在党的文艺方针和教育方针的指导下,不断提高我国少年儿童电影的创作水平,为广大少年儿童观众拍摄出更多更好的少年儿童电影,让健康优秀的精神食粮伴随孩子们成长。取名"童牛奖",因为这一奖项是在农历牛年创办的,体现了少年儿童"初生牛犊不怕虎"的勇敢精神和电影工作者"俯首甘为孺子牛"的创作态度。该奖两年评选一次,从2002年起改为每年评选一次。

(二) 知名国际电影节及奖项

1. 美国奥斯卡电影金像奖

美国奥斯卡电影金像奖是当前世界上影响最大、历史最悠久的电影奖。1927年设立,由美国电影艺术与科学学院颁发,简称"学院奖"。奖杯为一尊铜像,铜像是个手握长剑、站在一盘电影胶片上的男性人体塑像,高10.25英寸,表面镀金,所以叫金像奖。

奥斯卡金像奖从1929年开始每年评选颁发一次,从未间断。凡上年1月1日至12月31日上映的影片均可参加评选。金像奖的评选经过两轮投票:第一轮是提名投票,先由学院下属各部门负责提名(采用记名方式),获得提名的影片,将在学院本部轮流放映,观后学院的所有会员再进行第二轮投票(采用不记名方式),表决揭晓后进行授奖仪式。由著名演员作司仪,由前奥斯卡奖获得者授奖。

主要项目:最佳影片奖,最佳女演员和男演员奖,最佳导演奖。其他还有最佳摄影、美工、服装设计、原创剧本、改编剧本、改编配乐、剪辑、视觉效果、作曲、音响奖。此外还颁发一些特别荣誉奖。

前十九届奥斯卡奖只评美国影片,从第二十届起,才在特别奖中设最佳外语片奖。其参选影片必须是上一年11月1日至下一年10月31日在某国商业性影院公映的大型故事片。每个国家只选送一部影片,这部影片由该国的电影组织或审查委员会推荐,送交学院外国片委员会审查,从中选出五部提名影片。观摩完五部影片后,再由四千名美国影界权威人士组成的评审委员会,选出一部最佳外国语影片。该项奖只授予作品,而不授予个人。中国电影曾获得最佳外语片提名的有《菊豆》《大红灯笼高高挂》《英雄》《霸王别姬》《喜宴》《饮食男女》。《卧虎藏龙》获得第73届奥斯卡最佳外语片奖,是迄今唯一一部华语获奖电影。而李安导演凭借《断背山》和《少年派的奇幻漂流》两次获得最佳导演奖,是迄今唯一一个获此殊荣的华人导演。

奥斯卡历年引起的最大争议就是在"艺术"与"商业"之间何去何从。通常情况下,获奖作品一般既具有"艺术价值",又具有"商业价值",使两者达到最佳结合点。奥斯卡虽说是站在电影流行艺术的风口浪尖,却极少标新立异,在题材的选择上顺势而行,例如,第67届(1994年)奥斯卡评选时,《阿甘正传》成为最大赢家,获得13项提名,其实这是奥斯卡顺应美国社会长期弥漫的强烈的反战情绪和抚平越战伤痛呼声的结果。幸好奥斯卡的"顺势而行"仅针对影片的题材而言,对于影片的艺术要求,并未降低评判标准,获奖影片在题材上可圈可点,而且在艺术水准上,亦属佼佼者。

2. 法国戛纳国际电影节金棕榈奖

法国戛纳国际电影节被称为"电影节中的王中之王",是当今世界最具影响力、最顶尖的电影节,与威尼斯国际电影节、柏林国际电影节并称为世界三大国际电影节,最高奖是"金棕榈奖"。创立于1939年,每年5月份举行,为期两周左右。电影节的活动分为六个单元:"正式竞赛""导演双周""一种注视""影评人周""法国电影新貌""海外市场展"。有两组评审委员分别评审长片和短片,"正式竞赛"的部分由各国电影文化界人士组成,其人选都是颇有声望的导演、演员、编剧、影评人、配乐作曲家等。非竞赛部分以提拔新人为主,其中"导演双周"及"一种注视"发掘了不少颇具潜力或业有成就的青年导演。奖项设置包括:金棕榈奖、评审团大奖、最佳导演奖、最佳剧本奖、最佳男/女演员奖、一种注目奖、电影基金会奖等。

戛纳国际电影节旨在展示和提高将电影作为艺术的进程中扮演重要角色的电影作品的质量。几乎所有的获奖影片日后都成为经典。此外,戛纳国际电影节还通过强大的媒体宣传,确保入选作品能立即介绍给世界观众,还提供了电影创作者与买主接触交流的机会。

中国影片在戛纳电影节上多次获奖。

1959年,台湾话剧界元老田琛的《荡发与圣女》成为第一部正式参加戛纳金棕榈奖角逐的中国影片。

1962年,《杨贵妃》因富丽堂皇的宫廷布景和服饰夺得最佳内景摄影色彩奖,成为第一部在戛纳获奖的华语电影。

1975年,胡金铨的《侠女》夺得仅次于金棕榈奖和评审团大奖的最高综合技术奖,将中国武侠电影推向了世界。

1993年,陈凯歌的《霸王别姬》获金棕榈大奖,侯孝贤的《戏梦人生》获评委会大奖。

1994年,张艺谋的《活着》获得评审团大奖,葛优成为首位华人戛纳影帝。

1997年,王家卫的《春光乍泄》夺得最佳导演奖,王家卫成为首位获此奖项的华人导演。

2000年,王家卫的《花样年华》获得戛纳最佳艺术成就奖,梁朝伟荣膺戛纳影帝,姜文的《鬼子来了》获评委会大奖,杨德昌的《一一》获最佳导演奖。

2004年,张曼玉凭借《清洁》(法国电影)摘戛纳影后桂冠。

2005年,巩俐获得戛纳国际电影节颁发的"戛纳特别大奖"。

2005年,王小帅的《青红》获得评委会大奖。

2006年,王家卫成为第一位担任戛纳评委会主席的华人。

2007年,王家卫的英语新片《蓝莓之夜》成为唯一入围金棕榈奖的华人导演作品,同时成为开幕影片,这也是戛纳60年来第一次以华人导演的电影作为开幕影片。

3. 德国柏林国际电影节金熊奖

德国柏林国际电影节原名西柏林国际电影节,是世界三大国际电影节之一,欧洲电影文化的又一盛会,每年春季举行,为期两周,从1951年6月举办至今。主要奖项有"金熊奖"

和"银熊奖"。"金熊奖"授予最佳故事片、纪录片、科教片、美术片；"银熊奖"授予最佳导演、男女演员、编剧、音乐、摄影、美工、青年作品或有特别成就的故事片等。此外，还有国际评论奖、评委会特别奖等。柏林电影节最重要的部分是有全世界范围电影参与的竞赛单元，在竞赛结束后，由国际性的评委会颁发电影节主要奖项。柏林电影节涌现了一大批电影导演，如今他们的地位已经写进了电影史。柏林国际电影节的获奖者包括赖纳·维尔纳·法斯宾德、米开朗基罗·安东尼奥尼、让-吕克·戈达尔、英格玛·伯格曼、西德尼·吕美特、克洛德·夏布罗尔、罗曼·波兰斯基、萨蒂亚吉特·雷伊、卡洛斯·绍拉、李安、张艺谋、罗伯特·阿尔特曼、约翰·卡萨维茨等。

中国影片在柏林电影节上多次获奖：1988年，张艺谋的导演处女作《红高粱》在柏林电影节上为中国人捧回了第一个金熊奖，之后李安的《喜宴》《理智与情感》，谢飞的《香魂女》和王全安的《图雅的婚事》也分别捧得金熊奖。张曼玉和萧芳芳曾获得最佳女演员奖，严浩获凭借《太阳有耳》获得最佳导演奖，此外，《本命年》《我的父亲母亲》《十七岁的单车》《英雄》《盲井》《孔雀》《天边一朵云》《落叶归根》等多部影片分别获得各种奖项。

4. 意大利威尼斯国际电影节金狮奖

创办于1932年的威尼斯电影节是世界上第一个国际电影节，号称"国际电影节之父"。每年秋季举行，为期两周。主要目的在于提高电影艺术水平，促进电影工作者的交流和合作，为发展电影贸易提供方便。

奖项设置包括：金狮奖、银狮奖、特别评委会奖；最佳男女演员、最佳导演、最佳原创剧本、最佳摄影、最佳原创音乐等奖项。

金狮奖是威尼斯电影节的最高奖项，颁发给最佳电影长片，大多数年份仅一部优秀影片可获此殊荣，但有的年份这一大奖由两部影片分享。银狮奖是威尼斯电影节仅次于金狮奖的奖项，并非每年都有，有时颁发给角逐金狮奖的影片，有时颁发给最佳处女作电影、最佳短片和最佳导演。

威尼斯电影节以发掘新锐导演著称，被誉为"电影大师的摇篮"，黑泽明、沟口健二、塔尔科夫斯基等名导都崛起于威尼斯。威尼斯电影节更注重参赛者对电影艺术的创新，对具有实验性的独立制作尤其偏好，而非过多强调意识形态和商业与艺术的兼容，这一特色充分体现在威尼斯电影节的口号"电影为严肃艺术服务"之中。

相对于奥斯卡、戛纳对中国人的吝啬，威尼斯电影节对华语电影的青睐有目共睹。侯孝贤的《悲情城市》、张艺谋的《秋菊打官司》《一个都不能少》、蔡明亮的《爱情万岁》、李安的《断背山》《色·戒》、贾樟柯的《三峡好人》等都曾捧得金狮奖。2010年，吴宇森还获得了"终身成就奖"。

5. 美国金酸梅奖

美国金酸梅奖由约翰·威尔逊在1981年设立，由"金酸莓奖基金会"组织评选，是与奥斯卡唱对台戏、专评好莱坞最差影片和最差演员的奖项，每年评选一次。有趣的是，金酸梅奖故意选在得奖名单在每年奥斯卡颁奖前夜公布。该奖起初还属于影迷们自发性的娱乐奖项，但由于它的特殊性，日益受到大众重视。如今，金酸梅奖已成为关注度很高的一个评选活动，拥有一个由电影从业者、专家、影迷组成的近500人的评选团体。不少著名的电影导演、演员及制作人都曾经获得过金酸梅奖。但他们大部分都不愿意出席领奖，历年来只有少数人士亲自接受奖项。

有时金酸梅奖和奥斯卡奖会颁发给同一个人。2005年，哈莉·贝瑞凭《猫女》获得最差女主角，她领奖时一手拿着数年前夺得的奥斯卡最佳女主角奖座，另一手则拿着金酸梅奖座，惹得台下一片笑声。更有趣的是2010年桑德拉·布洛克以《求爱女王》获最差女主角奖。在隔天的奥斯卡颁奖典礼中，她以《弱点》夺得奥斯卡最佳女主角，这也创了金酸莓奖设置以来的纪录。

三、电影语言

电影艺术依据独特的艺术形式和艺术语言形成一定的物质材料，构成特殊的艺术语汇，然后按照电影艺术特有的构成规律，将这些艺术语汇组织成为有机整体，从而形成了电影与众不同的艺术语言——电影语言。

(一) 电影画面

电影画面是指通过电影摄影机记录在感光胶片上，最后在银幕上还原出来的视觉形象。电影画面从内容角度来看，主要由人物形象、自然和社会环境的物质状态等构成；从形成角度来看，电影画面则是由镜头运用、空间造型所创造。

(二) 镜头

"镜头"有两种不同的含义。在技术上，镜头是指电影摄影机上的光学部件，由透镜系统组合而成，在物理上叫作透镜，俗称镜头；在摄影创作上，则是指电影摄影机每拍摄一次所取得的一段连续画面，这就是通常所说的镜头含义。

(三) 景别

景别是指被摄主体在画面中呈现的范围，是由摄影机从不同距离(包括镜头焦距的长短)对拍摄对象进行拍摄所形成的。

1. 远景

远景指镜头离开拍摄对象比较远，画面开阔，景深悠远。一般拍摄自然风光、大场面等，人物在其中变得十分微小，给人一种登高远眺、气势宏伟的感觉。远景的运用一般在描写环境、自然景色或宏大场面三种情况下使用。

2. 全景

全景指摄影机摄取人物的全身或场景的全貌。全景是塑造环境中的人和物的主要手段，人和物可以通过环境的衬托来展现自己。

3. 中景

中景指摄影机摄取人物膝盖以上部分或场景的局部。中景把人物从环境中划出来，使观众既注意人物的形体动作，又可以注意到人物的表情。在一部影片中经常使用中景。

4. 近景

近景指摄影机摄取人物上半身或物体的局部。人物的动作已经很难看全，观众全力注意的是人物的表情。近景有时也摄取景物中的某一部分，有些摄取人物腰部以上的镜头，一般称为中近景。

5. 特写

拍摄人体肩部以上的头像或物品的一个细部，通称为特写。特写是视距最近的镜头。特写的主要功能是选择和放大，既能选择、尽扩细节，又能放大对象，详察秋毫。电影特写的艺术表现力和美学价值首先在于可以直接反映人物内心的变化，并赋予事物以生命活力。

(四) 运动镜头

摄影机在运动中拍摄的镜头，叫运动镜头，也叫移动镜头。运动镜头既可以使画面显得特别真实，又能使观众在与摄影机同时移动的时候，产生一种身临其境的感觉。常见的运动镜头有推、拉、摇、移。

1. 推镜头

推镜头指拍摄对象基本不动，摄影机沿光轴方向由远而近向主体推进的连续画面。其作用是描写细节、突出主体，使所要强调的人或物从整个环境中突出表现出来，赫然在目，十分清楚。推镜头能将观众慢慢带入故事情节之中，使观众渐渐进入一个"忘我境界"。

2. 拉镜头

拉镜头方向正好和推镜头相反，摄影机向后退，由近景、特写拉成全景或远景，主体由大变小。拉镜头有时会创造出类似全景的效果，展现人在环境中的位置，给观众以情绪的感染和无穷的想象。

3. 摇镜头

摇镜头指摄影机放在固定位置，运用三角架上的活动底盘使机身做上下左右摇转拍摄而成的镜头。随着科学技术的发展，摄影机摇的角度已从90度扩展到360度，甚至可以连续、快速转动，大大地扩展了镜头的视野，表现更为丰富的内容，造成独特的艺术气氛。摇镜头可以表现环境、纵览场景全貌，或交代两个拍摄对象之间的空间关系。

4. 移镜头

移镜头指将摄影机放在移动车或升降机上，对被摄体做跟随、横移或升降运动的摄影方法。摄影机沿水平方向移动称为横移镜头，摄影机上下垂直移动中所拍摄的镜头称为升降镜头。无论镜头横向或垂直运动，都能打破画框四条边的局限，无限地扩大空间，扩展视野，同时，又能使画面构图不断变化，从而克服电影自身的弱点，增强画面的空间感和动态感以及电影反映生活的能力。

(五) 主观镜头

凡是代表剧中人的眼睛，直接目击、观察大千世界中的人和事、景和物，或者表现人物的幻觉、梦幻、情绪等的镜头，都称为主观镜头。主观镜头是电影所特有的语汇，是基于影片中某个人物的视线和心理感受拍摄的电影画面。

(六) 客观镜头

凡是代表导演的眼睛，从导演角度(以中立的态度)来叙述和表现一切的镜头，统称为客观镜头。

(七) 空镜头

空镜头，指没有人物的镜头，人们习惯称之为景物镜头。电影里的空镜头，常常被用来比喻、象征、抒情、烘托气氛、借物写人等。

(八) 特技镜头

特技镜头是电影所独有的重要表现手法之一。这是利用电影摄影机技术性能(包括洗印技术)来创造各种现实的与非现实的银幕画面的表现手段。特技镜头可以造成某种情绪色彩、情调、气氛，创造特定的心理效果。

1. 慢镜头

慢镜头是用高速摄影机拍摄而成的。一般的镜头1秒钟24格，高速就可能48或96格，而放映的速度仍然是每秒钟24格，于是就产生了慢动作、慢运动。摄影上又叫作升格。

2. 快镜头

与慢镜头相反，摄影机以低于24格/秒的频率拍摄，当以正常频率24格/秒放映出来时，就产生了较实际过程为快速的视觉效果，即所谓的"快动作镜头"。摄影上又称之为降格。

(九) 蒙太奇

蒙太奇是一种剪辑的艺术。蒙太奇原为(法文：Montage)音译的外来语，是建筑学术语，意为构成、装配。影视理论家将其引申到影视艺术领域，指影视作品创作过程中的剪辑组合，使之成为现代电影艺术特殊的思维方式——蒙太奇思维方式。

蒙太奇具有叙事和表意两大功能，可以划分为三种最基本的类型：叙事蒙太奇、表现蒙太奇、理性蒙太奇。前一种是叙事手段，由平行蒙太奇、交叉蒙太奇、重复蒙太奇、连续蒙太奇等构成；后两类主要用以表意，由抒情蒙太奇、心理蒙太奇、隐喻蒙太奇、对比蒙太奇、杂耍蒙太奇、反射蒙太奇、思想蒙太奇等构成。

四、电影流派

(一) 表现主义

表现主义电影发源于1920年的德国，此种电影中的演员、物体与布景设计都用来传达情绪与心理状态，不重视原来的物象意义。《卡里加利博士的小屋》即以运用这种手法而闻名。之后德国表现主义的风格影响到默片时代的一些好莱坞电影与20世纪40年代的黑色电影。

(二) 形式主义

形式主义电影起源于1915年的俄国，指强调形式与技巧而不强调题材的表现手法。形式主义强调不同形式的运用可以改变材料的内涵，剪接、绘画性构图与声画元素的安排都是形式主义电影工作者的兴趣所在，如20世纪20年代的普多夫金、爱森斯坦等均是此种主义的支持者，形式主义对后来的结构主义与符号学有很大影响。

(三) 超现实主义

超现实主义电影的兴起旨在反抗写实主义与传统艺术。20世纪20年代兴起于法国，主要是将意象做特异的、不合逻辑的安排，以表现人类潜意识的种种状态。路易斯·布纽尔的《安达鲁之犬》可以算是早期超现实主义电影的经典作品。后来超现实主义成为实验电影与地下电影的重要源头。

(四) 新写实主义

新写实主义主张以冷静的写实手法呈现中下阶层的生活。新写实主义电影比较像纪录片，带有不加粉饰的真实感。在形式上，大部分的新写实主义电影大量采用实景拍摄与自然光，运用非职业演员表演，讲究自然的生活细节描写。

(五) 真实电影

20世纪50年代末兴起的一种以直接记录手法为特征的电影创作潮流。制作方式上，以直接拍摄真实生活，不事先写剧本并用非职业演员，影片由固定的导演、摄影师与录音师三人完成为其特点。真实电影的最大意义在于它给一般剧情片的创作提供一个保证最大限度上的写实性。高达在他的很多电影里进行主观介入是直接搬用真实电影的方法。

(六) 第三电影

第三电影泛指第三世界电影工作者所制作的反帝、反殖民与反种族歧视、反剥削压迫等主题的电影。资本主义社会依其封闭与被动的艺术观所拍摄的电影商品被称为"第一电影"，作者电影、巴西新电影、表现主义电影等强调个人经验的作品为"第二电影"，与体制对抗的电影则是"第三电影"。

(七) 巴西新电影

在20世纪60年代兴起的新电影运动，特色是以低成本的方式，创造有地方色彩的电影文化，以挣脱外来，尤其是北美电影文化的主导形式。他们对于国家、社会现实的观点较为犀利，美学原创力亦非常丰富。他们的电影既反映了社会现实，也极力寻求大胆甚至古怪的美学风格。

(八) 直接电影

直接电影指以写实主义电影风格拍成的纪录片，和"真实电影"的摄制有许多共通处，如以真实人物及事件为素材，客观纪实的技巧及避免使用旁白叙述等。直接电影和真实电影的唯一差别，在于直接电影视摄影机为安静的现实纪录者，以不干扰、刺激被摄体为原则；真实电影则使摄影机主动介入被摄环境，时而鼓励并触发被摄者揭露他们的想法。

五、影片分级制度

电影分级制度最早由美国电影协会提出并倡导。

美国电影协会MPAA，全称为"The Motion Picture Association of America"，1922年成立，总部设在加利福利(Encino，California)。MPAA在洛杉矶和华盛顿为其成员服务。其委员会的主要成员也是MPAA会员的美国最大的七家电影和电视传媒巨头的主席和总裁共同担任，包括：迪士尼公司(Walt Disney Company)、索尼声像(Sony Pictures Entertainment，Inc)、米高梅公司(Metro-Goldwyn-Mayer)、派拉蒙公司(Paramount Pictures Corporation)、20世纪福克斯公司(Twentieth Century Fox Film Corp)、环球影像(Universal Studios，Inc)、华纳兄弟(Warner Bros)。

现代电影中，暴力、血腥、毒品、性等反映社会阴暗面的内容，频繁地在银幕上出现，从而导致一系列社会问题的产生。因此，设立电影分级制度，主要目的是保护青少年免受电影不良素材的影响，为了青少年健康成长，以便区分其等级和适宜度，起到指导观影的作用。该制度在一定程度上提供了一个电影制作秩序的标准和参考，后各个国家纷纷效仿。

MPAA制定的影视作品分级制度如下所述。

G级(General Audiences All Ages Admitted)：大众级，所有年龄均可观看，老少咸宜。

PG级(Parental Guidance Suggested Some Material May Not be suitable For Children)：普通级，建议儿童在父母的指导下观看。

PG-13级(Parents Strongly Cautioned Some Material May Be Inappropriate For Children Under13)：普通级，儿童在父母的指导下观看，可能有不适于13岁以下儿童观看的内容。

R级(Restricted Under 17 Requires Accompanying Parent Or Adult Guardian.)：限制级，17岁以下的少年可在父母或监护人陪同下观看。

NC-17级(No One 17 And Under Admitted)：17岁以下观众禁止观看——该级别的影片被定为成人影片，未成年人被坚决禁止观看。

我国大陆地区目前未设立电影分级制度。曾多次有人提出建立电影分级制度一套机制，但是直到现在仍然未能实施。中国对电影的审查，一般通过对影片中某些镜头的删减，以适合所有年龄的观众观赏。中国电影内容监管机制有待进一步改革。

第五节 电影艺术经典作品鉴赏

一、《定军山》

导演：任景丰
上映：1905年
类型：戏曲片
地区：中国大陆
颜色：黑白
主演：谭鑫培

1905年11月，由北京丰泰照相馆的老板任庆泰(字景丰)执导、刘仲伦摄影、谭鑫培主演的电影《定军山》问世，成为中国电影的开山之作。1905年，曾为清末宫廷御用演员、人称"伶界大王"的著名京剧表演艺术家谭鑫培，戏路广博，文武无所不能，是当时北京演艺界的明星人物，集一生的舞台演艺经验演绎了中国有史以来的第一部电影。

《定军山》取材于我国传统的民族戏曲，和古典文学相结合，符合当时观众的欣赏习惯，讲述三国时期蜀、魏用兵的故事。建安二十年，即公元215年，曹操平汉中，并派大将夏侯渊、张郃等留守，驻兵定军山和天荡山各隘口。刘备趁曹操立足未稳，同年率将进兵汉中，老将黄忠打败了驻守天荡山的张部后，又奋勇夺取定军山，经法正指点，夺得定军山以西的挡箭牌山的山头，居高临下，直取夏侯渊，夏措手不及，被黄忠腰斩，从而夺得了定军山。在影片中一阵锣鼓过后，谭鑫培饰演古代武将即《定军山》里的黄忠，脸戴髯口、手持大刀，在镜头前表演了自己最拿手的片断，突出了视觉运动的银幕感受。影片在前门大观楼上映，人潮汹涌，万人空巷。

电影《定军山》的诞生，标志着中国电影艺术在乱世中开始萌芽和发展，当时特定的社会背景使中国电影的制作面临多种困难。1892年，在北京开设丰泰照相馆的任庆泰身为京城最早开设照相馆的老板，因其技术优势，生意异常兴隆，但是身为中国人痛感"所映影片，尺寸甚短，除滑稽片外，仅有戏法与外洋风景"，秉持一份对于电影艺术的执着追求和责任，不惜倾家荡产，克服中国电影在起步时条件艰苦、技术落后的弱点，才使电影《定军山》得以问世，实现了中国人的电影梦想。《定军山》中反映出当时的中国电影缺乏拍摄叙述性影片的经验，与戏曲有着深厚的渊源，使用和吸纳了许多中国戏曲元素，成为吸引观众热情的保障。《定军山》在拍摄手法上受到西方电影启发，已利用西方先进技术，将声音运用到影戏中，实现了第一次配音，完成声画结合，也是中国的第一部有声电影。其中"请缨""舞刀""交锋"等场面，利用露天广场日光拍摄，摄制三天，共拍成影片三本。这部短片是我国最早的一部戏曲片，也是中国人自己摄制的第一部电影。《定军山》在中国电影的百年历史中写下了厚重的一笔。

二、《难夫难妻》

别名：洞房花烛

影片类型：故事片

片长：40分钟

国家/地区：中国

色彩：黑白

幅面：35毫米无声标准银幕

混音：默片

制作公司：亚细亚影戏公司

上映：1913年

导演：张石川、郑正秋

编剧：郑正秋

主演：丁楚鹤、王病僧

1913年秋，张石川、郑正秋等人组成新民公司，由郑正秋执笔为亚细亚影戏公司编写了一部抨击社会现实的电影剧本，后由亚细亚公司出资、发行，新民公司负责具体拍摄。自此，中国第一部故事片《难夫难妻》诞生。

《难夫难妻》作为中国电影史上第一部无声故事短片，讲述的是乾坤二家想结秦晋之好，置子女意愿于不顾，请媒人牵线做媒。媒人互相隐瞒欺骗，促成了一段姻缘，于是择吉成亲，繁文缛节过后，男女二人洞房天地。一对素不相识的男女遂被逼成夫妻。

电影《难夫难妻》的结构堪称当时盛行的文明新剧的结构形式代表，分为五场戏：一是乾家的家长共同商量要为长大了的儿子髻令娶亲；二是乾家托媒人说亲，媒人接受委托；三是媒人花言巧语，劝说坤家的家长把女儿标梅嫁给乾家，坤家的家长表示同意；四是乾坤二家择吉日成亲，大喜之日，一对素不相识的少男少女，像傀儡一样，任人摆布，结拜天地，送入洞房；五是一对少年夫妻成婚之后，过起了"难夫难妻"的艰难生活。

在当时的社会条件下，男女演员不能同台演出，片中的女角都由男演员充任。这部电影制作相对简陋，多使用远景、定点、长镜头拍摄，演员的表演和动作连续不断，直到200尺一盒的胶片拍完为止。

郑正秋因编导《难夫难妻》而被称为中国历史上第一位电影编剧和导演。在这部电影里，中国电影先驱郑正秋展现了其非凡的艺术才华，被后世称为"中国电影之父"。郑正秋一生共编导影片四十余部，以情节曲折感人、人物塑造鲜明生动而著称，对中国早期电影事业的发展有重要影响。

三、《马路天使》

《马路天使》共有三部同名电影，其中1937年拍摄的黑白电影广为人知，该电影因描绘活泼生动的市井生活成为20世纪30年代中国电影的压轴之作，是中国早期社会问题片的伟大的艺术杰作，30年代中国电影艺术发展高峰的标志。其余两部为1993年上映的香港电影以及1928年美国上映的《Street Angel》。

中文名：马路天使

导演：袁牧之

编剧：袁牧之

主演：赵丹、柳金玉、魏鹤龄、周璇

类型：喜剧

片长：100分钟

出品时间：1937年

出品公司：明星影片公司摄制

制片地区：中国

对白语言：汉语

色彩：黑白

主演：赵丹、魏鹤龄、周璇

《马路天使》堪称中国电影新现实主义的先驱，风格深沉隽永，节奏明快诙谐。《马路天使》是由袁牧之自编、自导，赵丹、周璇主演的一部具有深刻的社会思想意义和极高艺术成就的优秀现实主义影片，是我国社会问题影片的代表作品之一，被评论界誉为"中国影坛上开放的一朵奇葩"！

1935年，上海"下之角"生活着一群在社会底层但善良淳朴的百姓，住在这里的小陈、老王、小云、小红从事社会最底层的劳动——吹号、卖报、卖身与卖唱，生活虽然艰辛但是很快乐。小陈与邻居小云、小红姐妹对窗而邻。两姐妹因家乡失陷，流落上海，被琴师和其鸨母妻子霸占，困苦度日，小云为鸨母利用赚钱，小红出入茶楼酒馆卖唱。天真无邪的小红与机灵诙谐的小陈两情相悦，两心相爱。小红随琴师去酒楼卖唱时，流氓古成龙欲将其占为己有。小陈、老王决定出手相救，去找律师，但是因费用昂贵作罢。小陈心生一计，帮助小红逃离并结为夫妻。后又帮助迟疑怯懦的小云逃离，小云与老王相爱。几个人在苦难的生活中寻求乐趣，在黑暗的现实中互相扶持。报纸上登载着巨额白银出口的消息，各行各业都不景气。琴师夫妇和流氓古成龙因为俩姐妹失踪耿耿于怀，终日四处搜寻。琴师找到他们的住处，遂纠集古成龙等恶棍前来抓人，小云为掩护跳窗逃走的小红，自己被刺，奄奄一息。古成龙、琴师见状心虚，逃之夭夭。最后因钱不够医生不肯来，小云含恨离开人世。

《马路天使》以现实主义的创作手法展现出一幅20世纪20至30年代的上海图景。没有繁华的灯红酒绿，没有喧闹的街市，尽是最真实的生活画面。影片着重强调电影本身记录事件发生的功能，减少激烈的刻意的矛盾冲突，将镜头对准众多小人物，着重描写他们的喜怒哀愁。影片避开了人物之间的正面冲突，不刻意进行人物之间的对立，旨在控诉整个社会阶级的对立。影片传递出处在社会底层人们身上对于整个黑暗社会的愤恨情绪，真实地表现了他们生活的痛苦和悲惨的命运，体现了深切的人文主义关怀。

本片堪称中国20世纪30年代有声影片的经典。这部被法国著名电影史学家乔治·萨杜尔赞美的"风格极为独特，而且是典型中国式"的影片，堪称中国电影史上一部完美的作品，即使在今天观赏也依然魅力逼人，尤其是影片对当时上海下层市民生活的艺术展现，在今天的意义已经超越了电影本身。《马路天使》充分发挥了电影的视听艺术特性，影片的编、导、演、摄、美工等都达到了较高水平，成为20世纪30年代中国电影艺术发展高峰的标志。电影主题曲《四季歌》和《天涯歌女》风靡一时，至今仍广为流传，经久未衰。

四、《五朵金花》

类型：爱情/歌舞

片长：105分钟

国家：中国

对白：汉语普通话

色彩：彩色

制作：长春电影制片厂

上映：1959年

导演：王家乙

编剧：赵季康、王公浦

摄影：王春泉

作曲：雷振邦

主演：杨丽坤、王苏娅、朱一锦、谭尧中、孙静贞、莫梓江、黄钟

　　1959年初，文艺界掀起向中华人民共和国成立十周年献礼的热潮。按照周恩来总理部署的任务，《五朵金花》由中宣部、文化部点名拍摄。

　　《五朵金花》以精巧的艺术构思，构成了独特的喜剧风格。全片格调清新优雅、妙趣横生，具有浓郁的民族特色、抒情色彩和浓烈的时代气息。片中对苍山洱海、三月街、蝴蝶泉等奇山丽水、民族风情的描绘，表现出轻松愉快、赏心悦目的审美趣味，富有诗情画意，弘扬"山河美、人情美、社会主义好"的主旋律，公映后红遍全国。《五朵金花》是中国电影史上不可多得的一部具有抒情色彩和民族特色的生活喜剧影片，堪称一部经典之作。

　　云南大理，以风景优美，苍山洱海、蝴蝶泉享誉天下。三月，春光明媚，百花争艳，富有民族民间传统的"三月街"盛会又在苍山洱海边拉开了节日的帷幕。白族群众及前来共同欢度佳节的各民族男女，身着五彩缤纷的节日盛装，熙熙攘攘地前来参加盛大的集市贸易和民间文娱体育活动，而青年男女也在这里结交。人民公社的副社长金花带领着姐妹们驱车赶街，不料车坏于路上，为难之际，参加赛马会的剑川铁匠阿鹏热心帮忙。因赛马会开始，阿鹏翻身上马直冲赛场，勇夺冠军。金花对其顿生爱慕之情，两人在鲜花似锦的蝴蝶泉边，互赠信物，表示爱情，相约明年花开再相会。第二年，阿鹏如约前往寻找金花，在洱海边与长春电影制片厂来体验生活的两位画家和音乐家相识结为朋友，向他们倾诉了自己传奇的爱情经历。阿鹏历尽辛苦，走遍苍山洱海，先后找到了积肥模范金花、畜牧场金花、炼钢厂金花和正在举行婚礼的金花，最终才找到了自己心爱的金花，解除误会，与金花在蝴蝶泉边再次相见。纯洁爱情在几个波折中得到了考验和升华，与其余四位金花及男友，翩翩起舞，为真挚的爱情唱起了赞歌。

　　《五朵金花》剧本采用白族祖辈流传下来的表达对爱情信仰的方式讲述了一个真切动人、妙趣横生的爱情故事。影片以阿鹏寻找金花，传递纯真爱情为线索，连续多个曲折温馨、富有喜剧色彩的故事，使活跃在不同岗位、积极向上的五位金花呈现出丰富多彩的生活情景与积极向上的精神风貌，片中人物情感真挚、流露自然，还穿插了悦耳的音乐和云南大理的秀丽山水，带给观众赏心悦目的精神享受。

　　《五朵金花》在拍摄过程中，导演王家乙严谨认真，注重细节，力求真实，不追求脱离人物的噱头，而是让人物的性格构成喜剧，既讴歌忠贞、爱情、善良、勤劳，又笑料迭出，妙趣横生，以喜剧形式来歌颂社会主义新人物、新思想，成为中国电影史上的经典之作，形成自己独特的喜剧艺术风格。该影片的独到之处还在于对音乐故事片的表现形式进行探索，发挥视听艺术的优势，将民俗、音乐风情和故事有机地结合在一起，对歌在影片中的运用，产生了意想不到的艺术效果，使影片具有极强的艺术观赏性，反映出伟大时代的革命现实主义与革命浪漫主义相结合的新风格。该片使中国电影走向了新的艺术高度。

　　获奖情况：

　　1960年，《五朵金花》作为中华人民共和国成立十周年的18部献礼片的压轴之作，在全国隆重放映，引起巨大轰动。

　　1960年，埃及开罗第二届亚非国际电影艺术节上，获"最佳导演银鹰奖"，女主演杨丽坤荣获"最佳女演员银鹰奖"。埃及总统纳塞尔点名邀请杨丽坤前往埃及领奖。

　　《五朵金花》先后在46个国家和地区放映，轰动一时。

2000年，在全国"百年最佳影片"评选活动中，《五朵金花》被评为十大影片之冠。

五、《城南旧事》

中文名：城南旧事

影片类型：故事

片长：96分钟

国家/地区：中国

对白语言：汉语普通话

色彩：彩色

制作：上海电影制片厂

上映：1983年

主题曲：《送别》[词]李叔同、[曲]美国人J.P.奥特威

导演：吴贻弓

编剧：林海音

原著：伊明

主演：沈洁、张丰毅、张闽、郑振瑶、严翔

20世纪20年代末的北京，随家人居住在城南一条小胡同里六岁的小姑娘林英子，用她那双明亮、纯真、迷人的大眼睛观察探索着外面的世界，第一个进入她眼帘也是她结交的第一个朋友，是一个经常痴立在胡同口寻找女儿的叫秀贞的"疯"女人，秀贞曾与一个大学生暗中相爱，后大学生被警察抓走，秀贞生下的女婴被家人扔弃，生死不明。英子对她非常同情，感觉小伙伴妞儿的身世很像其女，带她去找秀贞，秀贞与离散六年的女儿相认，母女在找寻爸爸的路上，惨死在火车轮下。后英子随家人迁居新帘子胡同，在附近的荒园中遇到的厚嘴唇年轻人，成为英子结识的第二个朋友，他为供弟弟读书而去偷东西。英子觉得他善良，但又不知他是好是坏。不久，因英子在荒草地上拾到小铜佛，事件告发，年轻人被巡警抓走，英子非常难过。英子九岁，从奶妈宋妈的丈夫口中得知，宋妈的儿子两年前掉进河里淹死，女儿被卖，心里十分伤心，心中疑惑宋妈为什么不管自己的孩子，来伺候别人的孩子。后来，英子爸爸因病去世，宋妈也被她丈夫接走。英子随家人乘上远行的马车，带着种种对成人世界的不解与疑惑告别了童年。

《城南旧事》中主人公小英子是电影中的主线人物，透过一双小女孩的纯真眼睛描述三段并无因果关系的故事，从多角度传递出淡淡哀愁、浓浓相思的情绪，展示了20世纪20年代老北京的社会风貌，带领人们重温了当年笼罩着愁云惨雾的生活，形成一种以心理情绪为内容主体、以画面与声音造型为表现形式的散文体影片。

导演没有刻意去追求直接的所谓"戏剧性"效果，没有突出情节表达。整部电影只表达了两个字——"离别"，一个个人物在生活的历程中从偶然相遇，到熟识，到最后别离。画面构图以静为主，没有人物大动作，用鲜艳明快的色彩、舒缓明晰的节奏、优美伤感的音乐、造成惆怅低沉感的叠化技巧以及象征、含蓄、对比、重复等艺术手法充分地传达人物的

情绪，构成一个个情绪高潮，感染观众。正所谓情在意中，意在言外，含蓄不尽，斯为妙谛。影片《城南旧事》在艺术表现形式上追求的正是中国美学传统中淡泊、简约的最高境界，创造出一种近乎中国水墨画般的宁静。

主题曲《离别》成为经典的旋律："长亭外，古道边，芳草碧连天……"，今天大家依旧耳熟能详。

获奖情况：

1983年获第三届中国电影金鸡奖最佳导演奖、最佳女配角奖(郑振瑶)、最佳音乐奖；第二届马尼拉国际电影节最佳影片金鹰奖。

1984年获第十四届贝尔格莱德国际儿童电影节最佳影片思想奖。

1988年获厄瓜多尔第十届基多城国际电影节二等奖——赤道奖。

六、《少林寺》

时间：1982年

国家：中国

类别：动作

对白语言：普通话

画面颜色：彩色

导演：张鑫炎

编剧：张鑫炎、李连杰

武术指导：于海、于承惠、潘清福

作曲：王立平

主演：李连杰、计春华、丁岚、于海、于承惠

《少林寺》于20世纪80年代上映后，红遍海内外，风靡一时，迅速在中国乃至世界影坛掀起一股新风格的武术电影热潮，也掀起了狂飙式的中华武术热潮。

隋唐年间，群雄逐鹿中原，争为霸主。王世充拥兵东都(古洛阳)潜号郑王，行暴政，民怨沸腾。著名武术家"神腿张"抗暴助义，惨遭毒手，为郑王侄王仁则陷杀，其子小虎从苦工营逃出，身受重伤，险亡命嵩山，垂危时幸亏为少林武僧昙宗所救。小虎在养伤之时，无意发现昙宗偕十一棍僧禁苑练武，各怀绝技，心喜复仇有望，为报杀父之仇，恳请昙宗纳之为徒，遂落发为沙弥，法号觉远，苦练武功。这期间，他邂逅一武功不凡的少女白无瑕，互通心曲，才知白竟是恩师之女，而昙宗等遁世为僧，亦有不可告人的隐衷。因觉远特殊的身世，少林寺受到牵连。少林僧众在与叛军混战时，曾经得到少林寺救助的李世民派来救兵，将判军消灭，觉远一雪杀父之仇。

电影《少林寺》于1982年拍摄完成，是一部把中国典故"十三棍僧救唐王"的历史传奇与一个为报父仇、出家学武的惊险故事掺杂在一起的优秀功夫片，表达了反对暴政、反对分裂、渴望统一的宏大主题。剧中的主要演员都是当时中国武术界的精英，演绎少林寺和尚救唐王、除奸臣、扶正义、济穷人，个个身怀绝技，栩栩如生地塑造了少林寺众僧的形象，给

人以真实遒劲之感，为功夫片开创了一个崭新的时期。李连杰在该部影片中成功塑造了武功高强、匡扶正义的武僧形象，奠定了李连杰一代功夫武星的地位。

《少林寺》导演张鑫炎，性情开朗，剪辑出身。把中国多家风景优美的禅宗寺庙剪辑在一起，恢复当时十分破旧的少林寺全貌。他拍摄的动作片写实，讲究真功夫，平实地描写情节，用武打动作反映人物的情感。电影主题音乐处理上使用强烈的重节奏，将极具传奇色彩的少林寺展现在世人面前，此曲是后弦游历少林寺之后写下的歌曲，曲中特意加入一段《洗髓经》的经文，把对少林寺精神的神秘与景仰娓娓道来。电影插曲《牧羊曲》由歌手郑绪岚演唱，旋律优美动听，至今令人难忘。

电影中觉远出家受戒，头上烧戒疤，戒疤为元朝时出现的佛家习俗，是汉地佛教出家人的一种明显的外在标志，影片中虽出现这一失误，但无伤大雅。

七、《黄土地》

又名：Yellow Earth

导演：陈凯歌

编剧：张子良

原著：柯蓝散文集《深谷回声》

摄影/像：张艺谋

美术(设计)：何群

音乐：赵季平

地区：中国

出品时间：1984年

彩色/黑白：彩色

时长：89分钟

作品原创语言：普通话

上映：1985年

主演：薛白、王学圻、谭诧、刘强

影片《黄土地》是由刚毕业于北京电影学院导演系后不久，任北京电影制片厂导演的陈凯歌在1984年执导的第一部影片，堪称第五代导演的开山之作。该部影片是一次对西北黄土地的民俗以及对中国农民命运、农民文化的哲理性反思，也是一次对民族特性、民族心理的深刻反思。

天高地阔、气势磅礴的黄土地上，浊浪滚滚、奔腾不息的黄河岸边，出生在此——陕北贫苦农村的翠巧，无法摆脱封建包办婚姻的厄运，自幼为了弟弟憨憨娶媳妇，由麻木无奈的爹爹做主定下娃娃亲，常借助"信天游"的歌声，抒发蕴蓄在心中的辛酸和悲苦。延安八路军文艺工作者顾青为采集民歌、民风以丰富延安文艺生活来到翠巧家。通过一段时间的生活、劳动，翠巧对顾青所讲述的延安女性婚姻的自主自由十分向往，遂表达去延安之意，一时情势所迫，顾青无法带她去延安。送别之际翠巧怀着依依之情为其淋漓尽致地唱起了动听甜美、罕见难寻的"信天游"，表达了内心点燃的对于自由光明的热切希望，顾青深受触动。翠巧在完婚之日，毅然决定逃离年迈木讷的丈夫去延安解放区，追求心中渴望已久的自由与光明。可是所驾小舟东渡黄河时，在风惊浪险的黄河水中顷刻间不见了踪影。两个月后，顾青回返，憨憨冲出求神降雨的人群，向他急切地奔来⋯⋯

《黄土地》根据柯蓝的散文《深谷回声》改编，该片故事情节较为简洁利落，用"第五代导演"独特的艺术构思、叙述视角和风格基调展现出陕北的黄土高坡和生活在这片贫瘠的土地上农民愚昧的生存状态。该片充分调动摄影手段，构图大气，大幅度地运用视觉强烈的黄色造型表现出黄土高原的拙朴浑厚与沉重苍凉，使画面极富冲击力。"黄土地"成为整个影片的核心意象，画面构图始终以大面积的黄土为主，沟壑与土塬连绵不绝，山形地貌经岁月的销蚀，大起大落，高原一片荒凉，没有一点生命的痕迹。"黄土地"看上去或冷漠，或贫瘠，或深广，总是传达出一种特别沉重和压抑的感觉。在影片中，它的意义已远不只是单纯的故事背景，成为整个民族的人格化的象征。影片中还贯穿粗犷苍凉、古朴浑厚的陕北民歌信天游音乐，空旷嘹亮但低沉哀婉，影片对白简洁有力，与信天游民歌完美结合。《黄土地》通过上述艺术手段把叙事因素和隐喻因素、抒情和哲理有机地结合起来；把散文的结构和诗的意境有机地结合起来，表现出黄土高原上几千年来的历史积淀与淳朴、愚钝的民风和人们向往光明的意愿。中国电影自此呈现了别样的艺术品貌，引起了国际电影的关注，《黄土地》标志着第五代导演艺术与以往历代中国导演的历史视野的不同。

获奖情况：

1985年第五届金鸡奖：中国电影金鸡奖最佳摄影奖。

1985年法国南特亚非拉三大洲国际电影节：最佳摄影奖。

1985年美国夏威夷国际电影节：国际电影节东西方文化技术交流中心电影奖最佳摄影奖、评委会特别奖。

1985年瑞士卢卡诺国际电影节：第三十八届洛迦诺国际电影节银豹奖。

1986年香港第五届电影金像奖：十大华语片之一。

1986年英国伦敦国际电影展：第二十九届伦敦爱丁堡国际电影节萨兰特杯导演奖。

八、《芙蓉镇》

编剧：阿城、谢晋(根据古华的同名小说改编)

导演：谢晋

摄影：卢俊福

作曲：葛炎

类型：故事片

摄制日期：1986年

出品：上海电影制片厂

主演：刘晓庆、姜文、郑在石、祝士彬、徐松子、张光北

《芙蓉镇》是素有"中国电影泰斗"之称的导演谢晋的扛鼎之作，讴歌了人类醇厚的人

性和美好的感情。该影片继承和发扬了我国现实主义电影的优良传统，取得了雅俗共赏的社会效果，是"第四代导演"创作的一部具有里程碑意义的经典电影作品。

《芙蓉镇》根据古华的同名小说改编而成。在融自然景色与古朴民族风情为一体、具有悠久历史的千年古城——芙蓉镇里，美丽大方、善良热情的"芙蓉仙子"胡玉音跟心地善良、忠厚老实的丈夫黎桂桂开了一家豆腐坊，以卖米豆腐为生，生意红火。他们经过几年辛苦劳作，省吃俭用，盖了一栋新房。落成之日，一乡百姓前来祝贺，引起国营饮食店的女经理李国香的嫉妒，种下隐患。在"四清"运动开始不久，升为工作组长的李国香和一直垂涎胡玉音美貌的"土改根子"二流子王秋赦二人狼狈为奸，定胡玉音家成分为"新富农"，直接导致新屋被查封，黎桂桂被逼自杀，胡玉音受尽欺凌。在"文化大革命"中，芙蓉镇笼罩在一片恐怖当中，成为镇党支部书记的王秋赦让李国香挂鞋游街，品尝受侮辱的滋味。胡玉音被命令每天和"右派分子"、原地区歌舞团编导，人称"秦癫子"的秦书田一起扫街，秦书田给胡玉音以真诚的关怀和帮助，二人同病相怜、相惜而爱。社会动荡又使李国香的问题忽然得到解决，身兼要职。在得知胡玉音怀孕，秦书田请求批准登记结婚后，嫉妒愤恨之余，施诡计使秦书田锒铛入狱，判刑十年，胡玉音判刑三年，因怀孕监外执行，导致其因难产而险些丧生，多亏谷燕山相救，才挽回母子二人性命。冬去春来，动乱年代结束，李国香高升，王秋赦疯癫，秦书田和胡玉音二人平反，一家三口终于团圆。在蓬勃美好的新生活里又重开办胡记米豆腐店，生意兴隆如初。

《芙蓉镇》是由谢晋在20世纪80年代执导的一部典型的谢晋"哀而不怒"式的电影，反映新中国成立以来政治运动中小人物的悲欢离合和展示在社会变革中小人物的踉跄足迹。影片采用近乎编年史的手法描绘芙蓉镇上的人物遭际，人性被扭曲异化，将道德批判与历史批判融为一体，以人物命运的变迁传达出深广的社会内涵，揭示了"极左路线"给人民造成的灾难，成为中国当代社会历程的缩影，引发人们反思民族历史。《芙蓉镇》因表现了"文革"的动乱岁月，在当时曾引起很大争议，引发了人们对"四清""反右""文革"等历史问题的反思，经过艰难曲折的审查后，才得以公映。

获奖情况：

1987年获第七届中国电影金鸡奖最佳故事片奖、最佳女主角奖(刘晓庆)、最佳女配角奖(徐宁)、最佳美术奖，第十届中国电影百花奖最佳故事片奖、最佳男演员奖(姜文)、最佳女演员奖(刘晓庆)、最佳男配角奖(祝士彬)。

1986—1987年获广播电影电视部优秀影片奖。

1988年先后获第二十六届卡罗维发利国际电影节水晶球奖和第三十三届西班牙瓦亚多利德国际电影节评委特别表彰奖和观众奖。

1989年获法国第五届蒙彼利埃国际电影节金熊猫奖，捷克斯洛伐克第四十届劳动人民电影节荣誉奖。

九、《爱情麻辣烫》

色彩：彩色

幅面：遮幅宽银幕

级别：I

洗印格式：35厘米

上映日期：

中国：1997年

美国：1999年

意大利：2004年

制作公司：中国西安电影制片厂

编剧：蔡尚君、刁亦男、刘奋斗

导演：张扬

出品人：张丕民

策划：罗异

摄影：张健

录音：武拉拉

主演：王学兵、刘婕、高圆圆、郭涛、徐帆、吕丽萍、濮存昕、邵兵、徐静蕾

　　《爱情麻辣烫》是于1997年公映的国产爱情电影，是滚石国际集团首次跨海投资、北京第六代新锐导演张扬的第一部作品，反响热烈，小成本大卖座，创下3000万人民币票房收入。

　　周建和夏蓓是一对贯穿影片始终的未婚夫妇，他们在准备结婚的过程中——见父母、布置新居、结婚登记、买戒指、拍婚纱照等几乎每个同龄人都要经历的看似普通的事情，但对他们而言，却是人生仅有一次的不平凡经历，以他们的各项结婚准备为线索，引出了五段不同年龄人的情感故事片段：

　　《声音》中讲述了青年人朦胧初恋的风情，唤醒人重温学生时代初恋的感觉；

　　《照片》中叙述一段时尚青年轰轰烈烈的爱情；

　　《玩具》中刻画一对年轻夫妇在婚后平凡的生活中如何重拾恋爱的感觉；

　　《十三香》讲述人到中年面对爱情考验时，选择离婚时无奈的内心挣扎；

　　《麻将》是对黄昏之恋的深刻描写，感受步入人生黄昏的老年人沐浴夕阳之恋的美好。

　　《爱情麻辣烫》使用插叙的拍摄手法，演绎了不同的人生故事。五个故事贴近现代生活、富有新鲜活力，让人流连于平淡与幻想世界之间，这部电影既有对爱情感性的向往，又有理性的追寻。五个情感故事各自相对独立，由"结婚"的线索连接，以五个小故事组成整个影片内容的独特结构方式、全方位的艺术视角，展现了当代城市人的爱情生活画卷。影片包容和演绎了不同年龄阶段的情感经历，经典地诠释了中国人各个阶段和形态的爱情，刻画不同时代的爱情故事，向人们展示了一个丰富多彩的人生。每段故事都似曾相识，每个人都可以找到自己的爱情。

　　《爱情麻辣烫》小成本大卖座，创下高票房收入纪录，滚石歌手热情客串，在内地连映十二个月，口碑沸腾，票房始终不辍，是当年唯一与美国大片《泰坦尼克号》并列卖座的中国电影，1998年荣获第十八届中国电影金鸡奖最佳导演处女作奖。

十、《满城尽带黄金甲》

中文片名：《满城尽带黄金甲》

英文片名：Curse of the Golden Flower

国家/地区：中国

区域：中国大陆

类型：爱情战争

导演：张艺谋

编剧：张艺谋、吴楠、卞智洪

制片人：张伟平

片长：126分钟

上映：2006年

主演：周润发、巩俐、周杰伦、刘烨、陈谨、倪大红、李曼、秦俊杰

《满城尽带黄金甲》电影片名出自唐末黄巢诗作《不第后赋菊》：

待到秋来九月八，

我花开后百花杀；

冲天香阵透长安，

满城尽带黄金甲。

这首诗是以菊喻志，借物抒怀，通过刻画菊花的形象、歌颂菊花的威武精神，表现了作者等待时机改天换地的英雄气魄。这首菊花诗是封建社会农民起义英雄的颂歌。以此取名表现出了影片中刀光剑影、幅员千里的宏大战争场面与影片的气势，最早出现在美国《时代》杂志上名字叫《秋日的回忆》。

《满城尽带黄金甲》讲述了宫廷里男人和女人愈挣扎愈暗沉深渊的故事。他们为权力、情欲展开明争暗斗，最后宫廷政变不可避免地爆发，所有人都付出了惨痛的代价。五代十国间，中原大乱，盛唐灭亡，群雄拥兵自立。王以禁军都尉身份，领兵造反，自立为王。为巩固权力，他逐弃前妻，迎娶梁国公主为后，从而得到梁王支持，稳定了政权。前妻留下一子元祥，王与后又先后生下二子元杰、元成。王东征西战国力渐盛，立元祥为太子，封元杰为将军。王对前妻始终不忘，后宫内立其画像，谎称前妻已死，时时悼念。王与后的关系始终不好，后宫寂寞。后与大王子元祥发生不伦之恋，大王子元祥和宫女蒋蝉又有私情，错综复杂。终于宫廷政变爆发于王登基二十五年后的重阳节，一切结束后，满城菊花，依旧金灿灿，辉光耀目，空荡荡的皇宫内只剩下大王孤独的身影，大殿外则是一幅电闪雷鸣、狂风暴雨的悲凉景象。

本片故事情节取材于曹禺的《雷雨》。因此，改编的故事情节并未带有悬念的张力，但是本片丰富的细节给影片以节奏上的推动。为了营造出影片意境，耗巨资搭设的"菊花台"布景，与周杰伦演唱的主题曲《菊花台》，出现在影片中更显凄凉美感。

《满城尽带黄金甲》堪称一部大制作。为了符合影片唐朝背景的拍摄需要，本片的主要外景地选为横店影视城，拍摄时有近三百名工人加时布景，打造出金碧辉煌、炫目恢弘的宫廷风格，筑高达五米的围墙，又在万余平方米的广场里，铺满黄花。数万名士兵在这眩目的

花海中奋勇作战，与片名相呼应，借此制造了巨大的视觉冲击。整部影片耗资甚巨，调度了近千名武警做群众演员，还使用了昂贵的模型飞机进行航拍，是中国人独立制作的真正意义上的一部大片，也是此部影片最大的看点与价值的体现。

《满城尽带黄金甲》在中国大陆取得了票房上的巨大成功，仅2006年12月14日首映当晚就取得了1500万元的票房，其首周末票房达9600万元，刷新了内地影史纪录。很多影院出现了已多年不见的观众排队买票的状况。影片在中国大陆的最终票房达到3亿人民币。这一数字超过2002年《英雄》创下的2.5亿元票房纪录，使《满城尽带黄金甲》成为当时中国大陆最卖座的国产片。在国际上，截至2008年5月18日，《满城尽带黄金甲》全球票房为7850万美元。

《满城尽带黄金甲》是中国电影史上第一部真正实现"全球同步"上映的国产影片，为中国电影走上国际化道路提供了一次范导性的试尝。在国内人们褒贬不一，在美国引发主流媒体的广泛报道，不约而同地为其喝彩，与该片在国内全面飘红的电影票房遥相呼应，与以往中国电影在美上映媒体的小范围关注大不相同。

美国影评人和传媒人普遍用"史诗之作""宏大的正剧奇观""视觉上灿烂至极"对《满城尽带黄金甲》给予盛赞。

《纽约时报》认为："《满城尽带黄金甲》的问世，是张艺谋朝着经典迈出的重要一步。"

《洛杉矶时报》认为："《满城尽带黄金甲》是一部超越时空的史诗之作，张艺谋电影里创造的每个世界和时代都具有永恒的意味。电影中王室家族病态的挣扎带着古希腊悲剧的庄严感和形式感。"

《华盛顿邮报》称："《满城尽带黄金甲》是古装电影的一次狂野之旅，让武侠电影有了新趣味。"

获奖情况：

获第79届奥斯卡最佳服装设计提名。

获第26届香港电影金像奖最佳女主角、最佳美术设计、最佳服装设计、最佳原创电影歌曲4项奖。

获美国第33届"土星奖"最佳服装设计奖。

获美国影评人协会年度最佳外语片第二名。

是《时代》周刊年度最佳电影之一。

获NSFC国家影评人协会最佳摄影第三名。

获美国电影业服装设计工会最佳历史类服装设计奖。

获美国影视美术指导工会古装类影片最佳美术指导奖。

获第29届金鸡百花电影节最佳男配角提名。

十一、《公民凯恩》

制作人：奥逊·威尔斯/Orson Welles；George Schaefer；Richard Baer

导演：奥逊·威尔斯/Orson Welles

副导演(助理)：Edward Donahue；Fred Fleck

编剧：赫尔曼·/J.曼凯维奇/Herman J.Mankiewicz；奥逊·威尔斯/Orson Welles；Roger Q.Denny；John Houseman；MollieKent

主演：约瑟夫·科顿、多萝西·康明戈尔、奥逊·威尔斯

摄影：格雷格·托兰德/Gregg Toland

配乐：伯纳德·荷曼/Bernard Herrmann

剪辑：罗伯特·怀斯/Robert Wise

选角导演：Rufus LeMaire；Robert Palmer

美术设计：VanNest Polglase

服装设计：Edward Stevenson

布景师：Darrell Silvera

《公民凯恩》又名《大国民》，是一部内涵丰富、富于哲理的传记体影片，是鬼才奥逊·威尔斯在26岁时自编、自导、自演的银幕处女作，也是其成名代表作。《公民凯恩》是美国电影史上的一部重要实验影片，美国国家电影保护局指定典藏，被誉为"现代电影的纪念碑"，曾获得奥斯卡奖、金球奖、英国学院奖等多个奖项。

影片以一位报业大亨凯恩之死揭开了序幕，并通过他的人生经历和事业的兴衰史，见证了一桩资本主义神话下的复杂真相。它是一部由派拉蒙影业公司于1972年制作的，讲述黑帮故事的电影，是一部对生活高度凝练、对人性和社会的深刻理解以及对心理世界的理性体验的影片。《公民凯恩》是好莱坞走向当代化的重要标志。该片摒弃了当时通行的电影美学原则，改变了好莱坞过去传统的影片拍摄模式，以西部牛仔式的气魄孤身向好莱坞传统叙事模式、画面调度、电影语言和主题开拓发出全面挑战，在艺术上所表现出的力量、勇敢、粗犷、冲击、娱乐性及个人体验均达到了那一时代的巅峰。在叙事结构上，影片完全打破了传统好莱坞故事片建立在因果基础上的链式结构模式，在电影史上首次尝试扇形结构叙事方式，通过七个片段，实现了威尔斯仅为展示真相而非点评事物的创作理念。在影片风格上，采用了新闻记事性的表现手法，画面丰富、用光多样、镜头流畅、叙事手法简练，既有巴洛克式的场面调度，也有现实主义的细节表现，将欧美大师各种经验传统进行融合创新。

《公民凯恩》的影响是世界性的，它不仅直接影响了许多美国电影的叙事结构，更重要的是在叙述观念上对世界电影的启发和影响。几乎所有的电影排行榜上它都是风光无限，从1958年起，该片在国际权威的评选机构中一再被评为电影史上优秀的影片之一，是公认的电影史上最伟大的电影。

十二、《阿凡达》

制作人：詹姆斯·卡梅隆；乔恩·兰道

导演：詹姆斯·卡梅隆

编剧：詹姆斯·卡梅隆

演员：

萨姆·沃辛顿饰杰克　配音：李立宏

佐伊·萨尔达纳饰奈蒂莉　配音：季冠霖

米歇尔·罗德里格斯饰朱迪　配音：林兰

西格尼·威沃饰格蕾丝　配音：杨晨

进口：中国电影集团公司

译制：中国电影集团公司、北京电影制片厂

联合发行：中国电影集团公司、华夏电影发行有限责任公司

拷贝制作：北京电影洗印录像技术厂

《阿凡达》是一部真人表演结合电脑CG动画的科幻电影，二十世纪福克斯出品，该片有2D、3D和IMAX-3D三种制式供观众选择。影片的预算超过5亿美元，成为电影史上最昂贵的一部电影作品，同时也是迄今为止全球票房最高的影片。这部电影上映之后获得了几乎全球范围内的一致好评，在受到观众极大喜爱的同时也获得业界赞誉，获得了第15届广播影评人协会电影奖；第67届美国电影电视金球奖中的最佳影片(剧情类)奖和最佳导演奖；第82届奥斯卡金像奖中的最佳艺术指导奖、最佳摄影奖和最佳视觉效果奖；第八届美国电影视觉效果工会奖。

该片导演是著名导演詹姆斯·卡梅隆，他曾在1997年以《泰坦尼克号》创下获颁11项奥斯卡奖(包括最佳影片)以及所有影音产品席卷全球35亿美元的历史纪录。而他之前的每一部作品，总是以开拓者精神撼动业界，从《终结者》《异形2》《真实的谎言》《终结者2》到《泰坦尼克号》空前的11项奥斯卡奖，无不以耳目一新的创作掀起高关注度的话题。除了当导演以外，他也是编剧，还是制作和剪辑，他的电影主题往往试图探讨人类本身和技术之间的关系。《阿凡达》是他经过12年精心策划、历时14年全力打造的鸿篇巨著，目前他正在筹划拍摄《阿凡达2》。

《阿凡达》是英文Avatar的中文音译，词根源自梵文，指的是降临人间的神之化身。而这一名字与电影本身的故事情节和氛围非常吻合。《阿凡达》主要讲述的故事是在未来世界，人类为获取另一星球潘多拉星球的资源，启动了阿凡达计划，以便在潘多拉星球生存及开采矿产。

该片最具影响力的一点体现在它引发了人们关于自然和未来的思考，同时掀起了一股3D技术的热潮。制作团队将数字技术完美地运用到电影中，生动地描绘出纳美星球的人物和场景。数字技术的运用带来了非凡的视觉享受，导演及制作团队新奇的想象力让观众完全沉浸在剧情当中。《阿凡达》在表面上给人们展示的是巨大的视觉震撼，而在这背后是摄制组进行创新的成果，本部影片的导演卡梅隆对潘多拉星球的设计大胆创新，费尽心机，他把潘多拉星球的生态环境和文化特色设计得非常巧妙，并且推出新形式的纳威语言和潘多拉野兽。利用3D技术对电影《阿凡达》进行拍摄，这是一个历史性的突破，卡梅隆14年磨一剑，把数字电影推上了一个历史的高度。

第八章　时空百转 声画相济
——影视艺术(下)

🌼 第一节　电视艺术概述

一、电视艺术界定

人们所说的电视艺术通常专指电视剧艺术。

电视剧是电子技术高度发展时代的特殊剧种,是融合了电视技术声、光、影、色等一切元素与其他姊妹艺术的营养与精华,运用电子传播技术手段和电视艺术规律,以家庭传播方式为主要特征的一种综合艺术样式。

电视剧艺术已成为中国观众日常生活中不可或缺的艺术欣赏类型。电视艺术正处于发展阶段,其可塑性很强,日新月异地变化着,令人心驰神往。

二、电视艺术发展历程

1883年,德国电器工程师尼普科夫制造出电视扫描盘,成为电视与荧光屏雏形。

1928年,美国纽约州广播电台进行世界第一次无声电视转播。

1930年,电视实现有声转播。

1954年,第一台彩电在美国问世。

1956年,美国发明电视录像技术。

这一切为电视剧艺术的诞生提供了必要的物质技术条件。

1936年,世界上第一座电视台——伦敦亚历山大电视台建成。不久播放了世界第一部电视剧《口含鲜花的男子》(又称《花言巧语的人》),标志着人类文明史上又一个门类艺术——电视剧艺术的诞生。

1958年,中国北京电视台(中央电视台前身)成立,同年6月播出了中国第一部根据同名短篇小说改编而成的电视剧《一口菜饼子》,编剧陈庚,导演胡旭、梅阡,摄影文英光,主演孙佩云、余琳、王昌明、李晓兰。全剧演绎了全家围绕一口菜饼子展开讨论，表现了忆苦思甜教育的主题。这部电视剧实现演员艺术创造与观众艺术鉴赏同步进行，并且声画同步，揭开了电视剧艺术的新篇章。

之后的1958年至1966年间，相继播出《邱财康》《焦裕禄》《王杰》《刘文学》等电视报道剧，以及《李双双》《球迷》《相亲记》《红缨枪》等七十余部电视剧。由于当时条件所限，大都采用直播形式，演员表演饱满连贯，亲切真实，结构大同小异，穿插一种模式：一条主线、两三个场景、四五个人物、七八场戏、五六十分钟、二百个镜头。这一时期，尚处于起步阶段的电视艺术虽然没能形成自身完备的艺术品格，但累积了有益的艺术经验。

"文革"期间，实行"文化专制制度"，电视剧被禁锢，一切电视剧制作活动停止，除为"文化大革命"张目的电视剧《考场上的斗争》外，可谓"八亿人民八个样板戏"。

直至1978年，电视剧得以复苏，中央电视台率先制作并播出了《三亲家》《窗口》《教授和他的女儿们》《痛苦与欢乐》等七部电视剧。1979年，各地方电视台紧随其后，涌现出十余部电视剧作品，其中《神圣的使命》(广东台)、《永不凋谢的红花》(上海台)、《人民选"官"记》(天津台)、《从深林里来的孩子》(黑龙江台)较为突出。

自此，电视艺术如春风化雨，甘霖遍洒神州大地。1980年，仅中央电视台制作并播出的电视剧就多达一百零三部，累积地方电视台制作并播出的电视剧共一百一十七部，成就斐然、题材丰富、形式多样，极大程度地丰富并指导着人们的日常生活。其中《乔厂长上任记》(中央电视台)、《生命赞歌》(上海电视台)、《最后一班车》(辽宁电视台)、《洞房》(浙江电视台)、《女友》(河北电视台)、《唢呐情话》(河北电视台)、《瓜儿甜蜜蜜》(湖南电视台)等作品至今为人津津乐道。

同年，一批海外译制电视剧，如法国电视剧《红与黑》，英国电视剧《鲁滨逊漂流记》《大卫·科波菲尔》《居里夫人》，美国电视系列剧《大西洋底来的人》，日本电视剧《白衣少女》等一批优秀电视剧被引进出现在电视荧屏上，不仅扩大了中国人的艺术视野，也对电视剧的制作与质量提升起到很大的推动作用。

1981年，电视最高政府奖设立，就是大家耳熟能详的电视"飞天奖"；1983年，中国大众电视"金鹰奖"设立，极大程度地促进了电视剧艺术水平、质量的繁荣昌盛。电视剧进入了发展的全新时期，在1982年至1989年期间，出现了《蹉跎岁月》《武松》《鲁迅》《今夜有暴风雪》《四世同堂》《新星》《高山下的花环》《女记者的画外音》等优秀作品，备受瞩目，分别从不同侧面真实深刻地表现改革开放后中国社会昂扬向上的大好形势。这一时期的电视剧不仅展示了电视人创作的澎湃激情与执着严谨的艺术追求，也表现了电视剧较为深厚的创作力量与精湛的创作质量。

值得一提的是，1982年开始，陆续播放《霍元甲》《上海滩》《射雕英雄传》等多部香港电视连续剧，掀起了巨大的港台电视剧娱乐效应，揭开了港台电视剧引入内地的先河，极大地启发了内地电视剧的创作与鉴赏。

电视剧艺术从20世纪90年代播出的《渴望》与《围城》开始，标志着电视剧艺术进入成熟期，精品迭出、数不胜数、绚丽多彩。《辘轳、女人和井》《编辑部的故事》《北京人在纽约》《宰相刘罗锅》《公关小姐》《东方商人》《苍天在上》《三国演义》等电视剧不仅享誉中国，还走出国门，走向世界，走入了海外市场，大量销售播出版权，有力地实证了电视剧艺术在发展历程中取得的丰硕成果。

早期中西方电视剧艺术因价值观念、文化背景的差异在电视思维，电视意识，电视品格，电视的表达方式、制作方式，传播、接受方式等方面存在较大差异。中国电视剧艺术由改革开放发展至今已得到长足的发展，在艺术与技术上已接近国际水平。

进入20世纪90年代后，处于多元意识形态冲击下的当代电视也呈现出多元化的发展态势。在商品经济大潮的冲击下，90年代后的电视艺术主要在审美深度的变化、审美趣味的转向和审美泛化三方面呈现出与传统电视作品不同的美学风貌，科技美、时尚美成为当代电视剧新的美学元素与主要特征。在思想内容上有浅平化、世俗化的发展趋向，身体美、暴力美在一定程度上得以彰显。但是电视剧艺术应当在各地方政府正确健康的思想、艺术导向下，调整自身的发展方向，与时俱进，为打造大众文化环境、提升各国文化软实力贡献自己的力量。

第二节　电视艺术的审美特征

电视艺术除了与电影艺术具有相同的审美特征之外，又因其是利用电波或电信号为载体，传输动态视听符号的现代化电子信息传播媒介，自身又呈现出独特的审美特征。

一、表现手段的生活平易性

电视艺术作为一种大众通俗艺术，体现了对现实的仿射性，是现实世界的仿射。电视艺术作为一种视觉艺术是最大众化的艺术传播媒介，有着丰富的表现手段，综合了传统表达技巧和现代表达技巧，具有极大的表现力。电视艺术综合了现代科学技术手段与各门学科的最新成果，把声学、光学、电子学、物理学等自然科学和应用科学的成果囊括在内，融合为自己的表现手段，不但即时地体现了科学及电视技术的进步，更代表了最先进的大众文化样式，它与现实的审美关系是借助光、影、声、画面、构图、色彩等现实生活元素与手段一一映射地表达、传递生活现实，按照生活规则进行有机融合，追求一种平实的华美，并给予电视受众单向信息的审美影响。随着科技的发展，传统的纪实表现手法已经不能充分满足电视观众日益增长的视觉品味，逐渐渗透先进的科技手段，特别是网络与动画等"软工具"的进步，使电视艺术的表现手段更加多样，表达生活内容更加平易准确，迎合电视艺术接收者更大的视觉冲击和情感触动。其艺术结果是消除了观众与现实生活之间的距离，而且有意识地在观众头脑里营造一种身临其境的幻觉，使他们感到仿佛亲身经历了电视的虚幻空间里所模拟发生与生活类似的剧情，使电视欣赏者和艺术作品之间的距离感在电视鉴赏中消失。电视艺术反映现实生活、表达思想感情的特殊性表现在画面视觉形象的创造上，与生活现实贴近，并由此引发和调动审美主体的内在情感和深层思考，产生审美教育、审美娱乐等影响审美主体内在思想的巨大艺术力量。

二、思想内容的直观表现性

电视艺术是与人类生活最为切近、覆盖性最广、影响力最大的一个艺术门类，高度地体现了对现实生活世界的仿射，用艺术呼唤情感，由情感表达思想。与其他艺术门类比较，承载着巨大的社会教育功能与新闻信息功能。电视艺术具有其他艺术所无法比拟的受众群体规模，电视艺术的受众来源于社会各层人群，在欣赏电视艺术活动中，因各种经验习惯、趣味素养、成长环境、教育背景的不同而接受结果各不相同，所以电视艺术的主题思想表达要呈现出直观表现性，通俗易懂。而不是像电影艺术那样强调与现实生活的"隔"，追求银幕世界的纵深感与艺术感。电视艺术的艺术宗旨是把客观生活映射在电视荧屏二维平面的虚拟坐标体系下加以表现，并在合乎社会各个阶层受众的情理期待范围之内表现出较为直观的思想内容。电视艺术以丰富的表现手段创造直觉美，并借助视觉直觉把要表达的形象直观地呈现在欣赏主体面前，使欣赏者通过画面这一基本构成单位理解影视的内在思想。对现实生活的逼真再现使观众仿佛身临其境，在激发心灵共鸣的基础上融入其中，设身处地从电视艺术所传达出的主题出发，为电视艺术表现的对象所诱导和触动，进而产生情感认同或平衡、期待等心理反应，并随着电视情节的发展而产生心理的波动，在这个过程中达到一种暂时的忘我境界、一种全身心的融入，并在符合道德和审美的圆满叙事中得到价值的认同、情感的宣泄、身心的调节和平衡。

三、审美形式的可参与性

可以说，电视艺术是当今影响最大、最广泛的大众传播艺术，其审美价值表现在对人类社会和人在世界中的确证，并从多个层面对接受者施加影响。一方面通过直观的艺术形象对接受者产生视觉冲击，使他们得到感官的愉悦，另一方面更重要的是诱导接受者的思维，使他们获得情感认同，在精神上得到一种不同于物质享受的纯粹的释放与解脱。观众在欣赏电视艺术时，是一种个人与艺术面对面的交流，呈现出一种即时性、现场性，这种审美形式使观众的参与感增强，电视艺术正是在这种随意化和休闲化中走向日常生活，电视艺术的审美价值从最根本上说是使接受者获得日常生活中的精神自由，在闲暇中得到美的享受，使接受者在美的感染中从精神上得到陶冶和熏染。

任何形式的美都包含一定的时代信息，成为大众文化主流样式的电视艺术更是反映了中国特定时期社会形态的社会制度、科技水平、时代风尚，并将现实进行合理的创造与想象，从而超越生活，传达电视艺术创作主体不同的审美理想和艺术感受，引导电视公众对电视审美价值产生认同，进而纷纷效法、评说，积极参与。电视艺术使用这种审美表现方式引领时尚流行，在现实丰富多彩的电视艺术作品中，吸引着日常生活中的更多受众参与其中。

四、节目安排的顺时交叉性

电视艺术表现主要是借助空间与时间的运动、延续而进行，即按照一定的规律顺序更替和前后联系。在荧屏世界中，时间与空间两者紧密交织，融合为一体，编织成电视艺术的生命线。电视艺术通常在单位时间段里完成一个电视个案，而电视艺术无论是系列剧还是连续剧，通常采用一条线索串连起每一集单独的时间，以一种既相互独立，又整体统一的分集方式，贯穿电视节目首尾，将声像艺术中暗含的美淋漓尽致地表现出来，形成一个奇特曼妙的结构，产生出人意料的表达与审美效果。此外，因电视是一种拥有最新传播技术和制作手段的大众传播媒介，尤其是当下数码电视的普及，又使家庭电视转播多频道交叉覆盖，囊括大千世界，包罗万象。电视观众在观赏电视节目时，根据自己的固定的收视习惯与欣赏兴趣可以自由转换频道，自由选择观赏内容，这是任何艺术形式都无法做到的。

第三节　电视艺术的美学拓展与多维思考

迈入21世纪，伴随全球化进程的加快，我国已进入商品经济日益繁荣、科学技术和城市现代化高速发展的重要时期。此时，西方的后现代主义思潮影响到全球文化的各个方面，越来越明显地冲击着传统文化、传统的审美观和价值观。在这种文化背景下，传统的理想追求、人文观念和教化模式，已逐渐为一种更具综合性、包容性和更具时代气息的消费模式所取代。受此影响，当下电视艺术的价值观念与美学形态也经历了急剧而复杂的拓展变化，引发人们进行多元复杂的思考。

一、电视艺术的美学拓展

电视艺术作为一种特殊的精神文化现象，是总体化的一种精神性象征，是一种作为特殊意识形态的精神文化，它通过电视屏幕营造一种身临其境的真实生活幻觉，使不同社会层面的受众在得到视觉感官的刺激后达到一种精神层面的契合，这种契合恰恰是一种建立在电视荧屏虚幻世界和谐形式美的基础上的共鸣。

纵观电视剧艺术，在早期发展时的创作理念中，非常重视"教化需求"和"伦理观念"，保留和延伸着中华民族的文化积淀，始终在电视艺术中体现为一定的文明传承与历史厚重感。

经由半个余世纪的发展，尤其是在进入新世纪后，随着社会商业化、世俗化进程的加剧，电视艺术题材逐渐多元化与个性化；内容逐渐平民化与休闲化；艺术形式逐渐日常审美泛化，电视艺术整体创作更趋向浅平化、世俗化，自身的审美深度削减，影响着受众审美趣味的转向，电视艺术的批判精神和反思性质逐渐被直接赤裸的物质欲望和感官享受取代。在不违背社会公德、法规和伦理道德的原则下，当代中国电视艺术给予人们种种欲望得以充分展示的机会，过度渲染感官刺激，注重发掘枪战、武打动作、成人生活等场面的形式感，将其中的形式美感发扬到炫目的程度，忽视或弱化了其中的社会功能和道德功能，甚至脱离了道德制约和价值内涵，变成对人类欲望的坚定信仰和狂热崇拜。

总之，当代电视艺术最大限度地影响大众的审美，用再现性优势逼真地仿拟现实生活时空，并同时按照审美的基本原则对现实进行有目的的重新建构，接受者在形态各异的场景冲击视觉的同时，产生内在情感的触动和激发，电视艺术构建起一个虚拟但又真实的艺术世界，产生极大的艺术魅力和现实吸引力。当下出现的许多电视商业片，没有绝对的社会道德标准，审美厚重感和历史深度感也被大大削弱，以迎合大众口味媚俗的方式注重娱乐观赏性，着重追求欣赏瞬时带来的娱乐快感，热衷追求平面感，采用拼贴手法，为大众设计出具有通俗性的、消费性的、快餐式的电视产品。当代电视艺术发展至今，这样的审美拓展结果，不由得引人深思。

二、电视艺术的多维思考

当代电视艺术的审美拓展过程中，产生了一定程度上的美学疏离。当代电视艺术追求游戏化的表述方式，逐步追求通俗、易懂、直观、感性的理解，电视文本日益商品化、浅平化、感官化、平面化。电视艺术充溢着制作者的自我感受和理解，任其对爱情、友情、亲情、理想、现实、生存的意义及艺术追求的情绪、情感在电视荧屏中随意宣泄，侧重进行个人化和情绪化的张扬，在浅表的层面上宣泄。这导致中国受众看电视是为了纯粹休闲，以消除工作生活中的疲劳与压力，获得心理上的放松和抚慰。

电子传媒时代的到来，电视图像替代文字，创造出一种受众公有共享的高度平面文化，直接作用于人的视觉，消除符号的所指到能指之间的思维过程，此时人们不假思索便会接受媒体信息，痴迷于电视直观地复制形象，而拒绝个人阅读和思考，导致受众的理性思维的缺失甚至退化，形成一种单面思维，滋生一种从众心理。总之，当代电视艺术对传统社会价值理念和伦理观念做着调侃式的嘲讽，消解着庄与谐的界限，追求一种后现代的生活方式，消解中心，个性张扬，追求过程，享受快乐。

正因为电视艺术与人类的关系最为密切，影响、引导公众的审美趣味和生存价值判断，这就要求电视艺术在创作时，应赋予生命激情，并持有强烈的道德责任感与历史责任感，张扬人类生命主体意识。把历史发展进程中对文化现象的分析思考、研究揭示在电视剧艺术创作之中，构筑和挖掘宏大的民族寓言，显示历史反思的力度，进而使用电视形态与电视思维表达、高歌人类的远大理想，进而引起大众的呼应。从宏观来看，当下电视艺术应回归到沉思社会、关注崇高的审美趋势。

第四节 电视艺术鉴赏常识

一、电视剧重要奖项

(一) 中国电视剧重要奖项

1. 金鹰奖

金鹰奖全称"中国金鹰电视奖",是1982年经中宣部批准,由中国文学艺术界联合会和中国电视艺术家协会主办的全国性电视艺术综合奖,其前身为"《大众电视》金鹰奖",是国家级的唯一以观众投票为主评选产生的电视艺术大奖,从第十六届起改名为"中国电视金鹰奖"。从2000年第18届开始,经中宣部批准,全面升级为规格更高的"中国金鹰电视艺术节",由中国文学艺术界联合会、湖南省人民政府、中国电视艺术家协会、长沙市人民政府、湖南省广播电视局联合主办,湖南广电传媒股份有限公司永久承办、湖南卫视具体承办,每年在长沙举行。自2005年起,改为每两年举办一次,每届中国金鹰电视奖节庆活动都能新增特色,均在艺术节期间举行盛大的颁奖典礼,中国金鹰电视奖节庆活动成为研讨中国电视艺术的重要平台,现已成为中国很有影响力的电视节庆活动之一,国际知名度也逐年提升。

"中国电视金鹰奖"原设电视剧、电视文艺片、电视纪录片、电视美术片、电视广告片五大门类优秀作品奖和若干单项奖,共99个。其中五大类优秀作品奖及电视剧男女主配角奖、歌曲奖,共76个,由观众投票评选产生。其他单项奖(含电视剧的编剧、导演、摄像、照明、剪辑、美术、音乐、录音;电视文艺片的导演、摄像、美术、照明、录音、音乐电视创意;电视纪录片的编导、摄像、录音;电视美术片的编剧、导演、形象设计、音乐;电视广告片的广告创意、广告制作)共23个,由专家组成的评委会在观众投票的基础上评选产生,现已缩减。

"中国电视金鹰奖"所有候选节目、歌曲和演员,均由各省、自治区、直辖市电视艺术家协会及中国电视协会分会推荐,经中国电视金鹰奖评选委员会初评,报上级主管部门批准后公布。评奖的范围为本评选年度(即上年4月16日至本年4月15日)在地、市级以上的电视台播放的节目。由专家组成的评委会在观众投票的基础上评选产生。"中国电视金鹰奖"的评选除以信函投票方式外,还有全国168电话投票和国际互联网投票两种方式。

"中国电视金鹰奖"观众投票评选,均以得票多少排列名次。由观众投票产生的作品奖分为"最佳奖"和"优秀奖"。同一奖项中获票最高,同时不低于选票总数的百分之十者,为该奖项"最佳奖",其余为"优秀奖"。演员男主角、女主角、男配角、女配角和电视剧歌曲得票数前三名为"观众最喜爱奖",其他单项奖为"最佳奖"。获奖名单在颁奖典礼时揭晓。为感谢和鼓励广大投票者对中国电视艺术事业的支持,"中国电视金鹰奖"评选活动特设热心观众幸运奖,幸运奖在所有选票中以摇奖的方式产生。"中国电视金鹰奖"评选活动由北京市公证处对选票统计和热心观众幸运奖的产生等进行监督和公证,以确保评选结果公正、合法、有效。

2. 五个一工程奖

"五个一工程奖"于1992年创办,是由中共中央宣传部组织的精神文明建设"五个一工程"评选活动,自1992年起每年进行一次,评选上一年度各省、自治区、直辖市和中央部分部委以及解放军总政治部等单位组织生产、推荐申报的精神产品中五个方面的佳作。这五个方面包括:一部好的戏剧作品,一部好的电视剧(片)作品,一部好的图书(限社会科学方面),一部好的理论文章(限社会科学方面)。1995年度起,将一首好歌和一部好的广播剧列入评选范围,"五个一工程"的名称不变。同时,对组织这些精神产品生产成绩突出的省、自治区、直辖市党委宣传部和部队有关部门,授予组织工作奖;对获奖单位与入选作品,颁发获奖证书与奖金。

"五个一工程"实施以来,对各地、各单位精神文明产品生产的发展与提高,产生了积极的促进作用,体现了中央提出的精神文明重在建设的方针,把"以科学的理论武装人、以正确的舆论引导人、以高尚的精神塑造人、以优秀的作品鼓舞人"的号召落实到实际工作中。"五个一工程"中文艺项目的评选,贯彻了"文艺为人民服务、为社会主义服务"的方向和"百花齐放、百家争鸣"的方针,弘扬主旋律,提倡多样化,对繁荣社会主义文艺创作,促进富有鲜明时代精神和浓郁生活气息、思想性与艺术性完美结合、广大人民群众喜闻乐见的文艺精品的问世,起到了有力的推动作用。

3. 台湾电视金钟奖

"台湾电视金钟奖"是中国台湾地区传媒年度奖项,取自古文"编钟为中华古代教化之礼器,古人作乐,钟居其首,编钟率为十六,与石磬相依,以谐其韵,应礼而成教化"。意即希望通过金声玉振,来教化大众、开阔视野和提升心灵,也隐喻广播电视事业对于国家社会的深远影响以及从业人员所肩负的重大责任。设奖目的在于通过竞赛方式,激励广播从业人员创新求变,提升节目水准。随着岁月的递增,本奖也屡经研讨调整,扩大范围,增添奖项,现已成为台湾地区广播电视界的最高荣誉。

"台湾电视金钟奖"创始于1965年。设奖之初仅以广播为主,1965年增设新闻节目、音乐节目、广告节目等奖项,1966年又增设个人技术奖。1971年将电视纳入奖励范围,自此正式以广播电视为奖励对象。1965年起由台湾当局"新闻局"举办,1968年由台湾当局"文化局"接办,1975年恢复由"新闻局"办理。1980年,"新闻局"提出金钟奖"国际化、专业化、艺术化"三大目标,树立金钟奖的崇高地位,并邀请国际知名广播电视界人士参加,扩大活动范围与影响。1981年起,颁奖典礼改变举行方式,各奖项当场揭晓,穿插各式表演,丰富活泼,并由各广播电视电台实况转播,可视性大为提高。1982年确定该届主题为"敲响金钟,活泼人生",邀请东南亚国家电视台提供优良的电视节目,参加观摩,并增设"学术理论"及"工程技术"两项大奖。1984年,金钟奖首创在颁奖典礼之前开办"金钟礼赞"

酒会，邀请金钟奖入围者、入围者家属及社会相关人士参加，强调"入围即得奖"的精神，扩大表奖范围，增添金钟奖盛会气氛。1993年起，广播与电视分开颁奖。1995年至1999年扩大民间参与，邀请台湾地区"广播电视事业协会"、台湾地区"电视学会"、财团法人广播电视事业发展基金及主办电视台共同合办，为民办金钟奖打下良好基础。2000年后，交由财团法人广播电视事业发展基金接办，至2008年广电基金解散为止。此外，另有中国音乐金钟奖，由中国文联和中国音协会共同主办，亦简称金钟奖，是与戏剧梅花奖、电视金鹰奖、电影金鸡奖并列的国家级艺术奖项。

(二) 国际电视剧重要奖项

1. 艾美奖

艾美奖(Emmy Awards)是美国电视界的最高奖项，公认为"世界广播电视业界的奥斯卡金像奖"。第一届艾美奖于1949年1月25日在好莱坞运动俱乐部颁发。艾美奖奖杯寓意一个长了翅膀的女人抱着一个原子，翅膀代表艺术的缪斯女神，原子代表电子科学，它是由电视工程师路易·麦克马纳斯以他的妻子为模型设计的。每个艾美奖雕像高39厘米，底座直径为19厘米，重量为2.5千克，是由铜、镍、银、金组成的合金奖杯。

艾美奖共分为两大奖项，即美国艾美奖和国际艾美奖。美国艾美奖是美国电视界的最高奖项，包含普通奖项和技术奖项。通常说的"艾美奖"是指黄金时段节目艾美奖，由总部位于洛杉矶的电视艺术与科学学院(ATAS)颁发。此外还有一个日间节目艾美奖，由总部位于纽约的国家电视艺术与科学学院(NATAS)颁发。

国际艾美奖是艾美奖的另一个重要组成部分，由国际电视艺术与科学学院颁发，参选标准必须是在美国之外制作的电视节目，被提名国际艾美奖的电视节目，长度不得短于30分钟，分为电视剧、纪录片、艺术纪录片、流行艺术、艺术演出、儿童和青少年节目六大类，是代表国际电视界最高荣誉的奖项。第一次受邀出席国际艾美奖颁奖典礼的中国女演员是苗圃，她在第31届国际艾美奖上盛装出席。2005年第33届国际艾美奖召开前夕，中央电视台和广播电视交流协会于11月21日被正式吸纳成为国际艾美奖的会员。从第33届开始，中国可以参与报名艾美奖。同年，我国演员何琳凭借在《为奴隶的母亲》中的出色表演获得"最佳女演员"称号，是迄今唯一获得艾美奖的中国演员。

2. 金球奖

美国电影金球奖创办于1943年，由好莱坞外国记者协会主办，是美国影视界重要的奖项之一，金球奖共设有24个奖项，金球奖的被提名者名单通常是在每年的圣诞节前公布，颁奖晚会则选在1月中旬举行。作为每年第一个颁发的影视奖项，金球奖被许多人看作奥斯卡奖的风向标。金球奖是美国经营有方的影视奖项之一，组织颁发这个奖的好莱坞外国记者协会在联邦政府登记的性质属于慈善基金协会，作为一个"非营利性组织"，该协会的收入是免税的。

在1956年之前，金球奖只颁发电影奖项，后来才加入了电视奖项。金球奖与奥斯卡奖和艾美奖的不同在于，它因为没有专业投票团，所以并不颁发技术方面的奖项。此奖的最终结果，是由96位记者投票产生。这些人居住在加利福尼亚州的好莱坞，都与美国国外的媒体打交道。现在，每年的金球奖颁奖典礼都由美国全国广播公司(NBC)现场直播，并通过授权方式向世界上许多国家转播。由于金球奖包括许多电视类奖项，美国电视业希望借此为美国电视节目打开国际市场的销路。

电影奖项包括：最佳剧情类电影、最佳音乐及喜剧电影、最佳导演奖等。电视奖项包括：最佳剧情类影集、最佳音乐及喜剧影集、最佳连续短剧/电视电影等。

二、中国电视剧类别

(一) 以播出时间和篇幅的长短为依据分类

1. 电视单本剧

电视单本剧是电视剧的一个品种，由一个较为完整的情节故事构成，刻画人物较为集中的性格侧面，篇幅短小紧凑的电视剧样式。"本"指代放映长度，类似电影的一个拷贝。我国规定，电视单本剧限定为三集(每集50分钟计)以下的电视剧。一部电视单本剧一般由上、下集构成。

2. 电视连续剧

电视连续剧是电视剧的一种重要形式，故事情节曲折复杂，情节连续而分成若干集拍摄，剧中人物数量较多，主要人物连贯，每集演播全剧中的一段故事，并在结尾处留有悬念，吸引观众连续收看。按中国惯例，三至八集为中篇电视连续剧，九集以上为长篇电视连续剧。

3. 电视系列剧

电视系列剧是电视剧的重要形式之一，分集电视剧的一种。通常故事情节自成单元，不相联系，每一集故事独立完整、分集播出，与单本剧相仿，情节完整、结构一体，但主要人物、大主题必须贯穿全剧，次要人物与故事情节须每集更新。

(二) 以时间、题材划分为依据分类

1. 当代题材

年代背景为改革开放以后的各类电视剧为当代题材剧，可根据具体的故事内容分为：当代军旅题材、当代都市题材、当代农村题材、当代青少年题材、当代涉案题材、当代科幻题材、当代其他题材。

2. 现代题材

年代背景为1949年至改革开放前的各类电视剧为现代题材剧，可根据具体故事内容分为：现代军旅题材、现代都市题材、现代农村题材、现代青少年题材、现代涉案题材、现代传记题材、现代其他题材。

3. 近代题材

年代背景为辛亥革命至1949年以前各类电视剧为近代题材剧，可根据具体故事内容分为：近代革命题材、近代都市题材、近代青少年题材、近代传奇题材、近代传记题材、近代其他题材。

4. 古代题材

年代背景为辛亥革命以前的各类电视剧为古代题材剧，可根据具体故事内容分为：古代传奇题材、古代宫廷题材、古代传记题材、古代武打题材、古代青少年题材、古代历史题材、古代其他题材。

5. 重大题材

重大题材特指广电总局关于重大革命和历史题材文件中规定的题材，根据故事内容分为：重大革命题材、重大历史题材。

(三) 以体裁划分为依据分类

1. 电视电影(亦称电视影片)

电视电影是按蒙太奇技巧摄制的电视剧，起源于20世纪60年代的美国，是由电视人投资的低成本电影，适合在电视上播出，按电影的艺术规律用35毫米胶片拍摄制作。中国自1999年中央电视台电影频道"电视电影"工程启动以来，现今中国电视电影已进入高质量的发展期，而深受业界重视，华表奖、金鸡奖等重要奖项都专门设置了电视电影奖，成就了一批年轻、新锐导演。电视电影是电影人生存发展的可为空间。

电视电影多反映新人新事、凡人小事，塑造富有韵味、引人向上的艺术形象，表现出电视电影制作轻盈的艺术特点。其投资低、风险小、制作周期短的特点逐渐成为继电影、电视之后的"后起之秀"。随着全球电视传媒业的飞速发展，电视电影势必与影视合流、互动、互补，向国际化方向发展，具有美好前景。

2. 电视小说

电视小说是将以文字为传播手段的小说，通过电视化的处理，将原创文字小说转化为声画结合的电视作品。其声音部分均为小说原作文字传述的声化，具有浓厚的文学氛围。电视小说按照文学的审美要求，保持原作的风格、韵味、结构、意蕴，使用视听手段，有利于诱发观众的想象力，使观众获得与读小说相类似的审美感受。电视小说无论在表现形式还是在艺术风格上均有灿烂的发展前景。

电视小说化文字形态为屏幕艺术特质，最早产生于20世纪50年代的苏联。20世纪60年代中国开始产生电视小说。1964年，北京电视台少儿部制作根据著名作家管桦的小说《小英雄雨来》改编的同名电视小说。1978年起，中央电视台少儿部开办"文学宝库"专栏，将中外文学名著搬上屏幕，制作成"电视小说"，以画面的形式形象生动地在屏幕上再现出来，以感染观众，获得了前所未有的审美效果。中国的电视小说自此走向成熟。电视小说对于优秀文艺作品的普及功不可没。

3. 电视散文

电视散文是通过特定的屏幕声画形象，散点式地反映创作者所见、所闻、所思、所感、所忆的生活情景和刹那间的思维活动，运用独特的电子制作手段，将散漫的思维碎片组合在一起，营造散文意境，具有浓郁抒情氛围的电视文学样式。电视散文具有较高的文化品位，是一种舒缓、淡雅、优美的艺术形式，通过电视语言和文学语言的双重表达和有机结合，再现以至升华文学作品中至纯的真情、至美的意境、至善的心灵，通过电视艺术手段达到对人类命运终极关怀的目标。

电视散文在我国20世纪90年代起开始引起关注。一改散文原有的文学形态呈现方式，使散文从单一表现手段的平面走向多元化立体呈现，改变为视觉艺术形式。电视散文在表现思想和情感时，主要运用具有象征性、隐喻性、模糊性的造型语言，画面、音响和解说相辅相成，情景交融，给人以极大的心灵震撼，开拓观众的联想和想象思维，激发观众"再创造"的审美能力，使观众深切地感受到电视散文的画外之音、声外之情和形外之神。

4. 电视诗歌

电视诗歌是电视与诗歌相结合而成的电视文学样式，通过特定的屏幕造型语言，集中凝练地反映社会生活，抒发创作者的主观思想情感，画面清晰，诗句凝练，富于想象，强调节奏，具有诗歌的空灵意境和朦胧美感。

电视诗歌被称为荧屏艺术品，采用抽象、表现性较强的拍摄方法，注重空间造型，较多地使用逆光，增强图像的反差和力度，调动所有的艺术手法来完成一种虚实结合的多元组合，增强电视诗歌信息量与时代感，表达出诗歌的意蕴，形成电视诗歌的意境，配以富含节奏、韵律美的解说词，给电视受众以自由驰骋的想象空间。

5. 电视小品

电视小品的播映时间短暂，人物、情节简单，选取生活小事或人的某个特征，迅速及时地反映生活侧面，或针砭时弊，或歌颂美好事物，褒贬分明，于细微处揭示事物的本质，阐明一个富于哲理寓意的思想主题。因其短小明快，新颖活泼，形式多样，给人以精神的刺激和心灵的启迪，深受大众喜爱。

电视小品可分为两大类：一类是特色小品，如魔术小品、戏曲小品、音乐小品、哑剧小品、口技小品、体操小品等；另一类是语言小品，以对话作为外在形态，分为相声小品和喜剧小品。相声小品最早时曾被称作化妆相声，以岔说、歪讲、谐音、倒口、误会、点化等语言为主要语汇。喜剧小品则借鉴了戏剧的结构，以情节的发展和变化见长，常以人物错位、关系错位制造结构错位和情节错位，进一步导致行为错位和情感错位，从而产生幽默效果。

电视小品是改革开放后的新型文艺产品，是在经济繁荣、思想活跃的状况下产生的，反映出鲜明的时代特征，成为时代的需要。但是当下我国电视小品明显存在以下弊端：缺乏人文内涵、文化品位和审美格调；审美价值取向与道德标准出现偏差；人物性格模式化、小品风格雷同化、小品语言套路化；教化色彩浓厚而讽刺功能式微。电视小品只有突破这些问题，才能深入民心，永葆艺术魅力。

三、中国电视"六个第一"

(一) 第一家电视台

1958年5月1日，新中国第一家电视台——北京电视台试播。9月2日，电视台开始正式播出节目。1978年5月1日，北京电视台改称中央电视台，现有十二个频道，覆盖世界许多国家和地区。

(二) 第一部电视剧

1958年，北京电视台为配合当时进行的阶级教育而推出的二十分钟直播电视小戏《一口菜饼子》，便是新中国第一部电视剧。

(三) 第一部电视连续剧

20世纪80年代初，中央电视台制作的九集电视连续剧《敌营十八年》，是新中国第一部电视连续剧。

(四) 第一部大型室内电视连续剧

1990年，北京电视台、北京电视艺术中心联合录制了五十集电视连续剧《渴望》，被称为第一部大型室内电视连续剧。该剧由李晓明编剧，王石等改编，鲁晓威导演，张凯丽、李雪健等主演。

(五) 第一部电视系列喜剧

《编辑部的故事》是北京电视艺术中心于1991年拍摄的二十五集电视系列喜剧，王朔、冯小刚、金炎导演，葛优、吕丽萍等主演。其独特的幽默喜剧风格填补了新中国长篇电视系列剧品种的空白。

(六) 第一部大型室内家庭伦理情景喜剧

《我爱我家》是由英达导演，宋丹丹、文兴宇、杨立新、梁天、关凌等众多演员担任主演的家庭情景喜剧，是中国大陆第一部情景喜剧，也是当代中国情景喜剧迄今为止的一部经典之作。

四、肥皂剧

肥皂剧(Soap opera)是从英语传至中文的外来词汇，通常指连续很长时间的、虚构的电视剧节目，每周安排为多集连续播出，俗称"偶像剧"。

肥皂剧源于西方，适合家庭妇女一边做家务一边收看。肥皂剧是构成西方社会大众文化的重要内容，最初常在播放过程中插播肥皂等生活用品广告，故称"肥皂剧"。在英美等西方发达国家，每周都会有固定的时间播出肥皂剧，如《老友记》《欲望城市》《加冕礼大街》等，欣赏的观众层次也由最先的家庭主妇逐渐扩充到城市职业阶层中的年轻人士阶层。

通常肥皂剧各集之间的故事都有关联，"拖戏"明显，数星期不看，剧情还可衔接，没有传统意义上的结局，即使有也是一种不稳定状态下的暂时平衡，矛盾的解决意味着新矛盾的开端，称作开放式结局。结局常为拍摄续集做准备，无论人物关系发生怎样的变化，剧情立即巧妙衔接、自圆其说。

肥皂剧主要分为两大类型：日间肥皂剧与夜间肥皂剧。日间肥皂剧，即以十八至四十九岁的家庭主妇为受众，每周白天固定播五集。每一集中都是几条叙事线路并存，在一周中由一个悬念引向一个动人的高潮，星期一是呈现和再现悬念矛盾，星期五以至少一个情节线中的危机点收尾。一个困境得以解决，另一个困境必须制造出来。晚间肥皂剧，即在结构上与日间肥皂剧相似，但在晚间黄金时段以每周一集的频率播出。20世纪80年代末，晚间肥皂剧渐渐退出了历史的舞台。

五、世界主要电视台

美国有线电视网(CNN)

英国广播公司(BBC)

欧洲新闻电视台(Euronews)

半岛电视台(AI Jazeera)

福克斯广播公司(FOX)

哥伦比亚广播公司(CBS)

全美广播公司(NBC)
美国广播公司(ABC)
日本广播协会(NHK)
富士电视台(FNN)
中国中央电视台(CCTV)

第五节　电视艺术经典作品鉴赏

一、《蹉跎岁月》

片名：《蹉跎岁月》

片长：4集

时间：1982年

地区：中国

导演：蔡晓晴

编剧：叶辛

词：叶辛

曲：黄准

演唱：关牧村

主演：赵越、肖雄、郭旭新

1982年，由叶辛同名长篇小说改编的四集电视连续剧《蹉跎岁月》一经播出，立刻引起全国观众的共鸣，这是第一部描写知青生活与思想的电视连续剧。

故事的时代背景是"文化大革命"时期，在经历特殊磨难的年代里，人性中一些本来很善良、纯真的感情和愿望也变得渺小和无助，微不足道。为了在那样残酷的环境中生存，不少人不惜泯灭自己的良知而随波逐流，愿望仅仅是一点点放之于现在衡量为不屑的物质，但那个年代，却珍贵无比。导演用"文化大革命"时期的故事带给人们深刻的反思，告诉人们，不要忘记历史。

这部电视连续剧的播出意义非凡。"文革"期间，中国电视剧艺术创作完全停滞，直到改革开放后才重现生机，但改革开放初期电视屏幕上播出多是依据电影模式拍摄的"电视单本剧"，通常只有一两集。《蹉跎岁月》可谓真正开启了中国电视连续剧时代，是一部反映时代、思想深重的电视连续剧。

《蹉跎岁月》牵动着整整一代人的命运，反映了深刻的思想内容，电视机的普及也为《蹉跎岁月》的热播提供了条件。1982年，全国电视机社会拥有量大幅度提升，达到前所未有的增长幅度。电视在中国开始成为真正意义上的大众化媒体，《蹉跎岁月》因此走进千家万户，在1983年第一届《大众电视》金鹰奖的评选中，《蹉跎岁月》一举包揽了优秀电视剧奖，优秀男、女主角奖，可谓实至名归。剧中饰演女主角的肖雄还荣获了"飞天奖"优秀女演员奖，成为新一代的大众偶像。剧中的主题曲《一支难忘的歌》由关牧村演唱，一时传遍全国，至今仍为许多观众所津津乐道。

从《蹉跎岁月》开始，知青题材的电视剧成为独具中国特色的一种电视剧类型。从20世纪80年代的《今夜有暴风雪》《雪城》，一直到90年代的《孽债》，知青以及他们儿女的故事仍然不断地出现在中国电视荧屏上，让观众感动而伤怀。

二、《高山下的花环》

片名：《高山下的花环》

片长：3集

时间：1984年

地区：中国

导演：滕敬德、席与明

主演：周里京、朱建民、王同乐、王玉梅、王尚信、李岚、刘桐生

因中国当代作家李存葆同名中篇小说《高山下的花环》影响很大，山东电视台将其改编为电视连续剧《高山下的花环》，以洗练集中、生动深刻的艺术功力把广大观众喜爱熟悉的艺术形象、为之动情的情节搬上屏幕，并获得观众的高度认可。《高山下的花环》展现了中国电视剧艺术编导者在改编文学艺术方面成功的探索与可喜的收获。

军部摄影干事赵蒙生被母亲动用军界的关系外派到连部担任指导员，实际是为转正做准备。赵蒙生的到来让连长梁三喜推迟了探亲假，滞留连部理顺赵蒙生与战士们的关系。炮排排长靳开来心直口快，对"军营公子"赵蒙生产生强烈抵触情绪。连部的气氛一时有些紧张：因为军队内部的问题，又因为山雨欲来的战争。不久形势突变，连队准备南调参与对越反击，赵母在最后关头试图拉出儿子反被军长公开做了反面教材。赵蒙生无法忍受内心的煎熬，随部队出战。靳开来临阵升任副连长，而他用实际行动证明了自己的能力，梁三喜的突击连在战斗中发挥了应有的作用，他本人却为搭救赵蒙生而牺牲。战斗胜利了，撤离前线的战士们很快发现战争对心灵与人性的考验远没有完结……

电视剧编导者注重在尖锐的矛盾冲突中以对比的艺术手法来塑造人物，一开始就围绕对待上战场作战的两种截然不同的态度描绘人物。男主人公被火热的战争生活、战友们的献身精神所感化，思想境界发生变化，由苟且偷安变化为勇敢无畏。电视剧的人物塑造细腻严谨，对于男主人公变化成长过程的描绘有层次、有厚度，符合人物性格发展的逻辑。人物的爱国主义精神与凛然正气在狭隘自私的对比之下熠熠生辉、光彩照人。

电视剧对于战争情景和连队生活的描绘真实感人，较好地展现了在生与死的搏斗中我军指战员对党和人民的信念与赤诚。在塑造人物时既有对人物高尚心灵的深刻揭示，又有对人物平凡愿望的真实描绘，使观众感到我军指战员崇高的灵魂与可贵的品格，可亲可敬，因而

悲痛并不消沉，壮美而饱含深情，具有浓郁的诗意，增强了艺术感染力。

经改编的剧情使人物关系更加自然合理，在揭示部队的某些弊端、揭示社会矛盾方面更为深刻，比较成功地塑造了我军指战员的英雄群像，深情地歌颂了我国人民的崇高觉悟，看后使人受到教育和鼓舞。

三、《新星》

片名：《新星》

地区：中国

片长：12集

时间：1986年

编剧：李新

导演：李新

制片：靳大力

主要演员：周里京

十二集电视连续剧《新星》是20世纪80年代优秀的电视连续剧，由太原电视台录制。《新星》是一部讴歌农村改革题材的电视剧佳作，是改革时代电视剧艺术星空里的新星，思想深邃，振聋发聩，在艺术上富有创新。1986年播出后，荣获了飞天奖与金鹰奖双奖。

《新星》根据柯云路同名小说改编，故事发生在"文革"结束后的古陵县，讲述了古陵县新任县委书记李向南在政府内部开展改革，使古陵面貌焕然一新的故事。古老的城墙、狭窄的街道，纷迷的矛盾纠葛，论辩思考的语言，启人心智的对话使得整部电视剧洋溢着昂扬激进的精神，有一种思辨的锐气并渗透电视剧的每一处细节，使观众感受改革的巨大力量。《新星》被称作新中国改革的鼓点，十一届三中全会以来，改革洪流在全国激腾，此剧不是空泛地接触改革，而是在主人公李向南身上贯注了一种异乎寻常的拓新精神，使李向南在处理各方面繁杂事物中显出与旧传统完全不同的独异性，是改革精神的具体落实。《新星》矛盾尖锐、结构紧凑、情节波澜起伏，刻画人物生动，在揭示生活上达到了前所未有的广度和深度。其中表现改革的问题涉及司法、教育、渔牧、党务等诸多方面，电视剧深入探讨矛盾的起因，把旧体制、旧机制的积弊剖露给世人，给人以警示，引人以深沉的哲理思考。

电视连续剧《新星》热播时，可谓万人空巷，更为关心局势的人指明了方向。以《新星》为标志，普通中国百姓对此类题材作品的喜爱达到了空前的程度，实现了中国观众的政治梦想。其后，此类电视剧成为中国电视剧一种制作的方向。政治题材电视剧较为稀罕，引起轰动的就更少见，这部电视剧却红遍全国。

四、《便衣警察》

片名：《便衣警察》

年份：1987年

集数：12集

导演：林汝为

副导演：赵宝刚

编剧：海岩

美术：冯小刚

主演：胡亚捷、宋春丽、谭小燕、申军谊、蓝天野、李明启

电视剧《便衣警察》是20世纪80年代优秀的电视连续剧，播出后立刻引起轰动；《便衣警察》根据作家海岩的同名小说改编，小说《便衣警察》是海岩的代表作之一，也是海岩第一部被搬上荧屏的文学作品，此时言情路线的"海岩剧"模式还未形成，但也为他赢得较好的声誉。

粉碎"四人帮"之前的1976年，南州市公安局逮捕台湾特务徐邦呈。在军代表甘副局长的诱供下，徐谎称在边境接应一支敌人的小分队入境，甘副局长亲自带队押解徐前往边境，徐趁机逃跑，侦察员周志明将其击毙。抓捕行动失败，线索中断，特务潜入南州市的真正目的成为谜团。周志明偶然认识施肖萌，产生好感。南州市出现悼念周总理传单，带有批评当时中央文革的内容，被列为反革命事件，执勤中，周志明发现被拍照发传单的两人是施肖萌的姐姐施季虹，另一个是童年伙伴安成。遂为保护二人将胶卷曝光，还因徐邦呈逃跑事件，他被打成现行反革命，被判刑入狱十五年。突如其来的变故改变了周志明的命运，唯一的亲人父亲也含恨去世。周入狱后，施肖萌不顾家人反对前去探监。周志明为了不连累施肖萌，忍痛断绝两人关系。周志明在狱中受尽屈辱，对生活失去了信心。随着粉碎"四人帮"，周志明得到平反，又回公安队伍内。周志明和施肖萌再次重逢后，感情上又出现了误解和裂痕。暗中喜欢周志明的女同事严君向周志明表达诚挚的爱恋，周志明和严君在工作中成为挚友，但心里还对施肖萌念念不忘。杜卫东曾在狱中受周志明帮助和教育，出狱后改邪归正、重新做人。南州市政协副主席、941厂总工江一明家被盗，杜卫东被嫌疑抓捕。周志明经过调查证实此案不是杜卫东所为。施季虹向公安机关举报为前男友卢援朝所为。施肖萌作为卢援朝的辩护人出庭为其辩护，卢援朝无罪释放。原来施季虹已被境外潜入的间谍发展为犯罪分子。周志明联系数年前徐邦呈案件中断的线索，对连续发生、扑朔迷离、互相纠缠的事情展开追查，终于抓获在南州市潜伏多年的特务卢援朝。经过考验和锻炼，周志明成长为一名真正的警察。施肖萌和周志明最终结合，严君调离南州市，却始终爱着周志明。

《便衣警察》的成功之处在于把时代转折的历史内容引入公安题材中，写人的命运，透视时代的变迁。这是一个年轻警察成长的故事，也是一曲美好爱情的颂歌。此剧当年播出时，反响十分强烈。该剧荣获第八届全国优秀电视剧"飞天奖"三等奖、第六届大众电视金鹰奖、公安部首届金盾影视奖。男主角扮演者胡亚捷获得第二届电视十佳演员，女主角扮演者宋春丽获得"飞天奖"优秀女配角奖。当年一曲深情款款的主题歌《少年壮志不言愁》饱含岁月的苦涩，给观众留下了难以磨灭的记忆。

2005年，海岩力作《便衣警察》再现荧屏，由崔林、刘佳主演，共二十集，但影响远不及1987年版电视剧《便衣警察》。

五、四大古典名著改编电视剧

(一)《红楼梦》

首播时间：1987年

分类：央视剧

集数：36

导演：王扶林

编剧：周雷、刘耕路、周岭

语言：普通话

主演：欧阳奋强、陈晓旭、张莉、邓婕、郑铮、郭宵珍、东方闻樱

《红楼梦》是第一部名著改编剧，1987年5月在中央电视台和亚洲电视台相继播出时，万人空巷，收视率高达70%。在中央电视台八七版《红楼梦》电视剧里，编剧人员与红学家顾问均为红学权威人士，合作编写的结局，大致与原著相同，又添加了史湘云沦为歌妓，妙玉离开寻贝叶经，宝钗为贾宝玉抛弃而守寡等悲惨结局，以及司棋、鸳鸯等人的自尽等剧情。《红楼梦》在中国四大名著中率先被搬上荧屏，是央视所做的高瞻远瞩的决策。这部三十六集的电视巨制的推出，取得了巨大成功，举国上下掀起了讨论"红学"热潮，一时间街谈巷议争说红楼，同时大量的评论文章从各个角度做出了迅速及时的反应，全国报刊发表的这类文章可谓盛况空前，产生了极大的社会和经济效应，促使另三部名著被改编，意义非常重大。

1987年，央视电视剧《红楼梦》拍竣并播出至今，各级电视台重播过无数次。从演员、服装到主题曲和插曲，老版《红楼梦》已成为绝对经典。多年来，我国内地拍过电影《红楼梦》，但不能跨越电视剧留下的深远影响。香港地区也尝试拍过《红楼梦》的电视剧，采取了"戏说"的形式，未能给观众留下深刻印象。最近，沉寂了十几年的电视人重拍电视剧新版《红楼梦》，仍未能超越老版《红楼梦》，更未能推陈出新。

(二)《西游记》

片名：《西游记》

导演：杨洁

语言：普通话

编剧：周岭

时间：1982—1988年

地区：中国

类型：古装神话

颜色：彩色

发行：中央电视台

集数：25集

主演：六小龄童、汪粤、徐少华、迟重瑞、马德华、闫怀礼

片名：《西游记续集》

时间：1998—1999年

地区：中国大陆

集数：16(后中央电视台单独播续集时，整理为15集)

总导演：杨洁

主演：六小龄童、徐少华、迟重瑞、崔景富、刘大刚

1982年，中央电视台首次开拍二十五集电视剧《西游记》，耗时六年有余。1988年，一部象征中国人民坚韧不拔、乐观进取、充满理想、大智大勇精神的神话巨著《西游记》，终于以电视剧艺术的形式完成。《西游记》中孙悟空、唐僧、猪八戒、沙僧等人物形象交相辉映，丰富奇绝的神话、幻想、侠游与大胆有趣的艺术表现样式、现代高科技的立体表现手段的运用，极大地扩展了大众对天上人间的非凡想象。《西游记》于1988年春节播出，顿时轰动全国，至今仍为寒暑假重播最多的经典之作。老版《西游记》虽在特技使用方面存有不足，但从整体制作上，这部戏堪称中国电视剧的经典作品，其中歌唱家蒋大为演唱的主题歌《敢问路在何方》风靡至今。

到了2000年，央视开拍《西游记》续集26至41集，制作未完成部分，演员尽量保持原班人马，续集再创收视纪录，却算不上成功。导演杨洁欲再现第一部风格，在特技和化妆方面耗资很大，但对于今时今日欣赏水平已大幅提高的中国观众而言仍无法感到满足，评论一般，难续辉煌。

(三)《三国演义》

片名：《三国演义》

时间：1990—1994年

总投资：1.7亿人民币

群众演员：40万人次

参拍部队：

中国人民解放军39811部队

北京军区52854部队、51056部队

南京军区83226部队、83235部队、83422部队

成都军区77226部队

建成影视基地两座

拍摄地：河北、内蒙古、四川、宁夏、甘肃、青海、西藏、江苏、湖北、云南

总监制：王枫

监制：戴临风、杨伟光、张天民、于广华

总策划：王枫

总制片：任大惠

制片主任：尤世军、郝恒民、张光前、单雨生、张纪中

制片人：周明、刘瑾如

编剧：杜家福、朱晓平、刘树生、叶式生、周锴、李一波

总导演：王扶林

导演：蔡晓晴、张绍林、孙光明、张中一、沈好放

总摄像/照片摄影：李耀宗

总美术：何宝通

主题曲作词：王健

主题曲作曲：谷建芬

音乐：李一丁、王宪

主题曲演唱：杨洪基

片尾曲演唱：毛阿敏

插曲演唱：刘欢、吕继宏、万山红、毛阿敏、戴建明、崔金浩、杨洪基

演员导演：李法曾、王贵娥、顾凤莉、周丽华

主要演员：鲍国安、唐国强、孙彦军、陆树铭、李靖飞、吴晓东

　　电视剧《三国演义》耗巨资拍摄，场面浩大，气势恢宏，堪称一部史诗作品。该剧成功地塑造了众多性格鲜明的人物形象，通过电视画面展现了一幕幕惊心动魄的战争场面。该剧长于表现战争双方的战略战术、力量对比、地位转化等，把丰富多彩、千变万化、错综复杂的三国时代，通过电视剧制作手段从容不迫地描绘出来，既宏伟壮阔又严密精巧。电视剧中的语言精练畅达，文白夹杂，是此剧的一大特点，也是一项创举，中国观众乐于接受。《三国演义》在我国没有《红楼梦》影响大，但是在海外影响特别巨大。

(四) 《水浒传》

总顾问：王枫

总监制：杨伟光

监制：于广华、陈汉元、刘宜勤、贾文增、胡恩、邹庆芳

策划：谭希松、许二春、杨沛德、李汀、张小毛　杨宝亮、程宏、萧月桃、任大惠

原著：施耐庵、罗贯中

编剧：杨争光、冉平

总导演：张绍林

动作导演：袁和平、袁祥仁

总摄像：张绍林

总美术：钱运选

作曲：赵季平

主题曲：《好汉歌》

主题曲演唱：刘欢

总制片人：任大惠

总制片主任：张纪中

集数：43集

时间：1998年

主演：李雪健、臧金生、周野芒、丁海峰、王思懿、赵小锐、宁晓志

《水浒传》从1994年4月筹拍，到1997年3月杀青，历时三年零八个月。电视剧成功地刻画了帝子臣孙、富豪将吏、猎户渔人、雇工小吏，甚至绿林大盗及骗、抢、偷、盗等三教九流各色人物群像。该剧形象地表现出水浒英雄或智能超群、有勇有谋，或除暴安良、行侠仗义，性格迥异，光彩照人。《水浒传》中的英雄人物是历代农民阶级心目中的理想人物的化身。

四大古典名著改编成为电视剧，是中国电视剧制作中心具有创新性、开拓性的举措，构筑了当代中国电视剧发展史上一座具有划时代意义的里程碑，取得显著成就，具有重大历史价值。四大名著的改编不仅是对广大观众进行普及、弘扬中华民族传统文化，更掀起了广大观众阅读中国四大古典名著的热潮，并且向世界人民介绍了中国灿烂的文化遗产，增进了东西方国家的相互了解和文化交流，在中国电视剧发展史上写下了光辉的篇章。实践证明，四大古典名著改编而成的电视剧因其体现出来的独特艺术魅力和审美价值，而成为中国电视剧发展史上的经典之作，成功缔造了名著改编为电视剧的经典神话。

六、《我爱我家》

片名：《我爱我家》

年份：1994年

集数：120集

导演：英达

监制：张明智

总发行人：杜勇

副导演：林丛、王栋

文学师：梁左

编剧：梁左、英壮、梁欢、臧里等

作曲：关峡

作词：甲丁、陈涛、徐安利

演唱：章鹏、韩磊、戴娆、陈琳、周艳泓、瑛侠、杨洋、那英、红豆、毛阿敏、臧天朔、牟青、沈艳

演奏：北京首席乐队、北京青年爱乐乐团、中国歌剧舞剧院合唱队

主演：文兴宇、宋丹丹、杨立新、梁天、谢园、关凌、赵明明

《我爱我家》透过20世纪90年代北京一个六口之家以及他们的邻里、亲朋各色人等构成的社会横断面，反映了社会上的各种类型的人物性格，展示了一幅改革大潮中绚丽斑斓的市

民生活画卷。结构上每集讲述一个完整的生活故事，较长故事则分成上、下两集演绎。《我爱我家》小到家长里短，大到国策大略逐一展现。每集结束之前还会有数分钟的"我家花絮"(NG镜头剪辑)和"我爱我歌"(主题MV作品)。

在《我爱我家》中，除了主要演员都是著名演员或艺术家外，大部分剧集里还会邀请数位明星、名人客串角色。全剧的音乐创作阵容同样强大，著名音乐家关峡创作了全部歌曲，并由黑鸭子合唱组进行和音。不少歌曲因歌词寓意深刻、旋律优美动听，在观众中广为流传，深受大家喜爱。

全剧借鉴美国情景喜剧的表现形式，同时创造性地运用了中国传统文化中的滑稽与幽默手段，集教育性与娱乐性、严肃性与通俗性、艺术性与群众性于一体，配合扎实密集的剧本笑料使用和演员夸张到位的表演，使得《我爱我家》一经推出便在全国疯狂播映，经久不衰，受到媒体、观众和业内人士的一致好评。电视剧《我爱我家》采用了将国外情景喜剧、中国国情和受中国观众普遍欢迎的小品、室内剧等艺术形式有机结合的方式，对于中国电视剧创作有很大的研究意义。

《我爱我家》创国内收视率第一和重播收视率第一两项收视纪录，同时也获得了极大的经济效益。目前，该剧仍在数家电视台进行重播。

七、《雍正王朝》

片名：《雍正王朝》

片长：44集

时间：1997年

语言：普通话

摄制：中央电视台影视部、北京同道文化发展有限公司、长沙电视台

导演：胡玫

原著：二月河

作曲：徐沛东

演唱：刘欢

主演：唐国强、焦晃、杜雨露、蔡鸿翔、赵毅、徐敏、徐祖明、苗海忠

公元1722年(清康熙六十一年)11月13日，北京九城戒严，康熙皇帝驾崩，举国震惊。继位者为素有"冷面王"之称的四阿哥胤禛。

胤禛非朝野看好的人选。他曾在江南"煽动"灾民闹事，在城隍庙摆鸿门宴，软磨硬逼，拿走地方官和富商二百多万两银子筹款赈灾；还追讨国库欠款，逼得老臣上吊，皇子王爷到前门大街变卖家当，令满朝官员惶惶不可终日；又在刑部冤狱案中隔岸观火，让八阿哥和太子斗得两败俱伤；此外百官行贿案中借年羹尧之手血洗江夏镇，使得太子再度被废。

雍正当政后在山西诺敏案、科场舞弊案中，诛杀一批牵扯其中的朝廷中枢重臣。西北用兵、数省天灾，急需军费和赈灾，雍正抄贪官污吏的家财，解决急需。而后的"摊丁入亩、火耗归公""士绅一体当差、一体纳粮""河南罢考案""铁帽子亲王大殿发难逼宫""含

泪杀亲子"等一系列旨在推行新政、抑制官绅敛财和宫廷内部党争、挤压的历史事件贯穿雍正的一生和雍正王朝。

公元1735年(雍正十三年)8月22日，中国历史上最勤勉的皇帝心力交瘁，暴卒在自己的御案旁。之后，开始了长达六十年的乾隆盛世。

史诗巨篇电视连续剧《雍正王朝》改编自二月河长篇小说，导演胡玫，主演唐国强、焦晃，在中央一套播出时创下央视收视的高峰，至今为人称赞。

该剧围绕权力争夺这一中心，以一种严谨的方式，表现了完全是男人之间——特别是有着血缘关系的男人之间剑拔弩张的斗争和冲突。诡谲多变的宫廷政治使人们看清了一代王朝史。史册中的人物形象在剧中被刻画得生动自然，故事情节的一波三折，让人欲罢不能。在数不胜数的当代宫廷题材电视连续剧中熠熠生辉，备受称赞，具有较高的艺术价值与文化价值。

八、《我的青春谁做主》

片名：《我的青春谁做主》

英文名：My youth who call the shots

发行地区：中国

语言：中文

片长：32集

每集时长：56分钟

首播：2009年4月12日

首播电视台：中国中央电视台综合频道

出品人：丁芯

制作人：赵宝刚

总导演：赵宝刚

主演：赵子琪、陆毅、王珞丹、朱雨辰、林园、张铎

《我的青春谁做主》是一部都市青春励志电视剧，被称为《奋斗》的姐妹篇。该剧演绎了一个家庭里三个表姐妹的青春故事，她们在同一时间完成成人礼，成为社会的人，从梦想走进现实，触摸生活实质甚至残酷的一面，每人都要面对一个艰难的生存命题，在父母意志的干预下，她们用聪明智慧与执着勤奋给出了完美的答案。赵青楚要在"理智与情感"之间做一个抉择；钱小样为追求"个性和自由"而挣扎；李霹雳试图在"世俗成功"和"自我实现"之间找寻希冀的方向。该剧还回顾了三个表姐妹的母亲，上一代人的青春，带着鲜明的时代烙印。三十年前，一句"知识青年到农村去"的口号改写了上一代人的青春命运，使得三姐妹天各一方，各自成家立业。三十年后，第二代的杨家表姐妹正值青春，和这个时代大多数的年轻人一样，她们并不满足于母辈们对自己青春的设想，她们要按照自己的意愿，勾画一个完全属于自己的青春图景。

《我的青春谁做主》定位于普通百姓家庭，真实地反映了大部分社会人现在的生活状

态,道出了现代社会两代人如何自处与如何相处的解决途径:对于青年人的成长,家长更多的是起引导的作用,而不是替他们做决定;而青年人在成长的过程中,会碰到各种各样意想不到的困难与问题,他们不能逃避,而是要与家长沟通,在沟通中共同找到解决问题的办法。生活在大都市的青年人都会遭遇到剧中的种种困境和迷惑,有对成功的渴望,有对理想的追逐,并且在生活压力和隔阂代沟中磕磕绊绊地成长,生活中的场景都在《我的青春谁做主》中清晰而真实地得以再现,进而折射改革开放三十年——一个大时代的发展变化,可以说是一部新时代的主旋律剧,深受年轻观众喜爱。

九、《老友记》

中文片名:《老友记》

外文片名:Friends

其他译名:《六人行》

出品时间:1994年

出品公司:美国NBC电视台

制片地区:美国

导演:Kevin S. Bright

编剧:Marta Kauffman,David Crane

主演:

女主角瑞秋·格林(詹妮弗·安妮斯顿饰)、菲比·布菲(莉莎·库卓饰)、莫妮卡·盖勒(柯特妮·考克斯饰)

男主角钱德勒·宾(马修·派瑞饰)、罗斯·盖勒(大卫·休默饰)、乔伊·崔比安尼(马特·勒布朗饰)

《老友记》是一部热播了十多年的幽默情景喜剧,是美国历史上甚至是全球范围内很成功、影响力很大的电视剧之一。它不仅在美国充当了电视荧屏黄金时段的霸主,而且在全世界范围内都取得了轰动性的成功。

该片被翻译成20多种语言,在120多个国家拥有超过6000万忠实戏迷,根据美国规模最大和最具权威性的电视收视率调查机构AC尼尔森公司的统计,《老友记》开播以来就一直牢牢盘踞在晚间黄金时段收视率最高前十档节目的位置,十年来从来没有被动摇过。当2004年5月6日《老友记》最后一集即将落幕之时,全美有超过6500万家庭都不约而同地将频道锁定,默默地关注着这帮长久以来用笑声陪伴着、慰藉着他们的老友们的最后归宿。纽约时代广场的电视大屏幕前3000多名观众静静地守候着"《老友记》时代的结束",美国TV land有线电视台甚至做出了一项史无前例的决定:停播当天晚上2个小时的电视节目以向《老友记》致敬。《老友记》无疑是美国电视史上的一个奇迹。

故事主要描述了住在纽约的六个好朋友,从相识到后来一起经历了10年的生活中发生的一系列故事。随着十年剧情的发展,六个人六条线索紧密交织地进行着。其中最为观众关注的主线就是六人中的罗斯和瑞秋之间的分分合合。从第四季后期开始,好友中的另外两人莫妮卡和钱德勒也展开了一段美好的恋情。剩下的两位乔伊和菲比的生活也同样丰富多彩、笑料不断。这六个普通美国青年的日常生活为我们打开了一扇通向世纪之交纽约都会生活的窗户，成为当代美国年轻人生活状态的真实写照。

《老友记》突破了美国情景喜剧几十年来的传统，不再走那条温情脉脉的家庭伦理剧的老路，转而展现现代都市时尚青年的思想、观念和生活方式。《老友记》的创作人员对情景喜剧的制作流程和整体把握非常娴熟，他们了解观众的需要，善于捕捉观众的情绪。在节奏的把握上张弛有度、不疾不徐。人物形象在演员自然、本色的演绎下极具个性魅力。虽然是情景喜剧，但绝不是丑化人物形象或运用许多滑稽动作、表情来博取笑声，在度的把握上，六位演员也越来越得心应手。

《老友记》之所以受人欢迎，是因为它让我们看到了另一种和我们一样普通的生活，形形色色的人因为情感、原则、利益、地位等问题产生矛盾、闹出笑话，同时，亲情、友情、爱情也在这里升华。《老友记》无形中成为人们日常生活的一面镜子，可以让我们学习生活，去欣赏生活中的那些真善美。

获奖情况：

《老友记》连续5年获得全美民选奖的最受欢迎喜剧奖

艾美奖(55次艾美奖提名)

1996：喜剧类最佳个人成就导演奖(Michael Lembeck)

1998：喜剧类最佳女配角(莉莎·库卓)

2000：喜剧类最佳客串男演员(布鲁斯·威利斯)

2002：最佳喜剧类剧集；喜剧类最佳女主角(珍妮弗·安尼斯顿)

2003：喜剧类最佳客串女演员(克莉丝蒂娜·爱波盖特)

金球奖(六次金球奖提名)

2003：喜剧类最佳女主角(珍妮弗·安尼斯顿)

全美民选奖

2000：最受欢迎电视类喜剧

2001：最受欢迎电视类喜剧

2002：最受欢迎电视类喜剧

2003：最受欢迎电视类喜剧

2004：最受欢迎电视类喜剧

演员工会奖

1996：喜剧类最佳演员团体

2000：喜剧类最佳女演员(莉莎·库卓)

十、《爱情是什么》

片名：《爱情是什么》

制片地区：韩国

导演：金秀贤

主演：李顺载、金惠子、尹汝贞、崔民秀

集数：66集

类型：剧情片、爱情片

出品：韩国MBC

年份：1992年

语言：韩语

《爱情是什么》是一部经典的韩国家庭剧，被称为韩国电视剧的巅峰之作。该剧在韩国曾创下了64%的收视神话，这个成绩至今无人打破。韩国MBC电视台通过网络投票进行20世纪10部最佳电视剧的评选，该剧排名首位，成为观众心目中的经典。

该剧讲述了由两个截然不同的家庭联姻而产生的故事，通过这些琐碎的家长里短、儿女情长真实地反映了人们生活的原生态，让人觉得似曾相识又恰如其分，从而增强了荧幕的鲜活性和真实性，引发了观者的共鸣，让人倍感亲切。该片以"日常生活"作为其故事书写的重要载体，描述对象是普通人的生活，表现中心是生活的常态，将生活细节和小人物的个性充分展现，或轻松幽默，或焦虑伤感，这些简单平实的日常叙事，使一切变得真实而自然，平常而复杂的人生在剧中得到全景化、立体化的展现，使观众在观看电视剧的时候便有一种身临其境感，不同年龄的人在剧中都能找到自己的影子，从而从中体味到生活况味和人生哲理。

此外，该片通过细腻的镜头语言，以女性为主体的生活场景和情感世界作为展示的重点，充满日常化细节的生活感受，展示女性之间的情谊和文化认同感，真实地表现女性经验包括生活经验、社会经验、心理经验、情感经验、审美经验和欲望经验等，讲述女性情感故事，展示女性奋斗历程，肯定自强精神和主体的美好价值追求。该片借以展现女性的精神风貌和内心世界，因此最容易得到女性观众的好感。

该剧不仅在韩国本土大获成功，也出口到中国等其他国家，成为第一部走出韩国国门的韩剧。1997年，中央电视台引进该剧，收视率高达4.2%，在中国观众中获得意想不到的良好效果，并应观众要求，多次重播。从此，韩国电视剧正式大规模进入中国市场，以《洗澡堂家的男人们》《看了又看》《人鱼小姐》为代表的家庭伦理剧，以《蓝色生死恋》《冬季恋歌》《我是金三顺》《浪漫满屋》为代表的爱情偶像剧都受到热捧。2005年湖南卫视推出的励志剧《大长今》更是将韩剧热潮推到又一个高峰。之后，由电视剧引发的"韩流"在中国的服装、餐饮、图书等市场形成了连锁反应。

第九章 凝固音乐 石质史书
——建筑艺术

第一节 建筑艺术概述

一、建筑艺术界定

建筑艺术是按照美的规律，通过建筑群体组织、建筑物的形体、平面布置、立体形式、结构造型、内外空间组合、装修和装饰、色彩、质感等方面的审美处理所形成的一种综合性实用造型艺术。以独特的艺术语言熔铸并反映出一个时代、一个民族的审美追求，被誉为"凝固的音乐""立体的画""无形的诗"和"石头写成的史书"。

建筑通过自身独特的语言，表达其独特的文化思想。所谓建筑语言，是指建筑物本身通过造型、高低、长宽、平面、立体、曲线、线条、色彩以及门、窗、楼顶设计等给人以审美享受的符号。这种建筑符号与文学作品的话语和文字符号一样，承载着转达作者的创作思想、意图和理想的作用。正是这种特殊的语言符号，把社会的政治、经济和科技包括人类智慧成果非常具体地体现出来，将人类物质文化的灵魂展示得十分深刻。

建筑按照功能分类，主要包括居住建筑、城市公共建筑、宫殿建筑、园林建筑、陵墓建筑、宗教建筑、礼制与祠祀建筑等；按照使用的建筑材料分类，主要包括木结构建筑、砖石建筑、钢筋水泥建筑、钢木建筑等；按地域分类，主要包括中式、日式、东南亚、地中海式、美式、英式、法式、殖民地式等；按艺术风格分类，主要包括古典建筑、巴洛克建筑、哥特建筑、洛可可建筑、新古典建筑等；按时间分类，包括古典、现代、后现代、当代、也有人把后现代归类到现代建筑中。

二、建筑艺术发展历程

(一) 中国建筑艺术发展历程

古代世界曾经有过大约七个主要的独立建筑体系，其中有的或早已中断，或流传不广，成就和影响也就相对有限，如古埃及、古代西亚、古代印度、古代美洲建筑等。只有中国建筑、西方建筑、伊斯兰建筑被认为是世界三大建筑体系，成为人类共同的精神财富。其中又以中国建筑和西方建筑延续时代最长、流域最广，成就也就更辉煌。

古老的中国建筑体系大约发端于距今8000年前的新石器时期。其建筑结构由粗犷走向细腻，形式由单一走向多样。在各个历史阶段，建筑的外形都在不断发展进步。

距今8000年前的新石器时期以定居为基础，是我国古代建筑艺术的萌生时期。在中华文明的两大发祥地的长江流域和黄河流域，我们的先人经过长期摸索，选择了巢居与穴居作为主要的居住方式，对于整个中国建筑史来说提供了极其宝贵的经验，为中国传统建筑的发展奠定了基础。

然而穴居与巢居非真正建筑，只能算是建筑的雏形。到了河姆渡文化和仰韶文化阶段，建筑才真正诞生。陕西省西安市东郊灞桥区浐河东岸的半坡遗址，距今已经有6000年左右的历史，是黄河流域一处典型的原始社会母系氏族公社村落遗址。当原始人真正走出洞穴和丛林，人类的建筑行为，就从按照自己及社会关系的需要，构建自己的建筑与村落，至此真正的建筑诞生了。仰韶、龙山、河姆渡等文化创造的木骨泥墙、木结构榫卯、地面式建筑、干栏式建筑等建筑技术和样式，为一个伟大的建筑体系的诞生播下了珍贵的种子。

夏商时期已有宫室、民居、墓葬等建筑类别，甚至有了较正规意义上的城市。这一时期不仅出现了以宫室为中心的大小城市和建于夯土台上的大殿，中国传统建筑的基本空间构成要素——廊院也产生了。商代有了较成熟的夯土技术，建造了规模相当大的宫室和陵墓。商代末年，商纣王大兴土木。周朝的建筑较之殷商更为发达，尤其技术进步很大，开始用瓦盖屋顶。此时建筑以版筑法为主，其屋顶如翼，木柱架构，庭院平整，已具一定法则。

春秋战国时期，是中国奴隶社会向封建社会过渡期，相传著名木匠公输般(鲁班)，就是在春秋时期涌现的匠师。建筑上的重要发展是瓦的普遍使用、砖的应用和作为诸侯宫室用的高台建筑(或称台榭)的出现。西周及春秋时期，统治阶级营造很多以宫市为中心的城市。原来简单的木构架，经商周时期的不断改进，成为中国建筑的主要结构方式。与此同时，瓦的出现与使用，解决了屋顶防水问题，是中国古建筑的一个重要进步。"高台榭、美宫室"建筑之风盛极一时，并出现了砖和彩画，不仅出现礼制建筑明堂，更对此后的城市规划、宫殿、坛庙、陵寝，乃至民居，产生了深远的影响。

秦汉时期高台建筑减少，多屋楼阁的数量大量增加，庭院式的布局已基本定型，是中国建筑艺术发展史上的第一个高峰，至此中国建筑体系大致形成。秦王朝历史虽然短暂，但在建筑上留下了深远的影响。阿房宫、骊山陵、长城等都规模空前，史无前例。汉继秦后兴建的长安城、未央宫等也都影响巨大、十分壮丽。这一时期建造的大规模都城与大尺度、大体量的宫殿令人印象深刻。两代建筑体制宏伟，高台建筑比比皆是。这些建筑结构主体的木架已趋于成熟，重要的建筑物上普遍使用斗拱。屋顶的形式多样化，拱券式结构有了发展。

两晋南北朝时期，这一时期战争比较频繁，经济实力不足，都城与宫殿的建筑明显不能和秦汉时期相比，但是在这一阶段佛教发展迅速，于是佛教建筑开始被广泛修建。寺庙建筑大盛，值得一提的是，北朝不仅寺庙建筑众多而且依山开凿石窟，造佛像刻佛经。中国古代建筑对外来文化的摄取期，形成了别具特色的中国式的佛教建筑艺术。我国古代建筑进入了对外来文化的摄取期。巨大的寺、塔和石窟成为这时的主体建筑类型。

隋唐时期的建筑境内外融合，形成了一个独立而完整的建筑体系，是中国古建筑达到顶峰的时代，并影响至朝鲜、日本。隋朝营造的东都洛阳、开凿的大运河及唐朝规模巨大的宫殿、苑囿、塔寺、道观等都具有这一时期明显的特征。在此期间，建筑技术更有新的进展。隋唐建筑气势雄伟、粗犷简洁、色彩朴实；而以两宋为代表的建筑风格趋于精巧华丽、纤缛繁复、色彩"绚丽如织绣"。这一历史时期的建筑成就表现为建筑类型更为完善，规模极其恢宏；在建筑设计和施工中广泛使用图样和模型；建筑师从知识分子和工匠中分化出来成为专门职业；建筑技术上又有新发展并趋于成熟——组合梁柱的运用，材分模数制的确立，铺作层的形成。此外，这一时期还留下了为数众多的伟大建筑。比如石家庄赵县的赵州桥，建于隋朝大业年间，由著名匠师李春设计建造，距今已有约1400年的历史，是当今世界上现存最早、保存最完善的古代敞肩石拱桥。隋唐时期还兴建了一系列宗教建筑，以佛塔为主，如玄奘塔、香积寺塔、大雁塔等。

唐朝的城市布局和建筑风格规模宏大，气魄雄浑。隋唐兴建的长安城是中国古代最宏大的城市，唐代增建的大明宫，特别是其中的含元殿，气势恢宏而高大雄壮，充分体现了大唐盛世的时代精神。此外，在建筑材料方面，砖的应用逐步增多，砖墓、砖塔的数量增加；琉璃的烧制比南北朝进步，使用范围也更为广泛。山西五台县佛光寺大殿(唐大中十一年)是国内现存最大的唐代建筑，其风格庄重朴实，斗拱比例和尺度之硕大是中国古代后人不可超越的。文化的繁盛，国力的强大，使盛唐时期成为中国建筑艺术发展史上的顶峰时期。

宋辽金时期南北对峙，积贫积弱，无力修建大规模建筑，所以只能在细节上发展建筑艺术，宋代宫殿、寺庙等艺术形象趋向绮丽秀美。山西晋祠圣母殿，是北宋天圣年间的建筑，较之佛光寺大殿显得更为轻盈、秀丽而富于变化。此外，两宋时期，建造了大量宫殿园林。园林的兴盛，正是统治阶级政治没落的一种表现。从北宋开始，建筑的风格由宏大雄浑向细腻纤巧发展，更加注重建筑的装饰。这一时期，北宋颁布了《营造法式》，说起这本书很多人可能还很陌生，当初梁思成之所以学习建筑，据说是因为他的父亲梁启超先生送给他的这本《营造法式》，而梁思成和林徽因的儿子起名叫梁从诫，就是为了纪念这本书的作者李诫。这本书在建筑史上具有很大的意义，标志着工程技术与施工管理方面已经到达新的历史水平。

元朝，中国木构建筑第一次出现下坡路的现象。元初统治中，蒙古统治者南扰，使社会经济遭到严重破坏，社会经济凋零和木材短缺，不得不对宋式木构体系进行简化，这使得在木架建筑方面，规模与质量上都逊于两宋，一般寺庙建筑加工粗糙，用料草率。元中叶以后，手工业、商业繁荣的城市，进一步发展了宋以来临街店店、按行成街的布局，发展了作坊、店铺、酒楼、戏台等世俗建筑类型。元朝的国际贸易来往频繁，城市繁荣盛况空前，另外，在民族、宗教、文化的融合下，出现了一些新建筑类型。元朝的短短90余年时间，使得中国建筑的面貌发生巨大转变，也是明清时期中国传统建筑体系发生转型的重要过渡期。

明清是中国历史上最后两个封建王朝。今天人们所见到的中国古代建筑，主要是这两个朝代的。明清两代的建筑较之于唐宋时代的建筑缺少创造力，趋向程式化和装饰化，但中国古代建筑的优秀经验，仍体现在城市规划、宫室建筑和园林建筑之中。建筑的地方特色和多种民族风格在这个时期得到充分的发展。

经过几千年漫长的发展和锤炼，到了明清，中国建筑已步入耄耋之期。渐趋保守与世界潮流相悖的价值取向，使建筑艺术不可避免地走向末路。但这一时期的建筑艺术，就如同艺术家的晚年之作，历尽世故的磨砺，尽显娴熟和老辣。砖已普遍用于民居砌墙，为硬山建筑的发展创造了条件。琉璃面砖、琉璃瓦的质量提高，色彩更丰富，应用面更加广泛。藏传佛教建筑兴盛。这些佛寺造型多样，打破了我国佛寺传统单一的程式化处理，创造了丰富多彩的建筑形式，是清代建筑中难得的上品。建筑技艺仍有所创新，如水湿压弯法加工木料技术，玻璃的引进使用及砖石建筑的进步等。明代的长城、南京城、北京城和北京紫禁城，清代的圆明园、颐和园、避暑山庄和天坛，都是中国古代建筑的瑰宝。

以1840年鸦片战争为标志，中国步入了半封建半殖民地的近代社会，以此为开端的中国近代建筑的历史进程，被动地夹杂着殖民化，进入了近代化和现代化的发展进程。中国建筑艺术受制于二元结构的影响，一方面是中国传统建筑文化的继续，另一方面是西方外来建筑文化的传播，这两种建筑活动的相互作用，使得这一时期成为我国建筑艺术演进过程中的一个承上启下、中西交汇、新旧接替的过渡时期。

至19世纪末20世纪初，在中国近代的建筑历史上形成了一股以模仿或照搬西洋建筑为特征的潮流，大片的西方式样建筑出现在各大城市的租界，代表作有上海外滩海关、英商汇丰银行、国际饭店等。西方建筑在中国流行的同时，20世纪20年代以后，又形成了以模仿中国古代建筑或对其加以改造为特征的另一股潮流。"民族形式"的建筑运动也呈现出活跃的态势，代表作有南京中山陵、原中央博物院(现南京博物院)、燕京大学(现北京大学)、上海中国银行等。

中国近代建筑的历史从20世纪20年代开始进入重要的发展时期。这一时期，建筑教育兴办并日益完备；建筑事务所相继开业，中国建筑师不断成长；建筑团体先后成立，学术活动得以开展。杨廷宝是中国第一代建筑师中出类拔萃的人物；梁思成是中国近代建筑教育事业的开拓者，是中国古代建筑历史研究工作的创始人。20世纪30年代，在欧美"国际式"新建筑潮流的冲击下，中国近代建筑的历史呈现出中与西、古与今、新与旧多种体系并存、碰撞与交融的错综复杂状态。

中国当代建筑的历史始于20世纪50年代，大致可以分为四个阶段。第一阶段是50年代中期以前。创作方式以"民族形式"为主导，是20世纪20年代之后开始的"民族形式"建筑运动的延续。北京友谊宾馆、重庆人民大会堂等建筑，它们的琉璃瓦大屋顶都颇具民族特色。第二阶段是从50年代中期至60年代中期。创作追求简约化，一时间，节约成为建筑创作的首要原则，这就导致对建筑艺术和文化品位的忽略，在这一时期出现一些比较平庸的作品。第三阶段是"文化大革命"时期，可称为庸俗艺术论时期。某种被歪曲了的"政治"观念凌驾于建筑艺术创作之上，具象象征主义或抽象象征主义的创作倾向蔚然成风。第四阶段是从70年代末期至今。中国建筑秉承"越是民族的，越是世界的"宗旨，在认识建筑的多元性的前提下，建筑师赋予作品以鲜明的时代特色和中国本土风格。改革开放以来涌现的大量作品正是中国建筑艺术进入崭新时期的最好证明，如南京大屠杀遇难同胞纪念馆、国家体育场"鸟巢"等。

(二) 西方建筑艺术发展历程

从建筑艺术的角度划分，"西方"这个概念历来有变化，一般来说特指欧洲和北美。从古希腊时代起到20世纪三四十年代，欧洲一直是西方建筑文明的中心；第二次世界大战结束后，这个中心又偏移到北美；而在当今多元化的时代，欧洲和北美同样是西方文明及其建筑艺术精彩纷呈的主要舞台。西方建筑，不像中国建筑那样单一的一脉相承。埃及、波斯、古希腊、古罗马建筑皆为西方建筑发展之源，尤其是希腊与罗马的建筑文化，两千多年来一直被继承下来，并被视为古典建筑文化，成为欧洲建筑学系统的渊源。

西方建筑按其风格的演变可分为以下阶段。

奴隶制社会时期。堪称世界奇观的金字塔和狮身人面像在这一时期享负盛名。继之而起的古希腊建筑，作为其代表与典范的多立克柱式和爱奥尼克柱式，以其拟人的比例、动人的形象，一直是西方古建筑中的范例而流传。古罗马直接继承了古希腊晚期的建筑成就。由于奴隶制的鼎盛，古罗马在建筑材料、结构技术、艺术造型和形制规范方面都取得了光辉的成就，利用混凝土的结构创造出券拱结构。建筑类型也有了新的发展，输水道、斗兽竞技场、剧场、神庙、凯旋门、城市广场、公共浴场及宫殿、陵墓相继产生。罗马工程师维特鲁威的建筑学著作《建筑十书》问世，总结了古典柱范的五柱式建筑经验。

欧洲中世纪封建社会时期。由于建筑的发展和政治体制、思想意识密不可分，宗教和历史发展历程不同的东西欧，有代表性的教堂建筑发展也不一样。东正教和天主教教堂建筑代表两个不同的建筑体系。东正教教堂发展为拜占庭式建筑样式，较为著名的有6世纪初君士坦丁堡的圣索菲亚大教堂，呈现出平面多为规正的圆形或正方形的典型特征，上面建造穹顶。西欧天主教堂发展的是哥特式建筑样式。代表性建筑为修建时间长达150年的巴黎圣母院，其建筑内部装饰华丽，外面有轻盈腾飞、直冲云霄之感。

资本主义萌芽和绝对君权时期。西方建筑艺术发展经历从艺术复兴到巴洛克、洛可可等阶段。其代表性建筑依次为圣彼得大教堂、罗马耶稣会教堂(巴洛克建筑)、法国凡尔赛中小特里亚浓宫(洛可可建筑)。

欧美资产阶级革命时期。这一时期的成就主要表现在城市建筑方面。此期代表性建筑有法国凯旋门(也称雄师凯旋门)、巴黎歌剧院，均流露着富丽辉煌的建筑特质。

近代大变革时期。这一阶段建筑艺术不断出现新建筑材料、新结构技术、新功能内容和新施工方法，促进了建筑类型的增多和建筑形式的变化，建筑思潮也出现巨大转变。铁、水泥、钢材等材料配合运用，房屋建筑出现了飞跃。铁架结构代表作有高达328米的埃菲尔铁塔。高层建筑和大跨度建筑如雨后春笋般层出不穷，如体育馆、展览馆、飞机场。

现代建筑大师殚精竭虑并有卓识远见，引领着建筑新潮流，多种风格精彩纷呈。透过中西建筑历史发展的轨迹，审视中西建筑师留给人类的财富，建筑艺术这一"凝固的音乐"在不同的国度，正在以不同的韵律演奏，呈现出迥异的人文特点。

第二节　建筑艺术的审美特征

一、实用性和艺术性的功能追求

　　建筑艺术是一门实用艺术，它是供人们居住或从事劳动、工作等活动的场所。从讲究实用到讲究美观，从土木结构到砖石结构再到钢筋混凝土结构，建筑艺术从产生到发展的整个过程中，始终没有脱离实用的目的。生活中没有纯粹为了审美而建造的房屋宫殿，即使是不住人的宝塔，也首先是作为宗教的产物而出现的。因此，实用性是建筑艺术的基本功能，也是非常重要的功能。以中国古代建筑为例，它以木材、砖瓦为主要建筑材料，在结构方式上则巧妙而科学地运用框架式结构。这种木构架结构最重要的特点是"墙倒屋不塌"，屋顶重量由木构架来承担，外墙起遮挡阳光、隔热防寒的作用，内墙起分割室内空间的作用。此外，木材的柔韧、可塑和所用构件具有伸缩空间等特性，使得这种木构架结构可以减少地震对建筑物的危害，在一定限度内起到抗震的作用。

　　上文谈到的实用性是建筑的物质性功用，此外，建筑艺术还要满足人们的审美需求，也就是它的精神性特征，因此，建筑艺术具有物质性和精神性双重属性。建筑的艺术性就是在技术手段的支持下，融合当地的文化底蕴及风俗习惯，在保证建筑的正常使用状态下，表现思想、情感及满足人的心理需求，并非仅限于营造美观的形式，艺术表现力产生于设计创新，产生于形式、使用功能与建构技术等综合方面。欣赏优秀的建筑，就像欣赏一幅画、欣赏一首诗，建筑最吸引人的地方是蕴藏其间的一系列"意"。好的建筑艺术品，不仅能满足人们对其功能和美感的要求，而且能在人们的精神情感领域产生强烈的共鸣，产生意念上的认同感。建筑语言通过比喻、隐喻、象征和夸张等表现手法向人们表达或暗示建筑思想的深层含义。由于各地的文化底蕴背景不同，风俗习惯不一，导致东西方甚至各地区建筑的风格迥异。建筑艺术之所以具有无穷的艺术感染力，就是因为人类在追求建筑的实用性和坚固性的同时，也强调建筑技术和艺术的完美结合。随着人类历史的进步，人们对建筑艺术的审美追求，超越了以往的纯物质性追求，有些高层次的建筑，其精神性超越了物质性。建筑设计者按照一定的美学规律，并结合使用者的审美需求和自身的精神体验及审美理想，将技术和艺术完美结合，从而给人们开启一个能够带来无尽精神享受的艺术世界。

　　与其他类型艺术相比，建筑的艺术性必须要和实用性联系在一起。在其他艺术中，美可以是唯一目的或主要目的，而建筑的审美意义，要有赖于实用意义，所以，建筑的实用性是艺术性的基础，而艺术性中也常常包含实用性。

二、人格化和意境美的布局特色

　　在环境布局上，建筑艺术由于受固定的不可移动的地点等因素的限制，加之建筑物本身就是一个供人们居住、工作、娱乐、社交等活动的场所，这就要求设计者要处理好建筑与周围大自然环境的关系，要综合利用土地、水源、植物、阳光、气候等自然资源，以便有效地建立起人类赖以生存和生活的立体空间。一个大的环境空间的营造，需要设计者对周围的山川形势、气候条件、林木植被等进行认真调研，这样才能使建筑布局、形式、色调等跟周围的环境相适应。建筑与周围环境的相互配合与协调，能够使设计者的人格化追求得以实现。无论是城市、村镇，还是住宅、陵墓，建筑与周围环境的统一经营都是在利用自然又顺应自然，格外重视人工环境与自然环境的和谐统一。群楼重叠、依山垒砌的布达拉宫，就是一个典型例子。依山垒砌的庞大建筑群，牢牢生根于山上，与大山融为一体，气势雄伟，有气贯苍穹之势。整个宫墙错落有致，随山体地形的起伏变化而灵活建造，充分体现了建筑家们运用自然、驾驭自然的高超能力。

要形成意境并使其更为深远，更要将自然因素、人工因素、人文环境有机地融合在一起，从而达到人类的理想境界。在处理人与自然的关系方面，中国古典园林认同自然、亲和自然的理念与西方园林否定自然、改造自然的态度大相径庭。西方园林否定自然美而夸大人工美的意境，中国古典园林虽然也是人工造景，却力求不着人工斧凿之迹，使山水、房屋、植物相得益彰，营造出"虽由人作，宛自天开"的优美意境。

建筑艺术的空间布局还体现在重视建筑组群平面布局上，也就是说，建筑物本身的结构、体积、形状、色调等不仅要与周围环境融为一体，还要与其他建筑相互关照。中国传统建筑中最具布局语言文化特点的是四合院。这种民居由正房(北房)、倒座(南座)、东厢房和西厢房四座房屋构成四面围合的态势，形成一个"口"字形，中央是一个中心庭院，所以这种院落式民居被称为四合院。由四面房屋围合起一个庭院，为四合院的基本单元，称为一进四合院，两个院落为两进四合院，三个院落为三进四合院，依此类推。四合院中轴对称，层层展开，左右均衡，前后呼应。它采用均衡对称的方式，沿着纵轴线(又称前后轴线)与横轴线进行设计，其中多数以纵轴线为主，横轴线为辅。主要的建筑一般放在纵轴线上，而次要的建筑则放在纵轴的左右两侧，而且在建筑的形体上，次要的建筑要小于或矮于主要建筑。在层层叠套的院落中，均以庭院为中心，以游廊为链接，使得单幢建筑就像一首诗，可以集中而明确地表达一个文化主题，而群体建筑则如鸿篇巨制的专著，集中反映中国"大隐隐于市"的传统文化思想。

三、装饰性和色彩性的外在表达

建筑的造型美，要求建筑设计要符合统一、均衡、对称、对比等形式美法则。中国建筑，尤其是中国古代建筑，其造型优美尤以富有装饰性的屋顶造型最为突出。曲线型屋顶是中国建筑特有的。屋顶不仅体形高大且是曲面形，屋顶四面的屋檐是两头高于中间，整个屋檐形成一条曲线，线条柔和，庄重典雅，别具风味。硕大的屋顶，经过曲面、曲线的处理，显得不那么沉重和笨拙，再加上一些装饰，形成了富有情趣的风格。这是古代匠人的创造。中国古代建筑屋顶主要有庑殿、歇山、悬山、硬山、攒尖、卷棚等式样。无论是庑殿顶，还是歇山顶，都是大屋顶，显得稳重协调。屋顶中直线和曲线巧妙地组合，形成如鸟翼伸展的的飞檐，增添了建筑物飞动轻快的美感。同时，屋脊的脊端因适当的雕饰而显得精巧别致，檐口的瓦也因装饰性处理而显得富有颜色和光泽。此外，中国特有的建筑油饰、彩画也很令人瞩目，常用青、绿、朱等矿物颜料绘成色彩绚丽的图案，绘制精巧，颜色丰富。地处安徽宏村的承志堂，精雕细镂，飞金重彩，被誉为"民间故宫"，其"三雕"艺术令世人叹为观止，尤以木雕精美绝伦，堪称一绝。全宅有木柱一百三十六根，其正厅横梁、斗拱、花门、窗棂上的木刻，构图流畅，雕刻精巧，富丽堂皇，堪称徽派"四雕"艺术中的木雕精品。

运用色彩作为装饰手段在建筑艺术中也表现得相当突出。中国古代木结构建筑的梁柱框架，需要采用在木材表面施加油漆等防腐措施，于是形成了南北迥异的风格。北方的宫殿、官衙建筑，房屋的主体部分常用朱红色，房檐下的阴影部分则用蓝绿相配的冷色。这种鲜明的色彩对比使建筑物增添了不少活泼和情趣。而在四季常青的南方，建筑的色彩比较注重与自然环境相调和，多用白墙、灰瓦与栗、黑、墨绿等色的梁柱相呼应，形成秀丽淡雅的格调。还有颜色对比强烈的布达拉宫，在用色方面可谓是鲜明而大胆。大片的白墙面是建筑的基调色彩，与主体建筑的红色造成强烈的对比效果，而局部的小黄房子则在强烈的对比中起到过渡作用。外墙面上黑色的运用，尤其是黑色的梯形窗框，使这座色彩华丽、装饰缤纷的建筑物显得坚实而厚重。

第三节　建筑艺术的中西比较与博采众长

因建筑材料和社会功能的不同，中西传统建筑形成了不同的建筑艺术语言，所承载的文化、体现的信念、表达的思想、倾注的情感也不尽相同，形成的建筑艺术风格迥异。西方的建筑材料多采用石质，曾纵向发展，接近天堂，表现出对神的虔诚崇拜。中国传统建筑，植根于辉煌而深厚的中国传统文化之中而发展成熟，历来以木结构建筑为主，表现为"天人合一"的建筑观。

中西建筑艺术差异的实质是文化差异，中国建筑法则来源于传统的儒家文化，而西方建筑法则主要源自西方宗教文化。无论中国还是西方，建筑艺术都反映了物质和自然环境、社会结构形态、人的思维方法以及审美境界的差别。

(一) 中西建筑艺术的主要区别是材质不同

西方建筑艺术大多以石质的材料为主，属于砖石结构系统，把建筑看作上帝休息的场所，希望能与上帝共存。例如古希腊神庙、埃及金字塔、古罗马斗兽场等，全用石材筑成，从这个角度可见，西方建筑是以石材构为特征。自原始社会起，西方主要是以狩猎方式为主的原始经济，对物体实用性比较看重。另一方面，西方人最后选择了石材作为建筑的首要材料，可以看出他们务实求真的理性精神，在人与自然的关系中，强调人的力量和智慧能够战胜一切，"人定能胜天"。

中国传统建筑艺术以木结构建筑为主，木结构建筑的艺术气质平易近人，平缓舒展，构图上削弱体型上的竖高、冷峻之感，节奏平缓而流畅，体现了东方人对自然的向往和崇敬之情。一座古建筑，除屋顶和台基使用瓦和砖石外，其柱、梁、枋等主要骨干部分均采用木材作为建筑材料。木制的梁柱和门窗在使用寿命上并不具优势，但木材具有天然之美，古朴、含蓄的自然风格，与中国人内敛深沉的文化性格相切合。将木材作为建筑的首选材料，充分体现了中国人对大自然的热爱和亲和之情。同时，木材轻巧坚韧、易于加工的特性，造就了中国古建筑独特的造型和丰富的形式。屋顶向上仰翻，屋角翘角飞檐，曲线的造型飞动轻快，建筑物和谐优美地镶嵌在大自然之中，仿佛成为自然天地的有机组成部分。

总之，中西建筑艺术对材料选择的差别之大，除自然因素差异以外，更重要的是文化理念不同。

(二) 建筑艺术空间布局不同

从建筑艺术的空间布局来看，西方建筑大多是开放单体的空间格局并纵向发展，建筑所使用的柱廊、门窗无一雷同，形态各异，突出建筑的实体形象。每间屋子都要开窗，以增强彼此交流，并用外部广阔的园林来包围建筑，西方建筑艺术在奴隶社会时期就已经实现这样的格局。伴随建筑艺术的发展，所形成的西方建筑艺术布局最大的特点就是占据纵向延展的广阔空间，所以欧洲建筑艺术多以耸高尖顶而见长，如中世纪的圣索菲亚大教堂的中央大厅穹窿顶离地达60米，罗马可里西姆大斗兽场高为48米。西方人把建筑与科学结合为一体，利用先进的科学技术成就给建筑艺术赋予奋发向上的精神力量。与西方建筑艺术截然相反，中国传统建筑艺术强调封闭、群体的空间格局，多在地面平面铺开，展现出一种"整体"美。中国建筑的规模和体制体现着建筑物主人的社会地位。中国古代社会的建筑等级规定明确而严格。体现这一特点的典型代表是北方的四合院，布局对称，中高侧低，外墙封闭，门窗向内，封建社会的长幼有序、尊卑有定的礼乐秩序以及尊长爱幼、内外有别的伦理观念，都暗含于深深庭院浓重的氛围之中。

(三) 中西建筑艺术价值迥异，体现中西审美观念的不同

从建筑艺术的价值来看，中国建筑艺术重在体现内在精神，西方的建筑更重视其社会功能的实用性。中国建筑艺术的审美价值"天人合一"的宇宙观，就是有限个体与无限宇宙的自觉合一。在处理人与自然的问题上，中国人始终认为人与自然是相互依存、彼此照应、共同体会的关系。人的精神与宇宙自然和谐共处、亲和统一，这种"天人合一"的建筑观，体现在对建筑材料的选择上以及建筑的选址布局上。无论是帝王宫殿还是平民居所，都讲究风水之说和五行相生相克的原理，旨在让天地和自然万物和谐统一，达到"天人合一"的境界，以趋吉避凶，招财纳福。

纵观西方建筑艺术，强调人工美，注重建筑的规则美，把建筑艺术概括为几何形体。如巴黎凯旋门的立面呈现出正方形，米兰大教堂的"控制线"呈现出正三角形，其中央拱门和

"控制线"则是两个整圆。西方在园林绿化、花草树木之类的自然物方面,也与中国的园林建造思想不一样,中国园林讲借景,有相错,实中带虚,而西方园林则须经过人工剪修,刻意雕饰,呈现出整齐井然的几何图案,同中国园林的"虽由人作,宛自天开"的自然情调形成鲜明的对照,这正是中西方在建筑艺术价值上的差异。

21世纪迈入信息资讯的网络全系时代,还有科技创新的神奇化,以前所未有的方式改变着人类的生活环境、生活方式与思维方式。中西建筑风格的差异经由现代工匠们站在新时代的制高点上交融互补,博采众长,使传统建筑艺术现代化。建筑艺术中西合璧,交融互补,将是现代建筑的艺术旨归。

第四节　建筑艺术鉴赏常识

一、主要表现手段

(一) 空间

建筑空间主要指建筑横向、纵向的空间关系,人的活动是建筑空间的组织方式。在建筑平面上以柱网、墙体等结构构件和板壁、照壁、帐幔、花罩、飞罩、博古架等装饰构件进行不同尺度的空间分割,可以增加建筑室内外的空间层次感。在建筑剖面上可以通过阁楼、回廊等建筑构件进行竖向空间分割。不同的装饰和家具,也能使建筑呈现出不同的风格特点。此外,天花、藻井、彩画、匾联、壁藏、字画、灯具等在创造室内空间艺术中也都起着重要的作用。

(二) 体型

建筑所呈现出的整体轮廓就是建筑的体型,它与建筑的比例、空间以及建筑模式、结构、外观都有着密切的关系。建筑艺术就是要将线条和形体、空间和实体以各种方式组合在一起,使内外空间得到有效的调控,突出建筑独特的个性和特有的艺术感染力,达到物质需要与精神自由的和谐统一。

(三) 比例

建筑的细部与细部、细部与整体之间在尺寸上形成的等比关系就是比例。和谐的比例关系是人类的审美需要,可以保证建筑形式的优雅与连贯。建筑单体设计就是对建筑长宽、体量、虚实空间比例关系的合理控制，建筑群体设计和整体城市构图也会统筹考虑比例关系，以营造和谐优美的整体环境。比例又能规定出若干具体的尺寸，保证建筑形式的各部分和谐有致，符合人的正常审美心理。

(四) 均衡

均衡是指建筑在平面、立面构图上的上下、左右、前后的对称和平衡关系。很多建筑环境都采用了立轴式或镜面式的轴线对称关系，园林则表现为两种均衡的结合。中国的传统建筑多采用均衡的构图方式，通过均衡秩序的建立，营造庄重、安全的环境氛围。

(五) 韵律

通过建筑物的墙、柱、门、窗、阶等部分有规律地组合和排列，由此产生的节奏感和韵律感就是建筑的韵律。单座建筑韵律规则划一，群体建筑韵律的变化幅度较大。人们把建筑比作"凝固的音乐"，就是因为建筑在静态的秩序中能够展示出富有韵律的动态效果。

(六) 色彩

建筑物的建材颜色和覆盖建材的装饰性颜色共同构成建筑的色彩。中国传统建筑通过对比强烈的色彩运用体现了中华民族独特的审美观。建筑色彩的运用首先是基调的选择，如中国宫殿以红、黄等暖色为基调，天坛以蓝、白等冷色为基调，园林则以灰、绿色为基调。在色彩基调的基础上，互补色和对比色的运用可以使建筑色彩变得更加丰富而和谐。另外，建筑色彩的运用与建造功能也有密切关系，宫殿、坛庙、陵墓、庙宇、民居色彩使用的强烈程度，会依据地位的高低变化而依次递减。

(七) 装饰

装饰是建筑物的有机组成部分。建筑物不单纯是建筑力学结构，它必然需要特定的艺术文化产品来装点和改变建筑面貌。中国建筑中的各种雕刻、绘画、提匾、楹联等装饰，参与了建筑美的创造，也丰富着建筑的文化内涵。

二、中式建筑流派

(一) 四合院派

四合院的设计风格继承了北方民居的设计传统，南北纵轴对称，四面封闭合拢，故称四合院。四合院院落封闭独立，形成以家庭院落为中心、街坊邻里为干线、社区地域为平面的社会网络系统。南北方四合院有一定差异：南方，四面房屋多为楼房，且不独立存在，庭院四个拐角处以房屋相连，楼房合围下的"天井"空间较小；北方，四面房屋各自独立，彼此之间有游廊连接，院落宽绰舒朗。

(二) 江南园林派

继承江南园林景观设计，轴线曲折或没有明显的轴线，庭院融于山水花木之中，序列变化节奏紧促。以山水园林为基本形式，讲究人与自然的和谐统一，自然与人工巧妙结合，虽为人工造景，却仿若自然天成，环境精致、淡雅、温馨。空间的营造以写意见长，精美的艺术品点缀其中，整个建筑成为中国深广传统文化的丰富载体。

(三) 中式符号派

将传统的中式建筑风格和元素，如木雕、石雕、砖雕，或青砖、黛瓦、粉墙，或屋檐、角檐、飞檐等传统意义上的经典中式符号，融入建筑设计之中。在设计中突出建筑深层次的文化内涵和历史底蕴的表现，而不是对中式符号的简单添加或对中式风格的机械效仿。

(四) 改良派

较好地保持传统建筑文化的精髓，又有效融合现代建筑元素与现代设计元素，同时兼顾现代化生活方式的布局设计的国际化要素。与中国传统建筑一脉相承，并强调对中国传统建筑的发展和创新。建筑风格理念突出个性，又注重东西方融合。

三、中国古代建筑的基本风格

(一) 纪念型风格

这种建筑风格庄重严肃，大多体现在礼制祭祀建筑、陵墓建筑和有特殊意义的宗教建筑之中。其特点是整个建筑的尺度、造型和意义内容有特殊的规定；主体形象突出，富有象征意义，群体组合较简单。

(二) 宫室型风格

这种建筑风格雍容华丽，大多体现在宫殿、府邸、衙署和一般佛道寺观中。其特点是整个建筑序列组合丰富，主次分明；单座建筑尺度适宜，造型比例严谨，体量大小讲究与其他单座建筑搭配恰当，装饰华丽。

(三) 住宅型风格

这种建筑风格亲切宜人，大多体现在一般住宅中，也包括会馆、商店等人们经常使用的建筑。其特点是序列组合、尺度形式都与人们的生活密切结合；建筑内向，造型宜人简朴，装修精巧别致。

(四) 园林风格

这种建筑风格自由委婉，大多体现在私家园林中，也包括一部分皇家园林和山林寺观。其特点是空间变化丰富，空间构图手法灵活，序列设计流畅，尺度形式不拘一格，色调清新淡雅；将建筑与花木山水相结合，将自然景物融于建筑之中，摄取自然美的精华，创造诗情画意，注重审美情趣的表达。

四、中国地方民族风格

(一) 北方风格

集中在淮河以北至黑龙江以南的广大平原地区。组群规则方整，庭院大而适宜；建筑屋身低平，屋顶曲线平缓，造型起伏不大；多用砖瓦，木结构用料较大，装修比较简单。总体风格是开朗大度。

(二) 西北风格

集中在黄河以西至甘肃、宁夏的黄土高原地区。院落有很强的封闭性；建筑屋身低矮，屋顶坡度低缓甚至平顶；多用土坯或夯土墙，很少使用砖瓦，木装修更简单。总体风格是质朴敦厚。

(三) 江南风格

集中在长江中下游的河网地区。组群较密，庭院较窄；屋顶坡度陡峻，翼角高翘；装修精致富丽，雕刻彩绘很多。总体风格是秀丽灵巧。

(四) 岭南风格

集中在珠江流域山岳丘陵地区。建筑密集，封闭性强；平面规整，庭院较小，房屋高大；屋顶坡度陡峻，翼角起翘大；装修、雕刻、彩绘手法精细，富丽繁复。总体风格是轻盈细腻。

(五) 西南风格

集中在西南山区，有相当一部分是壮、傣、瑶、苗等民族的聚居地。平面和外形很自由，很少以组群方式出现；利用山坡建房，多为下层架空的干栏式建筑；屋面曲线柔和，拖出很长，出檐深远；不太讲究装饰。总体风格是自由灵活。

(六) 藏族风格

集中在西藏、青海、甘南、川北等藏族聚居的广大草原山区。村落建筑多为两至三层的小天井式木结构碉房，厚墙，平顶，门窗狭小。喇嘛寺庙多建在高地上，体量高大，色彩强烈，重点部位突出少数坡顶。总体风格是坚实厚重。

(七) 蒙古族风格

集中在蒙古族聚居的草原地区。喇嘛庙集中体现了蒙古族建筑的风格，它以藏族喇嘛庙为原型，对回族、汉族的建筑艺术手法加以吸收。总体风格是厚重华丽。

(八) 维吾尔族风格

集中在新疆维吾尔族居住区。清真寺和教长陵园最能体现维吾尔族的建筑艺术，体量宏大，塔楼高耸；多用拱券结构，具有曲线美；砖雕、木雕、石膏花饰精致富丽。总体风格是雄伟自由。

五、西方建筑流派

(一) 古希腊建筑

古代希腊是欧洲文化的摇篮，同样也是西欧建筑的开拓者，希腊的纪念性建筑在公元前8世纪大致形成，公元前5世纪已成熟，公元前4世纪进入一个形制和技术更广阔的发展时期。古希腊建筑风格的特点主要是和谐、完美、崇高。而古希腊的神庙建筑则是这些风格特点的集中体现者，也是古希腊，乃至整个欧洲最伟大、最辉煌、影响最深远的建筑。古希腊建筑风格的特点集中体现在柱式上。

(二) 古罗马建筑

古罗马建筑在公元一世纪至三世纪为极盛时期，达到西方古代建筑的高峰。古罗马建筑是古罗马人沿袭亚平宁半岛上伊特鲁里亚人的建筑技术，继承古希腊建筑成就，在建筑形制、技术和艺术方面广泛创新的一种建筑风格。古罗马建筑的类型多样，形制成熟，与功能结合得很好，能满足各种复杂的功能要求，主要依靠水平很高的拱券结构，获得宽阔的内部空间，罗马帝国的皇家浴场就是这种组合的代表作。

(三) 哥特式建筑

哥特式建筑是11世纪下半叶起源于法国，13世纪至15世纪流行于欧洲的一种建筑风格。主要见于天主教堂，也影响世俗建筑。哥特式建筑以其高超的技术和艺术成就，在建筑史上占有重要地位。哥特式教堂的结构体系由石头的骨架券和飞扶壁组成。为了增加稳定性，常在柱墩上砌尖塔。由于采用尖券、尖拱和飞扶壁，哥特式教堂的内部空间高旷、单纯、统一。

(四) 巴洛克建筑

巴洛克建筑是于17世纪至18世纪在意大利文艺复兴建筑基础上发展起来的一种建筑和装饰风格。其特点是外形自由，追求动态，喜好富丽的装饰和雕刻、强烈的色彩，常用穿插的曲面和椭圆形空间。这种风格在反对僵化的古典形式、追求自由奔放的格调和表达世俗情趣等方面起到重要作用，对城市广场、园林艺术以至文学艺术部门都产生影响，一度在欧洲广泛流行。

(五) 洛可可风格

洛可可风格是一种建筑风格，主要表现在室内装饰上。18世纪20年代产生于法国，是在巴洛克建筑的基础上发展起来的。洛可可风格的特点是室内应用明快的色彩和纤巧的装饰，家具也非常精致而偏于繁琐，不像巴洛克风格那样色彩强烈，装饰浓艳。德国南部和奥地利洛可可建筑的内部空间非常复杂。

(六) 折衷主义建筑

折衷主义建筑是19世纪上半叶至20世纪初，在欧美一些国家流行的一种建筑风格。折衷主义建筑师任意模仿历史上各种建筑风格，或自由组合各种建筑形式，他们不讲求固定的法式，只讲求比例均衡，注重纯形式美。折衷主义建筑的代表作有巴黎歌剧院，这是法兰西第二帝国的重要纪念物，剧院立面仿意大利晚期巴洛克建筑风格，并掺进了繁琐的雕饰，它对欧洲各国建筑有很大影响。

(七) 功能主义建筑

功能主义思潮在20世纪20年代至30年代风行一时。它主张不仅建筑形式必须反映功能、表现功能，建筑平面布局和空间组合必须以功能为依据，而且所有不同功能的构件也应该分别表现出来。20世纪50年代以后，功能主义逐渐销声匿迹。

(八) 现代主义建筑

现代主义建筑是指20世纪中叶，在西方建筑界居主导地位的一种建筑思想。这种建筑的代表人物主张建筑师要摆脱传统建筑形式的束缚，大胆创造适应于工业化社会的条件、要求的崭新建筑。因此，它具有鲜明的理性主义和激进主义色彩，又称为现代派建筑。现代主义思潮到了20世纪中叶，在世界建筑潮流中占据主导地位。

(九) 后现代主义建筑

20世纪60年代以来，在美国和西欧出现反对或修正现代主义建筑的思潮。第二次世界大战结束后，现代主义建筑成为世界许多地区占主导地位的建筑潮流。一般认为后现代主义建筑有三个特征：采用装饰；具有象征性或隐喻性；与现有环境融合。但目前，人们对后现代主义的理解仍存在较大分歧。

六、建筑重要奖项

(一) 中国建筑业大奖

1. 鲁班奖

"鲁班奖"全称为"建筑工程鲁班奖"，标志着中国建筑业工程质量的最高荣誉，1987年由中国建筑业联合会设立，1993年移交中国建筑业协会。目前，该奖项由建设部、中国建筑业协会颁发。该奖每年评选一次，奖励数额现为每年80个。主要目的是鼓励建筑施工企业加强管理，搞好工程质量，争创一流工程，推动我国工程质量水平普遍提高。"鲁班奖"公布后，建设部、中国建筑业协会将向获奖单位授予"鲁班奖"金像和荣誉证书，对主要参建单位颁发奖状并通报表彰。获奖企业被允许在获奖工程上镶嵌统一的荣誉标志。为记录这一荣誉，中国建筑业协会还会把"鲁班奖"编辑成册，将其载入建筑史册。

2. 詹天佑奖

1999年设立的"詹天佑奖"全称为"中国土木工程詹天佑大奖"，是中国土木工程设立的最大奖项。该奖由中国土木工程学会、詹天佑土木工程科技发展基金会联合设立。主要目的是推动土木工程建设领域的科技创新活动，促进土木工程建设的科技进步，进一步激励土木工程界的科技与创新意识。因此，该奖又被称为建筑业的"科技创新工程奖"。"詹天佑奖"公布后，中国土木工程学会、中国科学技术发展基金会、詹天佑土木工程科技发展基金将向获奖单位颁发"詹天佑奖"金像和奖牌、荣誉证书。

3. 梁思成奖

"梁思成奖"是经国务院批准，以我国近代著名的建筑家和教育家梁思成先生命名的中国建筑设计国家奖。该奖每两年评选一次，每次设梁思成建筑奖2名，梁思成建筑提名奖2～4名，设立"梁思成奖"旨在激励我国建筑师的创新精神，繁荣建筑设计创作，提高我国建筑设计水平，表彰奖励在建筑设计创作中拥有重大成绩和贡献的杰出建筑师。"梁思成奖"被提名者必须是中华人民共和国一级注册建筑师和中国建筑学会会员，在中国大陆从事建筑创作满20周年。此外，其作品还必须得到普遍认可并具有较好的社会、经济和环境效益，对同一时期的建筑设计发展起到一定引导和推动作用，同时，在建筑理论上有所建树并有广泛影响，有较高的专业造诣和高尚的道德修养，一般还应在国内和国际获得过重要奖项。

4. 中国建筑传媒奖

中国建筑传媒奖是中国首个侧重建筑的社会评价、实现公民参与、体现公民视角，以"建筑的社会意义和人文关怀"为评奖标准的建筑奖。

该奖项也是中国首个由大众传媒发起主办的建筑奖，中国首个评委对参赛作品实地考察后再评选的建筑奖。大奖口号是"走向公民建筑"。

该奖项两年一届(首届时间跨度为2006—2008年)，下设最佳建筑奖、居住建筑特别奖、青年建筑师奖、杰出成就奖和组委会特别奖五个奖项。各奖项各设大奖一名，获奖者将获得奖杯、奖金及证书。各奖项奖金(RMB)数额如下：最佳建筑奖八万元，居住建筑特别奖、青年建筑师奖各三万元，杰出成就奖五万元，组委会特别奖一万元。

(二) 国际建筑业大奖

1. 金块奖

"金块奖"由PCBC(太平洋建筑协会)组织发起，是全球地产界的一项年度顶级盛事，被称为建筑界的"奥斯卡"，因来自全球各地的建筑大师们苛刻的评选而闻名。每年一度的"金块奖"授予在全球住宅、商业和工业项目的建筑设计、土地规划利用有创造性杰出成就的发展商和设计者。其评判标准为建筑物在设计规划中的审美、创新和有效价值，常常是力求创新、不断挑战的建筑项目最终获得由世界各国建筑精英组成的评委会的青睐。

2. 普利兹克建筑奖

普利兹克建筑奖于1979年由杰·普立兹克与其妻子辛蒂设立，并由普立兹克家族提供资金；它被公认是全球很主要的建筑奖项之一，有"建筑界的诺贝尔奖"的美誉。普立兹克奖授奖"无关国籍、种族、宗教或思想"；受奖者可获得奖金十万美元、奖状以及铜质奖章一只。2012年，中国籍建筑师王澍摘得桂冠，是第一位中国籍获奖建筑师。

3. 密斯·凡·德罗欧洲当代建筑奖

密斯·凡·德罗欧洲当代建筑奖(简称密斯建筑奖)，是以建筑师密斯·凡·德罗命名的建筑奖项，由密斯·凡·德罗基金会策划，为现今欧洲奖金最高的建筑奖项。该奖项自1988

年开始每两年一届，主要被欧洲建筑界熟知。

第五节　建筑艺术经典作品鉴赏

一、布达拉宫

布达拉宫(见图9-1)位于西藏自治区拉萨市中心的红山上，东西长三百六十多米，海拔三千六百五十米。占地总面积三十六万余平方米，建筑总面积十三万余平方米。整座宫殿具有鲜明的藏式风格，依山而建，气势宏伟。世人称之为"世界屋脊的明珠"。1994年，被列为世界文化遗产。

公元7世纪，松赞干布定都拉萨，为迎娶文成公主而兴建布达拉宫。布达拉宫是历代达赖喇嘛的冬宫居所，也是西藏政教合一的统治中心。布达拉宫是数以千计的藏传佛教寺庙与宫殿相结合的建筑类型中最杰出的代表，在中国乃至世界上都是绝无仅有的例证。

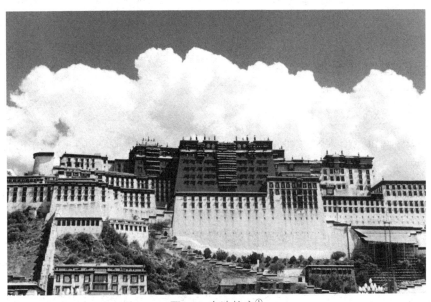

图9-1　布达拉宫[①]

布达拉宫的主体建筑包括白宫、红宫以及周边与之相搭配的各种建筑。白宫横贯两翼，是历代达赖喇嘛进行政治、宗教管理、日常起居的地方，建筑坐北朝南共七层，布置华丽，墙上绘有与佛教有关的绘画。红宫位于布达拉宫的中部，共六层，主要是用来供奉数千尊佛像以及历代达赖喇嘛的灵塔。红宫金碧辉煌，配以彩色壁画，其间镶嵌黄金珍宝。此外，布

---

① 摘自http://wenku.baidu.com

达拉宫还包括山上的僧官学校、僧舍、东西庭院以及山下的雪老城、西藏地方政府马基康、印经院、监狱、马厩、布达拉宫后园、龙王潭等附属建筑。

布达拉宫殿宇巍峨，群楼叠嶂，依山而立。宫墙墙体全部用石块砌筑，底宽上窄。墙身涂成红、白两色，在高原的朗朗碧空下形成强烈对比。成排的窗洞点缀其上，构成具有韵律美的图案。倾斜的登道栏墙打破了传统建筑非横即竖的线条，丰富了群体造型。顶层采用镏金进行装饰，金瓦覆盖高低错落的屋顶，形成建筑构图高潮。

布达拉宫整体采用木石结构，外墙基础直接埋入岩层，厚达2～5米，屋顶和窗檐都是木结构，屋角翘起，采用鎏金铜瓦、宝瓶装饰，房梁和立柱上都画满了鲜艳的彩画，具有浓重的藏传佛教色彩。

布达拉宫不仅在整体建筑艺术上有着创造性的突破，而且在建筑装饰艺术上也取得了令人瞩目的成就。布达拉宫的墙面无处不着色，各处均绘有壁画，仅西大殿二楼就有壁画六百九十八幅，而且取材广泛，包括历史人物、宗教神话、佛经故事等。"唐卡"是最富有藏族特征的一个画种，是画在绢、布或纸上并用彩缎装裱的卷轴画。它主要以宗教人物、宗教历史事件、教义为内容，也涉及西藏天文历算、藏医藏药等题材。布达拉宫保存有近万幅唐卡，最大的可达几十米。布达拉宫还集中了大量的雕塑珍品，有泥塑重彩、木雕、石刻，而金属塑像数量最多，作品造型精美，融合了汉、印度和尼泊尔等佛教艺术技法。同时宫内还保存着大量具有浓厚宗教色彩和藏族艺术风格的工艺品，如藏毯、卡垫、经幡、华盖和幔帐等刺绣贴缎织物。这些建筑装饰品使这座雄伟壮观的宫殿显得更加富丽堂皇。这座既凝结了藏族劳动人民的智慧，又融合了汉藏文化精髓的古代宫殿群，不仅是西藏的标志，也成为世界建筑史和宗教史中的奇葩。

二、应县木塔

应县木塔(见图9-2)即佛宫寺释迦塔，俗称"天柱"，位于山西省应县城内，建于辽清宁二年(公元1056年)，是世界现存最高的一座木结构塔式建筑，也是唯一一座木结构楼阁式塔。它与法国的埃菲尔铁塔、意大利的比萨斜塔、埃及的金字塔合称为世界四大奇塔。

应县木塔高67.31米，底层直径30.27米，呈平面八角形，坐于4米高的两层台基上。木塔外观五层六檐，实则共九层，其中四层是暗层。塔刹由基座、仰莲、相轮、圆光、仰月、宝盖、宝珠组成，直插云霄。

木塔各层均使用内、外两圈木柱支撑，每层外有二十四根柱子，内有八根，木柱之间使用了许多斜撑、梁、枋和短柱，组成不同方向的复梁式木架。据计算，整个木塔共用红松木料约两千六百多吨重，木塔南北两个入口，可沿木制楼梯拾阶而上，木塔外侧有回廊栏杆，可以凭栏远眺。塔内各层均有佛像，第一层为释迦牟尼像，高11米，墙壁上画有六幅如来佛像和金刚、天王的壁画，这些壁画比例适中，栩栩如生，飞天形体丰满、神采飞扬，是我国壁画中的精品之作。第二层塑有一主佛、两位菩萨和两位胁从。第三层塑四方佛，面向四方。第四层塑佛和阿难、迦叶、文殊、普贤像。第五层塑释迦坐像于中央、八大菩萨分坐八方。利用塔心无暗层的高大空间布置塑像，以增强佛像的庄严，成为建筑结构与使用功能设计合理的典范。

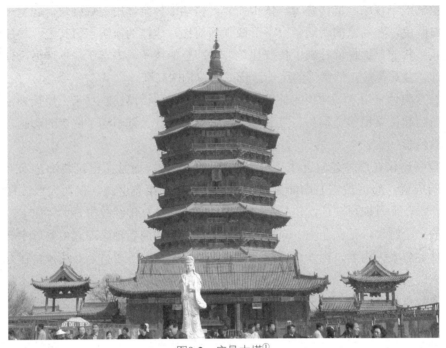

图9-2　应县木塔①

木塔在设计和施工上独具匠心，结构上采用双层环形套筒空间框架。上层柱脚插在下层柱头的枋上，并向内递收，形成一层比一层小的优美轮廓。全塔框架之间没用一个铁钉，全靠构件互相铆榫咬合，构成一个稳固的木塔，这在我国建筑史上堪称奇迹，成为世界木结构建筑的典范。

应县木塔的设计，大胆继承了汉、唐以来富有民族特点的重楼形式，采用斗拱结构，斗拱是中国古代木结构建筑中的一种支承构件，方形木块叫斗，弓形短木叫拱，斜置长木叫昂，三者交叉重叠，合称斗拱。木塔共用五十四种不同形制的斗拱，是我国古建筑中使用斗拱种类最多，造型设计最精妙的建筑，堪称斗拱博物馆。每个斗拱都有一定的组合形式，将梁、枋、柱结成一个整体，每层都形成一个八边形中空结构层。应县木塔采用了双套桶的结构，巧妙地发挥了木头的柔韧特点，增加了建筑的稳固性，应县木塔巧妙的设计和高超的建筑水平，使其历经九百多年的风吹雨淋和十几次的强烈地震后，依然屹立不倒，它代表了我国古代建筑艺术的最高水平，也是世界建筑史上的一大奇迹。

三、网师园

苏州是中国著名的历史文化名城，素来以山水秀丽、园林典雅而闻名天下。当代著名古建筑学家陈从周说："余谓以静观为主之网师园，动观为主之拙政园，苍古之沧浪亭，华瞻

---

① 摘自http://wenku.baidu.com

之留园，合称苏州四大名园。"网师园(见图9-3)为十亩小园，是苏州典型的府宅园林，也是我国江南中小型古典园林的代表作。

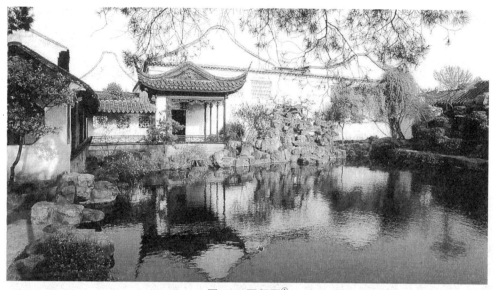

图9-3　网师园[①]

　　网师园的造园艺术深受唐宋文人写意山水画的影响，具有写意的山水艺术思想。它始建于南宋，清乾隆年间重建并定名为"网师园"。网师乃渔夫、渔翁之意，又与"渔隐"同意，含有隐居江湖的意思，网师园就有了"渔父钓叟之园"的含义。园内的山水布置和景点题名蕴含着浓郁的隐逸气息。园中除大量的建筑物外，仿照自然的山水风景，构成如诗如画的景色，达到了"虽有人作，宛自天开"的艺术境界。

　　网师园的园景富于层次深度，它是苏州古典园林中以少胜多的典范。园内建筑多，有山，有水，有亭，有阁，有桥，总面积不及拙政园的六分之一，却不见拥塞，不显局促。园中部居中为池，荡漾弥漫，突出以水为中心的主题。水面聚而不分，贴水平桥一波三折，黄石假山高下参差，亭榭小巧轻盈，小溪曲折幽邃，池岸花木低矮。池不足亩却蜿蜒生动，有渊源不尽之感；山虽不高却气势雄浑，位置和造型极为得体。网师园在一个不大的范围内再现自然山水之美，使有限的空间表现出无限丰富的园景，这是中国古典园林的精华所在。

　　网师园宅园合一，可赏，可游，可居，是一座典型的江南住宅园林。主人造园，除了满足居住上的享乐需要外，更重要的是追求幽美的山林景色，以达到身居城市仍可享受山林之趣的目的。作为古代苏州世家宅园相连布局的典型，它是人类依恋自然、追求与自然和谐相处、美化和完善自身居住环境的一种创造。网师园分为宅第和园林两部分，东宅西园有序结合，以池水为中心，东南西北中五部分有机组合。全园布局精巧，结构紧凑，以建筑精巧和空间尺度比例协调而著称。内部又因景划区，空间处处沟通，互相穿插，境界各异。

　　网师园具有丰富的社会文化内涵。它的建筑规制反映了中国古代江南民间起居休亲的生活方式和礼仪习俗，它的命名、匾额、雕刻、装饰等物质内容和精神内容都极其深广。因此，它不仅是历史文化的产物，同时也是中国传统思想文化的载体。

网师园于1963年被列为苏州市文物保护单位，于1982年被国务院列为全国重点文物保护单位，并于1997年12月被联合国教科文组织列入"世界文化遗产"。

四、北京故宫

北京故宫(见图9-4)始建于明朝永乐四年(公元1406年)，建成于永乐十八年(公元1420年)，是明清两朝的皇宫，原名"紫禁城"，1925年始称故宫。从1421年明成祖迁都北京，到1911年末代皇帝溥仪被赶出故宫，故宫一直是中国统治阶级的政治和文化中心，先后经历了二十四位皇帝。它是目前世界上规模最大、保存最完好的古代皇宫建筑群，也是代表中国古代建筑最高水平的典范。

故宫位于北京市中心，前通天安门，后倚景山，东近王府井街市，西临中南海。南北长961米，东西宽753米，占地总面积达72万多平方米，其中建筑面积为16.3万平方米。根据1973年的统计，故宫大小院落有九十余座，建筑有九百八十余座，房屋有八千七百余间。故宫被称为"殿宇之海"，它规模宏大，气魄宏伟，极为壮观。

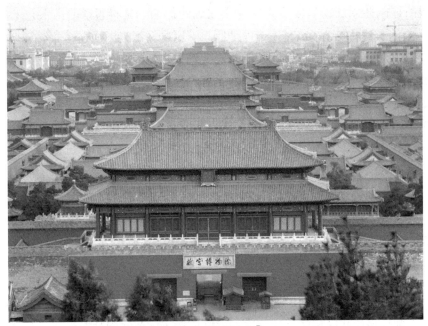

图9-4　北京故宫①

故宫以群体组合布局见长，群体间的联系、过渡构成严整有序而又转换丰富的序列空间。一条南北向中轴线贯通整个故宫，大小宫殿沿着这条中轴线以南北取直、左右对称的布局排列展开。故宫总体以乾清门为界限，分为南部的"外朝"和北部的"内廷"两部分。外朝是皇帝上朝接受朝贺、接见群臣和举行大型典礼的地方，以太和、中和、保和三大殿为中

---

① 摘自http://wenku.baidu.com

心，两侧辅以文华、武英两殿；内廷以乾清宫、交泰殿、坤宁宫为中心，以东西六宫为两翼；四周环绕着高十米、长三千四百米的宫墙，墙外有五十二米宽的护城河，四个城角都有精美的角楼；城墙四周各设城门一座，南面午门是故宫的正门，北面的神武门、东面的东华门、西面的西华门都各行其职。故宫的这种兼顾平面和立体的总体布局，在外观上呈现出雄伟堂皇的气概。同时，对"三大殿"和其他殿宇主从有别的设计处理，也显示出故宫庄严肃穆、唯帝王独尊的宏大气势。

建筑和音乐有许多相通之处，被人们称为"凝固的音乐"。故宫殿宇楼台高低错落地排列，充分体现了建筑在时间和空间方面的持续性。整个故宫，就好像一部大型乐章。前序是天安门、端门和午门，经过太和门的过渡，形成了乐曲的庄严壮丽的高潮 —— 太和殿、中和殿、保和殿，再经过乾清门的过渡，出现了富有生活气息的高潮 —— 乾清宫，最后以御花园作为结尾。整个乐曲不仅首尾呼应，高潮迭起，过渡自然，而且变奏和伴奏穿插其中。大同小异的建筑不断重复，可以说是乐曲主题的变奏，东西两侧比较低矮的廊、庑、楼、门等建筑则犹如配合主调的伴奏。漫步在故宫中，人们的感受是在连续的时间进程中对一系列空间序列印象所产生的总和，与音乐的抑扬顿挫而又一气贯通的艺术效果一脉相通。

北京故宫与法国凡尔赛宫、英国白金汉宫、美国白宫、俄罗斯克里姆林宫一并被誉为"世界五大宫"，并于1987年被联合国科教文组织列为"世界文化遗产"。

五、北京天坛

北京天坛(见图9-5)地处北京故宫正南偏东的城南，正阳门外东侧。从明朝永乐四年(公元1406年)设计施工，耗时十四年，于永乐十八(公元1420年)年建成。总面积为二百七十三公顷，比故宫还要大。它是中国明、清两朝历代皇帝祭天的地方，是现今我国保存下来的最完整、最重要、规模最为宏大的一组封建王朝的祭祀建筑群，同时也是我国古代建筑史上最为珍贵的实物资料与历史遗产。1961年，国务院公布天坛为"全国重点文物保护单位"。1998年，它被联合国教科文组织确认为"世界文化遗产"。2009年，北京天坛入选中国世界纪录协会中国现存最大的皇帝祭天建筑。

北京天坛有两重垣墙，形成内外坛，形似"回"字。两重坛墙的南侧转角皆为直角，北侧转角皆为圆弧形，象征着"天圆地方"。圜丘坛在南，祈谷坛在北，二坛位于同一条南北轴线上。圜丘坛内主要建筑有圜丘坛、皇穹宇等，祈谷坛内主要建筑有祈年殿、皇乾殿、祈年门。两部分之间有隔墙相隔，并用一座长360米、宽28米、高2.5米的"丹陛桥"(砖砌甬道)连接圜丘坛和祈谷坛，构成了内坛的南北轴线。

祈谷坛为坛殿结合的圆形建筑，坛分为3层，高5.6米，四面出阶，下层直径91米，中层直径80米，上层直径68米；正中的祈年殿为圆形，高38米，直径32.7米，是天坛的象征。大殿为木结构，用28根楠木大柱与36根枋桷衔接支撑。祈年殿结构雄伟，内部空间向中心逐渐聚拢，具有强烈的动感。

圜丘坛是皇帝举行祭天大典的地方，也叫祭天台，坛有三层，逐渐内收，坛面采用艾叶青石，这些石板大小形状均相同，相互之间拼接紧密、水平如镜。每层的栏杆上都刻有云龙纹，每个栏杆下都伸出一个石螭头。站在坛中心的太极石上即使说话声音很小，听起来也是庄严洪亮，仿佛上天神谕。这是因为坛面光滑，声音传播和反射的速度快，反射声音和原声汇合，从而加强了音量。

皇穹宇是供奉神牌的场所。回音壁是围绕大殿的一道圆弧形磨砖对缝砖墙。墙的弧度十分规则，表面极其光滑，声波可沿着墙内面连续反射，向前传播。人们在墙的不同位置面墙说话，即使对方站在很远处也能清晰地听见。声学原理在中国传统的建筑中获得了完美体现。

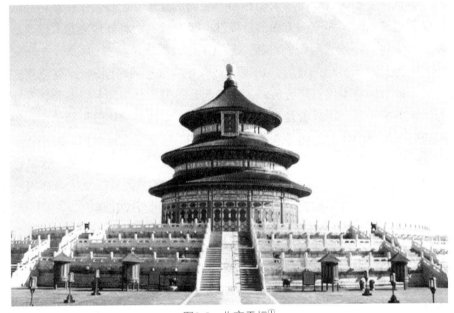

图9-5　北京天坛①

北京天坛运用了各种建筑手法与建筑形式，充分体现了美学、力学、声学、几何学的原理，代表了中国古代建筑的最高成就。首先，天坛的建筑设计思想是突出天空的辽阔与高远，从而表现天帝的至尊无上。在布局方面，内坛位于外坛的南北中轴线以东，而圜丘坛和祈年坛又位于内坛中轴线的东面，使西侧更加空旷，人们从西边的正门进入天坛后，视野非常开阔，上天的伟大和自身的渺小形成对比，给人的心灵以强烈冲击。就单体建筑来说，祈年殿和皇穹宇都使用了圆形攒尖顶，它们外部的台基和屋檐层层收缩上举，人们拾阶而上，似乎与天也越来越近。

中国人对数字所赋予的象征意义在北京天坛中也有充分的体现。圜丘坛各层台阶数目均采用九的倍数来表示天子的权威，三层栏板的数量分别为七十二块、一百零八块和一百八十块，契合三百六十周天度数，三层坛面直径为四十五丈，暗含"九五之尊"的寓意。祈年殿中央四根通天柱代表四季，中层十二根金柱，代表十二个月；外层十二根檐柱，代表十二时辰；中外层相加二十四根代表二十四节气；三层相加二十八根，代表二十八星宿；加柱顶八根童柱，代表三十六天罡；宝顶下雷公柱，代表皇帝一统天下。

天坛建筑群庄严宏伟、个性鲜明，是我国古代建筑中坛庙建筑的典范之作，具有很高

---

① 摘自http://wenku.baidu.com

的艺术价值。它所包含的深刻的文化象征意义，把天坛的个性特征烘托得更加鲜明，极富吸引力。

六、乔家大院

山西多大院，这充分说明了晋商乡土观念的深厚——有钱就买地造房。明清五百年间，那些显赫一时的晋商，都不遗余力地为自己和子孙后代营建一个极其豪华的宅院，但不是所有的晋商大院都能完好保存到今天。20世纪80年代末以来，有关部门先后修复开放了五座晋商大院，使今天的人们终于可以直观地去感受晋商文化。这五座晋商大院分别是乔家大院（见图9-6）、渠家大院、申家大院、王家大院和常家庄园，其中乔家大院因同名电视连续剧在央视的热播而倍受世人瞩目。

乔家大院地处美丽而富饶的山西晋中盆地，位于山西省祁县乔家堡村，北距太原市54公里，南距东观镇仅2公里。它是清代赫赫有名的商业金融资本家乔致庸的宅院，又名"在中堂"。乔家大院始建于清代乾隆年间，以后曾有两次增修，一次扩建，于民国初年形成了一座宏伟的建筑群体。它是山西现存相对完好的明清民居建筑中保存最为完整、最富历史与艺术价值的晋商大院，其建筑之考究，工艺之精细，都充分体现了我国清代北方民居建筑的独特风格，具有相当高的观赏、科研和历史价值。

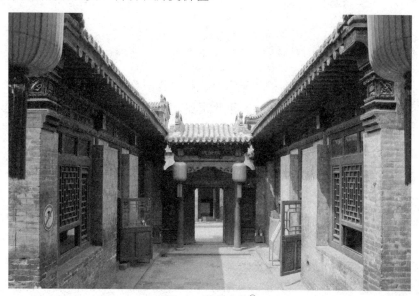

图9-6　乔家大院①

乔家大院是一座宏伟壮观的建筑群体，其建筑考究，庞大而有序，富有整体美。从高空俯视院落轮廓，呈"喜喜"字形；从外面综观全院布局，深宅大院的威严高大及整齐端庄都尽显其中；进院里细品建筑格局，其设计之精巧、秩序之井然都令人折服。大院占地八千七百二十四平方米，建筑面积三千八百七十平方米，分六个大院，内套二十个小院，

---

① 摘自http://wenku.baidu.com

三百一十三间房屋。大院形如城堡,三面临街,外围全是封闭式砖墙,高十米有余,上边有掩身女儿墙和了望探口。大门坐西朝东,上有高大的顶楼,对面是砖雕百寿图照壁。大门以里,一条平直甬道将六幢大院分隔两旁,院中有院,院内有园。北面三个大院从东往西依次是老院、西北院、书房院,南面三个大院从东往西依次是东南院、西南院、新院。甬道的西尽头是乔家祠堂,与大门遥相对应。大院有主楼四座,门楼、更楼、眺阁共六座,院与院相衔,屋与屋相接,各院房顶上有通道与堞墙相连,便于巡更护院。整个大院,布局严谨规范而有变化,建筑风格浑然天成,显得气势宏伟、威严气派。

乔家大院是一座无与伦比的艺术宝库,其建筑工艺精湛,充分显示了我国劳动人民高超的建筑工艺水平。大院内的砖雕、木刻、彩绘等,美轮美奂,俯仰可观;门的结构,如硬山单檐砖砌门楼、半出檐门、石雕侧跨门等,造型精巧,让人眼花缭乱;窗子格式,如通天夹扇菱花窗、栅条窗、雕花窗、大格窗等,各具风采,令人赏心悦目;房顶样式,如歇山顶、硬山顶、悬山顶、卷棚顶、平房顶等,形态各异,使人回味无穷;就连房顶上的一百多个烟囱也都无一雷同。每地每处都别有洞天,一砖一瓦、一木一石都体现了精湛的建筑技艺,因此素有"皇家有故宫,民宅看乔家"之说。

如今,乔家大院已成为中外闻名的民俗胜地,同时也成为拍摄影视剧争抢镜头的宝地。《大红灯笼高高挂》《昌晋源票号》《赵四小姐与张学良》等五十多部影视剧都曾在此选景和拍摄。

七、鸟巢

国家体育场形态如同孕育生命的"巢",故称"鸟巢"(见图9-7),位于北京奥林匹克公园内,建筑面积为25.8万平方米,是2008年北京奥运会主体育场。场内观众席约为九万一千个,其中临时座席约一万一千个。

鸟巢的基座与体育场如同树根与树合二为一,城市的地面缓缓隆起,几乎在不易察觉中形成了体育场的基座。体育场的入口处地面略微升高,因此,可以浏览到整个奥林匹克公园建筑群的全景。体育场的外观与结构是统一的。各个结构元素之间相互支撑,汇聚成网格状,体育场结构间的空隙被透光的膜填充,使屋顶达到完全防水的要求,阳光可以穿过透明的屋顶以满足室内草坪的生长需要。体育场被设计成为巨大的容器,无论远眺还是近观,都给人留下与众不同的、不可磨灭的印象。体育场内部,采用均匀的碗状结构。看台上下层之间错落有致,无论观众坐在哪个位置,和赛场中心点之间的视线距离都在140米左右。这有助于调动观众的兴奋情绪,并使运动员超水平发挥。"鸟巢"的下层膜采用了吸声膜材料、钢结构构件上也设置了吸声材料,场内使用的是电声扩音系统,这三层保障使观众坐在任何位置都能清晰地收听广播。"鸟巢"的相关设计师们还运用流体力学设计,模拟出九万一千人同时观赛的自然通风状况,让所有观众都能享有同样的自然光和自然通风。

鸟巢在设计和施工时遇到很多困难,整个工程存在不少难点。例如,构件体型大、单体重量重、节点复杂、高空焊接仰视焊接多、吊装角度调节难、高空构件不稳定、安装精度控制难。设计和施工人员集思广益、刻苦攻关，终于完成这个看似不可能的工程。

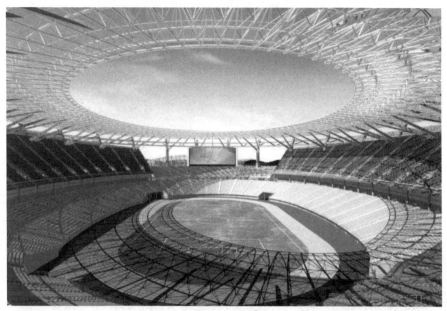

图9-7　鸟巢[①]

国家体育场的设计充分考虑以信息技术为代表的包括新材料和环保等技术的高新技术。在建筑、结构、建材、环保、节能、智能化、通信、信息和景观环境等方面，采用可靠、成熟、先进的高新技术成果，使国家体育场成为一个具有以人为本的信息服务、方便可靠的通信手段、先进舒适的比赛环境和坚实可靠的安全保障的特点的新型场馆。

"鸟巢"不仅是2008年奥运会树立的一座地标式建筑，而且在世界建筑发展史上具有开创性意义，为21世纪的中国和世界建筑发展提供历史见证。

八、国家大剧院

中国国家大剧院(见图9-8)位于北京市中心天安门广场西，人民大会堂西侧，西长安街以南，由法国建筑师保罗·安德鲁主持设计，总占地面积11.89万平方米，总建筑面积约16.5万平方米，其中主体建筑面积10.5万平方米，地下附属设施面积6万平方米。建筑物高度为46.285米，基础埋深的最深部分达到地下32.5米，地下深度相当于10层楼高。

国家大剧院主体外部围护钢结构壳体呈半椭球形，外表由钛金属覆盖，前后两侧有两个类似三角形的玻璃幕墙切面。主体建筑被人工湖外环，人工湖四周为大片绿地组成的文化休闲广场。人工湖面积达35 500平方米，人工湖水深为40厘米。水池分为22格，分格设计既便于检修，又能够节约用水，还有利于安全。每一格相对独立，但外观上保持整体一致性。人工湖采用了"中央液态冷热源环境系统控制"的水循环系统，保证水池里的水"冬天不结冰，夏天不长藻"。人工湖的设计使整个建筑漂浮于水面之上，各种通道和入口都在水面以

---

① 摘自http://wenku.baidu.com

下。北侧主入口为80米长的水下长廊，观众进入大剧院时会发现他们的头顶上是一片浅浅的水面。

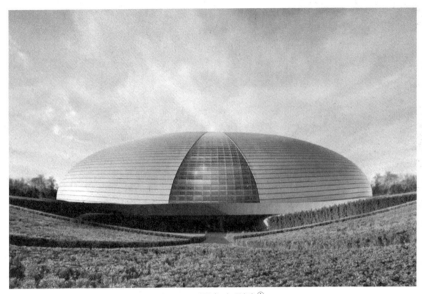

图9-8　国家大剧院[①]

国家大剧院内有三个剧场，中间为2416个座席的歌剧院、东侧为2017个座席的音乐厅、西侧为1040个座席的戏剧院，三个剧场既完全独立又可通过空中走廊相互连通。公共大厅的地板铺着20多种颜色不一、花纹各异的名贵石材，公共大厅的天花板由名贵木材拼贴成一片片"桅帆"，木质上的红色深浅不一，明暗相间。法国著名画家阿兰·博尼用超过20种不同的红色点染大剧院的各个部分。整个大剧院的墙面用丝绸铺设，面积达到4000平方米。

歌剧院主要演出歌剧、芭蕾、舞剧，音乐厅主要演出交响乐、民族乐、演唱会，戏剧场主要演出话剧、京剧、地方戏曲、民族歌舞。各剧院都设有化妆间、指挥休息间、练琴房、演员候场区、换装间、服装整烫间、道具间、演员休息厅。舞台技术用房设有音响控制室、灯光控制室、调光器设备间、音响设备室、摄像机房等。在歌剧院的屋顶平台设有大休息厅，在音乐厅的屋顶平台设有图书和音像资料厅，在戏剧场屋顶平台设有新闻发布厅。

国家大剧院造型新颖、前卫，构思独特，虽然从设计之初就饱受争议，但这座"城市中的剧院、剧院中的城市"以其浪漫、华丽的气质，成为中外现代建筑中的"湖中明珠"。

九、泰姬陵

泰姬陵(见图9-9)全称为"泰姬·玛哈尔陵"，是伊斯兰建筑中的代表作，"新七大奇迹"之一，被誉为"完美建筑"。1983年，世界遗产委员会第7届会议报告将其列入《世界遗产名录》。

泰姬陵位于印度新德里200多公里外的北方邦的阿格拉城内，是莫卧儿王朝第5代皇帝沙

---

① 摘自http://wenku.baidu.com

贾汗为了纪念他已故皇后阿姬曼·芭奴，即泰姬·玛哈尔而建立的陵墓。

泰姬陵整个陵园是一个长方形，长576米，宽293米，总面积为17万平方米。四周被一道红砂石墙围绕。正中央是陵寝，在陵寝东西两侧各建有清真寺和答辩厅这两座式样相同的建筑，两座建筑对称均衡，左右呼应。陵的四方各有一座尖塔，高达40米，内有50层阶梯，是专供穆斯林阿訇拾级登高而上的。泰姬陵的前面是一条清澄水道，水道两旁种植有果树和柏树，分别象征生命和死亡。

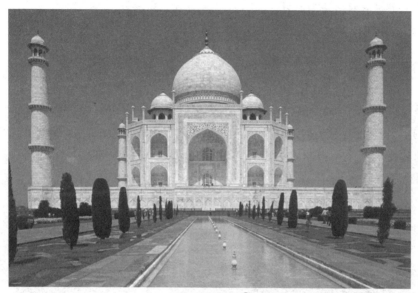

图9-9　泰姬陵[①]

陵园分为两个庭院：前院古树参天，奇花异草，芳香扑鼻，开阔而幽雅；后院占地面积最大，主体建筑就是著名的泰姬的陵墓。陵墓的基座为一座高7米、长宽各95米的正方形大理石，陵墓边长近60米，整个陵墓全用洁白的大理石筑成，顶端是巨大的圆球，四角矗立着高达40米的圆塔，庄严肃穆。陵墓的每一面都有33米高的拱门，陵前水池中的倒影，看起来好像有两座泰姬陵。这些镶嵌的经文中，以"邀请心地纯洁者，进入天堂的花园"这句最负盛名。

寝宫居于陵墓正中，四角各有一座塔身稍外倾的圆塔，以防止地震塔倾倒后压坏陵体。寝宫的上部为一高耸饱满的穹顶，下部为八角形陵壁，上下总高74米，用黑色大理石镶嵌的半部《古兰经》的经文置于4扇拱门的门框上。寝宫内有一扇由中国巧匠雕刻得极为精美的门扉窗棂。寝宫共分宫室5间，宫墙上有构思奇巧的用珠宝镶成的繁花佳卉，使宫室更显光彩照人。

在中央的宫室里则设有一道雕花的大理石围栏，里面放着的就是世界闻名的沙·贾汉和泰姬的两座大理石棺椁，但这两座石棺不是真的，因为真棺安放在地底下的另一间地下室内。棺椁上以翡翠、玛瑙、水晶、珊瑚、孔雀石等20余种价值连城的宝石镶嵌出精致的茉莉花图案，其工艺之精细、色彩之华丽，可谓巧夺天工，无与伦比。从外表上看，由于整座陵墓系由纯白大理石砌成，因此，泰姬陵在早中晚所呈现出的面貌各不相同，早上是灿烂的金

---

① 摘自http://wenku.baidu.com

色，白天的阳光下是耀眼的白色，斜阳夕照下，白色的泰姬陵从灰黄、金黄，逐渐变成粉红、暗红、淡青色，而在月光下又变成银白色，白色大理石映着淡淡的蓝色萤光，更给人一种恍若仙境的感觉。有人说，不看泰姬陵，就不算到过印度；不在月光下来到泰姬陵，就不算到过泰姬陵。

泰姬陵是世界上完美艺术的典范，有人间建筑奇迹之美称，被美国《国家地理·旅行家》杂志评为"人一生要去的五十个地方"之一的人类创造的不朽的"世界奇观"。它不仅表达了沙·贾汗对爱妻的深切纪念，也是他给人类的一份厚礼。

十、巴黎圣母院

巴黎圣母院(见图9-10)大教堂矗立在塞纳河中西岱岛的东南端，位于整个巴黎城的中心，于1163年开始建造，历时180多年，直至1250年才真正落成。巴黎圣母院是一座石头建筑，它的建造全部采用石材，在世界建筑史上，被誉为"一曲由巨大的石头组成的交响乐"，雨果也在《巴黎圣母院》中将其比喻为"石头的交响乐"。

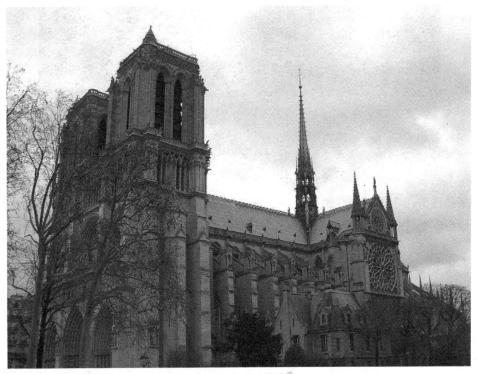

图9-10　巴黎圣母院[①]

巴黎圣母院是巴黎第一座哥特式建筑，它开创了欧洲建筑史的先河。哥特式建筑的特点是尖塔高耸、尖形拱门、大窗户及绘有圣经故事的花窗玻璃，而巴黎圣母院最闻名的就是它突破了以往传统教堂建筑的外形粗笨、呆板的束缚，采用了华丽的建筑外形和精美的雕塑

---

① 摘自http://wenku.baidu.com

装饰，增加了外观艺术装饰。同时，教堂内部也做了很大的改进。传统教堂的内部昏暗、窄小，而巴黎圣母院扩大了内在空间。壮观的深度，长达35米的柱石支撑着巨大的拱顶，阳光透过彩色大玻璃窗投射进来，将教堂内部照耀得一片雪亮。

圣母院坐东朝西，正面风格独特，结构严谨，看上去十分雄伟庄严。它被壁柱和三条装饰带分为九部分，其中，最下面有三个透视门，站在塞纳河畔，远眺高高矗立的圣母院，巨大的门四周布满了雕像，一层接着一层，石像越往里层越小。门洞上方就是所谓的"国王廊"，上有分别代表以色列和犹太国历代国王的二十八尊雕塑。大门正中间是一幕"最后的审判"，中柱上的耶稣在"世界末日"宣判每个人的命运，一边是"灵魂得救者"升入天堂，一边是被推入地狱的罪人。左侧大门刻的是圣母玛利亚的事迹，其雕刻之精美，格调之雄浑居三门之冠。右侧刻的是圣母之母——圣安娜的故事，每一个雕塑作品都层次分明，工艺精细。所有的柱子都挺拔修长，与上部尖尖的拱券连成一气。中庭又窄又高又长，从外面仰望教堂，那高峻的形体加上顶部耸立的钟塔和尖塔，使人感到一种向蓝天升腾的雄姿。

教堂内部结构严谨，却极为朴素，几乎没有什么装饰。走入圣母院内，右侧安放一排排烛台，数十根白烛辉映使院内洋溢着柔和的气氛。大厅里，门与门相套，逐层后退，形成典型的尖圆拱券。座席前设有讲台，讲台后面置放三座雕像，左、右雕像是国王路易十三及路易十四，两人的目光一块儿望向中央圣母哀子像，耶稣横卧于圣母膝上，圣母神情十分哀伤。大厅可容纳9000人，其中1500人可坐在讲台上。厅内的大管风琴也很有名，共有6000根音管，音色浑厚响亮，特别适合奏圣歌和悲壮的乐曲。

圣母院的第二层楼就是著名的玫瑰花形的大圆窗。哥特式建筑的另一特点就是取消了台廊和楼廊，增加了侧廊窗户的面积，甚至整个教堂都采用大面积排窗。这些窗户既高且大，几乎承载了墙体的功能。圣母院的花窗还应用了从阿拉伯学来的彩色玻璃工艺，拼成一幅幅五颜六色的"宗教故事"。花窗玻璃以红蓝二色为主，色彩斑斓，但这可不只是装饰，这富丽堂皇的彩色玻璃刻画着一个个圣经故事。

圣母院第三层楼，也就是最顶层，就是雨果笔下的钟楼。圣母院的正面有一对钟塔，两座钟塔高69米，由一条装饰精美的走廊连接。南钟楼有一口重达13吨的巨钟，北钟楼有一个自上而下的石头楼梯，由387个台阶组成。中庭的上方有一个高达百米的尖塔，塔尖补充了花窗上方的空白，并与建筑的正面构成一个完美的平面对称图形。登上钟楼的最高处，游客可以尽赏巴黎美景。

巴黎圣母院的地位、历史价值无与伦比，是历史上辉煌的建筑之一。该教堂以其哥特式的建筑风格，祭坛、回廊、门窗等处的雕刻和绘画艺术以及堂内所藏的13世纪至17世纪的大量艺术珍品而闻名于世。虽然这是一幢宗教建筑，但它闪烁着法国人民的智慧，反映了人们对美好生活的追求与向往。

第十章　笔墨横恣　行云流水
——书法艺术

第一节　书法艺术概述

一、书法艺术界定

书法，即书写汉字的法则。书法艺术是以汉字为表现对象，以点线为形质的书写艺术。

书法艺术缘于汉字的书写。汉字在漫长的演变发展的历史长河中，一方面起着交流思想、传承文化等重要的社会作用，另一方面它本身又形成了一种独特的造型艺术。汉字从图画、符号到创造、定型，由古文大篆到小篆，由篆而隶、楷、行、草，各种形体逐渐形成，在书写、应用汉字的过程中，逐渐产生中国特有的书法艺术。受中国影响，在周边国家和地区书法艺术也很流行，如日本、韩国等。

二、书法艺术发展历程

(一) 中国书法艺术的发展

中国书法艺术源远流长，文字产生本身就充满了想象的智慧，可以说从文字产生的那一刻起，中国古代先民在书写、传承文字的过程中就在不断地进行书法的艺术创作。但从目前的考古发现来看，中国书法的起源只能从甲骨文算起。

甲骨文是主要记录殷商时期宫廷的占卜、祭祀等活动的文字，它基本具备书法艺术的三个基本要素：用笔、结字、章法。金文是商、西周、春秋、战国时期铜器上铭文字体的总称，其结构匀称，布局妥帖，最突出的是线条形象趋于饱满、婉转、丰富，与甲骨文相比在粗细、曲直等方面有了明显的强化。这个时期的主要作品以《司母戊鼎》《散氏盘》《毛公鼎》最为著名，艺术成就也最高。从书法的审美角度来看，这些最早的汉字已经具备简洁、对称、均匀等书法形式美的众多因素，为书法艺术的发展奠定了坚实的基础。

秦代开创了书法艺术的先河。《说文解字序》中说："秦书有八体，一曰大篆，二曰小篆，三曰刻符，四曰虫书，五曰摹印，六曰署书，七曰书，八曰隶书。"这句话基本概括了秦代字体的面貌。秦统一后的文字称为秦篆，又叫小篆。篆书在金文和石鼓文的基础上简化而来。秦代李斯可称得上是我国书法史上第一个有记载的书法家，用秦统一后的标准字体小篆为书写字体的《泰山刻石》是他的代表作品，《泰山刻石》字体简洁，线条圆润流畅，结构方整，为历代书家推崇。秦代出现的隶书是汉字书写的一大进步，不仅使汉字趋于方正，而且在笔法上也突破了单一的中锋运笔，为以后各种书体流派奠定了基础。

汉承秦制，初用篆书，后来篆书呈现出衰落的趋势，隶书得到蓬勃的发展，并在东汉进入鼎盛时期；草书在汉代发展成为比较成熟的一种字体。这一时期的书法成就表现在两个方面：一是汉代石刻精品纷呈，二是瓦当玺印文和简帛盟书墨迹。摩崖石刻以《石门颂》等最为著名，书法家视为"神品"；碑刻林立，北书雄丽，南书朴古，字形方正，法度谨严，波磔分明，《封龙山》《西狭颂》《孔宙》《乙瑛》《史晨》等为后人称道仿效；瓦当玺印是古代篆书的奇葩，简帛盟书"体兼篆隶"，体现了艺术性与实用性的联姻。隶书起源于秦朝，由程邈整理而成，在东汉时期达到顶峰，对后世书法影响巨大，书法界有"汉隶唐楷"之称。草书的诞生，在书法艺术的发展史上有着重大意义，它标志着书法开始成为一种自由抒发情感、高度张扬个性的艺术。汉代书法家可分为两类：一类是汉隶书家，以蔡邕为代表；另一类是草书家，以杜度、崔瑗、张芝为代表，张芝被后人称为"草圣"。东汉时期出现了专门的书法理论著作，最早的书法理论提出者是两汉之交的扬雄，第一部书法理论专著是东汉时期崔瑗的《草书势》。

三国时期，隶书的地位下降而衍变出楷书，楷书成为书法艺术的又一主体。楷书又名正书、真书，由钟繇所创。正是在三国时期，楷书进入了刻石的历史。三国(魏)时期的《荐季直表》《宣示表》等成为雄视百代的珍品。晋代书法流美娴静，风流潇洒，反映了士大夫阶级的清闲雅逸。最能代表魏晋精神、在书法史上巍然卓立的当属王羲之。王羲之的行书《兰亭序》被誉为"天下第一行书"，论者称其笔势以为飘若浮云，矫若惊龙，其子王献之的《洛神赋》字法端劲，所创"破体"与"一笔书"为书法史上的一大贡献。两晋书法最盛时，主要表现在行书上，代表作品有《伯远帖》《快雪时晴帖》《中秋帖》。南北朝书法继承了前代书法的优良传统，创造了不亚于前人的优秀作品，以魏碑最胜。智永是这一时期的主要书法家，他是王羲之的第七代孙，《千字文》是其代表作品。

隋唐五代书法对前代既有继承又有革新，可谓"尚法"，分为隋至唐初、盛唐中唐、晚唐五代三个阶段。隋至唐初阶段，国土统一，政治昌盛，书法艺术以一种新的姿态显现出来。隋楷上承两晋南北朝沿革，下开唐代规范之新局。初唐阶段，结构谨严整洁的楷书成为主流；盛唐中唐阶段，书法艺术气魄雄伟，不断创新，表现出封建鼎盛时期国力富强的气派和勇于开拓的精神；晚唐五代阶段，书法艺术虽承唐末之余续，但因兵火战乱的影响，形成了凋落衰败的总趋势。初唐的欧阳询，中唐的颜真卿、柳公权都是这一时期的书法大家，他们创立了雄健之风，代表了唐代书法的最高成就。五代书法值得称道的当推杨凝式，李煜、彦修等也颇有成就。

宋代书法以一种尚意抒情的新面目出现在世人面前，纵横跌宕，书风沉着痛快。宋朝书法尚意，意之内涵包含四点：一重哲理性，二重书卷气，三重风格化，四重意境表现，同时注重书法创作的个性化和独创性。宋代为后世所推崇者有苏轼、黄庭坚、米芾和蔡襄四大家，他们一改唐楷面貌，在表现自己书法风貌的同时，都力图突现标新立异的姿态，给人以新的审美意境。

元初经济文化发展缓慢，书法总的情况是崇尚复古，宗法晋唐而少创新，平庸无奇，没有自己的时代风格。元代书坛的核心人物是赵孟頫，他所创立的楷书"赵体"与唐楷之欧体、颜体、柳体并称"四体"，成为后代临摹的主要书体。此外，鲜于枢、邓文原也是元代书坛享有盛名的书家，成就虽然不及赵孟頫，但书法风格上也有独到之处。他们主张书画同法，注重结字的体态。

明代近三百年间，诸皇帝极爱书法，朝野士大夫重视帖学。姿态雅丽的楷书、行书盛行，赵孟頫的格调几乎完全被继承，书法朝尚态方向发展。整个明代书体以行楷居多，且皆以纤巧秀丽为美。明代虽然也出现了一些有造诣的大家，但纵观整朝没有重大的突破和创新。代表书法家有文征明、唐伯虎等。

明末至清，美学主潮以抒情扬理为旗帜，追求个性与发扬理性的相互结合，正统的古典美学与求异的新型美学并盛。清代书法的总体倾向是尚质，分为帖学与碑学两大发展时期。晚明的帖学将明末书坛的狂放不羁、愤世嫉俗的风气进一步光大发扬，姜英、张照、刘墉、王文治等人或以淡墨书写，或改变章法结构，力图表现出新面貌。由于帖学长时期传承，没有得到很好的清理、认识、调整，某种积弊日益加深，颓势不可避免。与此同时，碑学作为一种与帖学相抗衡的书学系统存在并最终成为清朝书坛的发展主流。邓石如、何绍基、赵之谦、吴昌硕、张裕钊、康有为等是这一时期著名的书法家。

近现代书法艺术创作流派纷呈、风格多样、书家辈出，尤其是新中国成立后，书坛名家荟萃，异彩纷呈。新书法创作的一大特点是"碑""帖"相互兼容，取长补短，原有的意识局限被突破，增加了内涵，在相互兼容中创造新风格。

但随着封建体制解体、西方文化传入、新文化运动兴起和白话文的普及，毛笔在日常书写中使用得越来越少，书法逐渐成为单纯的艺术创作活动。在实用性书写日渐式微的今天，书法艺术存在许多问题与挑战：电脑等智能终端的普及使文字书写离我们的工作和生活越来越远；炒作性质的书法展览活动具有一定的负面影响；艺术标准的模糊化、批评缺失等。当代书法家成千上万，而真正好的书法家、作品太少。

(二) 域外书法艺术

除中国外，朝鲜、韩国、日本等国家也有书法艺术存在。

受中国文化影响，朝鲜半岛上的朝鲜与韩国传统上的书法用字是汉字。1972年，韩国中部百济古都公州在武宁王陵内发现一块方形石碑，石碑上所刻的汉字字体优美，表现出很高的技术水平，据此推断朝鲜半岛的"三国时代"，书法艺术很可能已经成熟。统一新罗时代，由于崇尚大唐文化，产生了许多书法家，如金生、崔致远。他们的字体基本上追随书法大师欧阳询和虞世南。王羲之也备受仰慕，他的行草书为人们普遍临摹。

在韩国，书法艺术比绘画艺术更受人们重视，人们常把书法作品像绘画一样挂在墙上欣赏，而且像对画一样赞赏它的每一笔独到之处，赞赏它用墨的韵味，赞赏它整幅布局的功力、骨格、神韵等。一幅好字不是由有一定之规的笔画匀称地安排而成的，而是犹如一场编排精妙的舞蹈和协调动作——激情、运动、刹那间的停顿和穿插交错的活跃的笔力组成了一个平衡的整体。书法始终与绘画关系密切，他们认为从笔法安排的有力与和谐的角度而言，绘画是受到书法的影响。

在朝鲜，最著名的书法家是实学派的金正喜。金正喜是杰出的书法家和学者，他建立了人称"秋史派"的风格。他的书法脱胎于中国隶书，但是他在布局上富于画感，善于在不对称中见和谐，而且笔触有力无比，使笔下的字充满活力。

日本称书法为"书道"，古代日本称书法为"入木道"或"笔道"，直到江户时代(十七世纪)，才出现"书道"这个名词。日本用毛笔写汉字，而盛行书法应当是公元六世纪中叶，佛教从中国经朝鲜传入日本之后，僧侣和佛教徒用毛笔抄录经书，中国的书法也随之在日本流传。圣德太子抄录的《法华经义疏》，就是受中国六朝时代书法风格影响的代表作。日本天台宗始祖最澄和尚从中国返国时，带回了东晋王羲之的书法作品，并将之推广。古代日本人尊王羲之为书圣，称王羲之为大王，称王献之为小王。承继了二王骨风的是平安朝的真言宗创始人空海和尚。他与嵯峨天皇、橘逸势三人被称为平安"三笔"，空海的《聋瞽指归》二卷更被指定为国宝。

平安中期，日本废除了遣唐使，随着假名(日本文字)的出现，书法也开始和化(日本化)，书法界又出现了小野道风、藤原佐理和藤原行成，世人称之为"三迹"，"三迹"的书法成为后世书法的规范，并由此产生了多种书法流派。小野道风的真迹堪称是日本书法的典型。代表作为《屏风土代》《秋萩帖》。藤原佐理的笔风自由奔放，个性很强。代表作有《诗怀纸》。藤原行成继承了小野道风的风格，是日本书法之集大成者。行书的书法温雅、干练，代表作有《白乐天诗卷》《消息》。

镰仓时代，日本在与宋朝做生意时引进了宋代的书法。如临济宗大师荣西禅师就师承了黄山谷的风格，曹洞宗的道元禅师将张即之的书法介绍回日本。以京都五山、镰仓五山的禅僧为中心的书法流派更是崇拜张即之和苏东坡的宋代风格。其后，一山一宁等僧又将元代风格带进了日本，为日本书法界增添了宗峰妙造大师、梦窗疏石等高僧的墨宝，世人称之为"禅宗风格"。"禅宗风格"长期流行于日本南北朝和室町时代的武士、官吏之间。

桃山时代，丰臣秀吉一统天下，使乱世造成的文化停滞情况得以恢复，书法界出现了三名奇才，即近卫信尹、木阿弥光悦、松花堂昭乘，世人称为"宽永三笔"。

江户时代幕府奖励儒学，"唐风"再度盛行。江户末期出现了如市河未庵等职业教授书法的专家，"书道"就产生在这一时期，并成为日本固有艺道的代表。

第二节 书法艺术的审美特征

一、极尽千姿的线条美

线条是构成汉字的基本元件，是书法的基础。书法是纯粹的线条艺术，书法艺术的美，首先体现在线条上。"中国人这支笔，开始于一画，界破了虚实，留下了笔迹，既流出人心之美，也流出万象之美。罗丹说的这根通贯宇宙、遍及于万物的线，中国的先民极早就在书法里、在殷墟甲骨文、在商周钟鼎文、在汉隶八分及晋唐的真行草书里，做出极丰盛的，创造性的反映了。"(宗白华《书法里的美学思想》)由此可见，线条作为书法艺术创作的特定的物化形态，它是书法美的起源，研究探索书法美就应从线条这个最基本的元素开始。

书法一贯强调线条的力量美。所谓线条的力量美，是指书法的一种技巧，这种技巧不仅指在意识协调和控制下的掌、指、腕、臂的自然运动，还需要书家将自己的书写经验和审美观念融入其中。力量美的主要表现之一就是线条要有"立体感"。米芾说："得笔，则虽细为髭发亦圆；不得笔，则虽粗如椽亦扁。"这段话指出了线条力量美的真正所在。这里的"圆"就是"立体感"，具有"立体感"的线条，即使细如发丝，也有入木三分的功效。力量美的构成是依靠提、按、顿、挫、转、折、方、圆等用笔动作来完成，强调的是一种用笔的起伏——上下运动。一般而言，下笔有力，线条就美，就有丰富的感觉内涵。富有力量的书法作品，能使观赏者在凝固而静止的字形中领略到生命的精彩和心灵的跃动；相反，笔力单薄的线条，书法美就无法得到充分的表现和发挥。书法还强调"涩感"。所谓"涩感"，就是点画线条似乎克服阻力而挣扎前行的一种表现，这种表现能给人以一种力度之感，重点表现在笔尖的提按动作上，或轻或重，或驻或行，提提按按，驻驻行行，从而达到古朴而雄浑的效果。

有人称"书法是无声的音乐艺术"，说的就是书法线条的节奏美。线条在构成过程中用笔的松紧、轻重、快慢，就是线条节奏的具体内容。书法线条用笔的抑扬顿挫、轻重徐疾，如同音乐艺术优美的旋律，能给人以节奏的美感。人的视觉对节奏虽然不如听觉那么敏感，但也有一定的感受能力。人在欣赏书法作品这种视觉艺术时，线条连续而富有规律的变化，能引导人的视觉运动，控制人的视觉感受，给人的心理造成一定的节奏感受。书法节奏还强调对比的交叉，包括空白与墨迹之比，空白大小之比，空白形状之比，墨迹点线之比，乃至墨迹粗细、干湿、方圆、转折之比。大凡构成一种对比，都含有节奏的元素。我们从书法作品的节奏里可以感受到一种活力，从活力里可以体验到生命的某些价值，书家生命的活力在富有节奏美的线条中得到了充分的体现。

书法的线条之美犹如一个人的生命身体之美，它体现了书法美的最高原则。正所谓"书若人然，须备筋骨血肉。血浓骨老，筋藏肉莹，加之姿态奇逆，可谓美矣。"(康有为《广艺舟双楫·碑评第十八》)

二、变异百态的结构美

汉字起源于"象形",因此由"象形"发展而来的汉字形体,具有造型的意义,是形象的艺术。汉字的结构之美离不开平整、匀称和变化这三个方面。每个汉字不论有多少笔画,有多么复杂的偏旁部首,都能平整、匀称又灵活地组合在方块里,整体表现出既平衡和谐又灵活多变的审美特征。

平整给人以稳定感和舒适感,它是书法结构美的基本要素之一。古往今来,中国书家十分强调字的平整,人们在社会实践中逐步形成以整齐井然为美、以芜杂无序为丑的审美观念。

匀称就是字的笔画之间及各部分之间所形成的合适感和整齐感。书家通常需要注意实线的疏密、长短,来求得适中匀称,书家还注重"计白当黑",就是从无实线的白处着眼,使黑白得宜,虚实相成,以求得结构的平衡和匀称。

变化就是字形结构的参差错落,体现的是各部分的灵活奇巧之美。写字不能只讲究平整匀称,还要讲究奇变,如同起伏的山峦,翻滚的海浪,这样才能形成姿态各不相同、极尽变化之妙的书法艺术。明代陶宗仪《书史会要》云:"夫兵无常势,字无常体:若坐,若行,若飞,若动,若往,若来,若卧,若起;若日月垂象,若水火成形。倘悟其机,则纵横皆成意象矣。"书家把简单的点画线条,通过张弛、疏密、均衡、穿插等手段,综合组成合乎章法又富于变化的审美个体。王羲之的"兰亭序",王献之的"一笔书","颠张狂素"的"狂草", 可谓万象纷呈,它们或是眉目清晰,或是妩媚娇妍,或是郁屈盘结,或是逸势奇状,极尽书法的变化之妙。

三、和谐统一的章法美

章法问题关涉书法作品的字与字、行与行、幅与幅之间的布局安排问题。"书之章法有大小,小如一字及数字,大如一行及数行,一幅及数幅,皆须有相避相形,相呼相应之妙。"(刘熙载《艺概》)这道出了书法章法的审美标准。

书法章法首先表现为整体美,也就是书法作品的整体外部形式。书法讲究其外部形式的完美,千百年来历代书家创作了无数优美的幅式:或中堂,或条幅,或扇面,或对联,或条屏,或斗方,或手卷。这是书家经验的结晶,也是欣赏者进行鉴赏的依托。为了创造"华章美篇", 书家往往把谋篇布局不是当字而是当画来创作。

书法章法还表现为局部美,也就是内部的经营与布局。成功的章法布局集中体现了对空间虚实的艺术处理,遵循虚实相成的美学原则。实,即有线条、有字之处;虚,即字行间的空白处。有线条、有字的地方,它们的精妙所在都是生于字行间的空白处。"虚"与"实","白"与"黑",相依相存,相映成趣。有笔墨处重要,无笔墨处也重要,字里行间均有笔墨,有情趣。

此外,书法章法还讲究局部美与整体美的和谐统一。"古帖字体大小,颇有相径庭者,如老翁携孙,长短参差,而情意趋势,痛痒相关。"(包世臣《艺舟双辑》)一幅富有旺盛生命力的书法作品,它所具有的艺术效果应该是气势连贯、参差变化、浑然一体。

四、澄澈黑白的意境美

意境，就是作品中反映出来的神韵，是书家在其作品中流露出来的精神和情感。一部书法作品的完成，是其结体、章法、用笔所共同体现出来的某种美的境界，是无所不在的意境美的最终呈现。

书法的意境美，是书法审美标准的灵魂所在，也是打动欣赏者的内在机制。南朝书家王僧虔在《笔意赞》中说："书之妙道，神采为上，形质次之，兼之者方可绍于古人。"这里强调以形写神，形神兼备。林语堂先生在《吾国与吾民》一书中，曾对中国的书法艺术给予极高的评价："书法提供给了中国人民以基本的美学，中国人民就是通过书法才学会线条和形体的基本概念的。因此，如果不懂得书法及其艺术灵感，就无法谈论中国的艺术。……在书法上，也许只有在书法上，我们才能够看到中国人艺术心灵的极致。"我们可以这样说，一幅成功的书法艺术作品，应该不仅是单个字之美，还指它在整体上所形成的贯穿全幅的气质之美，乃至其中所体现的民族文化精神之美。

第三节　书法艺术的审美趣味与审美释读

一、书法艺术的审美趣味

在奔流不息的艺术长河中，书法艺术在世界艺苑中放射出奇异的光芒。它线条色彩单一，但具有图画的绚烂；它以无声的形式出现，却具有音乐艺术的美妙节奏和旋律。"书法最鲜明地体现了中国文化的精神。"(黑格尔)书法艺术通过其独具特色的线条笔画来塑造艺术形象，表现出中华民族特有的审美趣味。

书法运笔有方笔、圆笔之分。方笔坚实、挺劲、果断，给人以斩钉截铁之感。方笔之入要有果敢的魄力，方笔之折要有坚实的筋骨，方笔之顿要形成凝整、沉着的境界。魏碑中的《张猛龙》，笔法方劲质朴，骏利奇肆；金农的"漆书"，方笔重墨，以重为巧。圆笔灵活而不臃肿，润泽而不软弱，柔畅、丰融的用笔适宜表现温润的境界。魏碑中的《郑文公》，笔法圆劲飘逸，从容朴茂。隶书、楷书多方折，而篆书、草书多圆转。书法的运笔方法若能方圆并举、篆隶互参，就会产生灵秀中不失坚实、峻奇中不失柔畅的形式美感。

书法笔画有曲直之分。笔画之直，实际上是含曲之直，它蕴含着曲势和曲意。气势蕴含着张力，笔力富有生气，古代书家在创作中强调"化直为曲"，主张用微曲之直来表现劲健的骨势和遒韧的筋力。草书线条的曲直之美可谓是集书法形式美之大成。狂素(怀素)颠张(张旭)的草书线条形态"矫若游龙，疾若惊蛇"，时而呈波状线，时而呈蛇形线，曲直回旋，千态万姿。

书法用笔方向可分为逆势和顺势。逆向运笔能带给笔画以沉涩紧劲的力度。它还能积聚能量，使笔力在盘郁积势中得以畅快地生发、延续、伸展。同时，笔锋的调整、变换，笔毫的充分运用，也要以逆向运笔之蓄势为基础。"要笔锋无处不到，须是用'逆'字诀。"(刘熙载《艺概·书概》)概括了笔锋充分开张与逆笔蓄势的关系。

书法线条在纸上的运动有疾笔、涩笔之分。汉简、张旭、怀素、米芾等是疾笔的典范，而汉碑、《石门铭》《石门颂》等摩崖石刻、黄庭坚的行草书等则是涩笔的代表。刘熙载在《艺概》中所说的"笔方欲行，如有物以拒之，竭力而与之争，斯不期涩而自涩矣"，充分说明了涩笔的力度特征与运笔感觉。涩笔是一种抗争之力，涩而不滞，抗争的紧涩之力步步蓄势，方显沉着遒劲。书法线条的轻重徐疾、抑扬顿挫能够互相协调，呈现出音乐艺术旋律般的韵律感。郑板桥的书法可谓是体现这一特点的典型，他把篆、隶、楷、行、草杂糅协调在一起，轻重徐疾变幻奇妙，抑扬顿挫此起彼伏，使人感受到"视觉音乐艺术"的美感，富有节奏旋律。

书法笔画还具有粗肥之美。唐代隶书，徐浩、颜真卿等的楷书、行书，在尚肥书风中表现得比较突出；苏东坡的书法"如绵裹铁"，粗肥中的内在骨劲体现了宋代书法的粗浑之美；而清人伊秉绶的隶书营造了壮伟雄厚的意境，其书妙在粗浑的笔画中所富有的遒润饱满。甲骨文开了瘦劲之美的先河，汉隶中的《礼器碑》清超、遒劲，欧阳询的楷书险劲瘦硬，怀素的草书瘦劲硬朗。

二、书法艺术的审美释读

如果说书法的用笔体现了它的时间特征，那么书法的结体则体现了它的空间特征，如点画的欹正、字内空间疏密、字的大小等。偏于欹者，意境奇险、潇洒；注重正者，意境则庄严、踏实。静穆中寻求奔放，这就是欹与正的和谐统一。结字紧结，风貌谨严、郁重；结字宽博，意趣旷达、萧散。在宽博的结体中显神聚，在紧结的结体中不失舒旷的神气。字的大小不仅可以表现出富于变化的参差之美，而且其审美意味也各具特色，大字开阔，气势雄浑、磅礴；小字秀雅，意境清雅、含蓄。

书法墨色变化多端，情趣盎然。孙过庭在《书谱》中把构成书法美的要素概括为五个方面，即"神怡务闲，一合也；感惠绚知，二合也；时和气润，三合也；纸墨相发，四合也；偶然欲书，五合也。"可见，我国古代书家很重视墨色，把它看作构成书法艺术美不可缺少的组成部分。我国历代还有"墨分五色"的说法，这指的是书家在运笔用墨中使墨色呈现出浓、淡、深、浅、枯、润、渴、饱等多样形态。这些不同的形态应该处于微妙的交替呈现的状态。善用墨色的书家总能以精湛的运笔技法，使墨色变化多端，时而枯淡，时而润妍，时而燥险，时而湿浓，仿佛墨已干枯，忽如涌泉奔流，墨色之美，韵味无穷。书法墨色的审美要求是一个"活"字，即用酣畅淋漓的水墨表现出鲜活的生机。墨色过浓过淡、过干过湿，书法的生命力便会被减损。

书法丰富的水墨变化，与使用的笔法密切相关。书家常通过不同的笔法，使书法之"血""肉"韵味得以丰富，从而表现出不同的水墨效果。书法佳作往往是融情入书的结果，蕴涵着强烈的情感力度。另外，书法创作时的墨色使用也与书家书写时的主观心情密切相关。不同的墨色处理，其情感表现也各有侧重。把颜真卿的《刘中使帖》和《祭侄稿》做对比就可以看到，《刘中使帖》是颜真卿获知讨伐安禄山叛乱取得胜利后，在心情十分欣慰的情况下书写而成的，因此书家用润妍丰丽、浓淡相宜的墨色来表达他获悉顺利后的喜悦、奔放之情；而《祭侄稿》是颜真卿在得知侄子惨死，在极度悲愤的情绪下书写而成的，因此书家将燥险苍涩、浓淡悬殊的墨色与沉痛切骨的思想感情融合无间。书家在激越的情绪之下，往往不计笔墨的工拙，无拘无束，随心所欲地任笔墨随起伏的情绪自然流淌。

第四节　书法艺术鉴赏常识

一、基本表现手段

(一) 笔画

笔画是指汉字书写时不间断地一次连续写成的一个线条。笔画是汉字的最小构成单位。笔画可分为横、竖、撇、点、捺、折等几类，具体可细分为30多种。笔画之美在于它的生动有力，也就是蕴含于笔画之中的富有生气的生命活力。富于生命活力的笔画，以多种矛盾统一的形式规律，显现出厚实、灵活、沉着、圆浑等多样审美意味。

由于书法运笔的方法不同，点画线条呈现出方笔、圆笔之分。书家用笔之妙就在于在隶书、楷书中强调圆笔，使其活畅而不刻板；在篆书、草书中注重方笔，使其沉实而不流滑。

曲与直在书法作品中是互为观照、互相映衬的。曲笔流转、飞动，直笔静谧、质朴。曲直结合，动静结合，刚柔相济，严整而又柔曲的境界才能创造出来。

藏锋与中锋使得书法呈现出遒劲、浑厚、丰满的审美特色。由于书写力度、速度的不同，中锋运笔会产生不同的笔画质感。一种是由于书写速度略快，用力平均，笔画边线光洁平整，如刀切一般，显示出刚健挺拔、富有朝气的美；另一种是由于书写速度略慢，比较用力，手指略有震颤，笔画边缘毛涩不平，显示出含蓄蕴藉而又老成的美。与藏锋、中锋有所不同，侧锋、露锋呈现出的是飘逸洒脱、鲜明痛快的审美特点。

逆笔因其逆向、逆势的反作用力，使得笔毫与纸面的摩擦力得到增加，这样笔画就具有不滑不飘的涩意。书法有逆笔就有笔画的"顺势"。笔画只有在逆顺中有机结合，并不断变化，才能沉实稳健而又畅快流动。

书法线条在纸上的运动是富有节奏韵律变化的轻重徐疾和抑扬顿挫。疾笔是一种迅畅爽利的笔画，具有迅急、痛快、锐劲等审美特色；涩笔是一种迟留凝重的笔画，具有速紧、沉实、老辣等审美特色。

笔画粗肥，具有雄浑之美；笔画细瘦，又有清劲之秀。肥瘦适度的笔画，骨肉相称，既瘦且腴，虽肥且秀，呈现出瘦而有肉、肥而有骨的挺健丰实之美。

(二) 章法

章法就是整幅书法作品的"布白"，指字与字、行与行的整体布局，它关涉字行之间的呼应、照顾等关系，体现了作品的整体效果。布白包括逐字之布白和行间之布白，主要有三种形式：一是纵有行横有列，二是纵有行横无列(或横有行纵无列)，三是纵无行横无列。章法美是书家追求的最高境界，它要求书法的整体布局在上下左右的安排上要相互照应，总体分布要遵从法度秩序。

章法的要领在于字与字、行与行之间的联络。实现联络的方法主要有以下三种。

1. 气脉相连

一幅书法，应该在形体、气势上使其各行文字相互联络，形成一个有机的整体。所谓"连"，就是指书法作品笔势、气脉的贯通联系。书法章法繁杂，要想在变化之中求得和谐，就要依靠笔势、气脉的贯通联系，这是书法结构联系的审美原则。书写笔势相连，前后上下呼应，气连、势连、血脉贯通，这是许多书家追求的理想境界。

2. 虚实相生

一幅书法，有线条的地方就是"实"，而字间、行间的空白处则为"虚"。黑线条落在白纸上，就产生了黑白的分割，一虚一实，虚实相生。书写笔画时不单考虑线条的颜色，章法布白之奥妙就在于黑多则白少，黑少则白多，黑白形成有机的整体，这就叫作"计白当黑"。

3. 错落有致

法度较严的篆书、隶书、楷书讲究"守中"原则，体势齐整、统一；而欹斜跌宕的草书则变化无方，体势飞动、自如。这种于法度中求变化、在交错中求奇趣的方式就是错落有致。错落有致的章法还追求布白的疏密变化，"疏处可以走马，密处不使透风"(包世臣《艺舟双楫》)，奇特的艺术效果就会随之产生。

章法是整幅书法作品的格局，人们欣赏一幅书法作品，总是从宏观到微观，再从微观到宏观，反复品鉴，这就要求书写者胸有全局。无论是行书、草书的信手写成，还是草书的急风骤雨般地挥成，书写者都要深思熟虑，按法度进行。

(三) 墨色

用墨是指墨的着色程度，如浓淡、枯润等。中国是墨的故乡，历代书画家无不深究墨法，古人就有墨分五色之说，常见的用墨之法大致可分为如下几种。

1. 浓墨

浓墨是书法创作最主要的墨法。墨色浓黑与纸之洁白形成鲜明对比，神采外耀。浓墨书写墨不浮，能入纸，凝重坚实。书家喜爱用浓墨书写正体，以见力度和精神。宋人苏东坡是用浓墨的高手，清人刘庸有"浓墨宰相"之称。

2. 淡墨

淡墨与浓墨相反，墨色介于黑白之间，呈灰色调，一般宜用于草、行书创作，适合表现清远淡雅的意境。明代董其昌善用淡墨，追求清淡幽远的艺术风格，作品有空灵萧散的意境。清人上文治被誉为"淡墨探花"，书法讲究笔致墨韵，作品清隽雅逸。近人林散先生最擅长用淡墨，墨色层次丰富，意境深远朦胧，出神入化，极具魅力。

3. 涨墨

涨墨是指用过量的墨水在宣纸上书写笔画时，水分从笔画中分离外溢的用墨现象。涨墨使书法线条有肉有骨，线面交融，富有变化。清人王铎最擅此法，作品干淡浓湿结合，点画错综复杂，线条枯实互应，墨色生动丰富，行笔纵敛自如，视觉效果强烈。

4. 渴笔、枯笔

渴笔、枯笔分别指用含水分少或失去大部分墨的笔墨，在纸上行笔的书写效果。此法常用于行草书，篆书和魏楷也时而用之。渴笔、枯笔较难驾驭，笔锋干涩但不能轻飘浮动，墨迹滞涩但不能断裂干枯，时见飞白，画龙点睛，方有苍茫、老辣的艺术风貌。宋代米芾的手札《经宿帖》就生动地运用了渴笔、枯笔，涩笔力行，苍劲雄健。

要产生丰富的墨色变化，蘸墨之法是关键，一般不宜饱蘸，饱蘸则深浸，饱深极易显得无力臃肿、单调呆板。蘸墨应以蜻蜓点水之态，一粘即起。墨韵的变化还与用笔技巧有关，用笔轻则墨色淡雅，重则墨色浓厚，慢则墨色渗入湿润，快则墨色轻飘干枯。以外，用水和选墨也会影响用墨的效果。用墨还强调贵在自然，切不可为了追求某种效果而机械使用。

二、书法作品的组成

(一) 正文

正文是指书法作品要写的主要内容，是作品的主体。文章诗词、格言警句中那些含有健康向上、吉利祥和意味的文字都可作为书法作品的内容。

(二) 题款

题款是指书法作品正文之外的说明性文字。它主要是用来说明正文题目，书写者姓名、字号、斋号，书写时间、地点，所赠对象的称呼、姓名等内容。这些内容的多少要视书法作品的具体需要来确定，并不要求每幅作品都要写全。

题款款式按长短可分为长款和穷款，按位置可分为上款和下款。写在正文前面的，叫上款；写在正文后面的，叫下款。如所赠对象的称呼、姓名这样的内容就应该写在正文的前面，以示尊敬之意。落款位置没有固定格式，也无绝对的位置，它是与正文互为关联的。落款的内容视情形可长可短，但字体不能大小悬殊，要有相应比例。题款所用字体按照传统惯例，原则上遵守"今不越古""动不越静"的规矩。

(三) 印章

书法作品中所盖的印章，从内容来分，有名号章和闲章；从所盖的位置来看，有迎首章和押脚章。盖在作品上首的叫迎首章，盖在正文和下款之后的叫押脚章。印章在书法作品中具有画龙点睛之妙，一幅作品的印章不能过多，一般是一至三方为宜。

三、中国的书体

(一) 篆书

大篆，也称籀文，因其着录于字书《史籀篇》而得名。大篆是在甲骨文、金文(钟鼎文)基础上演变而来的。春秋战国时的秦国文字在相当大的程度上保留了西周后期文字的风格，只是笔画变得更加工整匀称，并开始摆脱象形的束缚。大篆是小篆的前身。

秦始皇统一中国后，把原来使用的大篆籀文进行简化，同时废除其他六国的异体字，这种经过整理的秦国文字就是小篆。秦朝时期在全国范围内正式推行小篆，对汉字进行有计划的整理和简化，在汉字发展史上具有重要的意义。小篆是汉字产生以来第一次规范化的字体，从那以后汉民族才有了统一规范的文字，它的产生是汉字发展史上的第一个里程碑。小篆使用圆转匀称的线条，字体整齐，确立了汉字的符号性，使书写有了规律；统一了原来没有固定形式的偏旁，确定了偏旁的位置，基本上做到统一化和定型化。小篆因其字体优美，始终被书家所青睐，又因其笔画复杂，形式奇古，也受到印章刻制爱好者的偏爱。

(二) 隶书

隶书也叫"隶字""古书"，它是在篆书的基础上，为适应书写便捷的需要而产生的字体。隶书起源于秦朝，在东汉时期达到顶峰，分为"秦隶"(也叫"古隶")和"汉隶"(也叫"今隶")。中国书法艺术发展到隶书，进入了革新的阶段。隶书基本是由篆书演化来的，笔画由小篆的线条化圆笔变成有波磔的方笔，结束了汉字象形的历史。隶书的形体由篆书的长方变成扁平，并且对篆书的偏旁布局进行调整，从而奠定了方块汉字的基础。隶书是古今文字的分水岭，它的出现是中国文字的又一次大改革，是汉字演变史上的一个转折点。隶书的形成，为以后的草、楷、行书奠定了基础，也为汉字的普及和书法的发展开辟了广阔的道路。隶书是汉字中常见的一种庄重的字体，结体扁平、工整、精巧，书写讲究"蚕头雁尾""一波三折"。到了东汉,撇、捺等点画被美化为向上挑起,轻重顿挫富有变化,具有书法艺术美。隶书极具艺术欣赏价值,书法界有"汉隶唐楷"之称。

(三) 楷书

楷书,又称正楷、楷体、正书或真书,它是为纠正草书的漫无标准和减省汉隶的波磔而形成的。它萌芽于西汉,成熟于东汉末年,盛行于魏晋,一直沿用到现在,是通行时间最长的标准字体。楷书形体端庄,笔画平直,写出来规矩,认读容易,人们认为它可做书写的楷模,因而得名。

谈到楷书,必讲魏碑体。北魏是隶书向楷书过渡的关键时期,北魏洛阳时期形成了一种风格独特的楷书,我们称之为"魏碑体"。 它不仅是楷书的一种,也是楷书走向成熟的基础,对后世书风的演变具有重要的影响。它上承汉隶,下启唐楷,是研究隶书向楷书演变的重要载体。在清朝康有为的大力推崇下,魏碑体名声大噪,享誉书法史。魏碑体融合了北方书法的古朴浑厚与南方行楷的新妍妩媚,融合了隶书的笔势开张与楷书的结体严谨。它笔势浑厚,以方正凝重为主,但字形厚重稳健略显飞扬,规则中正而体貌姿态百出,意态跳宕,颇具审美价值。

(四) 草书

草书不像楷书那样工工整整,而是把汉字方块字的结构和写法高度简化,达到了书写便捷的目的,具有一定的进步意义。草书的特点是结构简省、笔画"一笔而成,偶有不连,而细脉不断"。草书共有三种:章草、今草和狂草。章草始于西汉,盛于东汉,由隶书演变而来。当时通行的草书字体称为"草隶",是一种草率的隶书,后来逐渐发展,形成一种具有艺术价值的"章草"。由于汉章帝喜好草书,因此它被称为"章草"。章草字体具隶书形式,字字独立,不相纠连。今草是章草的继续,是楷书的快写体,从东汉末年一直流传至今,人们通常所说的草书指的就是今草。章草中所保留的隶书笔形痕迹在今草中被脱去,今草风格多样,偏旁相互假借,字的体势一笔而成,上下字之间的笔势经常互相牵连。唐朝时草书作为传递信息工具的功能已经减弱,成为"狂草"。狂草是在今草的基础上发展而来的,笔画任意增减,笔意奔放,笔势连绵回绕,字形变化繁多。

(五) 行书

行书是介于今草与楷书之间的一种最通用的书体,产生于东汉末年,盛于东晋。行书兼具楷书的规矩和草书的流动这两个特点,弥补了这两种字体的不足。它近于楷而不拘谨难写,近于草而不放纵潦草,笔画连绵却各字独立,清晰易认,便于书写,便于通行,因此,自产生以来,倍受人们的喜爱。行书笔势贯通,有较强的艺术效果,它以草书的放纵冲破楷书的谨严,又以楷书的笔法增添行书的凝重。行书在实用方面,几乎和楷书同样受到重视,自东汉末年它形成之时起,其应用范围逐步扩大。人们一般把写得近于楷书的行书称之为

"行楷"，其楷法多于草法；把写得近于草书的行书称之为"行草"，其草法多于楷法。如今行书作为楷书的主要辅助形式，在人们写文章、作记录等日常活动时被广泛使用。

四、古代主要书法流派

(一) 初唐四大家

唐朝初年的四大文人薛稷、褚遂良、欧阳询、虞世南合称为"初唐四大家"。

薛稷(649—713年)，初唐书画家。字嗣通，蒲州汾阳(今山西万荣西)人。官至太子少保，礼部尚书，世称"薛少保"。他的外祖父魏征是十八学士之一，是贞观年间的宰相，家富图籍，多有虞世南、褚遂良墨迹，薛稷爱不释手，于政务之余，常到其家观摩、临习，进而"锐意模学，穷年忘倦"。前期书艺宗欧阳询、虞世南，中期宗褚遂良，到晚年则摆脱欧、虞、褚三家的影响而自成一家。但总体来说，薛稷受褚遂良的影响最大，他是褚遂良的得意门生，忠实地承袭了褚书的面貌，故被人们称为"买褚得薛，不失其节"。薛稷在继承褚遂良的笔法和风格的同时，又融隶入楷，用笔纤瘦，劲瘦圆润兼顾，形成其充满诗情画意的独特风格。薛稷结字疏朗，为宋徽宗"瘦金书"所效法。传世主要作品是《信行禅师碑》。

褚遂良(596—659年)，初唐书法家。字登善，钱塘(今浙江杭州)人。贞观末年，与长孙无忌受唐太宗遗命辅政，高宗时封河南郡公，世称"褚河南"。书法初学欧阳询，继学虞世南，后取法王羲之，融汇汉隶，自成体系。他又精于鉴定"二王"真迹，是当时的权威。其书法特色是善把虞、欧笔法融为一体，外柔内刚，笔致圆通，舒展流畅，变化多端，善用结构的疏密、用笔的疾缓来表现流动不居的情感，线条具有飞动之美，有着强烈的个性魅力。传世墨迹有《倪宽赞》《阴符经》，碑刻有《雁塔圣教序》《伊阙佛龛碑》《房玄龄碑》等。

欧阳询(557—641年)，初唐书法家。字信本，潭州临湘(今湖南长沙)人。官至太子率更令，世称"欧阳率更"。书法初学"二王"，后遍学秦汉篆隶、魏碑。书法八体皆能，成就以楷书为最。楷书笔力险劲，骨气劲峭，法度森严，结构独异，于平正中见险绝，于规矩中见飘逸，世称"唐人楷书第一"，后人称为"欧体"(也称"率更体")。流传下来的书法作品，楷书碑有《九成宫醴泉铭》《化度寺邕禅师塔铭》《虞恭公温彦博碑》《皇甫诞碑》《姚辩墓志铭》《温彦博碑》等，隶书碑有《房彦谦碑》《唐宗圣观记》等，行书帖有《张翰思鲈帖》《梦奠帖》《卜商帖》《千字文》等，草书有《千字文》残本。所创"欧阳询八诀"书法理论，具有独到见解，对明代人李淳的八十四法、清代人黄自元结构九十二法等著述，均有启示。

虞世南(558—638年)，初唐政治家、书法家、文学家。字伯施，越州余姚人。志性亢烈，博识和德行深得万代明君唐太宗的器重。太宗称虞世南有五绝：一德行，二忠直，三博学，四文辞，五书翰。虞世南师从王羲之的七世孙智永禅师，传说唐太宗学书就是以虞世南为师。书法运笔稳健,骨力深藏,外柔内刚,意气平和,结构疏朗,气韵秀健。代表作有《孔子庙堂碑》等。

(二) 宋四书家

宋代书法一改唐楷面貌,苏轼、黄庭坚、米芾、蔡襄是这一时期的典型代表,素有"苏、黄、米、蔡"四大书家的说法,或称"宋四书家"。

苏轼(1037—1101年),学识渊博,文、诗、词、书、画皆有极高造诣,北宋著名的书画家。字子瞻,号东坡居士,眉山(今属于四川)人。遍学晋、唐、五代名家,取法于王僧虔、李邕、徐浩、颜真卿、杨凝式等人,努力革新,自成一家。书法结体短肥,风格丰腴跌宕、天真烂漫。书作与严谨的唐楷大相径庭,字形多欹侧而向左倾斜,且笔法自然不拘,多带行书意,自云:"我书造意本无法。"苏轼擅长行书、楷书,《治平帖》是其早期代表作;至中期,名作较多,楷书《前赤壁赋》和《祭黄几道文》,行书《杜甫桤木诗》《黄州寒食诗》和《新岁展庆,人来得书二帖》等是这一时期的代表作,元朝鲜于枢把《黄州寒食诗》称为继王羲之《兰亭序》、颜真卿《祭侄稿》之后的"天下第三行书";晚年作品相对较少,以《答谢民师帖》《渡海帖》《江上帖》等最知名。

黄庭坚(1045—1105年),北宋诗人、词人、书法家。字鲁直,自号山谷道人,晚号涪翁,又称豫章黄先生,洪州分宁(今江西修水)人。英宗治平四年(公元1067年)进士,出自苏轼门下而与轼齐名,世称"苏黄"。擅文章、诗词,尤工书法。书法初以宋代周越为师,后受颜真卿、怀素、杨凝式等人的影响,又受到焦山《瘗鹤铭》书体的启发,行草书独具风格,舒展大度,气宇轩昂,纵横拗崛,昂藏郁拔,对后世影响很大。他的草书,用笔紧峭,瘦劲奇崛,单字结构奇特,章法富有创造性,具有特殊的魅力。流传黄庭坚的书法,小字行书以《婴香方》《王长者墓志稿》《泸南诗老史翊正墓志稿》等为代表;大字行书《苏轼黄州寒食诗卷跋》《伏波神祠字卷》《松风阁诗》等表现出其书法的特色。草书有《李白忆旧游诗卷》《诸上座帖》等,表现出其书法的独特面貌。《经伏波神祠诗》是黄庭坚平和心境下的经意之作,也是他晚年的得意之作,个性特点十分显著。黄庭坚对书法艺术发表了一些重要的见解,大都散见于《山谷集》中。

米芾(1051—1108年),北宋著名大书画家、鉴藏家。字元章,号鹿门居士、襄阳漫士、海岳外史,江苏镇江人,祖籍太原,后迁居襄阳,人称"米襄阳"。个性怪异,人物萧散,嗜洁成癖。能诗擅文,书画尤具功力,擅篆、隶、楷、行、草等书体,行草造诣尤高。长于临摹古人书法,达到乱真程度。宣和年间为徽宗赵佶召为书画学博士,人称"米南宫",又因举止颠狂,世号"米颠"。米芾的书法,早年师法欧阳询、柳公权,中年以后摹魏晋书法,尤得力于王羲之、王献之父子。书法萧散豪放,淋漓痛快,隽雅奇变,沉着痛快,在"宋四书家"中首屈一指。传世墨迹主要有《苕溪诗卷》《蜀素帖》《方圆庵记》《天马赋》等,而翰札小品尤多。《书史》《海岳名言》和《海岳题跋》等书法理论著作为历代书家所重。

蔡襄(1012—1067年),北宋书法家。字君谟,福建仙游人。天圣八年(公元1030年)进士，官至端明殿学士，知杭州。为人正直，讲究信义，而且学识渊博，书艺高深。书法学习王羲之、颜真卿、柳公权，工正、行、草、隶书，又能飞白书。风格端庄浑厚、淳淡婉美、潇洒劲逸，自成一体。写字如行云流水，收放自如，极尽自然。展卷蔡襄书法，顿觉一缕春风拂面，充满妍丽温雅气息。在世时书法受人推崇，极负盛名。世人评蔡襄行书第一，小楷第二，草书第三。蔡襄的字"容德兼备"，他的书法显示出书家的性情与气节。书法墨迹多为尺牍诗翰。传世墨迹有《谢赐御书诗》，碑刻有《万安桥记》《昼锦堂记》及鼓山灵源洞楷书"忘归石""国师岩"等珍品。

(三) 楷书四大家

在中国书法史上，唐朝的欧阳询、颜真卿、柳公权和元朝的赵孟頫都以楷书著称，合称为"楷书四大家"。他们的书法自成一体，被世人分别称为"欧体""颜体""柳体"和"赵体"，合称为"四大楷书"或"楷书四体"。

欧阳询(在前文已介绍，这里不再详细说明)。

颜真卿(709—785年)，唐代中期杰出书法家，伟大的爱国主义者。字清臣，京兆万年人，祖籍唐琅琊临沂(今山东临沂)。官至吏部尚书、太子太师，封鲁郡公，人称"颜鲁公"。其书以楷书为多而兼有行草，初学张旭、初唐四家，后广收博取，兼收篆隶和北魏笔意，一反初唐的墨守成规，自成一种方严正大、博厚雄强、气势开张的"颜体"，树立了唐代的楷书典范，对后世书法艺术的发展产生了深远影响。颜体奠定了颜真卿在楷书史上千百年来不朽的地位，他与柳公权并称"颜柳"，有"颜筋柳骨"之誉。在中国书法史上，颜真卿是继"二王"之后成就最高、影响最大的书法家。书法作品种类繁多，楷书代表作有《多宝塔碑》《麻姑仙坛记》等。

柳公权(778—865年)，唐朝最后一位著名书法家。字诚悬，唐朝河东郡(今山西永济)人。官至太子少师，世称"柳少师"。其书初学王羲之笔法，后遍观唐代名家书法，尤其汲取颜、欧之长，又融汇自己新意，自成一种体势劲媚、骨力遒劲、笔力挺拔、结体严谨的"柳体"。他是颜真卿的后继者，后世以"颜柳"并称，成为历代书法的楷模。传世书迹很多，影响较为突出的楷书代表作有《玄秘塔》《神策军碑》《金刚经》等。

赵孟頫(1254—1322年)，元代初期很有影响的书法家。字子昂，号松雪道人，又号水晶宫道人、鸥波，湖州(今浙江吴兴)人。官至翰林学士承旨、荣禄大夫。博学多才，书法和绘画成就最高。精究篆、隶、楷、行、草各体，尤以楷、行书造诣最深、影响最广。其书集晋、唐书法之大成，结体严整深稳，笔法酣畅圆熟，又不失飘逸娟秀，世称"赵体"。传世书迹较多，有《洛神赋》《道德经》《胆巴碑》《玄妙观重修三门记》《临黄庭经》、独孤本《兰亭十一跋》《四体千字文》等。

(四) 吴中四才子

吴中四才子，即江南四大才子，是指明代成化、正德年间生活在江苏苏州的四位才华横溢且性情洒脱的文化人。这四位以多才多艺见称的文人，分别是唐寅、祝允明、文徵明、徐祯卿。

唐寅(1470—1523年)，明代著名书画家、文学家。字伯虎，又字子畏，别号六如居士、桃花庵主、鲁国唐生、逃禅仙吏等，有"江南第一风流才子"之美称，苏州人。其书泛学赵孟頫、李邕、颜真卿、米芾各家，不同时期各有侧重。从青年时期的端丽、秀润，到中年时期的雄强、凝重、圆硕、规范，再到壮年时期的娟秀中见遒劲、俊美中见灵动，最后至晚年时期的劲健、沉着、率意、潇洒，唐寅不断变化的书风面貌表现出他在书法方面的极高天分。代表唐寅书法成熟之貌的作品有《西洲话旧图轴》(台北故宫博物院藏)上款题、《看泉听风图轴》(南京博物院藏)上款题等。

祝允明(1460—1526年)，明代著名书法家。字希哲，号枝山，因右手有六指，又自号"枝指生"，又署枝山老樵、枝指山人等，长州(今江苏苏州)人。弘治举人，官广东兴宁知县，迁应天府通判，因生性佚荡，不久便辞归故里。家学渊源，才华横溢，能诗文，尤工书法，主要成就在于狂草和楷书。楷书尤善小楷，师法钟繇、王羲之，直追魏晋人遗意，精谨端整，笔力稳健，有晋唐人的古雅气息。草书主要得徐有贞的指点，由旭素上溯"二王"，中年以后对魏晋唐宋元诸家书法无所不窥，因此其书至晚年尤重变化，更显风骨烂漫、舒展纵逸、气韵生动，为当世所重。他的独特狂草功力深厚，自成一体，被誉为"明朝第一"，是明中期草书深化的标志。祝枝山所书写的《六体书诗赋卷》《草书杜甫诗卷》《古诗十九首》《草书唐人诗卷》及《草书诗翰卷》等都是传世墨迹的精品。

文徵明(1470—1559年)，明代画家、书法家、文学家。初名壁，字征明，后更字征仲，号停云，别号衡山居士，世称"文衡山"，长洲(今苏州)人。生于明宣宗成化六年，卒于明世宗嘉靖三十八年，年九十岁，曾官居翰林待诏。其书初师李应祯，后广泛学习前代名迹，以兼善诸体闻名，所书四体千字文，成为后人临摹的范本。尤擅行书和小楷，法度谨严、风格温润劲秀，稳健老成而意态生动。传世墨迹有小楷《前后赤壁赋》《顾春潜图轴》《离骚经九歌册》等，行书《南窗记》《诗稿五种》《西苑诗》等。

徐祯卿(1479—1511年)，明代文学家。字昌谷，又字昌国，常熟梅李镇人，后迁居吴县(今江苏苏州)。弘治十八年(公元1505年)进士，任大理寺左寺副，因失囚，降为国子监博士。他天资聪颖，早年学文于吴宽，学书法于李应祯。王世贞赞其书法："待诏小楷师二王，精工之甚，少年草师怀素，行笔仿苏(轼)、黄(庭坚)、米(芾)及《集王书圣教序》晚岁取《集王书圣教序》损益之，加以苍老，遂自成一家。"

五、书法典故

(一) 狱中制隶书

秦代程邈，起初是个县狱，后来因性情耿直得罪了秦始皇，被关进了云阳狱中。秦朝政务多端，文书繁多，但通行的篆字费时费事，大大影响了工作的效率。程邈在狱中度日如年，无事可做。他深知提高办公效率是当务之急，早年他就思考过要创造出一种容易辨认又易于快速书写的新书体，于是他把流传在民间的各种书体搜集起来，潜心研究，逐个改进。

经过十年精思苦索，他终于简化了大小篆，创制出三千多个便于书写、易于辨认、美观实用的隶字来。他把整理的文字呈献给秦始皇，秦始皇看了这一成果非常高兴，将他提升为御史。由于程邈的官职很低，属于"隶"，所以人们就把他编纂整理的文字叫作隶书。这种隶书的特点是字体方形，结构简单，线条平直，有了波磔，与小篆相比，书写方便，易于辨认。隶书的出现，打破了六书的传统，奠定了楷书的基础，是汉字演进史上的一个转折点。

(二) 王次仲弱冠创"八分书"

王次仲是秦代的书法家，从小聪明伶俐，通古博今，十多岁时学识已达到成熟程度。年近弱冠的王次仲善于独立思考，他发现，当时普遍使用的秦篆，因其结构修长、笔画之间空距极为匀均，使得人们在使用时繁复难写。于是他把各种钟鼎器皿以及诏版文字搜集起来，认真勾摹，按文字相同、形体不同的标准，科学排列，然后细致比较，反复琢磨，经过不懈的艰苦努力，终于创制出一套笔带波折，并向左右分的"八分书"。秦始皇对他的文字改革十分赞同，便征召他到京城咸阳做官，但王次仲三拒诏书，最后以死抗旨，他所创造的"八分书"，却蔚为风行，造福子孙。

(三) 潜心苦学墨当饭

王羲之的书法，秀丽中带着苍劲，柔和中透着刚强，可以称得上冠绝古今。五六岁的时候，他师从卫夫人学习书法；七岁的时候，书法已在当地小有名气；十一岁的时候，深得《笔说》之秘诀，刻苦钻研，老师都吃惊于他的进步之快，对其大加夸奖。王羲之把老师的称赞化作前进的动力，临帖练字甚至达到了废寝忘食的地步。一天中午，书童前来送饭，午饭是他最爱吃的蒜泥和馍馍，书童几次催促他快快吃下，可是王羲之却头也不抬，仍然专心致志地看帖、写字。无奈之下，书童请来王羲之的母亲劝他吃饭。母亲来到书房，只见王羲之一边目不转睛地看着字帖，一边吃着蘸了墨汁的馍馍。母亲见此情景，忍不住放声大笑，王羲之察觉母亲的到来，嘴里还喃喃地夸奖今天的蒜泥可真好吃。由此我们可以看到，王羲之的字写得如此之好，固然与他的天资有关系，但最重要的还要归功于他的十年如一日的勤学苦练，临帖不辍。

(四) 子换父字

王献之是王羲之的第七个儿子，自小跟随父亲练习书法，聪明好学，胸有大志，这个故事就发生在他们父子之间。一次，王羲之有事去京城，离家前在墙壁上题了几个字。王献之也爱好书法，他偷偷地把父亲题的字擦掉，照原样题写上自己的字。写好后，他仔细端详，觉得自己写得不错，简直可以达到以假乱真的程度。王羲之回到家中，看到墙壁上的字，以为是自己原先题的字，连连摇头，还不断感慨自己离家时喝得太多才写得如此让人不满意。王献之听了父亲的慨叹，内心非常惭愧。从此，他练字更加刻苦努力，据说他练字竟用尽了十八大缸水。经过锲而不舍的努力，王献之的书法取得了突飞猛进的进步，他的字达到了父亲书法那般力透纸背、炉火纯青的程度，后来也成为一名与父亲齐名的著名书法家，后人把他们父子称为"二王"。

(五) 掘墓偷艺

钟繇是东汉末年人，在中国书法史上影响很大，历来都被公认为中国书史之祖，对书法艺术的执着追求几乎达到了痴狂的地步。据说，当年他在抱犊山读书的时候，经常在山中练习书法，天长日久竟将山中的石头、树木都写成了黑色。晚上休息，睡前还不断地心摹手画，把被子当作纸张，时间长了被子竟被划了个大窟窿。韦诞是三国魏书法家，有文才，善属辞章，与邯郸淳、衞觊以善书有名，书法水平非常高，当时人们都认为他是当朝第一书法家。钟繇听说韦诞手头有东汉大书法家蔡邕的《笔论》，于是苦求韦诞将这本《笔论》借阅给他，但三番五次都遭到拒绝。钟繇气得情急失态，捶胸呕血，大闹三日，奄奄一息，幸亏曹操命人急救，他才大难不死。韦诞铁心一块，最终把这本《笔论》带进自己的坟墓。韦诞过世后，钟繇马上派人挖墓得到这本让自己大伤脑筋的《笔论》，他反复研究，领悟其中用笔的奥妙，书法进步迅猛。据说，钟繇临死时把自己刻苦用功的故事告诉给儿子钟会，尽说自己一生三十余年获得蔡邕书法写字要领之深刻感悟。

(六) 张旭判状得教

唐代书法家张旭，为人洒脱不羁，豁达大度，学识渊博，才华横溢。他嗜好饮酒，与李白、贺知章相友善，这三人被杜甫列入"饮中八仙"。张旭性格豪放，是一位极有个性的草书大家，经常喝得酩酊大醉，大醉后手舞足蹈，呼喊奔跑，然后回到桌前，落笔成书，一挥而就，甚至以头发蘸墨写字，世人称他为"张颠"。 后来怀素对张旭的笔法加以继承和发展，两人都以草书得名，并称"颠张醉素"。张旭真草兼擅，书法为时人所喜爱，他的片纸只字只要被谁得到，都会被视若珍品，世袭真藏。有一年，他被派到常熟当县尉，上任后十多天，一位老人拿着状纸来告状。张旭了解案情后，作了判决。过了几天，老人又到公堂要他判案，张旭很恼火，就质问老人为什么因为一件小事又来麻烦自己。老人最终如实相告，原来醉翁之意不在酒，他既不是真的要张旭断案论事，也不是无事滋扰公堂，他的目的只是想得到张旭"判断书"上的几个笔迹奇妙的字，然后将其收藏作为珍品。张旭听了，觉得不寻常，就问他为什么这样喜爱书法。老人说："我父亲活着的时候十分喜爱书法，留下了许多书法作品。"于是张旭请老人把家里收藏的书法作品拿来观看，确实是天下难得的佳作。他反复学习、钻研，从中领悟了许多书法的奥妙。

(七) 红叶作书，郑虔三绝

郑虔是盛唐著名的文学家、诗人、书画家，学问渊博。他年少时就聪颖好学，才华超众。二十岁时，他因进士考试不中，困于长安慈恩寺。当时郑虔苦于学书无钱买纸，见寺庙里存放有几间屋的柿叶，于是就暂借僧房住下。他每天取红色的柿叶当纸，刻苦学书，天长日久，竟将数屋柿叶练完，终成一代名家。郑虔能诗工画并擅书，他的书画墨宝尤为后代皇室及达官贵人所珍藏，草书成就可与张旭媲美，高于怀素。唐玄宗称其书法、绘画和诗歌为"郑虔三绝"。

(八) 柳书之贵

柳公权是唐朝最后一位著名的书法家，书法在当时极负盛名。他是颜真卿的后继者，后世以"颜柳"并称，成为历代书法楷模。他的楷书，较之颜体，匀衡瘦劲，故有"颜筋柳骨"之称。柳公权仕途通达，共臣事七位皇帝，官至太子少师。他官居侍书，长在朝中，书法作品被奉为书法圣品，当时公卿大臣的碑刻或墓志的书法，子孙如果请不到柳少师来写，就是不尽孝道。外夷来向朝廷入贡，常常特意要求购买柳公权的书法作品带回去，可见柳公权的名声在当时是多么显赫，民间更有"柳字一字值千金"的说法。

(九) 装癫索砚

米芾在书法方面的功力最为深厚，其书法作品流播之广泛，影响之深远，在"北宋四大书家"中，可以说是首屈一指。宋徽宗也是一个大书法家，他所独创的瘦金体书法挺拔秀丽，飘逸犀利，独步天下。一次，徽宗想见识一下米芾的书法，就让他以两韵诗草书御屏。米芾从上而下其直如线，笔走龙蛇，徽宗看后觉得真是名不虚传，于是当众大加赞赏。米芾见徽宗非常高兴，不顾墨汁四处飞溅，随即就将皇上心爱的砚台装入自己的怀中，同时为自己辩解，说这个砚台被自己使用过，皇上就不能再用了，请皇上把砚赐予自己。徽宗见一个书法家为了一台砚竟不顾大雅，深深体会到米芾爱砚至深，徽宗又爱惜其精妙的书法，不觉大笑，于是将砚欣然赐予他。米芾对砚有着特殊的感情，他视砚如自己的头，竟怀抱所爱之砚共眠数日。他不仅赏砚，而且对各种砚台的产地、色泽、细润、工艺等方面都颇有研究，并做了详细的论述，著有《砚史》一书，为后人提供了宝贵的经验。

(十) 落水兰亭

《兰亭序》拓本或摹本，自古以来一直为书家所酷爱和收藏，南宋最出名的书画收藏家赵孟坚更是将它视为珍宝，几乎到了疯狂的地步。赵孟坚嗜好收藏书画文物，常常用一只船载着自己的收藏品东游西逛。一天，他买到了满意的"兰亭拓本"，内心欣喜万分，连夜乘船赶回家。将要到岸时，大风忽起，大浪滚滚，他的船不幸被颠覆。船上的行李都不见了，而赵孟坚却手持他的"兰亭拓本"，伫立于水浅的地方。事后他在卷首题了八个字："性命可轻，至宝是保"，其他东西可以不要，甚至自己宝贵的生命都可以失去，唯独心爱的"兰亭"用自己的生命来保全也在所不惜，可见他爱惜"兰亭"到如此地步。关于赵孟坚与"兰亭"的这则故事成为书坛趣事，后来人们把他的兰亭拓本称为"落水兰亭"。

第五节　书法艺术经典作品鉴赏

一、王羲之《兰亭序》

《兰亭序》(见图10-1)又名《兰亭宴集序》《兰亭集序》《临河序》《禊序》《禊帖》，晋代书法家王羲之撰写。王羲之，早年师从卫夫人，后从张芝、钟繇处学草、正，广采众长，精研体势，自成一派，为历代学书者崇尚，被后世尊为"书圣"。其书备精诸体，尤擅正行，《兰亭序》为书家所敬仰，被称作"天下第一行书"，是著名的行书法帖。

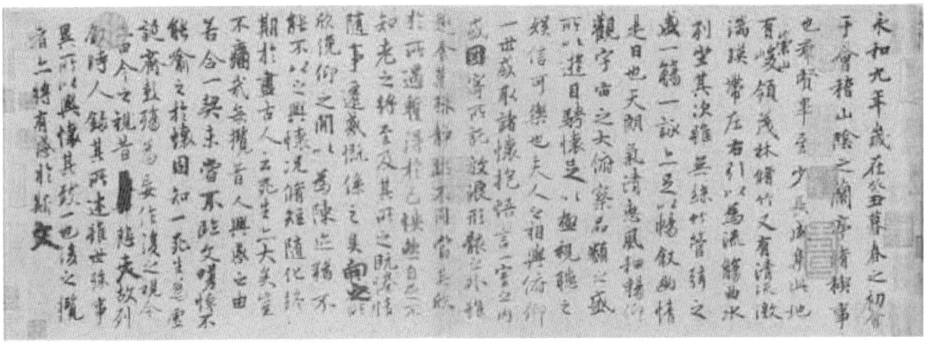

图10-1　《兰亭序》①

《兰亭序》是王羲之五十岁时的得意之作，也是其书法的代表之作。据史料记载，东晋永和九年(公元353年)三月三日，王羲之和谢安、孙绰等四十余人在山阴(今浙江绍兴)兰亭举行"修禊"之典，雅集兰亭的当世名士饮酒赋诗，《兰亭序》就是王羲之在壮观美景之下，乘带酒意，挥毫泼墨而成的诗文序文手稿，记叙了兰亭周围山水之美和聚会的欢乐之情，抒发了作者对人之修短随化、生死无常的感慨之情。文章清新优美，书法遒健飘逸。

关于《兰亭序》的趣闻逸事在民间有下面一则广泛流传的说法。据说王羲之兰亭集会之后曾再书《兰亭序》，但均逊色于原作，于是他就把《兰亭序》原稿作为传家之宝让王氏后代收藏。后来，原稿落入唐太宗手中，唐太宗对王羲之的书法推崇备至，曾诏名手赵模、冯承素、虞世南、褚遂良等人钩摹数个乱真副本，分赐给一些皇族和宠臣，之后民间也广为临摹，但无一胜过王羲之的原作。因此，《兰亭序》真迹被唐太宗视为稀世珍品，在唐太宗死后作为殉葬品，埋入昭陵，永绝于世，这更让后世对《兰亭序》原作崇敬不已，冠以美名。

《兰亭序》书迹刻本甚多，真迹无存，但光耀千秋。存世唐摹墨迹以"神龙本"为最著，石刻首推"定武本"。《兰亭序》法帖相传之本，共二十八行，三百二十四字，它在结体、笔法、章法等方面堪称完美，具有极高的艺术魅力。第一，结体隽雅多变。此帖字无定法，变而不乱，形随势生，违而能合，可谓无法而有法。结字似欹反正，又因字为形，姿态生动多样。同一单字，字形变化不一，精美绝伦。如行文中"之"字多次出现，却写法多

---

① 摘自http://wenku.baidu.com

样，各有面目。第二，笔法细腻精到。起笔多以凌空取势，结笔干脆利落，行笔清爽流畅，点画妍媚而挺利，线条纤细而实腴，笔与笔交接处笔断意连，给人以隽美、灵动、流畅的艺术感受。第三，章法疏密有致，自然天成。《兰亭序》纵有行，横无列，布局和谐自然。从纵行来看，有序的上下书写利于气脉贯通；从横列来看，左顾右盼则行气不板。而字与字、行与行之间的疏朗有致则显流畅自然。第四，意境灵和潇洒、含蓄朴质。晋人书法崇尚中和之美，《兰亭序》书文并美，它是一篇优美的散文，也是体现晋书"尚韵"的杰作，作者特有的超然玄远的深情与风采在这件作品中得到了充分的体现。《兰亭序》表现了王羲之书法艺术的刚柔相济、质妍结合的最高境界，古人称王羲之的行草如"清风出袖，明月入怀"，堪称绝妙的比喻。

在书法史上，《兰亭序》从形质到神韵均成为后人学习行书的典范，受到广泛赞誉："右军《兰亭序》，章法为古今第一。其字皆映带而生，或小或大，随手所如，皆入法则，所以为神品也。"(董其昌《画禅室随笔》)"右军之叙《兰亭》，字既尽美，尤善布置，所谓增一分太长，亏一分太短。"(解缙《春雨杂述》)《兰亭序》被历代书界奉为极品，其尽善尽美的程度无人可以超越。

二、欧阳询《九成宫醴泉铭》

欧阳询的楷书法度严谨，笔力险峻，被称为唐人楷书第一。欧阳询练习书法最初仿效王羲之，后独辟蹊径自成一家。欧阳询在楷书、隶书、草书等书体上均有造诣，其中尤以楷书为最。他的正楷骨气劲峭，应规入矩，形体方正，笔力险劲，被后代书家奉为圭臬，后人称为"欧体"。他的楷书源自汉隶，骨气劲峭，法度谨严，于平正中见险绝，于规矩中见飘逸，笔画穿插，安排妥帖。身后传世的墨迹有《卜商帖》《张翰帖》等，碑刻有《九成宫醴泉铭》(局部见图10-2)、《皇甫诞碑》等，都堪称书法艺术的瑰宝。

欧阳询不仅是一位杰出的书法大师，也是著名的书法理论家。他最大的贡献是对楷书结构的整理。他所创的"欧阳询八诀"书法理论，具有独到见解。"八诀"为(点)如高峰坠石；(横戈)如长空之新月；(横)

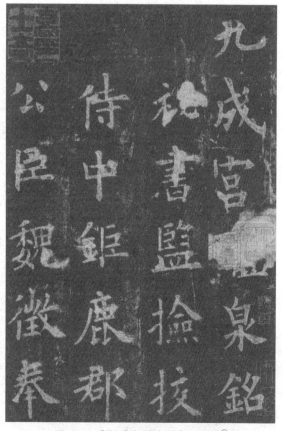

图10-2 《九成宫醴泉铭》(局部)[1]

如千里之阵云；(竖)如万岁之枯藤；(竖戈)如劲松倒折，落挂石崖；(折)如万钧之弩发；(撇)如利剑断犀象之角牙；(捺)一波常三过笔。相传欧阳询还总结了有关楷书字体的结构方法共三十六条，名为"欧阳询三十六法"，摆脱了不稳定的、字形的无规律性的变化，而进入了造型分析的层次，正式确立了书法结构的成熟观念。

《九成宫醴泉铭》是欧阳询楷书的巅峰之作，学欧书多以此为范本。此碑立于贞观六年(公元632年)，由魏征撰文。碑高2.7米，厚0.27米，上宽0.87米，下宽0.93米，楷书二十四行，每行四十九字。碑额阳文篆书"九成宫醴泉铭"六个字，目前碑在陕西麟游。传世最佳拓本是明代李琪旧藏宋拓本，拓本半开纵209厘米，横13.9厘米。1956年，张明善捐献文化部文物局拨故宫博物院藏。此碑书法严谨峭劲，不取姿媚之态。用笔方正，且能于方正中见险绝，字画的安排紧凑、匀称，间架开阔稳健。此碑在欧书碑刻中，字体较大，写得劲拔险峻，有晋魏风韵，开唐人之先。写时精神高度集中，用笔、结构、章法，无一纰漏。寓险峻于平正之中，融丰腴于瘦硬之内，含韵致法度之外，南派书风的和雅，与北派书风的雄劲，在此碑中得到了充分的体现，成为唐代楷书的代表作，被视为唐碑之冠。

三、颜真卿《颜家庙碑》

唐朝是中国书法艺术发展的高峰期，出现了许多书法史上独树一帜的大书家。唐代中期的颜真卿，"纳古法于新意之中，主生新法于古意之外，陶铸万象，隐括众长。与少陵之诗，昌黎之文，皆同为能起八代之衰者。于是始卓然成为唐代之书"。(马宗霍《书林藻鉴》)在唐代楷书艺术中，颜字笔法变古出新，面目风格独特，颇具独特审美价值的"颜体"自成面目，引领一派书风。

颜楷厚重雄强，大气磅礴，代表了大唐盛世的风貌，成为唐代书坛的时代标志。这种时代精神在颜真卿的代表作《颜家庙碑》(局部见图10-3)等巨制中得到了充分体现。《颜家庙碑》，全称《唐故通议大夫行薛王友柱国赠秘书少监国子祭酒太子少保颜君庙碑铭并序》，立于唐建中元年(公元708年)七月，四面环刻。庙碑两面各二十四行，每行四十七字，两侧各六行，每行五十二字。此碑是为其父亲颜惟贞所立，用来记载家族世系情况，是颜真卿一生中书写的最后一块碑

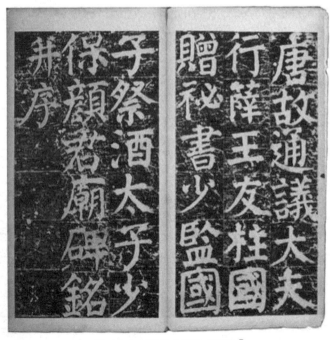

图10-3 《颜家庙碑》(局部)[1]

刻。颜真卿撰文并书写时已七十二岁高龄，书法筋力丰厚，通篇蕴含朴拙老辣之韵，碑额"颜氏家庙之碑"六字为篆书高手、时有"笔虎"之称的李阳冰所撰，故堪称"连璧之美"。

《颜家庙碑》是"颜体"的典型之作，是他在楷书方面的绝笔。因为是为家庙立碑，态度必须非常恭敬谨慎，颜真卿使出了浑身解数，所以此碑是他传世碑刻中最后的辉煌巨作，最能体现颜书成熟以后的典型风格。"点如坠石，画如夏云，钩如屈金，戈如发弩，纵横有象，低昂有态。"(朱长文《墨池编》)此碑虽是颜真卿"年高笔老"所作，但雄浑壮伟，宽博端庄，刚劲严整，颜书的所有优势，都在此碑中得到了充分体现。我们可以用"大""重""朴"三个字来概括《颜家庙碑》的特点。"大"即至大至刚、庄严正大。颜书以正取势，虽没有伸展舒放的姿态，但其端平的横画以及略带弧形的对称之竖，不仅造成庄重感，而且使整个结构圆紧浑凝，富有强大的内在力量。《颜家庙碑》是颜书中最庄重的代表。细观此碑，其字形端正方阔，但正而不拘谨，我们感受到的是一股大气高昂的精神气质，一种庄严正大的内在力量。"重"即厚重韧健、苍劲雄浑。人们常说"颜筋柳骨"。"字有果敢之力，骨也；有合忍之力，筋也。"(刘熙载《艺概·书概》)此碑笔画丰伟遒劲，沉实有力，庄严肃穆，但庄而不板滞，达到了很高的艺术境界。其体现的坚韧性突出了颜真卿晚年书法的韧健"筋力"，有一种力透纸背的效果。"朴"即浑朴内敛、平易近人。颜真卿的晚年书法，并不追求"冲淡恬逸"的贵族情调，而是书风更为古拙大度。《颜家庙碑》融篆、隶笔法于楷、行，撇捺缩敛，字形偏方，创造了一种拙朴敦厚的新书法审美观。

四、柳公权《玄秘塔碑》

柳公权，唐宋八大书法家之一。自幼好学，十二岁就能作辞赋，尤其擅长书法。柳公权书法初学王羲之，后学欧阳询、颜真卿，最终融会自己的新意，自创"柳体"，独树一帜，自成一家。柳体遒劲丰润、体势劲媚、秀中有雄。下笔斩钉截铁，干净利落，点画爽利挺秀，笔力遒劲峻拔，结构严谨，并有爽朗开阔之精神，清劲方正之风采。较之颜体，则稍均匀瘦硬，所以有"颜筋柳骨"之称。柳公权的书法在唐朝极负盛名，民间更有"柳字一字值千金"的说法。柳公权的传世作品较多。传世碑刻有《金刚经刻石》《玄秘塔碑》(局部见图10-4)、《冯宿碑》《平西郡王李晟碑》《羲阳郡王苻璘碑》《魏公先庙碑》《高元裕碑》等。其中《金刚经刻石》《玄秘塔碑》《神策军碑》最能代表其楷书风格。柳公权的行草书有

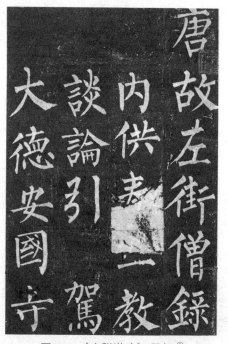

图10-4 《玄秘塔碑》(局部)[①]

① 摘自http://wenku.baidu.com

《伏审》《十六日》《辱向帖》等，风格仍继承王家风格，结体严谨，潇洒自然。另有墨迹《蒙诏帖》《王献之送梨帖跋》。

《玄秘塔碑》全称《唐故左街僧录内供奉三教谈论引驾大德安国寺上座赐紫大达法师玄秘塔碑铭并序》，又称《唐大达法师玄秘塔碑》，是柳公权楷书的顶峰之作，由唐裴休撰文，柳公权书并篆额，邵建和、邵建初镌刻，现存陕西西安碑林。《玄秘塔碑》立于唐会昌元年(公元841年)十二月。楷书二十八行，每行五十四字。

《玄秘塔碑》是柳公权六十四岁时所书。明王世贞《弇州山人稿》云："此碑柳书中最露筋骨者。""柳法遒媚劲健，与颜司徒媲美。"清代王澍《虚舟题跋》中称此书是"诚悬极矜练之作"。《玄秘塔碑》的特点是内敛外拓，运笔健劲舒展，干净利落，四面周到，有自己独特的面目。其骨力矫健，筋骨特露，刚健遒媚；结字瘦长，且大小颇有错落，巧富变化，顾盼神飞，行间气脉流贯。全碑无一懈笔，可谓精绝。

五、米芾《蜀素帖》

《蜀素帖》(局部见图10-5)亦称《拟古诗帖》，有"中华第一美帖"美誉，系中华十大传世名帖之一，是宋代著名的书画家、鉴藏家米芾中年时期的代表作品。米芾天资聪颖，自幼好读诗书，八岁学写书法，十岁摹写碑刻。为人清高，性情、癖好不入凡俗，一生官阶不高，平生痴迷于对书画艺术的钻研和玩石赏砚。于书法方面用功最深，成就以行草造诣最高。师法极为广远，深得晋人遗蕴，故其书能融会贯通，包孕古今，推陈出新，自成新格。宋人书法讲求意趣和个性，米芾在这方面尤其突出。其书体势骏迈，沉着痛快，雄健清新，运笔于法度之中，得意于传统之外。他是"宋四书家"的杰出代表，对后世影响深远。

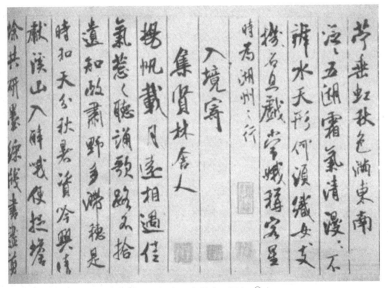

图10-5 《蜀素帖》(局部)[①]

---

① 摘自http://wenku.baidu.com

　　米芾墨迹传世颇多，《蜀素帖》是其代表作。"蜀素"是一种产于四川、制作精良的丝绸织物，上织有乌丝栏。此帖因用白色蜀绢所书，故名"蜀素帖"。据史料记载，一位名为邵子中的人将一段蜀素装裱成卷，以待名家留下珍稀墨迹，但因蜀素纹罗粗糙、滞涩难写，祖传三代竟无人敢写。此卷后经宋代湖州(浙江吴兴)郡守林希收藏数十年，一直到宋哲宗元三年(公元1088年)八月的一个秋晴之日，米芾与好友林希共游太湖近郊的苕溪，林希拿出深藏之久的蜀素求书。38岁的米芾才胆过人，乘兴连书自咏记游或送行近作诗八首，一挥到底，随意自如，清劲飞动。《蜀素帖》共计71行，658个字，卷后有沈周、祝允明、顾从义、董其昌等明代名家题跋。它是米芾书法的精妙之品，也是书法史上一件超尘出世的行书瑰宝。

　　《蜀素帖》代表了米芾的书风，世所共珍，为历代书家推崇。用笔沉实果敢，挥运自如，四面取势，多侧锋且着纸较重，点画起承转合，变化多端，抑扬顿挫，正侧藏露，体态万千。结构疏密适中，节奏轻重缓急，大小相杂，欹正相生，行气多变，随意布势。章法上重视整体气韵，通篇追求整体的"真""趣"，强调动势和气势，讲究节奏和韵律，气势一贯，潇洒酣畅。墨色枯湿浓淡，较多的枯笔更显刚健动人。此帖一洗晋唐以来和平简远的书风，创造出激越飞扬、纵横挥洒、俊迈灵动的独特意境。

六、黄庭坚《诸上座帖》

　　黄庭坚，北宋诗人、词人、书法家，为盛极一时的江西诗派开山之祖。他早年受知于苏轼，与张耒、晁补之、秦观并称"苏门四学士"。

　　黄庭坚善为文章，长于写诗，以擅长书法著称，尤其善长行书、草书，楷法亦自成一家，与蔡襄、苏轼、米芾并称为"宋四家"。其书法绝俗尚韵、瘦硬通神、龙搏虎跃、纵逸掉阖。最大的特点是重"韵"，写来疏朗有致，如朗月清风，书韵自高。其楷体用笔波曲，体态开张；其草体盘曲回旋，变化无方。他的起笔处欲右先左，画中藏锋逆入至左顿笔，然后平出，下笔着意变化，收笔处回锋藏颖，注意顿挫。"画竹法作书"，结体中宫收紧，由中心向外做放射状，纵伸横逸，舒展大度，个性特点十分显著。

　　黄庭坚行书成就相当高，是宋代尚意书风的代表之一。他广泛吸取篆意隶法，得《瘗鹤铭》《石门铭》的真趣，用笔以侧险取势，纵横奇崛，中宫收敛，横画斜长，绝不平直，逆入藏锋，竖画曲虬不正，高低起伏极尽夸张，点画曲屈前倾，长撇长捺一波三折，如荡桨行舟，一张一弛，起笔有抖擞习气，笔势苍劲，意态纵横，中心收紧，四面放射的结构尽显风神俊杰，人们称为"辐射体"。

　　黄庭坚的草书成就最高，在他笔下新的草书形式产生，改变了"真不入草"的草书原则。笔力遒劲婉美，线条畅达，体势纵横开阖，圆劲灵动，气韵凝练雄浑。在相当数量的传世作品中，《诸上座帖》(局部见图10-6)可称为其草书的巅峰之作。

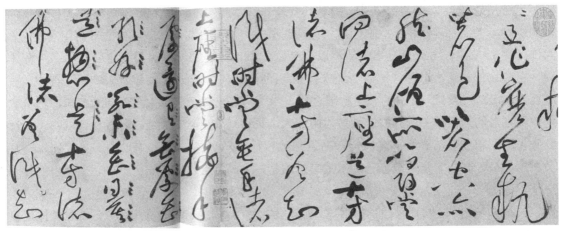

图10-6 《诸上座帖》(局部)[1]

《诸上座帖》约作于哲宗元符三年(公元1100年)，纸本，草书，92行，477字，纵33厘米，横729.5厘米，现藏故宫博物院。它是黄庭坚为其友李任道抄录的五代《文益禅师语录》，全文系佛家禅语。它是其晚年草书杰作，深得怀素草书笔意，圆转超然，纵横开阖，取势侧欹，左右开张，可谓气势豪迈，超凡脱俗。全篇一气呵成，气势苍浑雄伟，痛快淋漓，神完气足。满纸行云流水，结体移形变位，笔法苍劲老辣。在《文益禅师语录》后黄氏又作大字行楷书自识一则，结字内紧外松，点画遒劲有力，一波三折，气势开张，一卷书法兼备二体，尤为珍贵。

七、赵佶《千字文》

赵佶(1082—1135年)，北宋徽宗皇帝，在位二十五年。他主政时期，无心理政，终日潜心迷恋于书法和绘画，穷奢极欲，轻佻浪荡，致使奸臣当道，民不聊生。宣和七年(公元1125年)金兵南下，年底，传位与赵桓(钦宗)，自称太上皇。靖康二年(公元1127年)被金兵所俘，与儿子一起沦为亡国之君，最后死于五国城(今黑龙江依兰)。[2]

宋徽宗赵佶虽然是一个昏庸君主，但也是一位艺术家皇帝。他艺术造诣极深，书画、音乐、辞赋无不精通，堪称一代大师。他平生著作极多，都散佚无存。存世画迹有《芙蓉锦鸡》《池塘秋晚》《四禽》《雪江归棹》等图，有词集《宋徽宗词》。他重视艺术事业，并亲自掌管翰林图画院，为画家提供优厚的待遇，鼓励他们创作优秀的作品，这一时期出现了米芾、张择端等一代大师。书画家的地位被提高到前所未有的高度。

宋徽宗赵佶不仅擅长绘画，而且在书法上也有较高的造诣。赵佶的书法，起初学习黄庭坚，后又学褚遂良和薛稷、薛曜兄弟，取众家之所长，创造出别具一格的"瘦金体"，亦称"瘦金书"或"瘦筋体"，也有"鹤体"的雅称，是楷书的一种。"瘦金体"的特点是横画收笔带钩，竖划收笔带点，撇如匕首，捺如切刀，竖钩细长，所谓"如屈铁断金"。字一般

① 摘自http://wenku.baidu.com

② 摘自http://wenku.baidu.com

呈长形，张弛有度，有一种秀美雅致、舒畅洒脱的感觉，而且通篇法度严谨，一丝不苟。这种瘦挺爽利、侧锋如兰竹的书体，需要极高的书法功力、涵养以及神闲气定的心境才能完成。此后尽管学习这种字体的人很多，但能写出其神韵的却寥若晨星。其代表作品有《瘦金体千字文》《欲借风霜二诗帖》《夏日诗帖》《欧阳询张翰帖跋》等。

《千字文》(局部见图10-7)为宋徽宗赵佶于崇宁三年(公元1104年)二十三岁时书写赐于大臣童贯，此时瘦金体已经初具规模。《千字文》纵30.9厘米，横322.1厘米，朱丝界栏，素笺本，楷书。字大寸许，每行十字，前后百行。此卷原为清宫旧藏，著录于《石渠宝笈初编》，现藏于上海博物馆。其整体匀整峭拔，筋骨挺劲，清爽润朗，飘逸灵动，瘦挺爽利，侧锋如兰竹，笔势挺劲飘

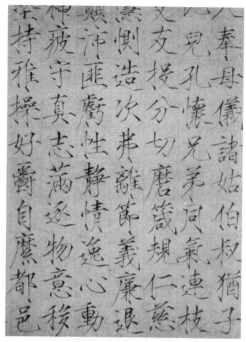

图10-7 《千字文》(局部)[1]

逸，横画收笔处重顿如骨，顿挫之处形成棱突，形如"鹤膝"，瘦劲有力，富有鲜明个性色彩。

八、赵孟頫《道德经》

赵孟頫在中国书法艺术史上有着不可忽视的重要作用和深远的影响力。他是中国书法史上一位少见的全才，他篆籀分隶楷草书俱佳，以楷书、行书造诣最深、影响最广。他学过赵构、二王、钟繇、智永等许多名家的书法，博采众长、融汇百家。其书风遒媚、秀逸，结体严整，笔法圆熟，世称"赵体"，与颜真卿、柳公权、欧阳询并称为"楷书四大家"。《元史》本传讲，"孟頫篆籀分隶真行草无不冠绝古今，遂以书名天下"。他用笔不含混，笔路清晰，外貌圆润而筋骨内涵，点画华滋遒劲，结体宽绰秀美，外似柔润而内实坚强，形体端秀而骨架劲挺。赵孟頫传世书迹较多，代表作有《千字文》《洛神赋》《汲黯传》《临黄庭经》《胆巴碑》《归去来兮辞》《玄妙观重修三门记》《兰亭十三跋》《赤壁赋》《道德经》

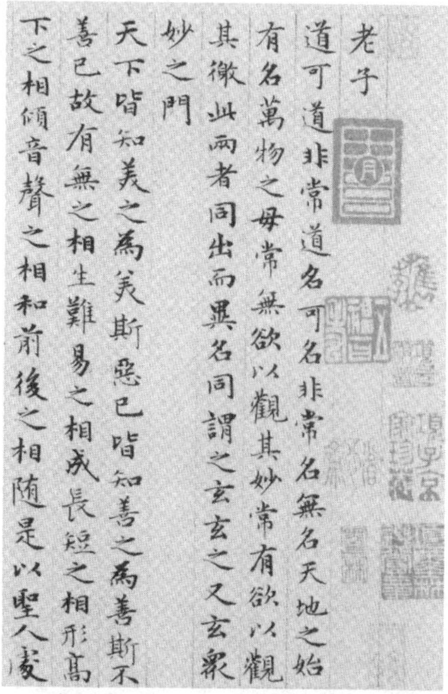

---

① 摘自http://wenku.baidu.com

图10-8 《道德经》(局部)[1]

(局部见图10-8)、《仇锷墓碑铭》等。他不仅是位书法领袖，也是一面复古追晋的旗帜。他纠正了尚意书风的弊端，身体力行，全面恢复了早已被忽视的篆、隶、章草等书体，而且赵孟頫的艺术主张对明清的书法创作影响很大。

他在书法上的贡献，不仅在于他的书法作品，还在于他的书论。他有不少关于书法的精到见解。他认为："学书有二，一曰笔法，二曰字形。笔法弗精，虽善犹恶；字形弗妙，虽熟犹生。学书能解此，始可以语书也。"鉴于赵孟頫卓越的艺术成就，1987年，国际天文学会以赵孟頫的名字命名水星环形山，以纪念他对人类文化史所做出的贡献。

《道德经》是他的小楷代表作，书于延佑三年(公元1316年)，时年六十三岁，书法结体严谨，字体工整秀丽，笔法精到、稳健，精工中透静穆之气，稳健中露灵动之神，前后风韵一致，堪称其小楷书之精品。

第十一章 俊采星驰 物华天宝
——工艺

 第一节 工艺概述

一、工艺界定

工艺闻名于世，品类繁多，本章专指中国工艺，带有鲜明的民族区域文化个性，有着灿烂悠久的文化历史，是世界艺术品类的重要组成部分。工艺代表着人类智慧，是情绪感怀的重要表达形式，饱含时人的审美期待与审美理想，表现出所处时代的审美情怀，成为时代的物语。

工艺深受社会、地域、文化、民俗等因素的影响，也深受社会发展不同阶段民众的审美喜好和审美意趣的支配。工艺是历代无数工匠使用各种物质媒介材料和手工技艺所创造的工艺品及工艺活动的总和，可分为烧造、铸锻、编结、木作、染织、装潢、扎糊、剪镂、刻印、塑作等技艺类型。

发展至今，每种技艺类型又可细致划分如下。

烧造工艺可分为陶泥、陶瓷、玻璃等，其装饰形式大体成刻镂、堆贴、模印、油彩、化妆土、彩绘等类型，工序井然，综合于烧造工艺。

铸锻工艺可分为以古人所谓金、银、铜、铁、锡——"五金"做材质打造的工艺。有参杂金属锡的青铜、黑铁、赤铁、黄金、白银等工艺。

编结可分为以草、柳、麦秸等编结的工艺和以藤条、篾丝、棕叶编结的工艺。

二、工艺发展历史

工艺拥有经久不衰的魅力，以各种技艺类型成为不同历史时期饶有意味的艺术形式，带有浓烈的时代烙印。中国工艺通过或艺术形式或使用介质的千变万化，叙述着华夏文明古国的历史变迁，体现着时代发展的征候。

上古至商周时期，工艺主要是满足纯世俗的实用目的，在长期劳作的实践中，用部分工具加工成实用而美观的品种，出现陶器、编制、青铜、染织、漆器、家具等工艺。

到了汉代，与当时的文化情境交融，工艺出现了宗教修饰造型图案，开始突显宗教情感。

进入隋唐，工艺散发着强者的气息。尤其在唐代，一种丰满的散射活力的热情渗透在工艺之中，其造型特点都倾向浑圆饱满，是盛唐气象的表现，彰显"有容乃大"的强国风范。宋代工艺则追求沉静雅素的美学风格，也正是这一时期理学精神的显现。

元代文人画等精英艺术确立，此时工艺较宋代更为明确地注重表现审美感受中的想象情感，这支北方游牧民族，自然不能跳开中原汉人几千年"诗言志，歌缘情"的主流文化艺术氛围，并结合本民族的情感背景与人文观念产生元代所独有的工艺美学品格。这一时期艺术融合蒙古族马上的叱咤豪情，带有奔放洒脱的美学品格，是元代美学精神和情感理念的最好阐释。

明代，工艺更显宋明理学严谨内敛的艺术气质。以低调理性的方式讲述着世俗人情，符合伦理道德规范，喻示伦理道德观念，使人感官愉快并获得审美情感满足。

纵观工艺，在流程研制和品类分化上都达到了一定的高度，凝聚着中华民族的审美意趣，渗透着民族情感，是人类璀璨文明的硕果，是东方智慧的结晶，更是人类审美心理的积淀。工艺经由千百年的历史传承，在新世纪又焕发出独特的艺术魅力，对世界艺术产生意味深远的影响。

第二节　工艺的审美特征

一、浸润民俗情感的色彩美

工艺创造出具体可感、美轮美奂的艺术形象，其中色彩是传情达意的重要手段，是构成工艺的重要因素之一。色彩美也构成工艺重要的审美特征之一。

工艺使用色彩时，可以精炼地概括出客观事物，并且在各地方民俗观念的指引下，色彩形成一定的组合规律，具有确指的表意和符号指向功能，彰显民俗文化的内容，明确表达民族的情感，准确地传达着诉求意图。工艺色彩在被鉴赏时，可引起人们无限的遐想，有着极强的震撼力和冲击力。工艺中的不同色彩组合可以构成鲜明醒目的识别意义，调动人们的情感起伏，使欣赏者在不知不觉中接受色彩诉求。工艺中每种色彩都具有强烈的民俗性格特征，浸润着感情因素，通过色彩的运用带给受众愉悦的审美情感，创造和烘托出完美的艺术境界，增添工艺的美感。

在东方民俗中，人们偏爱青色，对其情有独钟，源于中国人"天人合一"的时空观念与宇宙意识。青色本是天空的颜色，在东方民俗的审美观念里青色是一种自然之色、生命之色，代表着东方人对苍天的虔诚与敬仰，象征着素洁宁静、永恒久长，是华夏民族含蓄内敛的生命意志的表达，是人们对美好生活的憧憬，成为整个东方民族的审美喜好。于是艺术中便增添了诸多美好的词汇，如青丝、青年、踏青、青衿、青春、青云、青霞；工艺中也增添了诸多美好的品类，如青铜器、青花瓷、青玉等，成为既富有时代特点又超出时代局限的普遍而恒久的艺术典范。

工艺精彩绝艳、卓尔不群的色彩美高度体现了人类情感与智慧，意味着在各区域民俗中对于火热生活与生命激情的盛赞。欣赏工艺的色彩之美可以净化心灵，陶冶情操，获得审美享受。

二、富含时代气息的造型美

工艺富含时代气息的造型美是形式构成因素的规律组合而显现的审美特征。美的形式与内容密不可分，内容处于主导地位，美的形式受内容制约，为内容服务。作为审美对象的工艺在遵循自身规律造型的同时，必然要为表现内容服务，线条和形状是工艺造型美的重要组成因素，线条和形状可以引起受众的情感反应。一般而言，直线条可引起人们的力量、坚定、刚毅等情感反应，曲线条可引起人们的柔和、优雅、抒情等情感反应。线条和形状的取舍深受时代的制约，富含浓郁饱满的时代气息。例如在中国秦汉时期，追求雄厚、古拙、雄劲和挺拔之风，在工艺创造上多鼎、樽等大件器物，在审美反映上倾向壮伟、硕大、饱满的造型风格。元代草原民族有刚劲粗犷、注重生活享受、喜欢饮酒的生活作风，造型与装饰上追求天工清新、丰满伟岸的美学风格。宋代崇尚理性，所以宋代工艺造型风格比较纤巧谨致，呈现亭亭玉立的艺术格调。甚至同一时代也造型各异，富含着时代气息。元代初期玉壶春瓶制品为颈细长，腹呈椭圆形，元末则颈短粗而腹肥硕，彰显出雄浑苍莽而又雅丽娟妍的美学风韵。

工艺在造型构思中，通过变化与统一、对比与协调、比例与尺度，创造出具有一定规范化特点与富含时代特征韵味的造型。工艺造型强调表现自然韵味，而排斥造型的数理特征，这与人类文明史长久发展中形成的审美思想重情思韵致不可分割，追求富于感情的自然美，不习惯纯理性的几何形式，实际是追求人与自然的和谐，表现一种重感情而不重理性的内涵，是强调以生意盎然的气韵、趣味为主的美学思想的体现。

三、彰显细致神韵的装饰美

工艺装饰深得人类文化精髓，同时又具有鲜明的民族艺术特色。通过细致神韵、精巧秀丽之纹理布局装饰，通体呈现出大气雍容、华贵非凡之态，形成一种雄壮浑厚而又妩媚雅臻的神韵。工艺装饰成为中国雅致文化的重要载体，工艺装饰重在表现气韵之美、传神之美，通过工艺的表现手法，以此来处理和表现工艺装饰美。工艺气韵生动，是工艺追求的最高境界和目标；神韵是指宇宙中鼓动万物的气的节奏，神韵依赖于细致生动的形式创造来表达，讲究风骨,准确有力。工艺装饰形象要有精神、有韵律、有节奏、有生命力。工艺用装饰手段塑造形象,重视客观形象的精神气质和内在感情的刻画。从工艺装饰形象中既可以见到奔腾翻滚的江湖海水、灵活多变的山川风貌、蔓延婉转的缠枝植物等多种图案,又可从中领略涌动着的浩然气势,神态生动,呼之欲出,还可以感受到装饰布局缛丽繁华、细致入微、细密工整、精巧富丽之美,工艺对美的表达可谓是淋漓尽致。工艺布局整齐、和谐统一的装饰,按照主次位置,有的重笔渲染,有的简略带过,主次分明,因此形成缛丽细致却也雄浑的工艺装饰美。

四、融通丰富多彩的题材美

纵观工艺的发展历程,综合融通了丰富多彩的装饰题材,成为工艺的又一大审美特征。工艺把东方文明中东方艺术的民族美学传统,百姓喜闻乐见的祥瑞题材尽收并蓄。作为常见的主题纹饰或塑造形象,主要有动物和植物两大类,动物类有云龙、游凤、仙鹤、麋鹿、麒麟、狮子、海豚、绶带鸟、猴子、蜜蜂、骏马等;植物类有松竹梅、牡丹、束莲、芭蕉、灵芝、山茶、海棠、瓜果、葡萄等,其他还有自然景物、世间珍奇等。在创造工艺作品的过程中,艺术家将自身主观的思想情感、审美情趣融入客观景物,同时予以夸张的变形。祥瑞题材的产生与使用是华夏民族审美心理民约俗成的表现,也是一种民族文化和民族哲学的象征。认为人与自然的关系不是一种对立、对抗,而是一种亲和、顺应,赋予花鸟鱼兽、江河湖海、奇峰怪石等以祥瑞寓意,恰恰反映了东方人类和自然的沟通以及对自然的和谐认识,反映中国传统文化"天人合一"的哲学观。

此外,工艺还擅长把人事变迁、历史痕迹、典故传说加以表现,拓宽自己的表现题材,如对"萧何月下追韩信""嫦娥奔月""三顾茅庐""岳母刺字"等内容直率真实又意寓深刻地加以刻画。还有一部分为广为流传的帝王将相、少数民族文化和宗教文化的题材故事,占据着工艺主题图案的位置,人物形态逼真,彼此呼应,周围还配有山、川、花、木作为环境渲染,成为具有中华民族审美特性的工艺装饰图案,极富戏剧效果,在一定程度上具有某种教化功能。在工艺装饰题材中可以看到中华民族吉祥心理的表达,这是中国特有的文化内涵。这些吉祥图形,有着吉祥如意的内涵,不仅体现人们对美好生活的向往,而且反映了民族独特的求全祈福的审美意识。工艺多种题材并用使自身呈现出一种综合、融通的题材美。

🌸 第三节　工艺的市场语境与审美泛化

工艺在漫长的发展历程中,不断地融注炽烈浓郁的美感和华夏民族的情思。发展至今,呈现出具有东方特征与时代征候的审美品格,受到全世界人们的热爱与推崇。

一、市场语境下的工艺

工艺立足本土，吸收中华传统艺术和民间艺术的营养，造型独特、绚丽多彩、寓意深刻又内涵丰富，以其美轮美奂的形式诠释着东方文化，体现了中国传统文化求真、向善、尽美的本质。越来越多的人热爱、迷恋着工艺，透过这一现象我们惊喜地看到，在世界现代文化艺术领域中，突显着工艺精华元素和华夏民族的独特风格。每件工艺作品都浸润着东方情思和智慧，蕴涵着中国民俗心理中的吉祥观念，以寓意的方式满足了人们的生存情感和辟邪、纳福、祈愿的心理，已经对人类的生活产生了深远的影响。伴随着中国发展的日新月异，植根于华夏民族心灵沃土的工艺必将与时俱进，为现代文化艺术的创新与发展提供取之不尽、用之不竭的宝藏。

工艺蕴涵着悠悠古韵，在新时期市场语境下伴随着市场资本和技术文明的发展，积极预测文化市场动向，准确琢磨人们的情感欲求，按照市场规律有序运作，灵活而多元地变革着。在当今全球化时代、经济一体化的大趋势下，日益提高的物质文明和工业文明，促使工艺走向产业化道路并借助现代工业科技和现代信息传播，不断蓬勃壮大。当下人们身处急剧变革的时代，对生活现实产生自己的情感反应，汇聚而成为时代情感的主旋律，工艺以时代艺术情感为基础基调，与高科技、时代风尚相结合，创造出符合大多数人审美趣味的工艺。以商品性生产为主的工艺，主要以普通百姓为服务对象，根据市场的需求，选择适当的方式进行生产与销售，满足国内外市场的普遍需要，涉及地区、领域极为广泛。每一种工艺类型都拥有自己的消费者群体，这个消费群体没有严格的身份限定、教育背景的区分，但有着共同的审美品位与情趣。各种类型的工艺在市场语境下很明确地掌握自身的目标消费群体，在设计制作的过程中自始至终以受众的审美倾向作为生产、设计的主题，有意识的设计符合市场需求的工艺产品类型，其市场表现与艺术成就相辅相成，共同推动了工艺的发展。

二、工艺的审美泛化

在当下全球趋同的时代格局中，日常审美泛化是大势所趋，不仅有市场语境的推动，而且工艺自身尤其是传统审美立场与审美经验也在不断调整和扩充，以一种新的美学面貌令人流连忘返，为消费者欣然接受，满足社会不同阶层的需求。工艺无论从传统艺术种类还是新兴艺术种类，都在一定程度上促使人们日益发达的物质生活与日益审美泛化的精神生活的距离缩短，并走向和谐统一。尤其是在当下，新时期的人们在日常生活中离不开工艺，工艺日益拉近着自身与人们生活的距离，工艺变革的内在动力来源于传播媒体、技术和市场，这些方面在工艺领域的强力介入在一定程度上促使新时代人们的日常生活出现了一种审美泛化的趋势，人们的日常生活更趋向审美化。

工艺使日常生活行为审美泛化，普通日常生活也就具有审美意义，这也是人类发展的历史必然。工艺日常审美化，使人们的生活更加合理化、精神更加自由奔放，这场审美泛化的美学变革实质上是人类追求真、善、美的和谐统一，使一些相对高雅、专业的工艺日常化与普及化，也使工艺走出以传统工艺为核心、曲高和寡的狭小范围，以更加适应现代文化生活审美泛化后的新变革，避免中国传统工艺话语权的失效，甚至缺席。工艺审美泛化的美学变革也是工艺自身对市场语境与日常生活的理性应变，调整变革视野后的新时期工艺，以日常生活的审美化为立足点，在市场语境下为新时代的人们生活质量提升与审美趣味变迁提供了一个平台，进一步积累了工艺在市场语境下蕴藏的审美新经验，也成为人类生活进步与精神发展的一种内在动力。

工艺制订了大众的文化趣味，强调个体生命经验的自由，更关注人的精神层次和心灵世界，并以一种大气的情怀、庄重的态度追求人性的超越性提升和存在境况的不断改善。工艺表现出的是美之为美的本源，讨论的是优美和崇高的美学范畴，将大自然、纯艺术、人类社会和日常生活纳入人们的审美视野之内，并将其分门别类，融入人的道德净化或精神提升范畴之中。

工艺经由长久的积淀，内含丰富的科学文化知识、现代价值观念、理想道德情操、民族历史知识。与传统的强制性知识灌输相比较，工艺以一种非强制性和情感性的细腻渗透方式走进大众生活，修正着大众的价值判断和行为选择。工艺拓宽了人们的生活空间，丰富了人们的业余生活，舒缓了人们的生活压力，同时工艺的传播与普及有助于引导人们树立合理的审美观念和生活态度，促使人们的日常生活向科学健康、文明时尚的方向发展，从而为提高社会大众的思想政治水平产生了不容忽视的作用。因此，工艺不仅能丰富人们的物质精神生活，还能培养健康的审美观和审美习惯，从而树立积极向上的高雅生活情趣。工艺的潜在作用含蓄而内隐，轻说教、重感知，使人们在与工艺的互动中，性情得到陶冶，感情受到激发，历时越久远，使审美情感越接近纯净、炽烈而又丰富的境界。

工艺首先表现在培养人们超越功利的审美态度。在人的自然性阶段，生活中存在太多的无奈与缺憾，因此常常使人苦郁、忧伤、愁闷，其原因是主体在很大程度上只停留在功利之境。当人们走进优美璀璨的艺术殿堂，在一定程度上就缓解了这种状态，在忘却现实利害关系的审美状态下去欣赏或如镂彩错金般炫目多姿的工艺，或如羚羊挂角般清新雅致的工艺。人们通过对工艺的审美活动，实现非实用性的自我发现、自我肯定和自我创造，使自身最终达到最高的自由境界。因此，工艺发掘和培养人的审美态度，特别是在现代社会里，超功利的审美态度对于保持人性、人心、人生的平衡和谐尤为重要。正如李渔所言："若能独具一段闲情，一双慧眼，则过目之物，即图画，入耳入声，无非诗料。"以审美之眼观物，以审美之心体物，以审美之耳听物，人就可以从日常之身、功利之心、思维之脑中跳出来，进入审美状态，这不失为一种更高层次的自我解放。

其次，塑造完美人格。完美人格的塑造是一项长期的、复杂的系统工程。在工艺审美活动中，人的情感得到了宣泄、疏导与交流，道德也在一定程度上得到了匡正与升华，精神得到了寄托与慰藉，从而促进了个性的和谐发展。在一定意义上实现了人的自我完善，也就是健全了个体的人格心理。审美地对待自然，审美地对待社会，以高尚的人道主义审美观关爱他人与社会，审美地对待自身。具有完美人格的主体身与心、情与意协调发展，审美地生存，正如海德格尔所言的"诗意地栖居在这片大地上"。

工艺是在多民族文化融合、对外交流频繁的历史背景下形成，呈现出千变万化的艺术风采，喻示着热烈浓郁的美好祝福，传递着衷心至诚的祈求和美好圣洁的心愿。工艺历经几千年的文明进程，作为一种对全人类的贡献，将以原有的本质、崭新的面貌延续并繁荣着，在21世纪高科技和经济全球化的新世纪里风靡世界，凭借顽强、旺盛的生命力，发展空间将更为高远。

 ## 第四节　工艺鉴赏类别

一、青铜器

青铜器有较强的硬度，便于长期收藏，是由青铜(红铜和锡的合金)制成的各种器具，主要指先秦时期用铜锡合金制作的器物，简称"铜器"。青铜器开创了人类文明的青铜时代，并在两千多年前逐渐被铁器取代。中国青铜器制作精美，在世界各地的青铜器中艺术价值最高。中国青铜器代表着中国在先秦时期高超的技艺与丰富的文化。

中国的青铜时代从公元前两千年左右形成，经夏、商、西周和春秋时代，历经约15个世纪。青铜器流行于新石器时代晚期至秦汉时代，以商周器物最为精美，最初出现的是小型工具或饰物。夏代始有青铜容器和兵器。商中期，青铜器品种已很丰富，并出现了铭文和精致纹饰。商晚期至西周早期，是青铜器发展的鼎盛时期，器型多种多样、浑厚凝重，铭文逐渐加长，花纹繁缛富丽。随后，青铜器胎体开始变薄，纹饰逐渐简化。春秋晚期至战国，冶铁业出现，替代并结束了辉煌一时的青铜时代，青铜冶铸业完成历史所赋予的使命。瓷器、漆器，兴盛于秦汉时期。中国古代铜器，略晚于其他文明古国，但铜器使用规模、器形纹饰、铜铁合铸、铸范种类的艺术价值最高，使中国古代铜器在世界艺术史上占有独特地位。

中国青铜器有调剂容物与陈设布列两种基本功能，数量繁多，造型丰富，品种繁多，涵盖饪食器、酒器和水器等门类，细化为鼎、鬲、甗、角、斝、觚、觯、兕觥、尊、卣、盉、方彝、勺、罍、壶、盘、匜、瓿、盂、簋、簠、盨、敦、豆、爵、编铙、编钟、钺等类型。青铜器颜色似黄金般亮泽，氧化变成绿色。由于手工制造，每一器种在每个时代都风采各异，多姿多彩，不同区域青铜器也有所差异，每件均为举世无双，使青铜器具有较高的艺术价值与吸引力。青铜形态各异、古朴典雅，制作工艺纹饰有云雷纹、凤鸟纹、龙纹、窃曲纹等，线条畅达、复杂多变。在手法上，采用虚实、纵横、疏密等方法，丰富多彩，主次分明，对称性极强。此外，青铜器铸有铭文，或粗犷放达，或苍劲有力，技术高超，与纹饰自然圆融，书写工整流利，具有撼人心魄的艺术感染力。

二、玉器

玉器是指用玉石雕刻成的器物。中国玉器工艺发展距今已有万余年历史，在漫长的发展过程中形成的玉文化任何国家都无法企及，玉器工艺的诞生使工艺进入一个前所未有的境界。上古时期中国人在制作石器的过程中，发现玉的色泽洁美莹润，质地坚硬朗韧，又因玉的稀少罕缺，无法满足社会需求，成为稀世珍宝。随后进入封建社会，伴随人文思想的发展，玉被赋予了人格的高度与人性的内涵。在圣人典籍《论语》中载："君子比德于玉。"民约统备，广泛俗成，玉包含"仁""智""义""礼""乐""忠""信"七德，成为世人的审美追求与人格理想。此外，人们认为玉是神灵庇护保佑的象征，可以获福避灾、驱邪退难，于是对玉产生了宠爱、崇敬的感情，由此产生的神物崇拜，更赋予玉以迷人魅力和神秘色彩。

玉器发展至今，种类繁多，包含雕琢成器百年以上的古玉器和现代玉器，款式多种多样，包括各玉制珠串戒指、手镯发饰、挂件饰品、金镶玉品、腰带等琳琅满目。采用岫玉、玛瑙、密玉、翡翠、青金、鸡肝石、孔雀石、东林石、珊瑚、水晶、芙蓉石、木变石等玉石原料。规格款式层出不穷，花样翻新。玉器在长期进化发展历程中，由原来具有特别性质的石头转化为权力地位、财富神权的象征，中国智慧赋予美玉森严的等级分配，白玉最为罕见昂贵，是玉中珍品；次之山玄玉即青玉，取天之本色，地之精华；其后依次为接近绿色的水苍玉，取生命之源，水之神韵；瑜玉，为红褐色，应和了中国民俗中欢快喜悦的心理；最后等级的是质地接近石的次玉，称为瑌玫。玉料有软硬之分，软玉纯者色白，俗称羊脂玉，细腻温润，非常名贵，经济价值极高。硬玉含有少量氧化金属离子，质地坚硬，密度较高，呈现翠绿色、苹果绿、娇嫩的淡紫等颜色，清澈晶莹。翠绿者最为名贵，雅称翡翠，是硬玉的典型色泽。新疆的和田玉、甘肃的酒泉玉、陕西的蓝田玉、河南南阳的独山玉和密县玉、辽宁的岫岩玉等，都是中国玉器的常用名贵原料。

玉器雕琢技艺高超，品种繁多，系统完备，玉器珍品灿若星河，绚烂无比。古老素朴而又丰富多变的中国玉器工艺折射出先民的高超智慧，漫长的文化积淀使得中国玉器工艺渗透着中华民族独特深邃的文化精髓，蕴涵着丰富的文化内涵，发展到今天，生发出无限新意。

三、金银器

华贵黄金，端庄白银。金银两种金属，作为人类较早开发的金属，几乎与人类文明同步。人类赋予其货币、赋税、赏赐、供奉、观赏等多种功能，历来深受人们喜爱与追捧，所以在日常生活中占有举足轻重的地位，也是中国传统文化艺术的重要载体。古诗中"美人首饰侯王印，尽是沙中浪底来"的名句，道出了天生丽质的金银多以游离状态存在，珍贵稀缺，凝结着工匠繁复精绝的金银工艺、天然魅力与后天人工精心琢饰，使金银器具有财富和艺术的双重价值，金银器当之无愧成为融历史时代特色和杰出工艺于一体的工艺典范。

中国金银器系统最早以佩饰的形式出现于春秋战国时期，制作工艺简单，小巧简洁，纹理朴实，清新活泼。秦汉时期，金银工艺制品的数量增多，制作精细，金银器制作已综合使用铸造、焊接、掐丝、嵌铸、锉磨、抛光、多种机械连接及胶粘等工艺技术，装饰考究。

魏晋南北朝时期，社会动荡，朝代更迭，文化艺术的空前发展，民族大融合的时代背景，都雕刻在金银器的形制纹样中。唐朝是中国金银器发展的繁荣鼎盛阶段。金银器数量剧增，品种丰富多彩，器形与纹饰风格变化激烈。大唐帝国财雄势大，积极汲取外域文化，金银器制作形成了强悍独立、大气磅礴的民族风格，尤为瞩目。宋代金银器与唐代比较，造型玲珑奇巧，极为讲究，新颖典雅，别具一格。辽代金银器保留、传承了唐宋金银器的制作工艺，达到继唐以后的又一高峰。明清金银器工艺，华丽、繁缛、浓艳，宫廷贵族气息浓厚，在工艺技巧上，出现锤击、浇铸、焊接、切削、抛光、铆、镀、錾刻、镂空等工艺，呈现出细腻精致、工整华丽的风格。

中国金银器制造工艺高超，雕镂精细。先制成胎型，主体纹样采用锤成凸纹法，细部采用錾刻法，结合花丝工艺，组成精美图案，有的器物镶嵌珍珠宝石，五光十色。金银上錾刻压印，或官作，或行作，或工匠名及成色。金银器分为金银器物和金银饰物两类，进一步分为饮食用具、信符玺印、容器、舆洗器、梳妆用具、陈设观赏品、宗教祭祀器、冠服、发饰、颈饰、耳饰、手、臂饰、胸坠饰、剑饰、车马饰、货币、杂器等十余类。

熠熠生辉的中国金银器工艺，以技艺的精湛与构思的巧妙，形成了纹饰瑰丽、富丽华美、璀璨夺目、类别丰富、造型别致的特点。经千锤百炼，历沧海桑田，金银器可世代流光溢彩，既是财富与地位的象征，又有吉庆与高洁的寓意，更是比德与喻美的寄托，代表着中华文化艺术的雄健华美和绚烂秀颖。中华金银器工艺耀眼悦目，是绵延长久、当之无愧的传世珍藏。

四、漆器

中国漆器，流光溢彩，高贵典雅，具有浓厚的中国传统文化底蕴。

漆器的历史悠久，中国是世界上用漆最早的国家。中国先民从新石器时代起就认识到漆器耐潮、耐高温、耐腐蚀的特异性能，从漆树割取富含漆酚、漆酶、树胶质及水分的天然液汁——生漆，又可配制成不同色漆，用以作涂料，涂在各种器物的表面制器，一般是木制，并常镶嵌象牙或金属，制成日常器具及工艺品、美术品等，称为漆器。

据资料记载，漆器早在四千多年前的夏禹时代就已出现，战国时期方兴未艾，独领风骚。到了汉代，漆器成为日常生活器具，日渐普遍。唐代的漆器工艺发展迅速，以金银平脱最为著名。宋代的一色漆器，元代的雕漆，明代的百宝嵌，清代的脱胎漆器等，都是各有代表性的特色名品。漆器制作发展到今天种类繁多，用于装饰家具、器皿、文具和艺术品，还应用于乐器、丧葬用具、兵器等，如盒、盘、匣案、耳环、碟碗、筐、箱、尺、唾壶、面罩、棋盘、凳子、卮、几等达二十余种，空前繁荣。现代中国漆器大致可分为：一色漆器、罩漆漆器、描漆漆器、描金漆器、堆漆漆器、戗金漆器、雕填漆器、螺钿漆器、雕漆、犀皮漆器、款彩漆器、百宝嵌漆器、脱胎漆器等。扬州漆器、北京漆器、成都漆器、福建漆器、阳江漆器并称为中国五大著名漆器。

漆器制作工艺复杂，工序复杂，历时较长，价值昂贵。先制作胎体，在器胎上髹漆至一定厚度，运用斑斓、复饰、填嵌、纹间等技法对表面进行装饰，嵌饰金、银、铜、螺钿、玉及宝石，彩绘成华丽的花纹，抛光使之色泽光亮，产生净洁、优美的特殊效果，后在潮湿条件下干燥，固化后坚硬。成品漆器耐酸碱、耐打磨，易清洗、体质轻、隔潮热、耐腐蚀，光彩照人，色泽华美，器体轻巧，富丽华贵，纷然不可胜识，构成古老华夏艺术绮丽多姿的漆器工艺，形成瑰丽多姿、琦玮变幻的艺术风格，展现了一个流动飞扬、变幻神奇的漆器世界，体现了中国文化的神韵。

中国漆器是艺术价值与实用价值的完美结合，流传广泛，对全世界的漆器工艺都产生了深远影响并做出了重大贡献，早在汉代就已传入朝鲜、日本。16世纪，荷兰、英国、法国商船将其大量运载至欧洲，盛况空前。现代中国漆器是酒店、馆会、家居装饰、个人收藏、馈赠亲友的理想工艺品，深受各国友人的喜爱。

五、陶瓷

中国是世界著名的陶瓷古国，有着灿烂悠久的陶瓷文化。陶器的发明，具有划时代的意义。大概在八千年前的新石器时代，东方先民伴随农耕文化的发展发明了烧陶技术，经火烧制的陶器开始出现。凡是用陶土和瓷土两种不同性质的黏土为原料，经过配料、成型、干燥、焙烧等工艺流程制成的器物即为陶瓷，陶瓷是陶器和瓷器的总称。早在商代就有了原始瓷，而到东汉，原始瓷完成向瓷器的过渡。瓷器是中国人对于世界的一项伟大发明，"china"意指瓷器。

中国陶瓷是中国和世界灿烂文化的重要组成部分，是当时社会状况下的人类情感的载体，是人类情绪思维表达的一种形式。瓷器中造型轮廓的变化，在受实体因素影响的同时，也受到时代以及民族的审美喜好和情趣的支配。特别是从器形的装饰与图案上来看，无论是原始陶盆的人面鱼纹，还是明清的青花缠枝花卉纹，都是同时代人们的审美情感和意趣的体现，其中积淀了深厚的历史内容。

在早期的陶器发展中，工艺尚不成熟，陶器生产之初，没有刻意装饰的纹饰，陶瓷形态自然、可爱真稚，主要纹饰有折线纹、三角纹、网纹等。随着工艺条件具备，经过长期摸索、反复试验、不断改进，几千年后彩陶应运而生，形成精工细刻、绚丽典雅的艺术风格。中国陶瓷工艺已相当成熟，器物规整精美，装饰以彩绘为主，于器物上绘彩色花纹，由饱满器型上的旋动结构的纹饰构成，色彩相间。器物上线条粗细变化，旋转而连续的结构，互相背靠，互相连接，有前呼后应、鱼贯而行、连绵不断的效果，显示了一种融合、缠绵的气势，与器型共同构成一种雄伟宏大的气势，反映出当时人们生活的部分内容及艺术创作的聪明才智。另外还有磨光、拍印等装饰手法。先进的彩绘、雕刻、打磨等制陶工艺共同打造了中国彩陶文化的高峰阶段，显示博大、成熟和完美的艺术特色。

当代彩陶艺术的陶器制作方法大致可分为手制、模制和轮制。生产流程总计五十余道工序，其中融合了流传已久的拉坯技术、陶坯雕刻技术及当代的色彩工艺。陶瓷制作工艺程序大体为：陶坯打磨制成后，适当修整，使之规整美观，外表洁滑，造型匀称，然后对陶胎进行拍打滚压，使泥条相互黏合紧密牢固，重要的步骤是按照"仰观俯察"的中国观照方式，使用天然的矿物质颜料进行彩绘，经过等分或分隔、定位、先主后次、由繁至简、先勾轮廓、再填充色彩等工序制作完成，制作工序繁而不乱、井然有序。成品陶瓷器的色彩吉祥美好，象征着华夏民族对幸福的企盼，创造了自身斑斓绚丽的辉煌；其构图繁密，回旋多变，将东方人的内心律动运用视觉加以自由的表现，把对待生活的激情与自身体验到的运动、均衡、重复、强弱等节奏感用瓷器表现出来，形神兼备，写心会意。最后入窑高温烧制，成为日常生活中的实用品，又具备较高的艺术审美功能。陶瓷器型基本上都是日常生活用品，常见的有盆、瓶、罐、瓮、釜、鼎等，线条流畅、匀称，极具艺术美感。不同的陶瓷造型显现不同的优美曲线，与纹样和谐统一，达到装饰美化的审美效果。

中国瓷器工艺丰富多彩、晶莹明澈，誉满天下，改变与提升着现代人的生活方式、生活品位，促进了社会的发展繁荣，是人类文明不可多得、不可复制的艺术珍品。

六、织染

中华丝绸织染技术高超精湛，规格品种丰富多彩，有绢、绡、縑、绮、锦、纱、罗、绦等品类，其中印花织物的色彩更是光彩夺目，色泽谱系包括朱红、茜红、深棕、浅棕、深黄、浅黄、天青、藏青、浅蓝、紫绿、银灰、粉白、黑灰等二十余种，用丝精细、织工考究、染彩斑斓，令人赞叹。中国染织大体分为栽桑、养蚕、取丝、制线、缲丝、抽纱、缂丝、刺绣、织造、染色几道工艺，细分为蚕、桑、丝、绸、织、染、绣等各专业工艺技术。从制作工艺技术、织物规格结构、花色品种到印染技术配方等，均彰显着东方特有的智慧与民俗气质。

中华丝绸织染经由历代中国工匠不断探索与追求，使之体现中华民族悠久的历史文化和深刻的技术积淀与精华成就，是历史和先民留下的珍贵遗产。其中云锦、宋锦、蜀锦、漳缎织机及金线制作等特色工艺技术几近遗失，我们肩负着将特色工艺传承下去的历史使命，应以极大的热情努力发掘、发扬和传承古代丝绸染织技术遗产，使其流芳千古。中华丝绸织染对于现代产业发展乃至社会文明升华有着深远的意义，具有弥足珍贵的价值。

中华丝绸织染在远古时代就已流入外域，丝绸之路更印证了中华文明古国间的经济繁荣、国富民安、太平通达。今天，中华丝绸织染工艺已然参与到社会经济与文明进步的进程之中，中国织染丝绸天然高雅、雍容华贵的气质，深受世界人民的喜爱。

七、编结

中国编结工艺是以天然纤维和化学纤维纺线为原料，使用棒针或钩针等工具进行的手工编结。

中国编结工艺由远古时代的结网技术发展而来。中国史料与残篇记载，中国汉代就已出现了以五彩毛线编结而成的穗子，称之为流苏，用作车马、衣冠装饰。

中国编结工艺材质有天然纤维和化学纤维两大类。天然纤维纺线吸湿耐潮、质地柔软，有羊毛线、兔毛线、棉纱线、麻线等材料；化学纤维纺线物美价廉，质地轻柔，包括用腈纶、维纶、涤纶、尼龙等材料；还有两者混纺制成，如毛腈线、毛粘线等。

中国编结工艺主要有棒针编结、钩针编结、民间结线等方式。棒针编结：用竹、金属或塑料等材料制成的棒形或环形针为工具编结，或两根针平编，或四根针轮编，针粗细不同，编结效果也各不相同。花样按造型分为几何形和动植物形图案；按质地分为实心花和镂空花；按色彩分为单色花和多色花。钩针编结：用金属、象牙、竹子等材料制成钩针为主要工具，花叉、菊花针为附属工具进行编结。钩针编结形式主要有平片钩法、圆片钩法和筒状钩法三种。技巧上有挑、绕、转、钩、放等动作，钩针编结的花样多达三千余种。民间结线：以丝线、棉线为材料，经传统手工编结为花色线结，后制成流苏、手提包、台布、中国结等品种，多用于艺术装饰。

中国编结工艺变换技巧方法，可组合成玲珑曼妙、千姿百态的造型图案，多达千余种，彰显着东方民俗工艺含蓄优雅、紧密对称的美学气质。中国编结工艺一根丝线，三缠两绕，回环贯彻，象征连绵长久而不间断，形象地喻示了东方情感委婉隐晦的表露方式。

八、木作

中国几千年的古代建筑艺术，长久地运用了以木质结构为主的工艺技巧。伴随中国早期社会建筑形式的高潮迭起，相继出现了各种复杂形式的亭台楼阁、轩榭舫殿。就装饰方面而言，中国木作工艺的介入极大地增添了建筑的艺术效果，提高了建筑技术的细致精巧水平，发展到唐宋时代，当时以椅桌为中心的居室生活方式颇为流行，家具木雕技艺与建筑木雕一脉相承，且品种新颖、式样繁多。明清之后，中国的石窟艺术早已衰亡，雕刻艺术的成就集中反映在建筑木作雕刻上。

中国木作工艺继承和发扬了传统工艺的优良传统，取得了卓越的成就。中国木作工艺实体形象轮廓清晰，质体坚牢，表现出功能性与审美理念的完美统一，表现出独特的古典魅力，为现代人类构造了理想完美、安闲适意、生趣盎然的生存空间。

中国木作工艺大体分为线雕、浮雕、透雕、悬雕，有刨、凿、铲、刻、刮等工艺手法，常需综合运用，讲究细腻做工，比例准确，许多木作雕刻工艺细节，如花板、翘头、结子、榫卯，在刀工与磨工上精巧雅致，使人难忘，更有画龙点睛的效果，成为中国木作工艺的精华。中国木作工艺在研制过程中，全程手工制作，十分强调方和圆的关系，隐含着华夏民族天圆地方的民俗观念与空间观念。制作过程中要求木作工匠须运用、发挥精致高超的创作技巧与水平，利落简洁的发挥处理，只有恰到好处的精良制作，才能让人百看不厌。中国木作工艺中没有机械的程式和固定的计算方法，全依赖木作工匠的经验技能和丰富阅历。民间木作匠师挥刀作为，巧夺天工，在运斤变化中透露出令人赞叹的智慧和才华。

中华传统木作工艺的构造样式科学合理，接合方式稳固规范，经过工匠的精心设计和制作，产生完美而坚牢的构合效果，木作成品经久耐用。另外，中华传统木作工艺严禁用钉加固，也正因为如此，中华传统木作工艺已成为世界木作工艺史上受尊崇的工艺发明之一。

第五节 工艺经典作品鉴赏

一、长信宫灯

中国汉代青铜器于1968年在河北中山靖王刘胜之妻窦绾墓出土。因制品上的"长信"字样为汉文帝皇后窦氏所居宫名，故称"长信宫灯"，如图11-1所示，现藏河北省博物馆。

长信宫灯造型优美，构造精巧，灯高48厘米，人高44.5厘米。器物通体鎏金，色泽光亮，璀璨夺目，整体由头部、身躯、右臂、灯座、灯盘和灯罩六部分组成，各部均可拆卸清洗。灯罩可以开合、左右旋动，用来调整光线方向及照明面积。灯盘中心有一钎可插蜡烛。宫女左手执灯，右手袖似挡风，实为虹管，用以吸收油烟，左手持灯座，右臂高举与灯顶部相通，形成烟道。宫女体内中空，烟灰可容体内，右臂是烟尘通道，烟经底层水盘过滤后，便有烟而无尘，可减少室内的烟炱以保持清洁。宫女灯罩由两片弧形板合拢而成，可活动，以调节光照度和方向。灯盘有一方銎柄，内尚存朽木。座似豆形。器身共刻有铭文九处六十五个字，分别记载了该灯容量、重量及所属者。

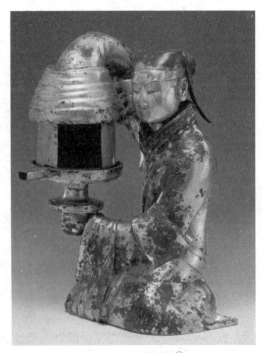

图11-1 长信宫灯[1]

长信宫灯所塑造的西汉下层年轻宫女形象造型生动，惟妙惟肖，宫女身穿长衣，衣袖宽大。梳髻戴巾，跪坐执灯，目光肃穆专注，面容清秀端庄，神情恭谨内敛、体态恬静优雅，头略向前倾斜，宫女的塑造手法质朴、简练、自然，衣衫纹理因屈跪而柔软转折、疏密有致，线条流畅，比例协调，显示出中国古代先民的不凡智慧。在两千多年前，设计做工如此精巧，实乃惊世之作。

长信宫灯将物理学与光学、照明与环保、冶炼与鎏金、实用与美观结合得非常巧妙、高明，实现了科学与艺术的完美结合。它不仅体现出卓越的设计匠意，把实用功能、净化空气的科学原理和优美的造型，有机结合成一体，也反映了高度的合金冶炼技术。在装饰上采用通体鎏金，灿然发光，显得富丽华美，让人过目难忘。长久以来，长信宫灯因独一无二的造型、精美绝伦的制作工艺和奇特巧妙的艺术构思被视为我国传统工艺中的巅峰之作、民族工艺的瑰宝，多次赴国外巡回展出，传播中华文化。

---

[1] 摘自http://www.cfucn.com

二、马踏飞燕

马踏飞燕,如图11-2所示,也称马超龙雀,是东汉青铜艺术的杰出代表。它通高34.5厘米,长45厘米,宽10.1厘米,于1996年甘肃省武威县雷台汉墓出土,现为甘肃省博物馆馆藏。一匹天马行空,体态饱满健硕,疾驰而过,一只飞鹞振翅飞翔,自在适意,忽觉身后生风,这一切被中华青铜工艺静止于一瞬,奔马昂首嘶鸣,三足已然还在腾空而起,右后蹄下踏的正是张皇回顾、惊愕万分的飞鹞。一切都静止了,却舞动着生命的张力,给人以无比宽阔的想象空间。见过之人都由衷地赞叹不绝。

中国古代匠师运用现实主义与浪漫主义相结合的艺术手法,以丰富的想象力,精巧的构思,娴熟的匠艺,把奔马和飞鸟绝妙地结合在一起,以飞鸟的迅疾衬托奔马的神

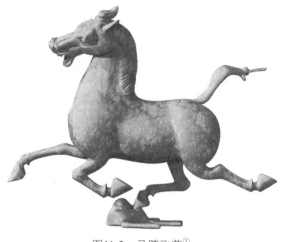

图11-2 马踏飞燕[①]

速,造型生动,构思巧妙,线条流畅,一气呵成,将奔马的奔雷般不羁之势与平实稳定的一点驻地的力学结构凝为一体,体现了古代匠师的创造才能以及当时的科学技术水平。它为汉代工艺之杰作,极为稀珍,是一件科学性、艺术性高度结合的罕见工艺品,其所具有的深不可测的智慧、蓬勃的生命力量和一往无前的气势,更是中华民族的象征。

三、金缕玉衣

汉代人认为玉是"山岳精英",将金玉置于人的九窍,人的精气则不会外泄,就能使尸骨不腐,可求得来世的再生,所以玉器在汉代作为一种高贵的丧葬礼器和身份的象征,占有重要的地位。汉代皇帝和贵族死时穿"玉衣"(又称"玉匣")入葬。"玉衣"用许多四角穿有小孔的玉片,用金丝、银丝或铜丝编缀起来,按死者等级分为"金缕玉衣"(帝王级)、"银缕玉衣"(诸侯王级)、"铜缕玉衣"(公侯级),金缕玉衣是汉代规格最高的丧葬殓服。金缕玉衣作葬服极尽奢华,常招盗墓毁尸,到三国时期,魏文帝曹丕下禁令,改变了汉代这一丧葬风俗。

1968年,河北省满城汉墓出土的汉代中山靖王刘胜夫妇的两套金缕玉衣,是迄今为止发现年代最早、保存完整的金缕玉衣,现藏河北省文物研究所。其中最具代表性的是一号墓出土的中山靖王刘胜的金缕玉衣,由头罩、上身、袖子、手套、裤筒和鞋六个部分组成,全部由玉片拼成,并用金丝加以编缀。玉衣内头部有玉眼盖、鼻塞,下腹部有生殖器罩盒和肛门塞。周缘以红色织物锁边,裤筒处裹以铁条锁边,使其加固成型。脸盖上刻画眼、鼻、嘴

---

① 摘自http://www.cfucn.com

形，胸背部宽阔，臀腹部鼓突，形状如人体。

中山靖王刘胜的金缕玉衣共用玉片2498片，选新疆和田白玉、青玉组成，温润晶莹。每块玉片的大小和形状都经过严密设计和精细加工，上面还雕有花纹，金丝约1100克，做工十分精细，由上百个工匠花两年多的时间完成。玉片制作需进行选料、钻孔、抛光等十余道工序，玉片极薄，甚至厚度仅一毫米，表面光洁度很高，至今仍然泛有玻璃光泽。玉片四边的倒棱、打孔等技艺精湛，令现代艺人望尘莫及。玉片按照人体不同的部分设计成不同的大小和形状，四角穿孔，用黄金制成的丝缕把它们相连，故称"金缕玉衣"。成衣后玉片排列整齐，金丝编缀，对缝严密，表面平整，颜色协调，着实令人惊叹，是旷世难得的艺术瑰宝。金缕玉衣出土时，轰动了国内外的考古界，反映出汉代高超的手工艺水平和宫廷奢侈的生活。金缕玉衣的科学价值、历史价值和艺术价值更是不可估量。

四、云纹漆鼎

1972年，湖南长沙马王堆汉墓一号墓出土了七百余件造型雅致、色泽如新、纹样华美的漆器，运用漆绘、堆漆和锥画等古老的漆器工艺，采用木胎、竹胎等漆器胎质和制作方法，代表了汉初髹漆工艺的最高水平。其中出土的云纹漆鼎，如图11-3所示，高28厘米，口径23厘米，为西汉时期制造，现湖南省博物馆收藏。

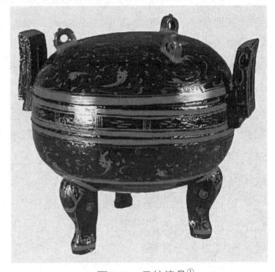

图11-3 云纹漆鼎①

云纹漆鼎为椭圆球形，盖是球面形，上有三个橙色的环形钮，盖与鼎身用子母口套合，鼓腹，底略呈圆形。器口附两平直耳，下有三个兽蹄形足。鼎的表面髹黑漆，器内髹红漆。口沿绘有一道菱纹图案，盖和器身绘红色和灰绿色的涡卷纹和方连纹等组成的几何云纹。足部用朱漆绘兽面纹，两耳云纹。鼎底部均朱书"二斗"两字，表明云纹漆鼎器物的容量。

云纹漆鼎器腹内留有明显的旋削痕迹，属旋木胎制作。上刻有细如游丝、流云飞动的云纹，在黑与红的色彩交织中产生光亮优美、流动飞扬、变幻神奇的艺术效果。

云纹漆鼎出土时鼎内尚有浸泡2100多年的汤和莲藕片，形状清晰可辨，更使人不解的是鼎中的藕片随着搬动次数和暴露于空气中时间的延长而不断地减少，运到博物馆时，藕片竟然全部神奇地消失。有关专家解释，出土时清晰可见的藕片，其实其内部纤维早已腐溶，仅存完整外形，出土后遇空气迅速氧化，又在起取、搬运过程中不可避免地震荡，藕片迅速溶解于水。

---

① 摘自http://www.cfucn.com

五、白地黑绘双童戏鸟纹腰圆形瓷枕

瓷枕是我国古代的夏令寝具，因其清凉怡神而颇受喜爱。瓷枕始创于隋代，流行于唐、宋、元年间。品种多样，形制纷繁，题材多样，胎釉工艺高超。瓷枕"婴戏"题材在我国古代民窑烧制的瓷器中，格外引人注目，多取材于一个或数个儿童民俗生活场景，充满了生动感人的童真、活泼和稚趣，与当时市井生活紧紧地联系在一起，从独特的角度反映了我国古代民窑瓷器艺术的审美文化内涵，具有很高的赏析和研究价值。

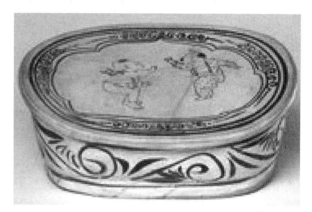

图11-4　白地黑绘双童戏鸟纹腰圆形瓷枕①

"白地黑绘双童戏鸟纹腰圆形瓷枕"，如图11-4所示，画面中两个体态丰腴、双目圆睁的男童捕捉小鸟。小鸟落于一个穿彩衣男童头顶，男童又惊又喜，耸肩缩头，笑眯双眼，又开两手，想抓鸟又担心鸟飞走；另一个戴"兜肚"男童，全神贯注，蹑手蹑脚，去捉小鸟，神态逼真。画面真实而生动地表现了我国古代民间儿童生活的一个画面。瓷枕画面采用近似白描的手法进行描绘，运笔飘逸潇洒，线条圆润流畅，洋溢着浓郁的乡土气息，好像是一幅风俗画，显示出古代民窑画师和工匠深厚的装饰技艺与功力。男童身体形态传神逼真、动感强烈、笔触圆润有力，再采用红、绿、彩工艺技术，以绿色调为主，以红彩为点缀，使构图对比强烈，节奏感和跳跃感跃然于瓷器之上，这样用色突出了色泽的鲜艳和亮丽，同时又形成了强烈的喜庆装饰风格。

"白地黑绘双童戏鸟纹腰圆形瓷枕"中描绘的两男童"婴戏"题材直接透视出中国古代重视喜爱男婴的民间世俗心理，也是中国古代男性占主导地位的社会现实的一种反映和体现，饱含"人丁兴旺""喜悦吉祥"的民俗意愿。男童身上"兜肚""彩衣"是华夏民俗的儿童服饰，包含浓厚的中华民俗或吉祥寓意，作为一种服饰文化保留并流传至今。这件瓷枕不仅具有很高的欣赏价值，而且是研究民俗史、服饰史的珍贵资料，是中国瓷器工艺中的一件珍品。

六、中国结

中国结全称为"中国传统装饰结"，如图11-5所示，源自一种中华古老的编织艺术。在中华民族上下五千年的民间艺术宝库中耀眼夺目，以复杂曼妙的曲线、飘逸雅致的韵味世代相传，是中国人传统的吉祥饰物。

中国结编织方法千变万化，多种程序环环相扣，用一根长约数尺的彩色线绳通过绾、

---

①　摘自http://www.cfucn.com

结、穿、编、绕、缠、抽、修等工艺技巧，严格按照一定程式循环有序地编制而成。中国结的形式要求对称，正反一致、首尾衔接。编制中国结的基本技法与组合技巧灵活多变，选取不同颜色的丝线编结，运用丝线或并行或分离，采用变化、延展、勾连技法，形成变化无穷、气象万千、多彩多姿的中国结。此外，中国结常与细腻精致、古朴优雅的玉石、金银、陶瓷、珐琅等饰物灵活组合，相得益彰，更加美观夺目，在摇曳中尽显动态的韵律美。中国结的基本结法有十多种，大体分为基本结、变化结、组合结三类，其名称根据绳结的形状、用途或原始出处和意义命名。

图11-5 中国结[①]

不同名称又具不同含义。

蝴蝶结：福在眼前，富运迭至； 福字结：福气满堂，神星高照；

鱼结：年年富足，吉庆有余； 寿字结：人寿年丰，寿比南山；

藻井结：方正平整，井然有序； 双喜结：喜上加喜，双喜临门；

盘长结：相依相随，永无终止； 磬结：吉庆祥瑞，普天同庆；

同心结：恩爱情深，永结同心； 戟结：前程似锦，升官晋级；

平安结：一生如意，岁岁平安； 祥云结：吉祥如意，祈保平安；

团锦结：花团锦簇，前程似锦； 桂花结：吉人天相，祥瑞美好；

如意结：万事称心，事事如意； 花篮结：花样年华，如花似玉；

双钱结：财源广进，财运亨通。

"结"与"吉"谐音，使用含蓄表意的方式体现出中华民族的审美情感。托结寓意，以"结"字作喻，体现结义、结社、结拜、结盟、团结的审美意蕴，与喜庆温馨的人伦厚爱。"吉"是人类永恒追求的主题，包含福、禄、寿、喜、财、安、康等丰富多彩的内容。"绳"与"神"谐音，中国文化有文字记载："女娲引绳在泥中，举以为人。"又因绳如同盘曲龙蛇，中国人是龙的传人，龙神形象，在史前时代，由绳结变化而来。因此中国结还被东方民俗认定为通神灵的法物，有驱邪避灾、镇凶纳吉、却阴护阳的功效。

中国结始于上古，用来装饰器物和衣装。至于唐宋，被大量地运用于服饰和器物装饰中，呈明显的兴起之势。发展至明清，"中国结"工艺的发展达到鼎盛阶段，在诸多日常生活用品上都能见到美丽的中国结，装饰样式繁多，配色考究，名称巧妙，令人目不暇接。发展至今，中国结工艺将民间艺术的精神元素与现代设计语言重新组合，极大地丰富了现代设计的艺术语言和思想内涵，成为举世瞩目、精美华丽的工艺品。悠久的历史和漫长的文化沉淀使"中国结"蕴涵了中华民族特有的文化精髓，以美妙形式与精巧结构展示着东方自然灵性与人文精神，深受世界各国人民的喜爱。

---

① 摘自http://www.cfucn.com

七、明清官补

明清两代，官员在朝服的前胸、后背处分别装饰一块方行的图案，叫补子，用以作为官阶的标志，区分官爵、官品大小，缝缀到官服上，称"补袍"或"补褂"，成为一种饰有品级徽识的官服。明清官补织绣不同纹样，五彩相宜，纵广尺寸，图案生动，华美辉煌，是华夏织染工艺高超精湛的重要标志。

相传补子起源于武则天时期，则天女皇赐给部分官员绣花官袍，其他官员纷纷效仿，补子从此而来。真正代表官位的补服定型于明代。据《明史·舆服志》记载，洪武二十四年(公元1391年)规定，官吏宫服为盘领大袍，胸前、背后各缀一块方形补子，文官绣禽，或立或飞，以示文明，武官绣兽，或站或蹲，以示威武。一至九品所用禽兽尊卑不一，借以辨别官品。文官：一品仙鹤，二品锦鸡，三品孔雀，四品云雁，五品白鹇，六品鹭鸶，七品鸂鶒，八品黄鹂，九品鹌鹑；武官：一品、二品狮子，三品、四品虎豹，五品熊罴，六品、七品彪，八品犀牛，九品海马；杂职：练鹊；风宪官：獬豸。除此，皇帝作为赐服赐予特定人员，有斗牛和飞鱼两种。到了清代，文官的补子却只用单只立禽，各品级略有区别，通常，一品鹤，二品、三品孔雀，四品雁，五品白鹇，六品鹭鸶，七品鸂鶒，八品鹌鹑，九品练雀；而武官还是用单兽，通常为一品麒麟，二品狮，三品豹，四品虎，五品熊，六品彪，七品、八品犀牛，九品海马。明清两代，受过诰封的命妇(一般为官吏的母亲及妻子)也备有补服，常穿着于庆典朝会上。她们所用的补子纹样以其丈夫或儿子的官品为准。女补的尺寸比男补要小。凡武职官员的妻、母，不用兽纹补，也和文官家属一样，用禽纹补，意为女子闲雅温良，不必尚武。

明清传世官补为方补，前后成对，制作精良，织染方法有织锦、刺绣和缂丝三种。明补较大，以素色为多，底子多为红色，用金线盘成各式图案。清补较小，以青、黑、深红等深色为底，五彩织绣，色彩非常艳丽。明清官补因官职而存在，反映封建等级制度，是古代官吏等级制度的缩影，不能大量制作，因此具有极高的工艺价值和历史价值。

八、明代桥梁档云纹如意结子方桌

桥梁档云纹如意结子方桌，如图11-6所示，是明代苏式家具，其精湛卓越的细木工艺充分体现了中国传统手工艺的文化特征，在中国木作工艺中较有代表意义。

桥梁档云纹如意结子方桌一根起有双洼线的桥梁档，中间起脊线，在与中央云头如意结子和两侧各立两短柱的交接中，充分展示了明代苏式家具手工艺的形式特点：短柱与桥梁档的脊线作倒T形相接；云头如意在与桥梁档的接合中，脊线稍稍起了变化，以"人"字形与如意的涡线相呼应，不仅突出了如意形图案的形象效果，更增添了线脚丰富精致的表现力。民间匠师利用这种特有的工艺手法所传达的文化信息是极其典型和突出的。这方桌在四足的内边都挖出一条洼线，与桥梁档在接合中取得了手法的一致性，使形体在统一的线形中能上下左右四方协调。桌面的交角处则采取了皮带线形的如意纹头装饰。这种扁平的线脚与桌面面框底边线脚的制作，都需要以传统木作手工艺为基础，才能得心应手。在这里，刨、凿、铲、刻、刮等工艺手法常需综合在一起运用，才能干净利落地反映出精致的设计和高度的技艺水平。

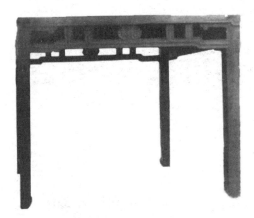

图11-6　明代桥梁档云纹如意结子方桌[①]

苏式木工工艺技能还充分地体现在类似上述实例的线脚上。一种北方称之为"交圈"、江南匠师称作"接线"的手法，就是普遍且最能表达手工文化的标记。经过精心设计而富有造型功能的各种线脚，往往在"接"的过程中，体现出家具造型的艺术水平，使人们感受到形神兼备的审美情趣。江南匠师评述家具造型的品格时，常常以线脚作为实体形象的"经络"，将交接的效果比喻为"气脉"。一件优秀的家具，正是通过手工工艺的梳理和加工，使这些"经络"和"气脉"融会贯通，赋予家具一种特有的精神。木工手艺十分强调方和圆的关系，方则方，圆则圆，方中有圆，圆中带方，这不仅是工匠一种手力的操作运行要求，更需要有眼力和心力。苏式家具的许多部件加工水平的高低，就体现在这种方与圆的轮廓、方与圆的线形处理以及局部与整体形式的关系之中。这种关系的把握，更多地取决于手工工艺的运用和发挥，只有恰到好处，才能生趣盎然，让人百看不厌。桥梁档云纹如意结子方桌没有机械的程式和固定的计算方法，完全凭借木作的经验、技能和丰富的阅历，是传统木工工艺在家具实体中艺术的升华。

推荐阅读书目

[1] 凌继尧. 艺术鉴赏[M]. 北京：北京大学出版社，2009.

[2] 宋民. 艺术鉴赏教程——不同艺术样式的表现特性和名作赏析[M]. 北京：高等教育出版社，2008.

[3] 杨辛，谢孟. 艺术欣赏教程[M]. 北京：北京大学出版社，2009.

[4] 李莉. 艺术美学导读[M]. 北京：中国人民大学出版社，2004.

[5] 冯天瑜，何晓明，周积明. 中华文化史[M]. 上海：上海人民出版社，1990.

[6] 苏秉琦. 中国文明起源新探[M]. 上海：三联书店，1999.

[7] 彭吉象. 中国艺术学[M]. 北京：高等教育出版社，1997.

[8] 宗白华. 美学散步[M]. 上海：上海人民出版社，1981.

[9] 李泽厚. 美的历程[M]. 北京：文物出版社，1981.

[10] 袁行霈. 中国文学史[M]. 北京：高等教育出版社，1999.

[11] 郭预衡. 中国文学史[M]. 上海：上海古籍出版社，1998.

[12] 于非. 中国古代文学[M]. 北京：高等教育出版社，1994.

[13] 黄香山. 中国古代文学简史[M]. 厦门：厦门大学出版社，2003.

[14] 罗宗强，陈洪. 中国古代文学发展史[M]. 天津：南开大学出版社，2003.

[15] 章培恒，骆玉明. 中国文学史[M]. 上海：复旦大学出版社，1997.

[16] 孔范今. 二十世纪中国文学史[M]. 济南：山东文艺出版社，1997.

[17] 张炯. 中华文学发展史[M]. 武昌：长江文艺出版社，2003.

[18] 黄修己. 中国现代文学发展史[M]. 北京：中国青年出版社，1997.

[19] 林志浩. 中国现代文学史[M]. 北京：中国人民大学出版社，1984.

[20] 张钟. 当代中国文学概观[M]. 北京：北京大学出版社，1998.

[21] 於可训. 中国当代文学概论[M]. 武汉：武汉大学出版社，2004.

[22] 朱维之. 外国文学史[M]. 天津：南开大学出版社，2009.

[23] 梁立基，何乃英. 外国文学简编[M]. 北京：中国人民大学出版社，2010.

[24] 刘洪涛. 外国文学名著导读[M]. 北京：高等教育出版社，2009.

[25] 钮骠主. 戏剧艺术史教程[M]. 北京：文化艺术出版社，2004.

[26] 周贻白. 中国戏剧史长编[M]. 上海：上海书店出版社，2004.

[27] 杨建文. 戏剧概要[M]. 武汉：华中师范大学出版社，1999.

[28] 章诒和. 戏剧艺术[M]. 武汉：文化艺术出版社，1999.

[29] 麻文琦，谢雍君，宋波. 戏剧艺术史[M]. 武汉：文化艺术出版社，1998.

[30] 程芸. 世味的诗剧——戏剧艺术发展史[M]. 长沙：湖南人民出版社，2002.

[31] 崔建林，黄华. 艺术的文明[M]. 北京：中国物资出版社，2005.

[32] 徐振贵. 中国古代戏剧通论[M]. 济南：山东教育出版社，2003.

[33] 张庚，郭汉城. 戏剧艺术通史[M]. 北京：中国戏剧出版社，1992.

[34] 邓涛，刘立文. 中国古代戏剧文学史[M]. 北京：北京广播学院出版社，1994.

[35] 王新民. 中国当代戏剧史纲[M]. 北京：社会科学文献出版社，1997年.

[36] 黄会林. 中国现代话剧文学史略[M]. 合肥：安徽教育出版社，1990年.

[37] 余从，周育德，金水. 戏剧艺术史略[M]. 北京：人民音乐出版社，1993.

[38] 傅谨. 新中国戏剧史[M]. 长沙：湖南美术出版社，2002.

[39] 中国大百科全书戏剧编辑委员会，中国大百科全书出版社编辑部. 中国大百科全书·戏剧 [M]. 北京：中国大百科全书出版社，1992.

[40] 何延喆. 绘画史要[M]. 天津：天津人民出版社，1998.

[41] 黄宗贤. 中国美术史纲要[M]. 重庆：西南师范大学出版社，1993.

[42] 范扬主. 中国美术史[M]. 成都：西南财经大学出版社，2002.

[43] 丁宁. 西方美术史十五讲[M]. 北京：北京大学出版社，2003.

[44] 杨琪. 你能读懂的西方美术史[M]. 北京：中华书局，2005.

[45] 启功. 启功给你讲书法[M]. 北京：中华书局，2005.

[46] 李福顺. 新编中国美术史纲[M]. 重庆：西南师范大学出版社，2003.

[47] 单国强. 中国美术·明清至近代[M]. 北京：中国人民大学出版社，2004.

[48] 中央美术学院美术史系中国美术史教研室. 中国美术简史[M]. 北京：高等教育出版社，1990.

[49] 邹跃进. 新中国美术史[M]. 长沙：湖南美术出版社，2002.

[50] 李铸晋，万青力. 中国现代绘画史——当代之部[M]. 上海：文汇出版社，2004.

[51] 崔庆忠. 现代派美术史话[M]. 北京：人民美术出版社，2004.

[52] 朱仁夫. 中国古代书法史[M]. 北京：北京大学出版社，1991.

[53] 蒋勋. 汉字书法之美[M]. 桂林：广西师范大学出版社，2009.

[54] 赵孟頫. 小楷书道德经[M]. 长春：吉林文史出版社，2006.

[55] 启功. 启功给你讲书法[M]. 北京：中华书局，2005.

[56] 萧元. 书法五千年[M]. 北京：东方出版社，2006.

[57] 沈尹默. 书法有法：沈尹默讲书法[M]. 北京：中华书局，2006.

[58] 孙继南，周柱铨. 音乐艺术通史简编[M]. 济南：山东教育出版社，1993.

[59] 梁茂春，陈秉义. 音乐艺术通史教程[M]. 北京：中央音乐艺术学院出版社，2005.

[60] 修海林，李吉提. 音乐艺术的历史与审美[M]. 北京：中国人民大学出版社，1999.

[61] 金文达. 中国古代音乐艺术史[M]. 北京：人民音乐艺术出版社，1994.

[62] 李纯一. 先秦音乐艺术史[M]. 北京：人民音乐艺术出版社，1994.

[63] 吴钊，刘东升. 音乐艺术史略[M]. 北京：人民音乐艺术出版社，1993.

[64] 乔建中. 音乐艺术[M]. 北京：文化艺术出版社，1998.

[65] 余甲方. 插图本中国古代音乐艺术史[M]. 上海：上海人民出版社，2003.

[66] 夏滟洲. 中国近现代音乐艺术史简编[M]. 上海：上海音乐艺术出版社，2004.

[67] 居其宏. 新音乐艺术史[M]. 长沙：湖南美术出版社，2002.

[68] 王晓宁. 西方音乐鉴赏语言[M]. 桂林：广西师范大学出版社，2008.

[69] 于润洋. 西方音乐通史[M]. 上海：上海音乐出版社，2003.

[70] 王克芬. 中国舞蹈发展史[M]. 上海：上海人民出版社，1989.

[71] 袁禾. 中国舞蹈意象论[M]. 北京：文化艺术出版社，1994.

[72] 徐明. 舞台灯光设计[M]. 上海：上海人民美术出版社，2009.

[73] 罗雄岩. 中国民间舞蹈文化教程[M]. 上海：上海音乐出版社，2001.

[74] 刘青弋. 现代舞蹈的身体语言[M]. 上海：上海音乐出版社，2004.

[75] 袁禾. 中国舞蹈意象概论[M]. 北京：文化艺术出版社，2007.

[76] 陆弘石，舒晓鸣. 电影史[M]. 北京：文化艺术出版社，1998.

[77] 倪骏. 电影史[M]. 北京：中国电影出版社，2004.

[78] 周星，等. 电影艺术发展史教程[M]. 北京：北京师范大学出版社，2005.

[79] 钟艺兵. 电视艺术发展史[M]. 杭州：浙江人民出版社，1994.

[80] 郭镇之. 电视史[M]. 北京：文化艺术出版社，1997.

[81] 王晓玉. 电影史纲[M]. 上海：上海古籍出版社，2003.

[82] 钟大丰，舒晓鸣. 电影史[M]. 北京：中国广播电视出版社，2007.

[83] 高鑫，高文曦. 电视艺术：多元与重构[M]. 北京：北京师范大学出版社，2006.

[84] 章柏青. 电影·电视[M]. 北京：文化艺术出版社，1999.

[85] 张菁，关玲. 影视视听语言[M]. 北京：中国传媒大学出版社，2008.

[86] 李飞雪. 影视声音艺术概论[M]. 北京：中国广播电视出版社，2010.

[87] 刘宏球. 影视艺术概论[M]. 上海：上海艺术出版社，2004.

[88] 周星，王宜文，等. 影视艺术史——艺术教室[M]. 桂林：广西师范大学出版社，
2005.

[89] 彭吉象. 影视美学[M]. 北京：北京大学出版社，2009.

[90] 李浩. 唐代园林别业考[M]. 西安：西北大学出版社，1996.

[91] 王鲁民. 中国古典建筑文化探源[M]. 上海：同济大学出版社，1997.

[92] 俞孔坚. 理想景观探源[M]. 北京：商务印书馆，2000.

[93] 楼庆西. 中国小品建筑十讲[M]. 上海：三联书店，2004.

[94] 聂洪达，赵淑红. 建筑艺术赏析[M]. 武汉：华中科技大学出版社，2010.

[95] 王谢燕. 文化建筑设计[M]. 北京：机械工业出版社，2008.

[96] 任军. 文化视野下的中国传统庭院——建筑文化论丛[M].天津：天津大学出版社，

2005.

[97] 韩欣. 中国古代建筑艺术[M]. 北京：研究出版社，2009.

[98] 苏华. 图说西方建筑艺术[M]. 上海：三联书店，2008.

[99] 荆其敏，张丽安. 西方现代建筑与建筑师[M]. 北京：中国电力出版社，2006.

[100] 卞宗舜. 工艺美术史[M]. 北京：中国轻工业出版社，2008.

[101] 华梅，要彬. 工艺美术史[M]. 天津：天津人民出版社，2005.

[102] 赵殿泽. 构成艺术[M]. 沈阳：辽宁美术出版社，1987.

[103] 尚刚. 天工开物：古代工艺美术[M]. 上海：三联书店，2007.

[104] 宋兆麟. 图说中国传统手工艺[M]. 北京：世界图书出版公司，2008.

[105] 吴诗池. 中国原始艺术[M]. 北京：紫禁城出版社，1996.